21 世纪经济管理类创新教材

消费心理学

（第2版）

主 编◎周 斌

Consumer Psychology

清华大学出版社
北京

内 容 简 介

本书注重将消费心理学的基本理论和市场营销实践相结合，在传统消费心理学理论体系的基础上，充分吸收国内外的最新研究成果和相关案例资料；同时，结合互联网及新媒体环境下消费者购买心理与行为的发展变化，努力发现和介绍网络环境下消费者不同于传统的消费行为特征，注重学科内容与时俱进，体现消费心理学的时代特征。

本书体系完整、条理清晰、例证新颖，能给人以启迪，十分适合作为市场营销、工商管理、电子商务、应用心理学等有关专业的教材，也可作为工商企业管理人员的辅助读物。

图书在版编目（CIP）数据

消费心理学/周斌主编. —2 版. —北京：清华大学出版社，2023.1（2024.1 重印）
21 世纪经济管理类创新教材
ISBN 978-7-302-62383-0

Ⅰ. ①消… Ⅱ. ①周… Ⅲ. ①消费心理学－高等学校－教材 Ⅳ. ①F713.55

中国国家版本馆 CIP 数据核字（2023）第 005325 号

责任编辑：杜春杰
封面设计：刘 超
版式设计：文森时代
责任校对：马军令
责任印制：刘海龙

出版发行：清华大学出版社
      网　　　址：https://www.tup.com.cn，https://www.wqxuetang.com
      地　　　址：北京清华大学学研大厦 A 座　　　　　邮　　编：100084
      社 总 机：010-83470000　　　　　　　　　　邮　　购：010-62786544
      投稿与读者服务：010-62776969，c-service@tup.tsinghua.edu.cn
      质量反馈：010-62772015，zhiliang@tup.tsinghua.edu.cn
印 装 者：三河市人民印务有限公司
经　　销：全国新华书店
开　　本：185mm×260mm　　　　印　张：22.75　　　字　数：548 千字
版　　次：2017 年 12 月第 1 版　2023 年 2 月第 2 版　　印　次：2024 年 1 月第 2 次印刷
定　　价：69.80 元

产品编号：094824-02

第 2 版前言

《消费心理学》自 2017 年出版以来，被不少高校的工商管理、市场营销、电子商务、心理学、广告设计等专业采用，先后多次重印。但随着网络时代的飞速发展，消费者心理、行为与营销实践都已发生了巨大变化，因此消费心理学的学科体系及具体内容也应当进行全面的修订。

《消费心理学》第 2 版更加注重结合互联网时代的新变革和网络营销实践，努力反映网络时代的消费心理、行为现象。在内容体系和案例选取上，本书基于中国消费者所处的文化环境，结合中国营销实践中出现的现实问题，反映中国消费者的真实心理状况。因此，本书在强调科学性、实践性的同时，具有强烈的本土化、时代化气息。

为了使教材更加适应教学需求，本书还将提供多媒体课件、教学视频资料、学习拓展资料、各章客观题及答案、模拟试题及评分标准等辅助教学资料。各章客观题包括判断题、填空题、单项选择题、多项选择题等题型，内容覆盖了学科大部分知识要点。在教学中，对于消费心理学的一些具体知识性内容，教师可让学生通过预习、自学来掌握，并可以利用雨课堂等在线考试工具，通过布置平时作业的方式，督促学生认真解答教材各章后所附的练习题，自行对照答案进行检验、反思和提高。同时，各章客观题还可以作为期末考试的选题。

本书的读者既可以是高等院校的学生，也可以是企业的营销工作者。对于营销工作者来说，知道自己的目标消费者是谁，他们有何消费心理与行为特点，他们对产品与服务有何想法，怎样通过市场营销策略来有效地影响其购买心理，显然是十分必要的。本书对消费者心理进行了系统、深刻的剖析，勾画出消费者清晰完整的心理过程和行为，将有助于营销人员掌握消费者的心理现象、心理本质与规律，从而提高营销工作的科学性。

本书参考了许多教材、论文及网络资料，在此向有关作者与出版者表示衷心的感谢。

周 斌
2023 年 1 月于成都理工大学

第1版前言

消费心理学的研究历史在我国并不长，它是改革开放的产物之一。大概在 20 世纪 80 年代初，随着西方市场营销理论的引进，我国的经营管理人员才开始认识消费心理学这一研究领域，上海的《大众心理学》杂志也发表了少量介绍性文章。1984 年，由中国商业出版社出版、广东商业厅主持编写的《商业心理学》应当是我国第一部有关消费者研究的教材，后来又借鉴、引进了西方的消费者行为学，使学科体系与学科内容更加丰富。随着我国市场经济体制的建立，市场营销学、消费心理学日益受到重视并得到较快的发展。著名营销大师菲利普·科特勒曾说：市场营销学的父亲是经济学，母亲是行为科学。由此可见，消费者心理与行为研究在市场营销学中的重要地位。消费心理学不仅是心理学的分支学科，更是市场营销学的主干学科。实际上，市场营销学比心理学更关心消费心理学的学科发展。

应当看到，现有的消费心理学学科体系与学科内容主要是建立在传统购买方式基础上的。传统购买方式的一个重要特征是信息不对称，消费者只能根据营销人员所提供的有限信息去选择商品，购买活动的时间、空间也十分有限，营销人员的营销心理策略与营销技巧也有广阔的施展天地。但是，随着互联网等新兴科技的快速发展，消费市场逐渐进入商业民主时代，传统的商业环境和商业模式正在被颠覆，消费者的心理与行为也正在发生深刻的变化，消费者可以在没有时空限制的网络环境下知晓各种商品信息、用户评价，可以利用比价工具找到最便宜的商品，不再需要倚重过去的经验或品牌线索，也不需要费时费力地去现场购买，消费行为也更加趋于理性化、个性化。而商品信息的透明化也使得营销人员过去惯用的营销策略和技巧开始失去用武之地，大批实体商店开始倒闭。与此同时，重新审视互联网背景下消费者的购买决策心理与行为，并为之设计新的研究框架成为日益紧迫的重要工作。探讨在网络环境下如何引导消费者的消费倾向、如何与消费者互动、如何利用和影响消费者的信息分享、如何强化产品本身的吸引力等问题将成为营销人员思考的重点。

本书在编写过程中，注重将消费心理学的基本理论和市场营销理论与实践相结合，在传统消费心理学理论体系的基础上，充分吸收了国内外的最新研究成果和相关案例资料；同时，结合互联网及新媒体环境下消费者购买心理与行为的发展变化，努力发现和介绍网络环境下消费者不同于传统的消费行为特征，从而体现消费心理学的时代特征。

本书强调理论与实践相结合，书中既有深入浅出的理论分析、丰富创新的研究成果，又有具体生动的本土化营销实例，融理论性、实用性、操作性、趣味性于一体。本书注重在教学活动中激发学生学习的自主性、创造性，倡导教师精讲、学生参与、师生互动、提高技能的教学理念和教学方法。除了穿插大量鲜活生动的真实案例，本书还在每一章都安排了导引案例和本章典型案例，以供教学讨论使用。在使用过程中，教师可以根据案例事先提供给学生一些相关的阅读材料，通过学生的自主学习与研究，在掌握理论知识的同时提高其分析问题、解决问题的能力。另外，本书还以"思考一下"的形式在教材中穿插了一些小问题，以启发学生思考，增强其学习的主动性与趣味性。

本书既可作为高等院校市场营销、工商管理、电子商务、应用心理学等有关专业的教材，也可作为工商企业管理工作人员和普通消费者的学习读物。

在编写过程中，本书博采众家之长，参阅和吸收了许多国内外学者的教材、论著以及网络资料，在此向有关作者与出版者表示衷心的感谢。在引用这些研究成果时，本书注明了大多数研究者的姓名与研究时间，感兴趣的读者可以通过网络搜索等手段查找相应文献以进一步深入了解。

周　斌

2016 年 10 月于蓉城

目　　录

第一章 消费心理学概述

学习目标

- 掌握消费者的概念、类型。
- 掌握消费心理学的概念、性质和研究内容。
- 了解消费者的主要决策内容。
- 理解消费者行为的链路模型。
- 了解消费心理学的历史发展过程。
- 理解消费心理学在市场营销中的作用及意义。

导引案例　　7-Eleven 如何"站在顾客角度思考"创新

我们所熟知便利店各种各样的创新，大部分由 7-Eleven 率先推出，例如，24 小时营业、终端机订货、牛奶共同配送、引进 POS 机、水电代收、使用敞开式冷柜、推出虚拟购物代收费用、安装 ATM 机、安装多功能复印机、发布自有品牌、24 小时处方药、推出宅急送等。这些层出不穷的创新的根源，来自 7-Eleven 创始人铃木敏文的核心理念，"站在顾客角度，而不是为顾客着想"，进而形成了 7-Eleven 几十年的零售哲学并渗透到血脉——"站在顾客角度思考"。

"站在顾客角度思考"创新的底层逻辑有哪些呢？

1. 顾客不知道自己想要什么

"为顾客着想"就是发现顾客需要什么，尽自己最大的努力去满足顾客需求，假如你不能满足的话，必然有竞争对手可以去满足。这种思考本质是站在企业的角度，目的是发现需求或未被满足的需求，终究还是以自己为中心，为当下服务。

"站在顾客角度思考"是默认顾客不知道自己需要什么，需要站在顾客的处境或场景去洞察，寻找可能的需求，并且通过不懈的行动，提升自己的能力去实现和创造出来。从这点来说，出发点是用户的角度，目的是为用户创造价值。这里有 3 个隐藏假设，具体如下。

- 现实生活中并不存在"理性经济人"（即根据自己的理性分析购买产品）。
- 消费者往往"言行不一"，他们描绘不出自己心里想要的产品。
- 大部分消费者不知道自己的需求，只有亲眼看到具象的产品，才能觉察自身的潜在需求。

正如乔布斯所说："消费者并不知道自己需要什么，直到我们拿出自己的产品，他们就发现，这是我要的东西。"铃木敏文也认为：现在是顾客自身提不出明确需求的时代。POS 机系统提供的是"顾客昨天"的数据，并不能自动总结出"顾客明天"的数据。

例如，任何市场调研或者"为顾客着想"都表明：顾客希望更便宜的产品，或者是自有品牌应该更便宜。但7-Eleven推出的"鲣鱼汤汁"（关东煮、冷面、炖菜等里的汤汁）充分考虑各地居民的口味偏好，严选当地居民属性的食材，能唤起日本各地消费者曾经的美好感受。尽管价格不菲，却受到了广泛的欢迎。

2. 现在需求 vs 未来需求

因为顾客不知道自己想要什么，所以"为顾客着想"仅能发现当下的需求或者解决目前的痛点；"站在顾客角度思考"是从未来的角度思考当下，核心是寻找、探索和满足顾客明天的需求。这也有3个隐藏假设，具体如下。

- "喜新厌旧"是消费者永远的心理特征。
- 新消费时代的用户购买的不仅是一个个产品本身，还有引发的生活改变；对于很多产品来说，顾客并非不愿意购买，而是没有一个合理的购买理由。
- 从未来角度思考明天，还有一个彩蛋奖励，那就是会调动员工/店长的积极性，持续涌现出"我想要变成那样""应该这样做"的各种创新。

铃木敏文认为："过去的需求"会化成销售数据，"喜新厌旧"是消费者永恒的心理。所以，我们不要根据过去的市场需求瞄准射击，而是要在不知道未来市场需求的情况下，根据创建的假设进行"盲射"。

3. 关注竞争 vs 专注进步

铃木敏文认为，品牌真正的竞争对手并不是同行，而是瞬息万变的顾客需求。"当今的市场竞争是跨领域竞争，竞争对手会冷不防地从某个毫无关联的领域中现身"。茑屋书店创始人增田宗昭也曾说："每天尝试站在顾客的角度，思考如何才能让顾客度过更为美妙的时光，从而不断改善。"

7-Eleven严禁员工到同行公司考察，目的就是期望每个人掌握"以不变应万变的视角看问题"，这就是认清谁才是"真正的竞争对手"的视角。

例如，7-Gold黄金面包十分畅销，当所有研发者都欢呼雀跃"我们要持续不断地大卖它"时，铃木敏文却说，再好吃也会腻，你们马上要研发新产品。

4. 努力满足 vs 全力满足

在发现顾客需求后，"为顾客着想"尽自己最大努力去满足；察觉到潜在需求时，"站在顾客角度思考"则通过不懈的行动和提升自己能力去实现和创造出来。"做最大努力"还是"提升自己能力"去实现，前后两者的结果天差地别。

例如，铃木敏文在试吃红糯米饭团时，没有尝到糯米糯糯的口感，发现本应由蒸笼蒸制而成的糯米饭竟然是用普通电饭锅煮出来的。如果"做最大努力"，多半会继续用电饭煲蒸煮；如果"提升自己能力"去满足，则是引进新设备，力争做出最原汁原味的糯米饭团。所以，7-Eleven首先投资了专用蒸笼设备，并且由此对糯米的种类、淘洗方法、浸泡时间、煮法等所有要素重新研究。最终，7-Eleven创造出一款不输于任何红糯米饭团专卖店的美食。

5. "相对价值" vs "绝对价值"

基于价值角度，品牌通过产品/服务向消费者提供"相对价值"和"绝对价值"。

"相对价值"是在与过去和同行的横向比较中产生的；而"绝对价值"注重满足消费

者需求的感性价值和理性价值，是在专注进步的过程中产生的附加价值。

如果认可了"真正的竞争对手是顾客需求"，一定会意识到，品牌应该追求"绝对价值"。将追求"绝对价值"作为目标，就会为满足不断变化的需求，主动并持续地增加附加价值，产品和服务纵深会不断拓宽拓深，持续领先，持续新鲜，顾客忠诚度也会不断强化。以追求"绝对价值"作为目标，独树一帜地创造出自己的特质，"只有我有""独一无二"，护城河自然形成。

例如，同质的可乐和 Super Dry 啤酒，在 7-Eleven 中没有任何打折促销活动，却位列日本所有零售店销售第一，为什么？因为 7-Eleven 提供的是"绝对价值"。它拥有其他零售店很难复制的感性价值，如熟悉感、亲和力、家人、热情等；也有其他场所无法提供的理性附加价值，如距离、更多小食、小憩场所等。

"价值"是顾客购买的永恒主题，而每个时代的"价值"因为人群需求和消费行为的变化而不同，追求"绝对价值"本质就是永不停息地追求变化。

资料来源：7-Eleven 如何"站在顾客角度思考"创新[EB/OL]. (2021-08-25). https://www.360kuai.com/pc/90890 b5567759a49e?cota=3&kuai_so=1&sign=360_57c3bbd1&refer_scene=so_1.

问题：
1. 如何理解"站在顾客角度思考"这一经营思想？
2. 在日常生活中，你观察到哪些消费者的心理与行为特点？如何利用这些特点来做好市场营销工作？

社会上流传着"商场如战场"的说法，但在商战中不能只盯着竞争者，而撇开消费者。实际上争取到消费者的认同才是赢得竞争优势的关键。而要争取到消费者就必须了解消费者，了解他们的消费心理与行为习惯，分析和探讨消费者对于各种市场营销刺激可能产生的心理与行为反应，并针对消费者的心理与想法采取相应的营销措施。对于市场营销者而言，应当通过换位思考来准确把握消费者的消费心理，形成一种从消费者心理的角度去认识问题、思考问题的商业意识与思维习惯。

第一节　消费心理学的研究对象

一、消费与消费者

想要全面、准确地理解消费者行为学的内涵，还应当了解一些相关概念。

（一）消费

消费就是"消耗、花费"的意思。消费是指人类为了某种目的消耗各种资源的过程。消费是社会经济活动的出发点和归宿，它和生产、分配、交换一起构成社会经济活动的整体，是社会经济活动中一个十分重要的领域。消费既包括生产性消费，也包括生活性消费。相应地，也可把产品分为工业品和消费品。

1. 生产性消费

生产性消费是指在物质资料生产过程中生产资料和劳动力的使用和耗费。

2. 生活性消费

生活性消费是指人们为了满足自身需要而消耗各种物质产品、精神产品和劳动服务的行为和过程。

显然，由于消费品与消费者复杂多变的消费心理密切联系，因而消费品市场比工业品市场的影响因素要更多，主观性也更强。生产和经营消费品的企业由于要直接面对消费者挑剔的眼光，比那些只生产配件、原材料的工业品生产企业更为注重对消费者消费心理的把握。消费心理学研究的是与消费品有关的因素对消费心理与行为的影响作用。

❓ **思考一下**：对于销售活动而言，生产资料市场与消费品市场哪一个更容易？为什么？

马克思认为：没有生产，就没有消费；但是，没有了消费，也就没有生产，因为如果没有消费，生产就没有目的。消费的增长决定生产的增长，推动着生产方式的变革、生产技术的进步和产品的丰富。一个新的消费热点的出现，往往能带动一个产业甚至几个相关产业的出现和成长，消费已经成为推动生产力发展、社会发展的强大动力和源泉。

消费是人民群众满足生存、发展需求的途径，是人民群众享受劳动成果、促进自身自由全面发展的方式，提升消费水平是人民群众合理、正当的要求。不断提升人民的生活品质，让人民过上幸福美好的生活，也是社会主义社会的生产目的。

（二）消费者

消费心理学研究对象的主体是消费者，而消费者是消费品的消费主体。

1. 消费者（consumer）的含义

消费者通常是指为满足个人或家庭的生活需要，不以营利为目的而购买、使用商品或接受服务的人，而不包括企业消费者和政府消费者。我们也常常以"顾客"（customer）来称呼"消费者"（consumer），但二者有一些细微差别。顾客通常是指在某特定商店或公司进行购买的某个人，而消费者是指为满足生活需要而可能进行相关消费活动的社会成员，包括需求者、购买者和使用者。

在传统营销体系中，消费者只能使用和消费。而在互联网时代，消费者的"创造和分享"功能得到极大释放，出现既是生产者又是消费者的产消者。在"开放创新"的网络时代，消费者体验不是简单的 DIY（do it yourself，自己动手干），而是 DIT（do it together，大家一起做），共同创造、分享。消费者不仅可以参与后期的产品组装以及口碑传播，还能参与新产品开发的过程。例如，Swarovski（施华洛世奇）让消费者设计自己的水晶文身并参加比赛，那些多变的造型，超炫、超酷的闪亮效果，也激发了 Swarovski 设计团队的灵感；小米公司鼓励"米粉"们对 MIUI 系统提出反馈和改进建议，并不断进行迭代更新。

2. 从消费需求角度分析消费者

一般认为，消费者是指那些对某种商品或服务有现实或潜在需求的人。李蔚（2008）根据消费者对商品需求的表现不同，将消费者分为 5 种类型，即潜在消费者、准消费者、显在消费者、惠顾消费者和种子消费者。

（1）潜在消费者：指消费者具有的买点与企业的现实卖点完全对位或部分对位，但尚未购买企业产品或服务的消费者。这类消费者数量庞大、分布面广，出于种种原因，他们当前并不购买企业的产品。如果企业针对他们进行营销设计，则他们有可能成为企业的现实消费者；潜在消费者是企业的市场资源，也是企业的发展空间。例如，巴西是全世界产咖啡最多的国家之一，巴西人也都喜欢喝咖啡，而一位来自产茶之乡的华人却在当地做起了绿茶生意。他认为，巴西人爱喝咖啡，并不代表他们一定会排斥绿茶。在一个不生产绿茶的地方，做没有人做的绿茶生意，卖几乎人人都能接受的绿茶，这是找到了一个完全空白的市场。

（2）准消费者：指对企业的产品或服务已产生了注意、记忆、思维和想象，并形成了局部购买欲，但未产生购买行动的过客。对于过客而言，本企业的产品或服务已进入他们的购买选择区，成为其可行性消费方案中的一部分。但出于种种原因，他们一直未购买本企业的产品。

（3）显在消费者：指直接消费企业产品或服务的消费者。只要曾经消费过本企业的产品，就是本企业的一个消费者。

? 思考一下：对于市场营销者而言，显在消费者和潜在消费者哪个更重要呢？

（4）惠顾消费者：指经常购买企业产品或服务的常客。惠顾消费者的产生有 3 大原因：品牌忠诚、产品情结、服务到位。惠顾消费者是企业的基本消费队伍，是一种市场开拓投入最小的消费者。根据国外的研究发现，留住一个常客的费用，仅是开发一个新消费者费用的七分之一。因此，企业着意培养自己的常客队伍，形成一个庞大的常客阵容，是生产者生存发展的根本。

（5）种子消费者：是由常客进化而来，指除自己反复消费之外，还为企业带来新消费者的特殊消费者。种子消费者有 4 个基本特征：忠诚性、排他性、重复性、传播性。粉丝营销、网红带货利用的就是种子消费者。

种子消费者的数量，往往决定了企业的兴旺程度，也决定着企业的前景。雷军就曾深有体会地说："因为米粉，所以小米。"但是，从客户到"粉丝"并不容易，需要进行客户忠诚度的培育。三顿半咖啡在成名前是在下厨房 App 上走红的，三顿半以其特别的品质征服了这个 App 中的美食家，使他们"路转粉"成为三顿半的首批种子消费者。

在网络语言中，"种草"是指把一种事物推荐给另一个人，让另一个人也喜欢这种事物。"种草"的最终目的也是达成销售，但比起直接销售的带货方式更为隐性，如小红书上的种草 KOL[①]。移动互联网时代的社交媒体为消费者"种草"提供了广阔的平台，但火爆的"种草"都是自带爆点和流量的。

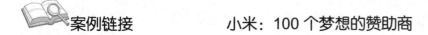

案例链接　　　　　　　小米：100 个梦想的赞助商

小米一直致力于品牌社群的打造。小米的快速崛起，绝对离不开社群营销。雷军被称

---

① KOL 是营销学上的概念，指关键意见领袖，通常被定义为：拥有更多、更准确的产品信息，且为相关群体所接受或信任，并对该群体的购买行为有较大影响力的人。

为社群营销的鼻祖，社群让小米"不花一分钱广告费，第一年卖出 100 万部"。但小米社群成功的答案主要在 KOC（关键意见消费者）。

2010 年小米初建社群时，并没有急于贩卖它的手机，而是找了 100 个手机发烧友体验还在开发中的 MIUI 系统。这 100 个发烧友是从各个安卓论坛中挖来的，其中一些甚至是雷军亲自打电话邀请的。在小米初期的发展中，他们起到了至关重要的作用。为了表示感谢，小米把这 100 个 KOC 的论坛 ID 写在了开机页面上，后来还被拍成了微电影，被小米称作"100 个梦想的赞助商"。这 100 个 KOC 帮助小米完成新品测试，反馈意见并协助修改 bug（漏洞）；他们帮助小米社群实现了第一轮的传播裂变，小米第一批真正意义上的"米粉"是从他们的渠道中转化而来的；他们保证了社群的活跃度与凝聚力；他们帮助小米完成社群从 0 到 1 的蜕变。

1. "极客"即 KOC

小米非常善用"极客"，创建社群初期邀请到的 100 个手机发烧友就是"极客"型 KOC。

"极客"一词来自美国俚语"geek"的音译。原意指智力超群、善于钻研但不爱社交的学者或知识分子，后来常被用于形容对计算机和网络技术有狂热兴趣并投入大量时间钻研、将某种事情做到极致的人。

随着时代的演进，"极客"不再特指某种技术天才或技术鬼才，他们不再自我封闭、游离于主流人群之外，而是用技术手段、创新能力和源源不断的想象力不断地将更新更好的生活方式、娱乐方式推向高潮，推向顶点。

品牌为什么要善用"极客"？特别是在出新品的时候？因为"极客"就是那群最勇于尝鲜的人群，他们天生爱探索、善猎奇，只不过是你找到他和他找到你的区别。

2. "极客"即"首席体验官"

"极客"是最优质的品牌"首席体验官"，"极客"体验就是深度体验。"极客"是"你可以不玩，玩就要玩到最好"，所以他们最能深入挖掘企业的核心精神，他们最能体验产品的核心价值，他们最能理解企业传播的核心思想。

小米创建社群初期邀请到的 100 个手机发烧友就是小米的"首席体验官"。正是因为这些愿意深入挖掘企业产品理念核心价值的人，才愿意在体验并认可小米后，通过自己的影响力和渠道传播出去。

"极客"体验有利于传播品牌的全方位认知。普通用户在使用产品的时候往往只能关注到产品的功能性、实用性、美观性，"极客"的深度体验更倾向于全方位认知，即对品牌文化、产品原材料、技术、设计等方面的整体感知。

尽管"极客"型 KOC 的影响力有限，但是 KOC 的优势在于强关系、爱分享、自我消费、专业。强关系是最重要的决定因素。

3. "极客"即"首席传播官"

"极客"也是最优质的品牌"首席传播官"，他们传播的内容往往具有致命的诱惑力。"极客"们往往被打上"疯狂"和"极致"的标签，他们智力超群、善于钻研。他们善于运用自己对产品的审美、技术、使用方法等方面的独特理解，传播产品的价值。正因为对

"极致"的追求，我们崇拜"极客"，觉得他们是"很酷的人群"，他们传播的内容更具诱惑力和吸引力。

资料来源：刘馨忆. 无 KOC，无社群[EB/OL]. (2020-12-25). http://www.woshipm.com/marketing/4315739.html.

在网络营销中，也可以根据消费者对商品的购买兴趣或忠诚度进行分类。当一个消费者只是浏览网站时，他可能是基于某种原因来到了该网站或商家的网页，随意性比较大，可称为"随意客户"。而当客户完成了注册或进行了多次浏览，他就成了"潜在客户"。网站往往会采用一些类似赠礼的优惠活动或者具有互动性和创意性的活动来吸引客户注册，但有不少客户往往只是进行了注册，也提供了联系电话等个人信息，但并没有进行任何购买行为。客户可能把一款产品加入其购物车中，但是最终没能完成购买流程，这类消费者可称为"意向客户"。只有当一个客户成功完成购买时，才在实际意义上成为该网站的"真实客户"。这类客户如果发生了多次购买，就成了"忠实客户"。这一过程可用图 1-1 来展示。当然，"真实客户"也可能会由于种种原因转化为"流失客户"（包括"短期流失客户"和"长期流失客户"）。

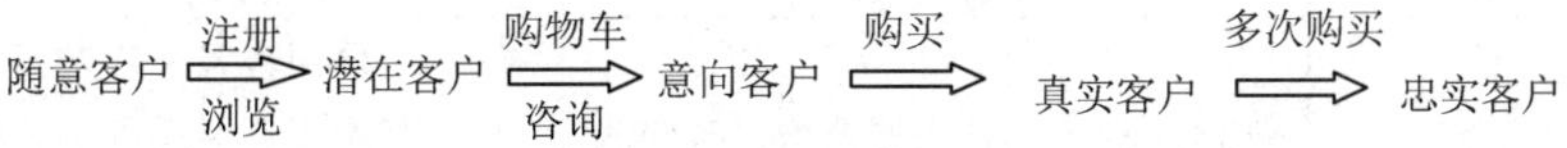

随意客户 ──注册/浏览──▶ 潜在客户 ──购物车/咨询──▶ 意向客户 ──购买──▶ 真实客户 ──多次购买──▶ 忠实客户

图 1-1　客户转换示意图

后面提到的链路模型也可以用来区分处于不同消费阶段的消费者。例如，根据菲利普·科特勒提出的"5A 客户行为路径"，把处于 aware、appeal、ask、act、advocate 阶段的消费者，分别划分为弱意向客户、意向客户、转化客户、付费客户、粉丝客户。商家应当不断提升各个环节的转化率，最终实现消费者忠诚。

3. 从消费角色角度分析消费者

我们可以把参与消费活动过程的所有人看作消费者。但消费者在消费过程中参与的活动或承担的角色是不一样的。例如，大多数成人的个人用品很可能是由使用者自己决策和购买的，如男性通常选择自己用的剃须刀；妇女购买自己用的口红。但大多数儿童用品的使用者、购买者与决策者则很有可能是分离的。

在日常的购买决策中，消费者可能会扮演下列一种角色或几种角色。

（1）发起者：指首先提出或有意购买某一产品或服务的人。

（2）影响者：指其看法或建议对最终购买决策具有一定影响的人。例如，亲朋好友、其他顾客或网评者等。

（3）决定者：指在是否购买、买哪个品牌等方面做出部分或全部决定的人。

（4）购买者：指实际执行购买活动的人。

（5）使用者：指实际消费或使用产品、服务的人。

其中，影响者角色的消费者最多，除了使用者，还有其他人群，如图 1-2 所示。营销者应当发现他们之间的联系与心理作用，借助影响者的力量去影响商品购买者。比如，从众心理、权威心理、优越心理、关爱心理、补偿心理等。许多广告词是这样的，如："爱她，就请她吃哈根达斯""让宝宝多吃一碗饭""别让 2000 元以下的风，吹过她的头发"，等等。

企业有必要区分和认识以上这些角色，尽量使自己的经营适应目标市场消费过程中起重要作用的各种角色，尤其是起决定性作用的角色。例如，健康用品"脑白金"就很好地区分了购买者与使用者，它抓住了人们特别是经济独立以后的年轻人都愿意通过一份恰当的礼品对父母表示一片孝心的心理，将产品定位于"老人礼品"。广告策划以子女对父母的孝敬为主题，从而使"脑白金"在人们心中树立起孝敬老人的"礼品"形象，其广告语"今年过节不收礼，收礼还收脑白金"进一步刺激了子女的购买欲望。

图 1-2　影响者角色的不同人群

对于不同类型的消费者，应当采取与其特点相适应的营销措施。比如，对于忠诚的顾客和竞争者的顾客，就应该使用不同的营业推广工具，如表 1-1 所示。

表 1-1　消费者类型与营业推广目标

消费者类型	预期的结果	营业推广示例
忠诚的顾客（经常或一贯购买你的产品的顾客）	强化这种行为，增加消费，改变购买的时间间隔	● 加强顾客忠诚度的营销方案，如频繁购买者俱乐部 ● 激励顾客积累奖励点数或提高购买奖励
竞争者的顾客（经常或一贯购买竞争者产品的顾客）	削弱对竞争者的忠诚度，说服顾客开始购买你的产品	● 发送样品，说明你的产品质量比竞争者的好 ● 利用抽奖、竞赛等方式使顾客对产品产生兴趣
多品牌购买者（购买产品目录中各种品牌的顾客）	说服顾客经常购买你的品牌	● 开展降低产品价格的任何促销方法，如优惠券、打折包装、奖励包装等 ● 比竞争者供货更及时
价格购买者（一贯购买最便宜品牌的顾客）	用低价格吸引顾客，或者提供附加价值来弱化价格的重要性	● 优惠券、打折包装、退货承诺、降低产品价格

案例链接　　　　　小红书如何降低营销成本

华与华公司根据消费者在消费活动不同阶段的角色，把消费者分为受众、购买者、体验者、传播者 4 个类型。相应地，针对不同的角色应采取不同的营销策略，如表 1-2 所示。

根据这一理论，小红书在营销传播中，从封面和标题通过用户认知高的选题，降低阅读成本，通过口语化正文，让更多用户阅读，进而产生购买动作。在使用和传播阶段，激发更多用户分享，降低品牌传播成本。

表 1-2　消费者的角色与营销策略

角色	状态描述	策略目标	策略重点
受众	第一特征：茫然 第二特征：遗忘	从茫然中唤醒：沟通的发生 对抗遗忘：让他记住	超级符号、品牌谚语，全面媒体化
购买者	购买环境中的信息搜寻者	提供信息服务 打动购买，促成销售	超级符号，三个购买（购买理由、购买指令、购买指南）、货架思维，菜单思维
体验者	期待及验证心理	有惊喜、魅力品质 反复购买，愿意传播	符号化体验 仪式化体验
传播者	感性、主动无意识	设计一句话让消费者替我们传播	品牌谚语 超级符号

1. 受众

提到曝光层面，受众是茫然的，必须要对他进行刺激，特别是本能的刺激，让受众知道做这件事与他相关。

所以在小红书笔记创作上，要利用平台趋势、社交话题以及关键词工具，找到这个用户关注的选题，借助信息流工具将内容曝光给更多潜在用户。此时借用消费者想知道、熟悉的问题关键词，降低用户接触成本。

其次，通过封面、标题激发用户阅读和点击兴趣，运用有吸引力且解决问题的标题和封面，降低用户跳失的成本。如我们售卖的是保健品，则要在标题或封面中写上相关关键词，让用户知道这件事和他有关。

另外，在撰写标题和正文时尽量使用口语，降低用户阅读困难以及跳失笔记的成本。在内容创作上，采取叙事风格、不间断测试内容，找到最适合品牌的笔记，降低阅读成本。

2. 购买者

购买者的核心特征是置身于购物环境中的信息搜寻者。消费者若在站内看到笔记，产生兴趣，则尽量在站内完成购买；若想引导至站外，可通过评论区，告诉用户去淘宝购买，降低搜索成本。

若客户在站外看到产品，在小红书进行查询时，此时笔记方向应是告知用户卖点，以便客户快速做出决策。

在购买者阶段，品牌要利用好产品包装资源，把产品当成最大媒体，将产品变成超级符号，在达人"种草"时，产品包装露出，形成记忆点，比如，小鲜炖、三顿半、小罐茶都是通过包装与对手做到区分。

3. 体验者

用户通过"种草"购买产品，接下来就会进入体验产品的阶段，体验环节可参考餐饮的体验方法论。

来之前：制造期待。通过"种草"让用户对产品产生期待。

来之中：制造惊喜。对于餐厅来讲，就是用户在用餐时，无论在菜品还是仪式上都有所惊喜，对于小红书人群来说，就是在使用产品时出现惊喜。比如，寻遇香薰蜡烛在点燃一段时间后，会有一枚戒指，也算是一个小小的惊喜。消费者感受到惊喜后，也会激发分享的欲望，而用户的免费分享则可以降低交易成本。

走之后：值得回忆，乐于谈论。用户愿意和身边的朋友谈论该产品，体现在小红书上，就是用户使用后会进行传播。

4. 传播者

传播的关键在于传，如果产品不能实现自传播，那么交易成本只会越来越高，最终导致付不起广告费，这就是很多新消费品死亡的原因。因为很多用户是尝鲜购买，产品根本没办法自传播，最终拉新成本越来越高，导致入不敷出。

在传播者阶段，一方面要保证产品真的好用，可以解决用户问题；另一方面要对消费者的口碑进行规划和选择，思考如何传播我的产品，如设计一句话让消费者去传播，或者包装能让用户进行传播，这样才能实现人传人的效果。比如，小鲜炖、三顿半就是号召用户进行自发分享，形成口碑效应。

在这方面，很多在小红书"种草"的品牌做得都不合格，如名称难发音，甚至是超长英文名字，用户很难进行传播，这无疑是自掘坟墓。

资料来源：江河. 必看，小红书营销的第一大底层逻辑！[EB/OL]. (2022-04-25). https://www.yunjuu.com/info/2011014.html.

二、消费心理学的研究对象、研究任务与研究内容

（一）消费心理学的研究对象

人们在商品或劳务的消费活动过程中都有一定的心理活动。消费心理就是指消费者在消费活动中所发生的各种心理现象的总称。

消费心理学的研究对象就是消费者获得信息、购买商品、享受商品价值等消费活动中的心理机制与规律，以及各种内外因素对消费者心理与行为过程的影响作用。

消费
心理面面观

心理学认为，在任何一次消费活动中，既包含着消费者的心理活动，又包含着消费者的行为，而消费心理活动是消费行为的基础，在消费行为过程中，消费者所有的表情、动作和行为都是复杂的心理活动的自然流露。消费心理学不只是研究消费者内在的心理活动过程，还研究其外在的行为过程。而且，消费者行为都是消费者在一定心理活动支配下进行的，消费心理学往往根据人的行为来推断其内部心理活动或特点；同时，又通过准确地把握人的心理活动来理解消费行为。

思考一下：回忆最近的一次购买活动，有哪些内外因素对你的购买活动产生了影响？这些因素对你的购买心理产生了怎样的影响？

（二）消费心理学的研究任务

消费心理学的研究任务有以下 3 个方面。

做销售，学点
心理学很重要

（1）揭示和描述消费心理的表现，即通过科学的方法发现和证实消费者存在哪些行为，这个任务就是观察现象、描述事实，所谓"知其然"。

（2）揭示消费心理的规律性，即说明消费者某种消费行为产生的原因，所谓"知其所以然"。把已观察到的已知事实组织、联系起来，提出一定的假说去说明这些事实发生的原因及其相互关系。

如何快速
了解消费心理

（3）预测和引导消费心理。对一个潜伏于特定行为下的原因的精确解释，常常能让研究者对未来的行为做出精确的预测。通过科学的预测，了解消费心理的规律，设计符合他们需求的新产品，并创造需求、引导消费。

 案例链接 消费心理学如何影响某寿司外卖品牌营销策略的制定

A 是一家寿司外卖品牌，计划在全国快速开拓市场。现状如下。
- 具备寿司的制作能力和新品的研发能力。
- 主要目标是网络销售。
- 在本地区销量不是很乐观。
- 所有用料全部进口。

通过问卷调查和访谈，了解到目前的寿司市场以及国人对寿司消费和 A 品牌的消费心理如下。
- 吃寿司是一件比较时尚的事情。
- 注重品质。
- 女性消费者认为吃寿司是一种绿色消费，既环保又健康。
- 对 A 品牌不是很熟悉，目前低端市场的寿司不好吃，日料店里价格又有点贵。
- 能外卖也可以，只要好吃又及时就可以。
- 中老年人不是很喜欢。

根据对消费者的调研和 A 品牌公司的战略愿景，研究人员提供的建议如下。
- 明确消费者主要群体是学生、公司白领等年轻的消费者。
- 地点必须选择在和目标消费者群体集聚地靠近的地方，必须是一线、二线城市的中心地带。
- 提供多种套餐，一人份、双人份和多人份，根据消费者个性特征，提供定制化服务。
- 提升价格，提升价值，提供超越消费者期望心理的寿司，定位高端品牌寿司，占据高端寿司外卖品牌的消费者心智。由原来价格 50 元一份单人餐提升到 99 元，并不是仅仅拔高价格，寿司品质必须相匹配，目的是营造品牌高端形象，以满足目标群体的心理需求。
- 包装上以礼品的方式呈现，必须高端、大气、上档次，不仅可以自己消费，还可以送人。中国人讲究礼节和分享，因而可以进一步扩大市场流通。
- 必须要有新品类寿司的宣传主题和广告，用于投放网络新媒体。

经营管理者以消费者对品牌认知、产品形象、产品渠道、产品功能、产品价格等方面调研结果为基础，结合消费者的心理需求，通过产品品质、产品规格、产品价格、渠道建设、品牌定位、品牌文化等方面的改进取得了目标客户的喜爱。

资料来源：专业剖析你的"上帝"——消费者心理概论[EB/OL]. (2018-12-06). http://www.woshipm.com/user-research/1693861.html.

（三）消费心理学的研究内容

消费心理学的研究内容通常包括如下几个方面：消费者为什么购买（购买需求和动机）、影响购买心理的各种因素（包括个人因素、环境因素和营销因素）、怎样购买（认知过程、决策过程、行为方式）等。

影响消费者
购买行为的因

具体地说，消费心理学要研究这样几个方面的问题：

1. 消费者个体因素与消费心理的关系

（1）消费者的心理活动过程。消费者从有某种需求到购买商品，再到使用商品的整个过程中，包含着与商品有关的认识过程、情感过程和意志过程。

（2）消费者的个性心理。个性心理是人们在兴趣、价值观、态度、能力、气质、性格、自我概念、生活方式等方面反映出来的特点，是形成消费者不同购买动机、购买习惯的重要心理基础。

（3）消费者的需求和动机。需求是消费者行为的出发点和原动力，需求产生动机，动机指导行为，要了解消费者的消费行为，首先就要分析和研究消费者的需求。正如一位美国营销专家所说："抓住了消费者的需求，财富就会像密西西比河的河水一样滚滚而来。"

（4）消费者的人口统计特征。人口统计特征是指消费者在年龄、性别、民族、职业、教育、收入、社会阶层等方面的特点。人口统计特征比较清晰明确，经常被用作市场细分的依据。例如，通常女性消费者大都热衷逛街，而男性消费者对逛街购物并不感兴趣；中老年人喜欢便宜、实用的商品，而年轻人群购买商品时注重时尚、个性。表 1-3 所示即性别消费心理差异。

表 1-3　男女消费心理差异

因　　素	男　　　性	女　　　性
消费需求	较贫乏	强烈、多样
消费动机	被动、好胜、求名、实用、价值	主动、灵活、个性化、方便舒适、情感
购买量	较少	很多
消费时尚	不太关注	追逐时尚
购买决策	时间短、迅速、理智、自主、豪爽	时间长、易冲动、易受暗示
购买过程	速度快、不怎么挑剔	速度慢、挑剔、细致谨慎
购买时机	使用时	平时

根据消费者个体因素进行市场细分是消费心理学在市场营销中的重要应用。消费者市场细分的依据很多，所有造成消费者需求特征多样化的因素几乎都可被视为市场细分的依据或标准，这些标准十分繁多，大体可以分为消费者的基本特征（地理分布因素、人口统计因素、文化因素、社会阶层因素和家庭规模与生命周期等）、消费者的心理特征（个性、收入、职业、生活方式、态度、动机等）以及行为特征（追求的利益、购买时机和频率、使用方法等）3 大类。

目前，互联网的应用正大大地促进着个性化营销的发展，而个性化营销注重的是满足单个消费者与众不同的需求。在许多产品需求日趋饱和的情况下，强调以消费者为中心和个性化营销的大规模定制和 C2B（消费者到企业）电子商务模式，对于最大限度地满足消费者个性化需求和增加内需就显得尤其重要。同时，现代数据库技术和统计分析方法已能准确地记录并预测每位顾客的具体需求，并为每位顾客提供个性化的服务，由此理论界也提出了市场细分到个人的"超市场细分理论"。

另外，在传统营销活动中，营销者往往会为细分目标群体量身打造产品，并通过特定的渠道向特定人群提供产品信息。但在网络时代，每个消费者都可以主动而方便地从网上获取产品信息，并判断产品是否符合其需要。这样，即使企业没有事先预测市场定位，合适的市场细分也会自然出现。因此，更宽泛的市场定位将更有利于开拓市场。例如，一家旅馆定位于"商务酒店"，但消费者通过网上查询，发现它也能满足家庭或情侣的住宿要求。

2. **外界环境因素与消费心理的关系**

虽然消费者的购买活动是受其心理活动支配和制约的，但人的心理又是在社会实践活动中产生和发展的，会受到各种外界环境因素的影响和制约，这些环境因素包括客观和微观两个层次。

从宏观环境上看，包括自然环境（地理区域、气候条件、资源状况、理化环境），社会消费基础结构（消费基础设施、市场供求、科学技术、消费政策等硬结构与软结构），文化和亚文化（风俗习惯、社会风气、社会价值观、文化传统、宗教信仰），以及政治、经济、法律环境等，都对消费者行为的产生和发展有着深远的影响。而微观环境的影响作用相对更为直接，包括家庭、虚拟社群、参照群体等。图 1-3 为社会环境间相互影响的流程图。消费心理学应当研究影响消费者心理的具体环境因素有哪些，对消费心理会产生何种影响，在具体的情境中到底哪一种因素起着主导作用，等等。

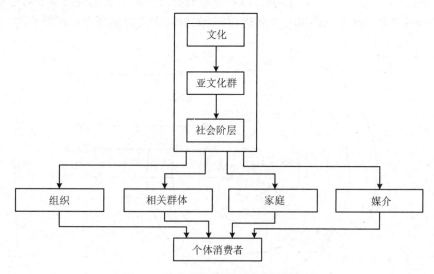

图 1-3 社会环境间相互影响的流程图

我们也可以从"个体性-广泛性"和"消费性-综合性"两个维度上对外部环境影响因素加以分类，如图 1-4 所示。

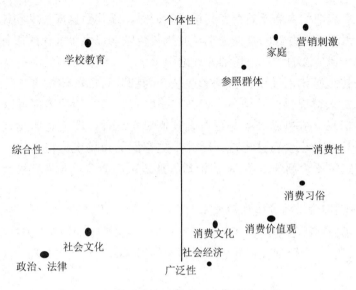

图 1-4　影响消费行为的外界环境因素分类

3. 产品因素与消费心理的关系

产品是消费者购买活动的主要目标，产品因素对消费者的心理活动产生着直接的影响。这种影响不仅来自产品的用途、质量、性能，也来自产品的设计、命名、品牌、包装、价格以及商品广告等。现代营销学认为，广义的产品包括能够满足人们需要和欲望的一切有形或无形的因素，它既包括具有物质形态的产品实体，又包括非物质形态的利益，即"产品的整体概念"，如图 1-5 所示。消费心理学要研究商品的各方面因素对消费者心理的影响作用以及消费者对产品各方面的心理要求，探讨如何制定符合消费者心理特点的产品策略。

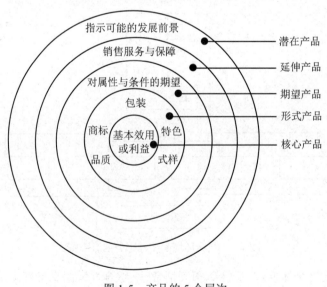

图 1-5　产品的 5 个层次

资料链接　　　　　　四类产品的"降维营销"法

1. 功能属性的产品优衣库化

什么叫作优衣库化？优衣库最早进入美国市场的时候开在沃尔玛边上，因为开在乡下没有人买，觉得这是很"LOW"的。

优衣库是怎么做起来的？它把重金花在了在最好的街头开最好的旗舰店，打造一个中产阶层偏高的象征的东西和品质感，但是它的价格是偏低的。把快消品的功能性做成一种符号、一种腔调，才能赢得人心。

2. 身份属性的产品奢侈品化

功能属性就是即使性价比很强，也很难成为企业家需要的东西，或中产阶层偏上及中产阶层需要的东西。这里必须去打造你的区隔感，身份属性的东西要做得高级，要有奢侈品的感觉。

3. 高频消耗品上瘾化

高频消耗品一定要带有一定的上瘾化，如果产品不能使消费者上瘾，不能形成某一种触觉和连接的感觉，你是很难做好这个生意的。很多人抽烟并不是为了抽烟，他就喜欢手里有个东西，成为一种衍生的器官了。所以，创造上瘾的特性很重要。例如，牙膏在最早推出的时候不起泡沫。但不久产品经理发现，如果没有泡泡、没有薄荷味道，很难让人上瘾，觉得这东西没效果。所以后来牙膏就一刷都是泡泡、很清凉，消费者觉得这样才有效，产品就普及了。

也就是说，你的产品可以加一点没有实际作用但能让人上瘾的东西。

4. 低频耐耗品信仰化

很多大型家电其实属于耐耗品，一定要有信仰、有圈层。

资料来源：沈帅波. 一场商业大变局正在中国上演，这是很多人一生仅有的机会！[EB/OL]．（2019-05-08）. https://www.sohu.com/a/312693979_479565.

4. 营销因素与消费心理的关系

消费心理与市场营销活动是相互影响、相互制约的。一方面，市场营销策略（包括营销要素、营销传播、促销策略）对消费心理会产生很大的影响；另一方面，消费者的行为特点及心理倾向也会对市场营销活动产生制约作用。在这里，消费心理学主要研究营销措施（如促销、渠道、广告等）、商店的位置、购物环境与外观、消费场景、引流拉新、网络舆情管理、售后措施、人员服务等方面与消费心理的相互关系。

案例链接　　　　　　"街电"的分销

"街电"提供城市移动电源租借服务，是共享充电宝行业的早期领先者。

街电与城市热门商圈的商场、商户等公共场所合作，在合作商户放置充电箱设备，为店内外消费的消费者提供移动电源租借服务。用户可以通过微信街电小程序、支付宝街电服务、街电App中的LBS（基于位置的服务）地理位置定位查看附近的街电设置点，再跟随地图导航即可找到街电网点。用户只需要扫描机箱上的二维码，根据提示操作即可借出移动电源为手机充电。

用户芝麻信用分达到 600 分以上即可"免押金"借用街电共享充电宝，信用分不足 600 分时亦可支付 99 元押金进行租借。租借的充电宝前半个小时免费使用，超过半个小时以后，一个小时按 2 元收费。交押金的用户将充电宝成功归还后，押金可随时提现并退回账户。

不同于传统的"守充"，街电让用户可以随身充电——街电的用户借出移动电源后可以立即离开充电箱，将充电宝拿在手中或带在身上为手机充电，用完后就近找充电箱归还即可，从终端彻底解决了人们出门在外无法为手机充电的痛点。该产品绿色环保、功能时尚、随借随还，提升了用户的出行品质。

资料来源：苏朝晖. 消费者行为学[M]. 北京：人民邮电出版社，2020.

❓ **思考一下**：签名售书的心理作用有哪些？

5. 消费者的决策心理

消费者行为由内隐和外显两个部分构成：一是消费者的决策过程；二是消费者的行动（即消费行为过程）。消费者的决策过程是消费者在使用和处置所购买的产品和服务之前的心理活动和行为倾向；消费者的行动更多的是购买决策的实践过程。

消费者决策是在购买动机的驱使下，寻找可以满足需求的若干备选方案，从中选择满意或最佳方案并最终做出购买决定的过程。

消费者的主要决策内容可用 6W2H 模式来表示。6W2H 形成了消费市场与消费者购买心理分析框架，它包括以下内容。

（1）who：谁构成该市场？谁购买？谁参与购买？谁决定购买？谁使用所购产品？谁是购买的发起者？谁影响购买？

（2）what：购买什么产品或服务？顾客需要什么？顾客的需求和欲望是什么？对顾客最有价值的产品是什么？满足顾客购买愿望的效用是什么？顾客追求的核心利益是什么？

（3）which：购买哪种产品？在多个品牌中购买哪个品牌的产品？购买名牌还是非名牌产品？在有多种替代品的产品中决定购买哪种？

（4）why：为何购买（购买目的是什么）？为何喜欢？为何讨厌？为何不购买或不愿意购买？为何买这个不买那个？为何选择本企业产品，而不选择竞争者产品？为何选择竞争者产品，而不选择本企业产品？

（5）when：何时购买？什么季节购买？何时需要？何时使用？曾经何时购买过？何时重复购买？何时换代购买？何时产生需求？何时需求发生变化？

（6）where：何地购买？在本地购买还是外地购买？在超市购买，还是农贸市场购买？在大商场购买，还是小商店购买？

（7）how：如何购买？如何决定购买行为？以什么方式购买（实体店选购、网购、电视购物等）？按什么程序购买？消费者对产品及其广告等如何反应？

（8）how much：购买数量是多少？一定时期的购买次数是多少？一定时期的购买频率是多少？人均购买量是多少？等等。

❓ **思考一下**：如果你准备开发（或投资）一种新产品（或服务项目），你觉得应当从哪些方面对消费者进行分析和研究？

6. 消费行为过程

消费者心理与消费者行为联系紧密，研究消费者心理的目的也是为了把握消费者行为。

消费者的消费行为过程主要包括问题认知、信息收集、方案评价与比选、购买决定与商品获取、商品使用、购后（体验）评价与分享、商品处置共 7 个阶段。或者说，指的是购买前（问题认知、信息搜寻）、购买时（比选、购买）、购买后（使用、评价、处置）的消费过程。

但是，并不是说消费者的任何一次购买行为都会按次序经历这个过程的所有步骤。在有些情况下，消费者可能会跳过或颠倒某些阶段。通常来说，对于消费者熟悉的产品、频繁购买的产品、低成本产品等，消费者的行为过程相对比较简单，其消费决策过程也更为快捷。比如，购买特定品牌牙膏可能会从确定需要牙膏直接进入购买决定，跳过了信息搜寻和方案比选阶段。但对于房产、汽车、家装、大家电、投资等高价且复杂的产品，消费者的购买过程就较慎重且复杂。

心理学家丹尼尔·卡尼曼（Daniel Kahneman）认为人的大脑存在两个系统，分别有快（直觉）与慢（理性）两种做决定的方式，如表 1-4 所示。但人们通常更喜欢使用直觉进行判断和决策。网红带货、品牌、广告、明星效用、感性信息的作用就是让消费者在决策时更多地使用快思维，而非慢思维。

表 1-4　大脑的两个系统

快　思　维	慢　思　维
快速	慢速
无意识	有逻辑
不费脑力	费脑力
直觉决策	理性决策

❓ **思考一下**：描述你最近的一次消费活动，它在多大程度上遵循上述 7 个阶段的行为过程？你如何解释其中的差别？

研究学者和互联网公司还推出了一些驱动消费者行为的链路模型，具体如下。

（1）AIDA 模型：attention 表示引起注意，interest 表示诱发兴趣，desire 表示诱发欲望，action 表示促成购买。随着互联网逐步渗透消费生活，AIDA（爱达）模型已经无法精确地解释消费者的行为路径。

（2）AACAR 模型：attention 表示引起注意，association 表示产生联想，consensus 表示共鸣共识，action 表示购买行为，reputation 表示口碑分享。

（3）5A 模型：aware 表示感知，appeal 表示好奇，ask 表示询问，act 表示行动，advocate 表示拥护。企业要针对不同的阶段采取不同的营销策略，促使客户从知晓品牌到最后转化为忠诚客户。比如，在 aware 阶段，企业的主要营销目标应该是拓展品牌，此时，企业可以通过广告投放、搜索营销、社交聆听等多种手段达到目标。

（4）AIPL 模型：awareness 表示认知，interest 表示兴趣，purchase 表示购买，loyalty 表示忠诚。当然，不可能每个用户都会走到忠实粉丝这一步。市场营销就是要通过产品优化、品牌升级、活动运营等方式，让更多的消费者逐渐向上层运动。以电商产品为例，"A"

对应的是纯新消费者，"I"对应的是访问过页面但没有成交的消费者，"P"则是指有过成功订单的消费者，"L"则是指经常会购买产品的那群人。营销者应当为每一个层次的消费者设计适合他们的体验，目标就是使其向下一个层级移动，从而实现全链路营销。

"花西子"利用
模型在短视频
营销的全链路

第二节　消费心理学的产生与发展

一、消费心理学产生、发展的历史条件

消费心理学的产生一方面是商品经济产生和发展的客观要求，另一方面是心理学等相关学科日益拓展和深化的产物。

（一）消费心理学产生、发展的社会背景

消费者心理与行为是客观存在的现象，但人们对消费者心理与行为的重视和研究却是随着商品经济的发展而逐渐加深的。

在小商品生产条件下，由于手工工具和以家庭为单位的小规模劳动的限制，生产力发展缓慢，可供交换的剩余产品数量十分有限，市场范围极其狭小，小生产者和商人无须考虑如何扩大商品销路和促进成交，因而客观上没有专门研究消费者心理与行为的需要。

在19世纪末至20世纪初，世界上各个主要资本主义国家在经过工业革命以后，劳动生产力大为提高，其社会生产力的增长速度开始超过市场需要的增长速度，市场上商品急剧增多，市场竞争越来越激烈。为了在竞争中站住脚，战胜竞争对手，占领更多的市场，生产厂家和商品营销者需要扩大商品的销路，因而迫切需要研究市场，研究和揣摩消费者的心理及购买行为，探究消费者的需要和愿望，使产品找到畅销的途径，这就为消费心理学的产生和研究创造了极为有利的社会历史条件。随着消费社会的发展，企业的经营观念也越来越关注消费者。从20世纪60年代起，企业的经营观念已从生产取向（production orientation）、推销取向（sale orientation）发展为"以消费者为中心"的营销取向（marketing orientation）。营销观念和推销观念之间有一个很重要的区别，便是营销观念将顾客的优先性放在组织本身的利益之上，主张"透过正确地了解顾客的需要，然后提供能满足顾客需要的产品与服务，以促使其主动购买"，把正确地了解消费者行为作为企业营销策略形成的核心。著名的管理思想家德鲁克（Peter Drucker）便认为"营销是指由顾客的观点来看整个企业"，这彰显了消费者在营销策略的主轴地位。可见，市场营销观念的改变对消费心理学的研究起到了推动作用。另一方面，营销理论的演变过程也反映了市场营销观念向以消费者为中心、突出消费者心理体验的方向发展。

自20世纪中叶"市场营销组合"概念被提出以来，传统的营销理论经历了多次蜕变——4P、4C、4S、4R①。在网络时代，信息的不对称逐渐被打破，消费者的话语权在回

---

① 4P指product（产品）、price（价格）、place（渠道）、promotion（促销），4C指consumer（消费者）、cost（成本）、convenience（便利）、communication（沟通），4S指sense（认同感）、service（服务）、sincerity（诚意）、speed（速度）指relevance（关联）、reaction（反应）、relationship（关系）、reward（回报）。

归、个性化需求逐步提升，新的营销理论更强调个性化、互动感染、心理体验的重要性，如4I、4V、4D 理论①。营销理论的演进并不意味着前后替代关系，而是营销理论之间的互补与发展。但这些营销理论也都需要消费心理学对其所涉及的心理与行为基础进行深入研究，建立在这些理论基础上的营销战略，实际上也都必须深刻洞察消费者的心理与行为规律。

（二）消费心理学产生的理论条件

一般而论，消费心理学来源于心理学原理应用于商业实践的结果。1879 年，德国心理学家冯特在莱比锡创立了第一个心理学实验室，标志着心理学从哲学中独立出来。之后，心理学领域出现了众多流派，如结构学派、功能学派、行为学派、格式塔学派等。各种学术观点的激烈争论促成了认知理论、学习理论、态度改变理论、个性理论、心理学分析方法等各种理论和方法的创立。正是这些理论和方法，为消费心理学的产生奠定了坚实的科学基础。特别是社会心理学领域的开辟和迅速发展，既为消费心理学的产生准备了坚实的理论基础，又为消费心理学的发展提供了有效的科学研究手段。

同时，应用心理学方面开展的研究，特别是工业心理学的研究，推动了消费心理学的产生。20 世纪初，西方资本主义工业企业管理的需要，促进了工业心理学的深入研究。工业心理学发展到一定阶段之后，便开始研究商品的广告宣传及推销等活动中的消费心理问题。

当前，随着网络化、移动化和大数据时代的到来，以及新营销理论的提出，消费者心理行为及其研究方法都发生了巨大的变化，消费心理学的学科建设必然要顺应时代的要求，反映时代的变化，从内容到研究方法进行深刻的变革。

二、消费心理学发展历史简介

人们对于消费心理的关注和某些消费心理的经验描述有着十分悠久的历史。我国古代的一些经商谚语，如"物以稀为贵""货卖一张皮""和气生财"等，都与消费者的心理有关。而"西方经济学之父"亚当·斯密所信奉的"看不见的手"经济原理，也是建立在对个体消费者行为的观察和某些假设之上的。但直到 20 世纪初才出现对消费心理的专门研究，而消费心理学发展成一门独立的学科也只不过才一百多年的历史。消费心理学和心理学一样，都是一门"古老而年轻"的学科。

最早从事这方面研究的是美国经济学家 Veblen，他在 1899 年出版的《悠闲者阶层的理论》一书中明确阐述了过度需求中的炫耀心理。美国著名心理学家 Scott 于 1903 年出版了《广告理论》一书，这不仅是第一部有关消费心理学的著作，而且是消费心理学的一个组成部分——广告心理学诞生的标志，还是心理学与工业相结合的第一部著作。自此至20 世纪 60 年代前后，一些学者为构建消费心理学体系付出了艰辛而卓越的努力。1960 年，美国心理学会消费者心理学分会成立，这被人们认为是消费心理学（或消费者行为学）成为系统的独立学科的标志。

之后，消费心理学的科学理论体系在不断创新的过程中得到丰富和完善。主要

大数据营销使
你无处可逃

---

① 4I 指 interesting（趣味原则）、interests（利益原则）、interaction（互动原则）、individuality（个性原则），4V 指 variation（差异化）、versatility（功能化）、value（附加价值）、vibration（共鸣），4D 指 demand（需求）、data（数据）、deliver（传递）、dynamic（动态）。

表现在以下方面：消费心理学理论由一般表象研究转向深入的理论探讨；逐步重视从宏观经济的高度来研究心理；对消费心理由简单的数量关系研究转向对行为因果关系的探讨；消费心理与社会问题的互动性研究；消费心理学的研究逐步引入现代研究方法；消费心理学逐步转向多学科交织、渗透和互补性的研究。除了传统的定性分析，还运用统计分析技术、信息技术及动态分析等现代科学的研究成果，建立了精确的消费心理与行为模型，对消费心理现象进行定量分析，从因果关系、动态发展及数量变化上揭示各变量之间的内在联系。消费心理学的研究内容更加全面，理论分析更加深入，学科体系也更加完善，消费心理学在实践中得到越来越广泛的应用。

在网络信息时代，互联网、移动终端以及大数据研究方法的应用，使理解、分析消费者心理与行为的方法发生了根本性、革命性的变化。大数据研究将成为新的研究范式，消费心理学将走向大数据时代、信息充分条件下的数字化消费心理学。

 **案例链接　　国产快时尚 SHEIN，连 ZARA 和 H&M 都怕了**

在海外，一个名叫 SHEIN 的快时尚品牌正在霸占人们的衣橱、手机屏幕与大量的闲暇时间。一则网传笑话是这么说的，一个时髦的老外在 2021 年绝对躲不过这三件事——玩原神、用 TikTok 拍视频和在 SHEIN 上买衣服。

SHEIN 是"中国最神秘的独角兽公司"，融资估值高达 1000 亿美元，约等于"一个美团，或两个拼多多，或三个小米"。据说，它的独立网站每天都会新增超过 6000 件新款商品，包括但不仅限于男女服饰、鞋包、家居用品和小猫玩具。无论是上新速度，还是"拼多多"一般的价格，都足以"脚踢 ZARA，拳打 H&M"。

SHEIN 成功的秘诀在哪？除了"实时时尚"、价廉物美的金字招牌，SHEIN 的优势还在于其强大算法，"即根据用户行为数据，筛选、预测出消费者感兴趣的最新潮、最流行的元素"。目前，SHEIN 在几个主流社交平台均拥有超过 2000 万粉丝，"Sheingals"的标签下，上百万女孩愿意主动分享她们的穿搭。同样的热闹也出现在 SHEIN App 的 UGC 内容社区。许许多多说着不同语言、有着不同穿搭风格的用户，都把这里当作她们自信与时尚的展示窗口。同时，这也意味着当买的人越多，用户行为数据越丰富，SHEIN 将得到一个越发清晰的用户画像，并将其"投喂"到设计、优化的环节，进一步让消费者沉迷。消费者便是在这样的追踪定位下，一步步地落入了 SHEIN 的"坑"，既戒不掉，也放不下。网上数据抓取和流行预测技术，赋予了 SHEIN 和供应商捕捉时尚和潮流的能力。而不断开发新款，既掩盖了单款产能的不足，也起到了分散风险的作用。

对于消费者而言，SHEIN 已经不仅仅是一家淘衣服的商店，它还成为一本开放性的时尚杂志、一个大众化的秀场，甚至是对抗无聊的武器。

资料来源：玄玄. 国产快时尚出招，ZARA 和 H&M 都怕了[EB/OL]. (2022-05-24). https://new.qq.com/omn/20220524/20220524A03Y9600.html.

 **本章思考题**

1. 根据你的亲身体会，谈谈消费心理学在实践中的应用。
2. 如何根据消费者在购买过程中的不同角色来开展市场营销工作？请举例说明。
3. 消费心理学应当研究哪些方面的内容？
4. 关于消费者行为的链路模型有哪几种？

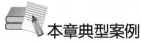 **本章典型案例**　　　　　Costco 的小心思

2019 年 8 月 27 日，大陆地区首家 Costco（开市客）门店在上海闵行开业，吸引了大批市民前来购物，销售场面十分火爆。不过结合行为经济学的理论来看，为了让顾客把购物车塞满，Costco 也是花了不少小心思。

在行为经济学里有个著名的"笨驴效应"，来自丹麦哲学家布里丹的一则寓言。有头毛驴，在干枯的草原上好不容易找到了两堆草，由于不知道先吃哪一堆好，结果在无限的选择和徘徊中饿死了。Costco 为了防止这种"人间惨剧"降临，决定替消费者完成纠结。怎么做呢？每种品类，只提供 2～3 种选择。从十几种商品中得出最优选项很难，但从两三种里筛选出一种可就简单多了。

还有一点很特别，在 Costco 店里没有任何指示标志。这里既不会如大多数超市一样把不同类型的产品区分开来，也不会为固定品类产品找一个恒定居所。Costco 随意打乱摆放位置，不仅如此，还要经常变换商品位置。这有什么好处？为了找到心仪的商品，顾客在绕道而行的过程中难免被计划之外的商品打动，不知不觉中将其放进购物车。于是一件有趣的事发生了：要买卫生纸么？这里的薯片说不定也不错！

不过，帮你解决纠结，还安排绕道而行、不期而遇的惊喜，这都不算什么。更高阶的做法是直击消费者软肋。什么软肋？——"损失厌恶"心态。

所谓损失厌恶，是指"人们在面对同样数量的收益和损失时，认为损失更难以忍受"。作为会员制的超市，Costco 从 2019 年 4 月 26 日起开放会员注册，会员费一年 299 元。尚未开业之际，Costco 便已通过宣传其物美价廉及会员优惠收获了数万名会员。作为会员能享受哪些优惠呢？所有 3000 多款精选产品超低价格，商品支持 90 天无理由退货，对会员卡不满意可以退卡。这一制度安排很显然击中了消费者的"损失厌恶"心态。会员费都交了，要是不多买点，岂不亏了？

不仅是会员制度，Costco 的选址——设在郊区，也利用了这种心态。首家中国境内店铺选在远离市中心但直通地铁的闵行区朱建路，付出一个多小时乘车成本的购物者很难不产生这种心态：大老远来了，要是不多买一点，怎么对得起搭进去的时间？

金钱、时间的投入，从来不是随随便便的。Costco 深谙此道，便从源头打消目标人群的一切顾虑。怎么打消？Costco 祭出低价策略——保证所有商品的毛利率不超过 14%，一旦超出，则须向 CEO 汇报并经董事会批准。此外，Costco 给消费者反悔的机会：90 天内无理由退货。食品拆了包装，退；东西用了一半，退；就算半路不想继续成为会员了，会

员费也可以退。这便是向顾客传递一个信号——来 Costco，买不了吃亏、买不了上当；大胆下单、大胆办会员吧，因为没有风险，只有好处。

所以，Costco 的商业模式更像是中介，会员费就是服务费，直接对应消费者和供应商，极低的利润仅仅用来平衡一系列成本，真正的利润只能从会员费里产生。

当然，美国消费者开车去郊区购置长期生活必需品已成为一种定期习惯，但在交通拥堵的中国大都市，许多消费者并没有这样的购物习惯，他们更喜欢的是电商。而且中国消费者对会员制的接受程度也不如美国本土。如果 Costco 对中国消费者的多元化需求和消费心理缺乏准确的把握，其市场前景也并不乐观。

资料来源：《Costco 的套路能在中国玩多久？》，微信公众号：侠客岛（ID：xiake_island）.

本章案例讨论

1．在本案例中，你认为 Costco 的营销措施有何特点与不足？

2．在亚马逊、乐购和家乐福等零售商在中国陷入困境的背景下，你觉得 Costco 能否在中国站住脚？

3．针对中国消费者的特点，你认为 Costco 还应当怎样改进营销工作？

客 观 题

第二章 消费者的认知

学习目标

- 理解营销信息展现的措施与方法。
- 了解感觉阈限的含义及营销运用。
- 了解消费者注意的影响因素。
- 了解影响消费者理解的因素。
- 了解消费者质量知觉的特点。
- 掌握消费者风险知觉的含义、分类与影响因素。
- 了解消费者的记忆机制。

导引案例　　　北京环球影城的"威震天"可真碎嘴

北京环球影城变形金刚基地主题园区的"威震天"凭着惊人的神吐槽和话痨特质走红网络，为北京环球影城在社交媒体上的传播起到了很大的推动作用。

威震天是《变形金刚》系列电影及其衍生动画片中的反派人物。在许多人的童年回忆中，威震天绝对占有一席之地。而北京环球影城的威震天除了吐槽，简直就是话痨！它和谁都可以聊得很嗨，简直太外向了。自此，威震天一战成名，火遍社交媒体。

威震天火的原因主要是它具备了满足用户自传播所需的各种因素。

- 在内容上，幽默且利于游客创作，和游客共创让内容更具深度和广度。
- 在环境上，充分利用从众心理，让游客不自觉掏出手机拍照。
- 在共情上，沉浸式体验，激荡儿时的记忆，圆梦童年，产生 IP 共情。
- 在放大上，利用新媒体平台，巧用 KOL 助力，让内容不断放大。

1. 内容

1）高话题、低创作门槛更容易引爆传播

在过去，品牌通过投放主流媒体广告就可以占领用户心智。但在网络社交媒体时代，传播渠道被分散了，营销者无法再通过投放来占据全部的传播渠道和媒介。通过多个结点的自传播来引爆话题、占领用户心智成为迫不得已的选择。

要想用户传播，需要满足两个最基本的定律：内容有料、创作简单。

内容生产有 3 种模式：OGC、PGC、UGC。这三者的生产难度是逐级递增的，即 OGC ＜ PGC ＜ UGC。

用户自传播的好处是可以快速且多渠道，但难点是 UGC 内容很难生产。因此帮助用户降低创作门槛，但又能制作出高质量的内容，就显得尤为关键。

回到威震天的例子上，威震天的话痨形象和语出惊人的神评论就是非常有料的内容，本身就有很高的热度。游客只需要拿起手机，记录下这样的时刻就可以生产出高质量内容，故创作门槛足够低。

有料的内容由游乐园生产，游客只需要记录并传播即可。生产和传播的分离，让创作成本和难度直线下降。同时，游客拍摄是参与的过程，视频是游客亲自动手拍的。如果直接把现成的片子交由游客传播，效果则完全不一样。

2）和用户共创，内容更有料

威震天固然有趣，但如果每天都是它自己在唱独角戏，又会怎样呢？红极一时，但不能长久。每位游客上台，和威震天互动，每个人都会问不同的问题，都会发生不同的有趣的事。一群人的创作必定是百花齐放，异彩纷呈。可见，群体共创可以有效扩充内容的深度和广度。

3）反差形象和金句是传播关键

人们会传播什么内容？严肃的，还是正经的？错，这些很难形成大规模传播。无法引发情绪激荡的内容，用户根本不喜欢传播。

翻翻你的朋友圈，看看哪些内容最容易传播？极度煽动情绪、娱乐八卦等内容永远占绝大多数。

在反差上，威震天在原版动画中是一个反派，但在现实中，它竟然很萌，语言幽默，这和人们的既有认知形成巨大反差。威震天是高大威猛的，人们站在它面前要矮许多，要仰头看它，加上威震天的犀利语言，令人总是感觉威震天好像在教训小朋友一样，充满戏剧性。当日常生活中遇到一件不太寻常的事情时，人们往往会第一时间想要分享出去。

另外，冗长的发言稿很难让人抓住重点并引发情绪共鸣，但简明有趣的金句能做到这点。一点都不叛逆的内容，不会有人喜欢。而口吐莲花、情商在线的威震天自然会受到人们的喜爱。

4）环球影城和威震天的IP影响力让破圈更容易

如果IP已经具有一定影响力，可以加速破圈的速度。没有IP怎么办？寻找文化母体，和原有的其他IP靠近，引发价值的认同。例如，华杉老师为固安工业园区所做的城市营销口号"我爱北京天安门正南50公里"，借用的就是《我爱北京天安门》这首经典老歌的IP。

2. 环境

1）被动传播

从众心理：心理学中有"羊群效应"，用来比喻人都有一种从众心理，从众心理很容易导致盲从。

试想一下，当你身边的人都在拍威震天时，你会不会也想拿出手机记录一下？大概率会。人是会被周围的环境所影响的。另外，威震天在网络上已经有很高的热度，你很可能是看到威震天这么幽默的视频后才决定来看的，你其实已经被影响了。

当你第一次听说威震天时可能没有格外注意，但当大家都在讨论威震天时（或者你在抖音上频繁刷到威震天的视频时），你就会不自觉地去了解威震天。

2）主动传播

用户主动传播的关键因素是替用户表达。而话痨威震天神吐槽就是一个很好的话题，本质上是社交货币。另外，能进入园区拍摄威震天也可间接彰显自己的身份，发一个在环球影城看威震天话痨的视频，也是一种凡尔赛（以低调的方式进行炫耀）。

3. 共情

任何大规模的传播，一定有一个强大的共情点在支撑着。威震天火遍全网的背后，是唤起了人们对威震天IP的共情。很多人的童年中就有《变形金刚》这部动画片的影子，当有一天，影视和动画作品中的威震天来到了现实世界，并站在你面前和你互动，这种沉浸式的互动体验会不会唤醒IP共情？

4. 放大

1）微博超话、抖音话题的放大

威震天的爆火，在很大程度上得益于新媒体平台的放大效果。微博超话、抖音话题的开通和建立，使内容得到更快传播。

2）KOL助力

威震天的爆火会吸引更多的KOL帮助扩散，在这次传播中有两个特别明显的特征。① 贾乃亮、贾玲等明星和威震天互动。明星和威震天互动，将话题引爆，同时利用明星的粉丝圈层让内容继续破圈。② 系列视频持续获得传播。由于威震天的走红，抖音上出现了一批账号，专门用来发布威震天和游客互动的视频内容，且作品观看数据非常可观，已经出现多条爆款作品。

3）评论区网友发言让内容更具有可看性

许多人在刷抖音的同时，会习惯性地打开评论区看一下网友的神评论，很多时候可能评论比视频还要精彩。

4）依靠IP持续获取搜索

自北京环球影城宣布试运营以来，微信指数中"环球影城"和"威震天"两个词的搜索指数不断攀升。

资料来源：李云琪. 北京环球影城开园在即，网友：话痨"威震天"，你可真碎嘴！[EB/OL]. (2021-09-19). https://www.163.com/dy/article/GK9DPCPD0511805E.html.

问题：

1. 威震天为什么会受到很多人的注意、认识与喜爱？
2. 威震天破圈过程中，消费者产生了哪些认知心理活动？
3. 从威震天破圈的案例中，你受到了哪些启发？

人接受外界环境的刺激，获得外部世界的信息和知识，例如，区别每种产品的特点，能够识别各种品牌，并把学到的知识保存在头脑中，这样能在需要的时候，或快或慢地从头脑中把知识提取出来，用它来解决面临的各种问题。上述对知识的获得与应用，依赖于人的一系列心理活动，如知觉、记忆、学习、思维、决策、解决问题、理解等，这些心理活动的总称便是认知。认知是人们获得和应用知识的过程，也可以叫作信息加工的过程。

这一过程包括刺激物被感知、理解、转化成信息并被储存的一系列活动。图2-1所示，这是一个由5个阶段构成的常见的信息处理模型，这5个阶段分别为暴露、注意、理解、接受、保持，其中，前 3 个阶段也称为知觉阶段。在接受阶段里劝说沟通是很重要的，如果消费者不认同、不相信信息内容，那么营销信息也起不到作用。保持阶段也叫记忆阶段，是把接受的信息储存到记忆中。

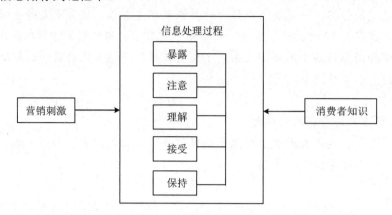

图 2-1　消费者的信息处理过程

第一节　消费者的接触

感官是消费者感知的载体，营销刺激通过这些载体，经过接触（展露）、注意和解释来完成感知的过程。显然，在任何类型的营销刺激影响消费者之前，消费者必须要能够接收到该刺激。

一、接触的内涵

接触是指刺激物暴露（展露）在消费者感官的接收范围内，达到能引起感知的刺激强度，并使消费者在一定程度上对其有所注意。

（一）接触条件

1. 信息要传达到消费者的感知范围

每一种感觉器官只对特定的适宜刺激产生反应，比如，内耳柯蒂氏器上的毛细胞只对 16～20 000Hz 的声波产生反应，从而引起听觉。消费者的眼、耳、鼻、舌、身等要在接触到相应的适宜刺激时，才能产生视觉、听觉、嗅觉、味觉以及触觉（温觉、痛觉等）。

只有设法使其产品和信息进入消费者的感觉范围，才能让消费者有机会注意到它们。比如，路牌广告画面要处于消费者可以看到的地方。又如，某企业发现可以通过改变其在网络搜索引擎中的排名来提高接触水平，从而提高潜在消费者的数量，并实现业绩的提升。淘宝 SEO（搜索引擎优化）可以通过优化店铺宝贝标题、类目、上下架时间等来获取较好的搜索排名。Google 在用户利用某一关键词进行检索时，在检索结果页面会出现与该关键词相关的广告内容，广告的排序由广告主的实时出价决定，Google 依据消费者的点击数量向广告主收费。

❓ **思考一下**：如何让自己的商品在淘宝平台的搜索排名靠前？如何进行网店 SEO？

2. 刺激信号要达到一定的强度

在一定环境条件下，刺激强度太小也不能使消费者产生感知。例如，公路广告牌上印刷的字体太小，以致路过的乘车者无法看清，那么再好的广告也会白费。消费者对商品、广告、价格等刺激的感知能力通常用感觉阈限的大小来衡量。感觉阈限是指刚刚能够引起感觉并持续一定时间的最小刺激量。感觉阈限可以分为绝对阈限和差别阈限。

1）绝对阈限

绝对阈限（absolute threshold）指刚刚能够引起感觉的最小刺激量。感觉的绝对阈限不仅因感觉类型的不同而不同，而且会因人而异。在进行营销刺激设计时，感觉的绝对阈限是一个重要的考虑因素。例如，消费者对药品、食品、酒水的生产日期、保质期、注意事项等十分关注，但小包装上的字体往往较小，尤其是上了年纪的消费者根本看不清。

2）差别阈限

引起某种感觉的刺激如果在强度上发生了变化，能否被个体觉察呢？差别阈限（differential threshold）指能够使个体感觉到的最小刺激变动量，又称为最小可觉察差别（just noticeable difference，JND）。同绝对阈限一样，消费者对两个刺激之间差别的感受能力是相对的，如在喧闹的大街上难以听清楚的低声谈话，如果放到安静的图书馆中，则会变成令人尴尬的高声谈话。

19 世纪，德国生理学家韦伯（Weber）发现，个体可觉察到的刺激强度变化量 ΔI 与原始刺激强度 I 之比是一个常数（K），即 $\Delta I/I=K$。这就是著名的韦伯定律。韦伯定律中的 K 在每一种感觉状态下是一个常数，但它随不同感觉状态而变化。韦伯定律表明，人们感觉的差别阈限 ΔI 与原始刺激强度 I 成正向变化。

韦伯定律在市场营销中的运用主要是两个方向：降低负面改变对消费者的心理影响；提高正面改变对消费者的心理影响。在降价过程中，如果价格变动的绝对量相对于初始价格太小，消费者可能就没有觉察，从而对销售产生的影响就很小。例如，单价 10 万元的轿车，价格下调 500 元，往往不为消费者所注意，而每升汽油的价格上调 0.50 元，消费者就会感受到价格涨了很多。有些产品在原有价格不变的情况下，在消费者没有觉察的范围内减少商品的容量、大小等，从而减轻提价的压力，实际上也是运用了韦伯定律。例如，奥利奥饼干包装加入小格子；海天酱料瓶底的凹口挖得更深；薯片提价时，常常不变包装，但减少内容物、增加空气；等等。所以，了解消费者对不同商品在质量、数量、价格、外观形式等方面的差别阈限，对合理调节消费刺激量、促进商品销售具有重要作用。

市场上的一些山寨包装也利用了这个原理，例如，奥利奥与粤利粤、维达与维邦、洽洽与治治、娃哈哈与娃啥啥、脉动与脉劫或咏动、RIO 与 RIQ、剑南春与剑尚春、牛栏山与午栏山、六个核桃与大个核桃、Marlboro 与 Zalbollae 等，日本国民级品牌 MUJI "無印良品" 还遭到了中国仿冒者 "无印良品" 的起诉，现在无印良品的产品合法地展现在各大电商平台。

3. 受到消费者的注意

即使营销信息已经展露在消费者的感官接收范围内，消费者也不一定能真正接收到该信息，只有那些受到消费者注意或关注的刺激才能形成有效接触。市场调查表明，消费者对营销信息有意接触的水平并不高，还常常回避广告信息。同时，人们对外界信息的处理能力也是有限的，众多的信息渠道（尤其是网络口碑）使消费者很难被动地对某一广告产生特别的注意。在信息碎片化时代，消费者注意力已经成为十分稀缺的资源。

消费者的注意可分为有意注意和无意注意，前者主要与消费者的需要和兴趣有关，后者主要由刺激物的特点所引起。为了吸引消费者的注意，营销信息应当在强度、新颖性、趣味性、位置、形式、运动变化等多方面符合注意发生的规律，并满足消费者的需要与兴趣。许多广告还采用 3B[①]策略，或者利用名人、幽默等方式来吸引消费者注意。

其中，刺激物因素（如表 2-1）是企业可以控制的，因此，在营销实践中常用于吸引消费者的注意。

表 2-1　刺激物对注意的影响

刺激物的特征	容易引起认知	不容易引起认知
规模	大	小
位置	显著	偏僻
色彩	鲜艳	暗淡
动静	运动	静止
反差	明显	模糊
强度	强烈	微弱

为了吸引消费者看广告，广告商还常把广告做成感人的内容或资讯的形式，消费者可能会对内容留下深刻印象，但有时它并不能让消费者记住产品本身的特点和广告诉求。例如，视频《世界再大，大不过一盘番茄炒蛋》曾经刷爆朋友圈，但没有多少人记得它是招商银行留学信用卡的广告，因为感人的剧情与信用卡的产品属性之间缺乏关联性。

❓ 思考一下：超市中的商品琳琅满目，某种商品要获得消费者的注意并不容易，你觉得营销人员可以采取哪些方法来吸引消费者的注意？

（二）接触渠道

通常电视、报纸、杂志、电话、户外媒体等传统的单向传递方式更适合营销者传播信息，曾经火遍大江南北的秦池酒、脑白金、鸿茅药酒、安踏、特步、七匹狼等，都是通过电视媒体和明星代言的方式爆火的。但现在许多新锐品牌大都不是靠超大规模的广告投放打造出来的，而是利用各种新媒体走红的。例如，完美日记和花西子是靠李佳琦的直播间以及小红书"种草"走红；喜茶、奈雪是靠社交话题和网络口碑扩散走红；风靡抖音的奶茶品牌"答案茶"在网红奶茶横行的红海市场中，创造出"16 元一卦的占卜机会，一杯可以占卜的奶茶"这一差异化品牌，并通过在抖音上传大量短视频迅速蹿红；HFP 在微信公众号里投放大量"种草"软文，引发口碑裂变；小米是玩自媒体走红后，才开始投放央视广告。元气森林则是抓住了健康的消费趋势，靠"0 糖、0 脂、0 卡"的标签建立了鲜明认知；江小白是靠瓶身文案走红；三顿半则是靠超即溶技术

无处不在的二维码

---

① 3B 指 beauty（美女）、baby（小孩）、beast（动物）。

抓住了传统产品的痛点，并利用别致的包装引发朋友圈分享；王饱饱和钟薛高是基于消费升级，用颜值更高、体验更好的产品，重新定义了消费者对麦片、雪糕的认知与想象。表 2-2 是近几年新媒体所催生的网红品牌。

表 2-2 新媒体与网红品牌

媒体名称	微博	微信公众号	小红书	抖音
红利期	2011 年至 2013 年	2013 年至 2016 年	2016 年至 2019 年	2019 年至今
推动的网红品牌	小米、雕爷牛腩、凡客、阿芙精油等	三只松鼠、江小白、瑞幸咖啡、喜茶、名创优品等	完美日记、钟薛高、元气森林、Ubars、认养一头牛	花西子、自嗨锅、王小卤、白小 T

现在，互联网已成为消费者的主要信息渠道，网站、搜索引擎、二维码、电子邮件、在线广告、网络直播、SNS（社交网络服务）、QQ 群、微信群和博客等渠道成为展露信息的重要途径。更多的品牌或服务利用微信、抖音、快手、百度、搜狗、微博、B 站、知乎、小红书、今日头条、360 等平台或自有平台进行引流。例如，不少消费者购买电影票等消费行为都通过搜索微信的公众号、小程序来完成；拼多多通过红包引流，让人们认识了多多钱包；美团通过摩拜单车优惠骑行引流，让人们下载或使用美团 App；滴滴打车在结账时，会自动跳转到"滴滴支付"的界面，而如果换成微信支付或者支付宝支付，账单就会涨几块钱，以此来诱导消费者绑定银行卡并使用滴滴支付。

营销者应当了解目标消费者的触媒习惯，选择最能精准触达目标受众的传播渠道或媒介，包括以下 3 个方面。

（1）喜欢接触什么媒介：例如，爱玩手游的人，可能会看 TapTap；爱美的女性，可能会看小红书。

（2）在不同媒介看什么内容：例如，微博上看八卦、看实事；小红书上看"种草"；B 站上看 ACG（动画、动漫、游戏）。

（3）什么时间容易接触媒介：例如，睡前可能刷淘宝；周末可能用腾讯视频看电视剧；午休时可能刷抖音；等等。

移动互联网可以进行活动化营销、病毒式推广，例如，"微信集赞送礼"和"朋友圈转发送礼"等活动，用户在朋友圈转发信息或获得点赞后，便能凭借截图获得商家的礼品一份；拼多多的拼团购买、助力砍价对其品牌的推广起到了十分重要的作用。可见，移动互联网的用户触达方式已经趋于多元化，是品牌 15 秒成名的时代。

在移动互联网时代，让消费者扫二维码关注公众号或者下载 App，是提高消费者信息接触质量的重要方式。二维码可以通过转换产品信息载体，将信息的容量大大扩充，使消费者能够便捷地获取各种有用信息。对于较为复杂的产品，消费者不太容易通过说明书上的文字和图片理解其安装及使用方法，二维码还可以包含语音和视频讲解，能生动、直观地展现安装、使用的方法。这不仅简单易学，而且再也不用担心产品说明书会被弄丢。例如，美国化妆品品牌 Urban Decay 在眼影盒里附上了说明卡，而且每种眼妆都附有不同的二维码，前来消费的女性只要拿出手机扫描喜欢的眼妆旁边的二维码，就可以看到完整的教学视频，从而学会画出各种不同的效果。

随着 4G、5G 等技术的应用以及小视频的兴起，微信公众号、微博、抖音等社交平台上 KOL、KOC 对消费者产生着很大的影响作用，尤其是垂直领域的 KOL 影响力最强。网红通过社交平台宣传产品的影响力甚至已经超过了传统电视广告。对于粉丝而言，相较于当红明星，网红们更接地气，更容易接触并用上"偶像同款"。但由于其覆盖面相对狭窄，难以触达平台之外的消费者，还不能完全代替户外、网站等广告渠道。例如，在直播带货平台上有着顶级流量的李佳琦，对一些年轻女性消费者影响很大，但依然无法触达很多人群。而大多数消费者熟悉的 BOSS 直聘、瓜子二手车、伯爵旅拍、猿辅导、妙可蓝多等品牌主要利用的是线下梯媒、门户网站等受众集中的传播媒体。益索普（Ipsos）的研究显示：2020 年 TOP10 热门、高辨识、占据心智的广告语中，47%的消费者认知渠道源于电视广告，56%源于互联网媒体，83%源于电梯媒体。这说明，互联网和梯媒的影响力已超越传统的电视广告，而在所谓"两微一抖一分众"的传播渠道中，15.9 亿块手机小屏幕对流行广告语的引爆力尚不及 300 万电梯大屏幕，梯媒依靠其接触场景及位置的优势获得了与更多消费者的有效接触。可见，应当将线上与线下、内容化与场景化的渠道充分结合起来。

二、接触方式

尽管营销人员非常希望所发出的营销刺激能够成功地实现对消费者的接触，但接触的成功与否最终还是由消费者而非营销人员所控制。显然，能够呈现在消费者面前的广告信息非常多，消费者往往会主动搜寻那些令人愉悦或对他们有价值的信息，反之，他们会对那些令人痛苦或无价值的信息加以回避或排斥，这是一种选择性接触。

按照消费者接触信息的主观意愿和自主性来划分，接触有两种方式：一是有意识、有目的的主动接触，二是随机的、偶然的被动接触。

（一）主动接触

虽然消费者经常避开商业广告和其他营销刺激，但当他们需要购物、服务时，也会主动寻找相关信息。早期采用者、意见领袖比一般消费者更多地观看广告信息。消费者也会通过访问企业主页或相关网站来主动寻找商品信息，尤其是耐用消费品。调查发现，新购买汽车的用户平均至少访问 7 个站点，花费大约 5 个小时。

1. 主动接触的含义

主动接触是指消费者主动寻找、接触相关的营销信息，这主要取决于消费者的需要与兴趣。消费者在购买某些相对重要的商品时，往往会通过主动的、有意识的、有目的的搜索行为来接触和收集商品信息。在网络时代，由于信息的获取更为便捷，消费者用手机输入单词或说上几个字，就能进行信息搜索，因此主动接触的情况大大增加。

阳光二维码

在购买商品时，消费者往往会主动通过各种途径获取与商品有关的信息并进行分析比较，以增加对产品的信任，从而获得心理上的满足。只要消费者对某种商品或服务产生了需要或兴趣，他们就会及时了解相关的产品详情，主动查看社会中立媒体的介绍与其他消费者的评价。消费者甚至还会有选择性地通过微信公众号、手机短信等形式持续获得更多的产品新信息或促销信息，这是具有自愿和自我选择性质的"许可营销"。

虽然消费者对弹出式广告和横幅广告的展露大多是非自愿的，因为消费者只是在寻找其他信息或娱乐的时候遇到了它们。但是那些主动点击横幅广告和弹出式广告的消费者则属于主动接触，这些广告的点击率可以帮助广告商分析有多少消费者对此商品感兴趣。

2. 提高主动接触水平

日本二维
码农田

要想提高主动接触水平，首先应使产品的功能、包装、广告等，满足消费者的兴趣或需要，例如，小罐茶、三顿半、元气森林、江小白等近几年爆火的品牌，在包装上都很吸引消费者，本身就具有传播性。明星的魅力、抖音的直观、有趣和有用的内容都能提高消费者的主动接触水平。例如，在抖音上火起来的小猪佩奇、在小红书出圈的完美日记、投放公众号的 HFP 等。

媒体选择要注意与目标消费者的喜好相适应。例如，小红书的用户以年轻女性居多，元气森林的无糖概念容易受到有减肥需求的女孩子的关注；"好吃又塑身"的王饱饱是爱吃零食又爱美的女生们的最爱，是颜值控、精致女孩的必备；美妆品牌完美日记的目标消费者是年轻漂亮的女孩子，而这些品牌最早都是在小红书上爆红的。

网络时代的新媒体很多，给消费者主动获取信息提供了方便。在移动互联网时代，消费者只需扫描产品包装或广告资料上的二维码，就可以通过视频、音频、文字、图片等多重手段查看产品信息，更加直观地了解产品信息。在淘宝中，只要上传物品的照片，就能查看数百万卖家的类似商品。消费者使用 AR BUY+拍摄生活中看到的物体，就会出现产品介绍和销售信息，而且产品还会"焕发生机"动起来，从而给消费者带来全新的消费体验，激发消费者的随性购买欲望。

LINE 拍照
快速搜寻

很多广告标识牌上有二维码，但是肯停下来拿出手机扫描的人寥寥无几。给消费者一点利益诱惑，让其有"利"可图是提升扫码积极性、吸引其点击的方法之一。比如，如果用爱奇艺网站观看影片，在点击暂停的时候，就会发现他们的广告页面上出现一个二维码，上面有 3 条吸引人的广告语：第一条是"会员身份优惠送"，第二条是"大片上线早知道"，第三条是"福利活动周周有"。这对于喜欢看电影的人来说，自然愿意点击扫码。又如，扫描土豆网的二维码可以实现"看视频没广告"的愿望，相信许多人会去扫码。

保时捷
个性广告

在消费者有意识地接触营销信息的情况下，企业营销人员应当随时随地提供消费者所需的市场信息，为目标消费者提供接触广告信息的方便机会，同时利用大数据等技术，精准地向目标消费者发送信息。例如，电话、电子邮件、手机短信、微信等 DM 广告（direct mail advertising，直邮广告）应当针对特定消费者，而不是遍地撒网。企业还可以针对目标消费者开展公关活动，如免费讲座、生活俱乐部、企业参观等。还有的企业针对目标客户采取"个性化广告定制"。例如，某 4S 商家将保时捷跑车停在一些独栋别墅前拍照，然后利用这些照片制作成个性化广告，并将它们分发到各别墅主人的信箱或车库里面。消费者看到保时捷跑车停在自家门口的情形，自然会乐于接受这样的广告。

（二）被动接触

在营销沟通活动中，由于广告信息繁多且缺乏精准导向，消费者对营销信息有意识接触的水平相当低，被动接触的情形较为常见。

1. 被动接触的含义

被动接触是指消费者无意识地、偶然地甚至不情愿地接触营销信息。如偶然看到户外广告，在商店随意浏览 POP 广告①，观看电视和阅读杂志时看到商品广告等。消费者在线观看视频时，开头总会有一些广告，有的网站广告时间超过 1 分钟，着实让人厌烦，但消费者又不得不被动接触这些广告。当然，也可以付费成为会员，从而规避广告。有的消费者批评道："企业花钱打广告，网站又让我们花钱规避广告。"

如果消费者对自己现有的知识很自信或者认为较多的信息对购买决策没有什么意义，信息收集就会失去动力。大多数消费者在日常生活和工作环境中无意识地、偶然地接触市场信息。虽然无意中接触到的营销信息可能并未引起或仅低水平地引起消费者的注意，但是这些信息仍然能够在一定程度上影响消费者的行为。

2. 提高被动接触水平

企业应当善于寻找和发现能够引起消费者无意接触的环境和媒体，扩大消费者偶然接触信息的机会。比如，在繁华闹市或人流量大的车站和码头、收视率高的电视和电影中做广告。在超市经营活动中，可以通过增加产品陈列空间、利用更好的陈列位置等方式来提高展露水平。一些即兴购买的产品，如口香糖、小包装休闲食品等常被放在零售点的收银台旁，这也是为了提高产品接触水平，以诱发冲动性购买行为。

分众传媒、新潮传媒的电梯广告利用了人们等电梯和坐电梯的无聊时间，消费者虽然被动接触，但却能主动观看。因为与陌生人一起坐电梯不自在，很无聊，并且手机信号也不强，看电梯广告就成了消磨时间的好方式。在封闭式空间里，人群对电梯媒体的记忆程度要强于半封闭式的地铁广告。电梯媒体还有强制性的特点，因为电梯空间封闭，使得受众的视觉选择单一，视线必然落在电梯广告上。凭借"强制性传播"的场景优势，梯媒在某一个特定时空中成为输入信息的窗口，具有较高的注意力集中度。所以，电梯媒体不用像网络媒体那样，花那么多心思研究点击率和到达率的问题。没有了纷繁的干扰，电梯媒体与消费者的接触更加简单粗暴，也更加直接有效。例如，每年的"6·18"流量战场也从线上打到了线下社区，京东、国美等电商平台纷纷首选高覆盖率、零距离接触用户、接触频率高、精准锁定传播对象的社区梯媒做"6·18"的营销推广。因为在所有线下媒介中，电梯这种封闭式媒体的传播效果最佳。

 案例链接　　"元气森林"借势分众登顶国内气泡水第一品牌

在碳酸饮料长期横行的国内饮料市场上，随着消费者对健康需求的不断增长，如何在口味做出特色的前提下做到更健康，成了当代新消费人群更加关注的饮料特性。元气森林非常敏锐地捕捉到了饮料行业的新风向，乘上了健康风口的饮料赛道，打造出了"0糖、0脂、0卡"概念的苏打气泡水产品。

元气森林蹿红的背后少不了"幕后推手"，这个推手就是已经覆盖了国内 3.1 亿主流人

---

① POP 广告全称"point of purchase advertising"，即购买点广告，是指在各种营业现场设置的各种广告形式。

群的分众传媒。

当下主流消费者将非常多的时间花费在在手机上看视频或浏览资讯，虽然这些内容平台充斥着各种广告，但对企业打造品牌大多无济于事。Ipsos 的调查数据显示：2019 年国内81%的品牌流行广告语来自分众电梯媒体。电梯媒体作为线下媒体，处在城市主流人群每天必经的公寓楼、写字楼等生活办公空间，反倒成了捕获消费者注意力的最佳场景。电梯可以说是打造品牌的最高效场景之一。

在信息爆炸的时代，消费者精力分散，且自主关闭网络广告的生活惯性让很多品牌建设发力艰难。而在低干扰的电梯场景中，广告对用户构成了高频且强制的触达，梯媒能够让元气森林、BOSS 直播、猿辅导等洗脑广告更容易"上头"。毕竟每天在电梯里进出，若不看广告词也实在没什么可看的，这就对引爆品牌提供了极佳的环境。这样，每天至少 4～6 次等候与乘坐电梯的用户，对电梯媒体反复播放的"0 糖、0 脂、0 卡"广告语记忆极为深刻。

有了好产品，加上辨识度足够高的产品定位，经过分众的再次放大，消费者心智中已经逐渐把"0 糖、0 脂、0 卡"跟元气森林画了等号，也就助推了元气森林登顶气泡水第一品牌。

资料来源："元气森林"是"元気森林"？看国潮新品如何借势分众登顶国内气泡水第一品牌[EB/OL]. (2020-06-03). https://www.sohu.com/a/399480920_120007894.

为了提高被动接触的可能性，一些营销人员在网络上设计了不能被删除的"弹出式广告"，如一些著名手机门户网站都有令人生厌的弹出广告，当消费者打开主页时就会弹出广告遮挡页面几秒钟，强迫消费者观看其广告。在电影（或网络视频）放映之前通常也会播放广告，观众在等待电影（或网络视频）开始时只能被动地接受广告展露，这种强制性广告比有选择性的电视广告效果好。然而，观众很可能对这种强制性的展露十分反感。有研究发现，20%～37%的网络用户烦透了那些侵犯性的弹出式广告，他们有时被迫成为付费会员以回避广告，甚至专门从网站上下载反弹出式广告软件来杜绝其干扰，或者采用技术手段屏蔽视频前面的广告。富媒体广告是具备声音、图像、文字等多媒体组合形式的广告，Lowermybills.com 等网站还采用与用户进行互动的网络技术，当消费者把光标移到一些广告上时，广告就会被突然激活。例如，通用汽车的横幅广告通过程序的控制，当消费者把鼠标置于其上时会使整个浏览器发生震动，画面也从车头变化成车厢内部，从而提供越野汽车的驾驶体验。

入式广告电影
段——我愿意
I do

较好的方式是把广告植入节目、游戏或影视作品中。消费者不能刻意回避这种植入式广告，并可能在潜移默化中受到广告商品的影响。比如，Prada 在电影《碟中谍 4》中植入了 Saffiano 系列手提包，金发女杀手莫娜随身携带这款手提包，用它掩手枪、装钻石，使其瞬间多了传奇色彩，成为当年最火爆的奢侈包。Prada Saffiano 系列也因此获得"女士杀手包"的美名，从此成为一只有故事的手提包，畅销至今。

牛——电视剧
《女王驾到》
植入案例

爱奇艺的"Video in"视频动态广告植入技术，可以在剧情中随时植入或更换广告内容，大大拓展了广告植入的空间与时间。另外，还可以在社交游戏场景中融入广告，例如，在开心网的热门游戏"买房子、送花园"中，用户选择"打工挣钱"的时候就会出现多个植入式广告，比如，选择为王老吉"打工"，其工资远远高于其他项目，因此就容易引起用户注意并选择该工作。一般来说，植入式广告想要产生好的效果，需要根据情节来选择最佳植入时机，使产品能够真实、巧妙而又不特别引人注意地展露给消费者。

Video In

第二节　消费者的理解

商业信息要能得到消费者的理解，才能被消费者所接受。据说，很多病人无法分辨医生的处方手迹，但药房的人很轻易就能看懂。品牌宣传却不能这样，营销沟通的对象不是药房，要用大白话与消费者沟通，不要让品牌传播鸡同鸭讲。例如，瓷抛砖、负离子瓷砖、低聚糖黄酒以及舒化奶，这些都是内行人交流的语言，消费者很难理解。

一、消费者理解及其影响因素

（一）理解的内涵

理解是指消费者个体对所注意到的刺激物赋予某种含义或意义的过程，即对刺激物进行阐释的过程。理解是由刺激物、个体和环境特点共同决定的。

（二）影响消费者理解的因素

影响消费者理解的因素主要分为个体因素、刺激物因素和情境因素。

1. 个体因素

（1）需要。需要不仅会影响个体对刺激物的注意，也会影响对刺激物的解释与理解深度。在 Levine 等人做的一个试验中，实验者将一幅模糊的图画呈现给被试者，并要求后者指出图画中画的是什么，越是饥肠辘辘者越将其想象成某种与食物相关的东西。由此说明，需要影响了个体对刺激物的解释。

（2）知识。知识经验直接影响个体知觉的内容、准确性和速度。新手和专家在同一事物上的判断可能截然不同，就像俗话说的"内行看门道、外行看热闹"。不仅如此，知识还有助于提高信息理解能力。知识丰富的消费者更可能识别信息传播中可能的逻辑错误，更少对信息做出不正确的解释。此外，知识丰富的消费者更可能集中思考刺激物中包含的事实，而知识欠缺的消费者则可能更多地着眼于背景音乐、图片等非实质性内容。

（3）期望。理解在很大程度上取决于个体对所要看到的事物的期待。在营销环境中，消费者倾向于依据他们自己的期望来感知产品及其属性。一项研究表明了期望的威力：吃过装在麦当劳纸袋中的法式炸鸡的3～5岁的儿童认为，这些炸鸡比那些装在普通纸袋中的同样炸鸡好吃得多。甚至装在麦当劳纸袋中的胡萝卜也比装在普通纸袋里的胡萝卜更好吃，一半以上的儿童更喜欢装在麦当劳纸袋中的胡萝卜。Allison 和 Uhl（1968）要求被试者对不同品牌的啤酒进行品尝并打分：先将啤酒标识去掉进行试验，结果各种啤酒的评价值几乎没有区别；然后贴上标识再进行评价，此时对不同品牌评价的差异性就明显显现出来了。

2. 刺激物因素

（1）实体特征。刺激物的实体特征如大小、颜色等，对消费者如何理解刺激物有着重要影响。苹果计算机公司最初将功能更强但体积更小的计算机推向市场时，很多消费者难以相信这一事实，于是它不得不发起一场名为"它比看起来要大得多"的推销活动，结果改变了消费者的看法，产品销量也随之上升。

刺激物的颜色在消费者的理解过程中也是重要的认识线索。家用电器制造企业发现，当使用柔和的而不是较深或较暗的色彩时，消费者会觉得产品的重量轻一些。为了使产品能够在货架上引人注目，一种白色干酪采用红色包装后投放市场，结果使消费者对产品产生了甜味的错误联想，与实际口味格格不入。

（2）语言与符号。语言和符号作为刺激物的一部分，对信息的最终理解亦产生重要影响。Windy's 快餐连锁店的"单人"汉堡所用的肉比麦当劳的"巨无霸"要多，但它的名字没有很好地传递这一信息，致使消费者对其实际价值缺乏了解，后来改名为"超级经典"（The Big Classic）汉堡就受到了消费者的关注。

3. 情境因素

一些情境因素，如饥饿、孤独、匆忙等暂时性个人特征，以及气温、在场人数、外界干扰等外部环境特征，均会影响个体如何理解信息。例如，病人看重的是诊所医生的医术和医疗品质，却常常受到医生的穿着、护士的动作、诊疗室的设备与摆设、诊所内所悬挂的各种医学学会会员证书以及致谢牌匾等环境因素的影响，并据此作为对该诊所的医术专业和医疗品质的判断。对于同样的促销折扣，广告语分别是"结束营业大拍卖"和"周年庆特价"，消费者往往会觉得"结束营业大拍卖"会比"周年庆特价"更便宜。研究表明，不同的网页背景会影响人们对网页下载速度的感知。相对于红色背景，人们在蓝色背景的网页下会感觉更加放松。虽然下载速度相同，蓝色背景下的人们却会感觉下载速度更快。

二、消费者理解信息的处理方式

外部刺激或信息经由感觉器官进入人的大脑，大脑会根据感觉材料的性质及储存在记忆中的原有知识和经验，对这些材料进行加工，然后形成印象或知觉。人的大脑对外部信息的处理方式有两种：数据驱动处理和概念驱动处理。

（一）数据驱动处理

数据驱动处理又称"自下而上"的信息处理，这一过程是由刺激的特征所驱动的，经过一系列从小到大的连续阶段的加工而达到对感觉刺激的解释。例如，当看一个英文单词时，视觉系统会先确认诸字母的各个特征，如垂直线、水平线、斜线等，然后将这些特征加以结合来确认一些字母，再结合起来形成单词。在这种形式的处理过程中，信息是从构成知觉基础的较小的知觉单元流向较大的知觉单元的，或者说，处理是从较低水平迈向较高水平的。由于较高阶段依赖较低阶段输入信息，所以，这种处理特别强调外界刺激的作用，强调外部输入信息对处理过程的驱动。

（二）概念驱动处理

概念驱动处理又称"自上而下"的信息处理，它依赖个体头脑中已有的概念，是从有关知觉对象的一般知识开始的。在输入有关外部信息之后，人脑即形成对知觉对象的期待与假设。这种期待、假设制约着处理的每一个阶段，同时也影响着处理的程度和水平。这种形式的处理，强调的是较高阶段的处理制约着较低阶段的处理，强调人的原有知识、经历、预期、记忆、动机和文化背景对组织、解释新的输入信息的影响。"定位之父"Al Ries（2010）认为，消费者的行为特征是"以品类来思考，以品牌来表达"；营销的竞争与其说是品牌之争，不如说是品类之争。从消费者信息处理方式来看，Al Ries 强调的就是概念驱动方式。品牌延伸策略利用的也是概念驱动。

数据驱动处理与概念驱动处理是相互联系和相互补充的。一般而言，知觉过程中既有数据驱动的加工，又有概念驱动的加工。因为如果只有前者，加工负担必将太重，甚至使人无法承担；同样，如果只有后者，没有刺激的作用，信息加工所产生的只能是幻觉。在不同情况下，知觉过程对这两种加工形式也可能有不同侧重，即在有的情况下更依赖于数据驱动的加工，而在另外的情况下更多地采用概念驱动的加工。

第三节　消费者的质量知觉

一、质量知觉的含义

显然，产品或服务的质量是影响消费者购买决策的重要方面。不过，消费者很难客观地形成对产品质量的认识，真正影响他们决策的往往是他们所感知的质量。消费者对产品质量属性的主观看法和评价就是所谓的"质量知觉"或"感知质量"。当然，如果消费者并不需要或不看重某种产品属性，那么对此属性的质量知觉虽高，但感知利益或感知价值却未必也大。例如，日本产品向来以设计精良、功能先进称雄世界，但日系手机在中国市场上却全线消失。实际上，奉行"技术功能至上"理念的日本手机企业拥有多项核心技术，如京瓷手机在 CDMA（码分多址，一种无线通信技术）功能上拿到过多个中国"第一"，但功能过剩，并不亲民。在中国，手机不仅仅是通信的工具，和衣服、汽车一样，它还是身份和地位的象征；手机不仅仅要具备先进、完善的功能，还要有华丽的外表。这恰恰是日系手机厂商的致命缺陷。

可见，消费者、经销商以及生产者的质量知觉或属性偏好会存在差异。当被问及消费者如何感知某耐用品质量的时候，管理者列出了工艺、性能、外形作为关键评价指标。而消费者却列出了不同的指标：外观、可清洗性、耐用性。如果管理者闭门造车，忽视消费者的感知来提供产品的话，那么企业的产品就很难被消费者接受，这将给企业带来重大损失。

从消费类型上看，产品可分为物质产品和服务产品两类，消费者的质量知觉也包括物质产品认知和服务产品认知两大类。

（一）物质产品认知

表 2-3 所示为消费者对物质产品认知所包括的主要方面。

表 2-3 消费者对物质产品认知

属 性	解 释	举 例 说 明
性能	关于产品基本操作的属性	汽车的动力系统、操作系统、安全性等
特色	补充基本特征的属性	汽车发动机的静音效果、座椅的舒适程度等
可靠性	产品性能保持前后一致的程度	汽车无故障行驶的里程数
耐久性	产品有效使用的寿命	汽车在报废之前持续使用的时间
可服务性	企业解决与产品有关问题的能力	汽车维修是否方便，员工服务是否礼貌、周到等
美感	产品给人在感官上的印象，也就是看起来、摸起来、听起来如何	汽车造型、喷漆效果等
兼容性	产品与规格、文献或产业标准相符，与相关产品、使用习惯的配套	汽车是否合乎行业的安全标准，汽车的实际操作是否与说明书完全相符等
声誉	人们对产品过去的表现和性能的一种评价	消费者对该品牌汽车耗油情况、安全情况等方面的一贯评价

（二）服务产品认知

服务产品具有无形性、不可分割性、易变性和易消逝性等特点，因此其品质具有高度的不确定性。表 2-4 所示为消费者对服务产品认知所包括的主要方面。

表 2-4 消费者对服务产品认知

评 价 标 准	解 释	举 例 说 明
有形因素	设备、设施及服务人员的表现。服务借助于有形因素，可以使消费者对要接受的服务的品质形成一种大致的认识	一家餐厅，室内干净明亮，环境温馨，服务人员穿着统一、整洁，态度友好、亲切，往往就会给消费者留下良好的印象
可靠性	服务人员令人信赖的工作能力	餐厅服务人员按照消费者的实际消费情况和菜单上标明的价格准确地结清账单
响应性	服务人员及时为消费者提供服务的意愿和表现	餐厅服务人员主动为消费者更换餐碟，或者及时响应消费者临时或特殊的需求
承诺性	员工所具有的知识与能力及由此使消费者产生信任与信心	餐厅服务人员在回答消费者有关食品或饮料方面的询问时表现出来的专业水准
移情	员工对消费者所表现出来的在意、关怀与注意	餐厅服务人员认真倾听消费者对于食品口味的要求，或者自发地提醒消费者一些注意事项

产品属性是指产品本身所固有的性质，是产品在不同领域差异性的集合。产品属性可分为"有形"的自然属性与"无形"的社会属性。当然，许多产品既具有自然属性，又具有社会属性。相应的，消费者的质量知觉不仅包括自然属性的质量认知，也包括对社会属性的认知。

（三）自然属性认知

产品的自然属性包括：功能性、可靠性、安全性、耐久性、方便性、舒适性、经济性、配套性等，对于不同消费者来说，这些属性具有相似的意义，消费者倾向于理性评价。

产品的自然属性与商品的基本用途密切相关，反映产品的功能性价值，它往往可以通过一定的客观标准来加以认定，如性能参数、价格等，具有一定的客观性、稳定性和共同性。虽然这些属性同产品生产过程中的技术质量水平有着密切的联系，但其内涵仍然是以消费者对产品功能的使用要求为出发点的。同时，消费者对产品的自然属性的感知与客观质量也是有一定差异的。前者是消费者内心做出的一种主观判断；后者是描述产品技术优越性的概念，是指以预定的理想化标准为基础的可测量的且能检验的优越性。

（四）社会属性认知

产品的社会属性包括：美学性、情感性、象征性、时尚性、声誉性、服务性等内容，社会属性是人为赋予产品的社会内涵，主要与消费者的心理需要有关，对于不同的消费者可能有不同的意义，消费者也倾向于感性评价。

产品的社会属性主要满足消费者的社会、心理需要，反映产品的情感价值、社会价值和精神价值等。产品的社会属性所产生的功效主要是以消费者对产品的体验（直接或间接）和心理感受来加以认定的，一般无法形成统一的、被众人一致接受的衡量指标，而且容易变化，更无法量化，只能由市场来检验，由消费者来个性化认可。

在感性消费时代，消费者对产品质量的要求和评价已从强调生理需求的满足转向强调心理需求的满足，从追求产品的物质实用性转而追求心理享受性，从而对产品的社会属性产生越来越高的要求。同时，由于在现代消费市场中，随着生产技术的不断提高，多数产品在自然属性方面能达到应有的水平，因而实际影响消费者购买选择的因素主要还是产品的社会属性。这时，消费者购买的不再是产品，而是体验，是附着在产品之上的其他内容，比如，某种态度、某种理念、某种情感。例如，一家糕点店的蛋糕不仅具有"美味"的功能属性，还在生日蛋糕等产品上加上独特贴心的设计，虽然没增加多少成本，却满足了消费者拍照转发、产生感动等社交、情感需求，丰富了产品的社会属性，在产品同质化的竞争环境中取得了独特优势。

蛋糕的社会属性

总之，在现代市场经营活动中，企业既需要通过全面质量管理等手段提高产品质量，又需要从消费者的角度来提高产品质量。产品属性应当充分满足消费者的各种主观需要，而不仅仅是质量、性能等技术性指标方面，即所谓"质量检验合格的产品不是合格的产品，消费者满意的产品才是合格的产品"。因为市场竞争的结果最终取决于消费者对产品的评价和购买，而不是企业和产品质量专家对产品质量的评价，产品质量提高需要以顾客为导向，而非以企业为导向，所以了解"消费者如何感知和评价产品质量"非常重要。

二、消费者质量知觉的形成

在通常情况下，消费者难以拥有、理解并掌握产品的全部信息，很难对产品的质量做出客观判断，如果还要在不同品牌之间进行比较，那就更加困难了。相对而言，产品的生产者、售卖者拥有产品的更多真实信息，能够客观地评估企业的产品质量。因而，在厂商与消费者之间存在关于产品质量的信息不对称现象。消费者往往需要更多地搜寻产品信息，或者依据一些相关线索，结合自己的知识与经验，对产品质量进行判断。

对于先验产品，即购买前或购买时就能凭感官对产品品质做出大致判断的产品，产品本身的内在质量或客观质量构成了评价和选择的基础；对于后验产品，即在购买时无法凭客观指标对产品质量做出判断的产品，消费者可能要更多地依据产品之外的一些其他线索对产品质量做出推断。然而，无论对先验产品还是对后验产品，消费者在评价产品质量时所采用的标准以及对各标准所赋予的权重与企业评价产品质量所采用的标准和权重可能并不一致，有时甚至出入很大。所以，消费者对产品质量的知觉或认识，既和产品本身内在的特性与品质相联系，又受到很多主观因素的影响。

一般来说，消费者会通过多方面的线索来形成对产品质量的感知，这些线索既包括内在线索，也包括外在线索。前者与产品直接相关，后者与产品间接相关。产品的许多内部线索容易被感知，如产品的大小、形状、颜色等，但也有不少内部线索不容易体验到或被感知，如保健品的功效。而外部线索（如品牌、价格）相对容易获得，认知过程较简单，但对产品质量的指示作用并不一定准确。

1. 产品的内在线索

产品的内在线索是指与产品的使用价值相联系的内在属性。具体来讲，耐用品的内在线索一般是指质量、性能、可靠性等指标；对于食品来说，则是指口味、营养价值、新鲜程度等。不同的内在线索在质量知觉中发挥的作用并不一样：有的可能作用很大，有的可能作用很小。有时，有的内在线索对产品质量的影响很大，但消费者由于缺乏知识，只能通过其他内在线索判断质量。例如，决定汽车内在质量最重要的线索应该是汽车的发动机，但对绝大多数消费者来说，根本不具备了解这些内在线索的知识和技能，因此他们只能通过汽车内饰，如坐垫所用的牛皮的纹路和柔软程度，以及车门、把手等的精细程度等次要的内在线索作为判断汽车质量的依据。售卖旧车的人总会把汽车外表处理得光洁如新，而购买者也会以此作为汽车内在质量的依据之一，结果消费者有可能买到一辆外表光洁的废车。

消费者采取任何购买行为，都是为了获得自己需要的产品以满足自己的需求，因此产品的内在线索是影响消费者购买意愿的最直接和主要的因素。

2. 产品的外在线索

当产品信息不完全时，消费者通常要通过对共变关系的理解来做出判断，利用一些可能与产品质量有联系的外在线索作为产品质量的信号。外在线索是与产品自身属性或物理产品无直接关系的外部因素，比如价格、品牌、保证、原产地（国）、包装、消费者口碑、出售场所及零售商的声誉等。例如，高价格、高保证和良好的品牌形象往往代表着高质量，葡萄酒产地是消费者感知葡萄酒质量时最重要的参考因素，还有的消费者将清洁剂中的蓝色泡沫与清洁能力相联系。

斯道克斯的研究发现：当购买风险比较高，消费者对所购买产品的商标不太熟悉时，消费者倾向于用价格作为质量判断的线索。而对于低区别性、低试用性的产品，消费者通常更多地受外在线索的影响。例如，消费者在超市面对众多的护肤品，选择了欧莱雅这样的大品牌，其评价线索其实是基于间接证据的，比如行业排名、品牌知名度、广告投入、产地等，而不是基于原料、工艺或测试效果等内在线索。但在网络信息时代，消费者很容易获取来自其他消费者的产品质量信息，如消费体验、专家评价等，更注重从"绝对价值"角度评价商品质量，外在线索的作用正在减弱。

商品的内在属性和外在属性都可能成为指示另一种属性的替代指标，但外在线索更为常见。当然，这些推论可能是正确的，也有可能是错误的。

上述两种观点从不同侧面探讨认知质量的形成，本身并不必然产生矛盾。消费者在选择产品和品牌时，一般都需要根据某些线索对产品质量形成整体印象。当产品本身的特征能够在较大程度上预示产品的内在质量时，消费者可能主要依据内在线索而不是外在线索来判断和评价产品的质量。比如，对靠眼看、手摸就能对质量好坏大体做出判断的商品，消费者通常根据某些产品特征做出购买取舍。当产品特征对产品质量的预示作用比较小，消费者对购买又缺乏信心时，消费者可能更多地依赖产品的外在线索形成对产品质量的认知。消费者之所以在很多情况下根据外在线索评价产品质量高低，除了产品内在线索有时不具有太大的指示作用，还有两个很重要的原因——购买风险的存在和消费者本身知识的局限与信息的不足。

第四节　消费者的风险知觉

"现代营销学之父"科特勒（Kotler，1997）指出：消费者改变、推迟或取消购买决策在很大程度上受到感知风险的影响。因此，研究消费者的感知风险无论在理论上还是实践中都具有重要的意义。

一、风险知觉的含义与种类

（一）风险知觉的含义

消费者对购买风险的评估又称为感知风险、风险知觉或风险认知。它是指消费者在进行购买决策时，因无法预料其购买结果（能否满足购买目的）的优劣以及由此导致的不利后果而产生的一种不确定性认识。风险知觉包括以下两个因素。

（1）决策结果的不确定性（尤其是不利后果发生的可能性）。

（2）错误决策的后果严重性，即可能损失的重要性或主观上所知觉受到的损失大小。

Cunningham（1967）将以上第一个因素称为不确定因素，将第二个因素称为后果因素。消费者知觉风险是两者的函数。也就是说，风险知觉主要是对发生各种不良后果的可能性以及不良后果的重要性进行的主观估计，风险的大小等于二者的乘积。

蒋晓川（2003）指出以下因素使消费者产生了知觉风险。第一，由于所依据的信息十分有限，而对购买决策的正确性缺乏信心，从而产生一定的知觉风险。第二，以往在同类产品或同一品牌的其他产品的消费中有过不满意的经历，从而使人们对本次购买这类产品或这类品牌本身就具有一定的知觉风险。第三，购买中机会成本的存在。人们的时间和金钱是有限的，要购买这种产品就必须放弃对其他产品的购买，这就是购买决策中的机会成本。人们的时间越紧迫，可支配的时间和金钱越少，购买时的知觉风险就越高。第四，要购买的产品是刚上市的新产品或从未购买和使用过的"老"产品。由于对这种产品缺乏经验，人们心中就有一种"前途未卜"的感觉。第五，所要购买产品的技术复杂程度高。

风险知觉是个体对损失的主观预期，就预期本身而言，它并不能给消费者带来任何损失，同时它也并非真实风险。因此，风险知觉既可看成一种产品特征，又可看成一种消费者特征。实际上，在产品购买过程中，消费者可能会面临各种各样的实际风险，这些风险有的会被消费者感知到，有的则不一定被感知到；有的可能被消费者夸大，有的则可能被缩小；个人只能针对其主观感知到的风险做出反应并加以处理。因此，风险知觉与消费者在购买产品时遇到的客观风险是有区别的，无法感知的风险，无论其真实性或危险性有多高，都不会影响消费者的购买决策。例如，人们对搭乘飞机的知觉风险一般要大于它的实际风险，事实上按千米计算的因空难而死亡的人数要远远低于因车祸而死亡的人数。

（二）风险知觉的种类

风险知觉是从不同类型的潜在消极后果中产生的，主要的风险种类或维度包括以下 6 个方面。

（1）功能风险：指产品没有所期望的功能的风险。如担心减肥商品没有效果。

网络消费
教育宣传短片

（2）经济风险：指感知到购买、使用或处置某一提供物可能带来的财务危害。如买了 iPhone 12 Pro 苹果手机，却担心是否物有所值、是否买贵了、是否还有更优惠的促销、是不是会很快降价等。

（3）社会风险：指担心所购买的商品不被亲朋好友所认同、降低自身形象或社会地位、给社会关系带来损害、造成环境污染等问题。如担心买价格低档的商品是否会被人取笑，买高档商品是否会被人指责摆阔、逞能。又如，高保真音响设备可能会给周围的邻居带来噪声污染，从而影响自己与周围邻居的友好关系，造成邻里不和，带来社会关系的负面影响和损害。

（4）心理风险：指产品可能无法与消费者自我形象配合或者因为所选购的商品不能达到预期的水准，从而对心理或自我意识产生伤害的风险。如对自尊心、责任心、自信心的打击。例如，很多女孩喜欢吃甜食或巧克力，但有些女孩心中也可能会想，蛋糕、巧克力会让她变胖，如果这块蛋糕还不好吃就会让心情更差，这就是心理风险所在。

（5）生理安全风险：指担心产品是否会对自己或他人的健康和安全造成伤害。比如，就餐的食品是否卫生、财物是否安全、药品与电器是否会伤害身体等。电子烟企业常以"健康无害""年轻""时尚""潮流"等宣传语来误导、诱导青少年，但当消费者意识到电子烟会对人体健康和公共健康产生危害后，还是会对其进行抵制。

（6）时间风险：指对购买、使用或处置产品或服务所必须投入的时间长度，或者掌握难易程度的不确定性。如老年人对复杂的电子产品往往担心不会正确使用其功能，需要花较长时间才能学会；加入某个健身俱乐部需要签订一年以上的合同，时间风险就会较高。

与传统购物环境相比，网上购物还蕴含了诸如个人隐私泄露、银行卡卡号和密码被盗、付款后不发货、缺少产品质量保证和满意的服务、商品退换不便等新风险。

知觉风险对消费者以及购买决策的影响如表 2-5 所示。

表 2-5　知觉风险及其影响

知觉风险的种类	对消费者的影响	对购买决策的影响
功能风险	由执行功能或满足需要的备选方式组成。注重实效的消费者对这类风险最为敏感	性能复杂的高卷入产品或服务对这类风险最为敏感
生理风险	由体力、健康和精力组成。年老的、体弱的或健康状况不好的人最容易受到这类风险的影响	机械类或电子类产品、药品和医学治疗、食品和饮料对这类风险最为敏感
经济风险	由金钱和财产组成。收入较低、财产较少的人最容易受到这类风险影响	高价的贵重产品最容易受到这类风险影响
社会风险	由自尊和自信组成。缺乏安全感或自信的人对这类风险最为敏感	社会可见的或象征性的产品，如服装、珠宝、汽车、住房和运动装备等最易受社会风险的影响
心理风险	由归属关系和自我意识组成。缺乏自信的人对这类风险最为敏感	可能会导致不良影响的个人奢侈品、耐用品，以及要求自律或付出代价的服务对心理风险最为敏感

❓ **思考一下**：以下这些情况属于什么风险？

● 消费者在购买电热水器时，会担心它与燃气热水器相比，在能量使用的节省性和安全性方面的问题。

● 购买了电脑，担心功能会不稳定。

● 购买了 5000 元的一款新手机，担心会很快降价。

● 购买了一款新手表，担心不被同事或朋友认可，被同事或朋友认为不符合年龄和社会角色的特点，是不时尚的、落伍的。

● 购买了转基因的食品之后担心它会影响人的健康。

另外，Dowling 提出整体风险知觉（OPR）可以分为两个要素：一是对某产品类别中的任意产品都知觉到的风险，即产品类别风险（PCR）；二是针对具体产品的风险，即特定产品风险（SR）。其衡量风险的模式为

$$OPR = PCR + SR$$

例如，如果一位女性消费者认为口红这种产品具有很大的潜在风险，同时她有一个自己喜欢的品牌，那么她可以放心购买。在这种情况下，虽然产品类别风险大，但特定产品风险低。当产品特定风险大于消费者可接受的风险（AR）时，消费者将不会购买该产品。

❓ **思考一下**：在你的购买活动中，曾经产生过哪些风险知觉？你是如何降低这些风险的？

二、影响消费者风险知觉的因素

（一）个体特征对风险知觉的影响

消费者对风险大小的估计以及他们对冒险所采取的态度，都将影响到他们的购买决策。但不同消费者面对同一产品的风险知觉会存在明显差异。其影响因素包括人口统计变量、

购买经验、产品知识、购买意愿、卷入程度、风险态度和情绪状态等。其中，人口统计变量主要是指消费者的年龄、性别、职业、受教育程度、收入等，是对个人的客观描述，也是市场营销管理中区分消费者群体最常用的基本要素。

一般而论，消费者的个人特点与风险知觉有以下关系。

（1）性别：男性消费者比女性消费者感知的生理安全风险小。

（2）年龄：老年消费者比年轻消费者更多地知觉到生理安全风险，年轻女性比年龄较大的女性更看重社会风险。

（3）职业对风险知觉的影响不大。

（4）受教育程度与风险知觉呈负相关：学历越高，风险知觉越小。

（5）收入与风险知觉呈负相关：收入越高，风险知觉越小；收入较低的消费者更容易知觉到经济风险。

（6）卷入程度与风险知觉呈正相关。

（7）购买经验、产品知识与风险知觉呈负相关。

（8）购买意愿与风险知觉呈负相关。

（9）风险态度与风险知觉呈正相关，即风险规避型的消费者感知到的风险比冒险型消费者要多。

（10）情绪状态与风险知觉呈正相关：情绪状态越高，消费者卷入程度也越高，因而感知到的风险也更高。

（二）产品类别对风险知觉的影响

风险知觉一般是基于具体产品而言的，购买不同的产品，消费者的风险知觉也是各异的。一般来说，购买不熟悉的高档商品要比购买低价的日常用品知觉到的风险大些；对于缺乏价格弹性的必需品，消费者的消费风险承受能力要高于那些价格弹性系数较高的奢侈品。

在网络购买中，消费者对较为昂贵、非标准化、与自我概念关联度高的产品较为谨慎，包括奢侈品、收藏品、保险、交通工具、乐器、摄影写真、时装、服务类产品、大型家电、虚拟产品等。

表 2-6 展示了不同类型产品往往具有不同的经济与社会风险水平，而且知觉风险随情境而异。例如，葡萄酒供自己或家庭消费时，经济和社会风险均比较低，但如果用于社交场合或接待客人时，社会风险会骤然升高。

表 2-6　不同类型产品的经济与社会风险水平

社 会 风 险	经 济 风 险	
	低	高
低	葡萄酒（家用） 袜子 厨房用品 钢笔与铅笔 汽油	个人计算机 汽车修理 洗衣机 保险 医生或律师

续表

社 会 风 险	经 济 风 险	
	低	高
高	流行饰品 发型 一般礼品 葡萄酒（招待客人） 除臭剂	商务着装 客厅家具 汽车 滑雪板 滑雪服

消费者产生感知风险的原因之一是信息不足或缺乏经验。缺乏信息和有关的知识会增加感知风险。显然，几乎不需要信息就能购买的产品或几乎没有什么消极后果的产品，可能被感知为低风险购物。而需要大量信息，信息又匮乏时，感知风险会增加。如果不良选择会带来不良后果，那么消费者的感知风险也可能增加，如那些价格较高、较复杂的产品。不少消费者对于手机、存储卡等技术含量较高的电子产品缺乏辨别能力，往往认为京东商城这样的 B2C 平台要比 C2C 的淘宝商城更可靠一些。

从市场因素上看，市场信息不对称是风险知觉产生的一个重要原因。市场上有"买家没有卖家精"的说法，也就是说，消费者所掌握的市场信息总会有与商家的信息不对称的情况，也就容易产生风险知觉。当然，在 Web 2.0 时代，信息搜寻成本已大大降低，信息不对称的现象已发生重大变化。

 案例链接　　　　　　　　Everlane 的"信息透明"

美国 DTC 品牌 Everlane 将"信息透明"做到了极致，从而大大降低了消费者的购买风险。

- 定价透明：比如，一件零售价是 50 美元的白衬衫在标签上会显示——10.77 美元花在棉布、线和扣子上，剪裁用了 1.22 美元，8.35 美元是缝制用的，物流运输需要 4.71 美元，成本为 24.95 美元。
- 供应链透明：所有商品的产地、原材料、制造工厂等基本信息公开。以皮包为例，你不仅能了解到制作成本，还能知道皮子的产地和养殖场、由哪一家意大利厂商完成制作、如何运输到美国等。
- 厂商透明。他们认为产品品质的保障和价格控制都直接和其制造厂商有关。在"每一家工厂都有一个故事"的推广下，厂商也变得"透明化"。如今，全球每一家的厂商信息都会如实在官网公布。消费者不仅可以在官网看到所买产品对应的工厂归属地，还可以浏览工厂内员工工作环境的照片和视频。

资料来源：品牌数字化创新方法（中）——新体验价值的七种武器[EB/OL]. (2021-06-15). https://new.qq.com/rain/a/20210615A02SO800.

第五节　消费者的记忆

一、记忆概述

（一）记忆的概念

记忆就是过去经历过的事物在头脑中的保存，并在一定的条件下再现出来的心理过程。所以，记忆与感知不一样，它不是对当前直接作用的事物的反映，而是对过去经验的反映。消费者在认识过程中，可以通过记忆活动将过去对商品的感知和认识，或者体验过的情感或动作，重新在头脑中反映，使当前反映在以前反映的基础上进行，从而使其对商品的认识更快、更深、更全面。

在网络信息时代，由于查寻信息的便利性，消费者主动记忆产品信息的积极性不高，越来越少的消费者能够记住他们见过的广告。尤其是网络购买，消费者直接在购物平台上了解商品信息，然后下单购买，对商品品牌和特性的记忆需要已大大降低。网络搜索引擎技术所带来的便利也改变了消费者大脑的记忆方式，人们逐渐从人脑和手工记忆方式转向外脑（网络）记忆方式，这就是所谓的"谷歌效应"。

 **案例链接　　　"江小白"为什么给人印象深刻**

江小白是谁？这是一个品牌的名字吗？的确是，而且是一个白酒的品牌名，是重庆江小白酒业有限公司旗下江记酒庄酿造生产的一种自然发酵并蒸馏的高粱酒。"小白"在中国的社会语境中有"菜鸟""新手"的意思，也是年轻人自谦的一种表达，用在品牌的名称中，与品牌消费者的特征不谋而合，而且产品名字简单通俗，让人一听就能记住。此外，江小白还有自己的代言卡通人物——一个长着大众脸，鼻梁上架着无镜片黑框眼镜，有时还系着英伦风格的黑白格子围巾，身穿休闲西装的帅气小男生。江小白还有鲜明的个性：时尚、简单、我行我素，善于卖萌、自嘲，却有着一颗文艺的心。这个卡通人物还有一句常挂在嘴边的口号——"我是江小白，生活很简单。"

江小白的品牌主张就是提倡一种积极时尚的价值观，面对的是有情怀、有追求的当代新青年群体，他们简单生活，做人做事追求纯粹，标榜"我就是我"，自信又自谦。这个有态度、有主张，且朗朗上口、容易记忆的品牌很快就让消费者记住并喜欢上了。后来，江小白还出了自己的动漫——《我是江小白》，这无疑也是最受年轻人喜欢和追捧的艺术形式，再加上有创意的广告文案，戳中了年轻人内心的情感。

"我是江小白"这句品牌slogan（口号），已成为都市年轻群体的集体宣言，并被赋予了"简单纯粹""文艺青年改变世界""寻找真我""消除互联网隔阂"等新的时代含义。

资料来源：白玉苓. 消费心理学[M]. 北京：人民邮电出版社，2018.

（二）记忆的基本环节

记忆包括识记、保持、回忆/再认 3 个基本环节。识记是人们为获得对客观事物的印象而进行的感知过程。保持是识记过的事物在头脑中留存和巩固的过程。回忆（或称再现、回想）是以前经历过的事物不在眼前，而把过去接受的信息重新呈现的过程；再认（或称认知、辨识）是过去经历过的事物重新出现时，感到熟悉并确认是以前识记过的。其中，回忆与再认并无本质区别，回忆率与再认率是衡量营销刺激记忆情况的两个常用指标。当然，回忆远比再认需要更多的努力，能回忆的一般都能再认，而能再认的却不一定能回忆。当消费者手上没有相关的产品信息时，他们就必须借助于记忆来回想这些信息。但当消费者身处在一家销售上千种产品和品牌的商店时，此时再认的指标比起回忆的指标更为重要。

记忆的这 3 个环节是相互联系和相互制约的。识记和保持是回忆和再认的基础；回忆和再认是识记和保持的结果，并能进一步巩固和加强识记和保持。

（三）记忆的分类

按记忆的内容，记忆可以分为形象记忆、逻辑记忆、情绪记忆、运动记忆、数字记忆等。在实际生活中，各类记忆是相互联系的，记忆时经常有多个种类的记忆参加。

人的记忆主要是通过表象来实现的。表象是记忆中所保持的客观事物的形象。表象是记忆的主要内容，所以，形象记忆在记忆中有着十分重要的地位。由于表象都是过去感知过的客观事物在头脑中留存下来的形象，所以具有直观性的特点。但表象所反映的事物形象，通常仅是事物的大体轮廓和一些主要特征，没有知觉那么鲜明、完整和稳定。表象还具有概括性，它反映着同一事物或同一类事物在不同条件下所经常表现出来的一般特点，而不是某一次感知的个别特点。

除了表象的形式，人们还大量运用语词进行记忆。语词既能标志事物本身，又能起到信号的作用，从而概括地表示某种事物。记住语词，也就容易记住它所代表的事物。人在语词的作用下，可以唤起相应的表象，表象内容也常因当时对那类事物的言语叙述而变得更丰满和完整。

总体来说，语词信息需要接收者付出更大的认知努力，它更适合高度卷入的情况。当消费者的卷入程度较高，他们才会更多地注意和阅读文字材料。语词信息也更容易被遗忘，因此需要在此之后有更多的信息接触，方可达到理想的效果。相比之下，图像则可以使接收者在解释信息时对信息的印象更加深刻。但是，虽然图像可以增强记忆，但并不一定能提高对内容的理解程度。

（四）产品知识的层次

消费者学习并储存到记忆中的产品知识可分为 4 个层次：产品类型、产品形式、品牌和型号/特性。消费者可以在每一种层次的知识上都做出独立的购买决定。表 2-7 给出了每种层次产品知识的例子。

什么是
内隐记忆

表 2-7　不同层次的产品知识

更抽象 ←		→ 更具体	
产品类型	产品形式	品牌	型号/特性
咖啡	粗磨咖啡 整粒咖啡	Folgers 星巴克	1 磅一罐 12 盎司一包，不含咖啡因
汽车	轿车 跑车 SUV	福特 Fusion 马自达 MX5 宝马	带空调和 CD 播放器 真皮座椅，有天窗和自动挡 双离合自动变速器、四驱
钢笔	圆珠笔 铱金笔	Bie Pilot	0.99 美元型号，红色墨水 1.49 美元型号，超细笔尖
啤酒	进口啤酒 淡啤酒 低度啤酒	Heineken Coors Lite Sharps	黑啤酒 小桶装 12 盎司罐装

注：1 磅=0.454 千克；12 盎司≈355 毫升。

二、3 种记忆系统

现代信息论认为，人的记忆系统或记忆阶段由感觉记忆、短时记忆和长时记忆 3 部分组成，如图 2-2 所示。

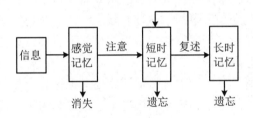

图 2-2　3 种记忆系统

（一）感觉记忆

感觉记忆又称瞬时记忆，是指个体凭视觉、听觉、味觉、嗅觉等感觉器官感应到刺激时所引起的短暂记忆。它是记忆信息加工的第一个阶段。感觉记忆容量较大，但只留存在消费者的感官层面，如不加注意，转瞬就会消失。感觉记忆按感觉信息原有的形式进行储存，形象性很强，其反映的内容与外界刺激较为一致，即为外界刺激的简单复制，尚未经过加工和处理。

几乎所有进入感官的信息都能被记录，但只有受到特别注意的内容才能转入短时记忆，其他感觉记忆内容则会很快衰退而消失。

（二）短时记忆

短时记忆是指输入的信息在短时间内停留的记忆。例如，我们从电话簿上查到一个电话号码，然后立刻就能根据记忆去拨号，但事过之后，当别人再问这个号码时自己就记不起来了。此类记忆就是短时记忆。短时记忆中的信息保持时间在无复述的情况下一般只有

5～20 秒，最长也超不过 60 秒。感觉记忆中的信息如果被注意和处理，就会进入短时记忆，而且这些信息可以保持在一种随时被进一步处理的状态。短时记忆中的信息经适当处理，一部分会转移到长时记忆系统，另一部分则会被遗忘。

短时记忆的容量有限。短时记忆的容量也称为记忆广度，指信息短暂出现后被测试人员所能呈现的最大量。1956 年，美国心理学家米勒提出，短时记忆的容量大体上为 7 个信息块。所谓信息块，实际上就是可以作为一个整体从记忆中提取的信息。例如，我们要记住 15821009022 这一电话号码时，可以把这一电话号码分为 11 个信息块（1—5—8—2—1—0—0—9—0—2—2）或 3 个信息块（158—2100—9022）来记住。这时，记住没有任何关系的数值构成的 11 个信息块比记住 3 个信息块要难。数值之间关系越高，就越容易把数值聚成一块。如果我们处理的信息量超过短时记忆所能处理的程度，就会出现信息超负荷现象。短时记忆中的信息保持时间短且易受干扰，如有新的信息插入，即阻止了复述，原有信息就会很快消失，而且不再恢复。由此可见，未经复述的、超出容量的和受到干扰的信息易被遗忘。

（三）长时记忆

长时记忆是指记忆信息保存 1 分钟以上，直至数年乃至终生的记忆。人们在日常生活中随时表现出的动作、技能、语言、文字、态度、观念、知识等，都属于长时记忆的范畴。长时记忆系统被认为是各种语义和视听信息的永久储存所。与短时记忆相比，长时记忆的容量是很大的，甚至被认为是无限的。但是实际上，在长时记忆信息中，一部分信息只有在必要时才被提取。长时记忆到底能储存多少信息并不重要，重要的是人们在做出决策时到底能提取多少长时记忆内容。

长时记忆有两种类型，分别是自传体记忆和语义记忆。自传体记忆是关于自身过去的知识、体验以及与之相关的情绪和感受的记忆。这种记忆由于涉及自身的亲身体验，因此会伴随很多具体情节或细节，如某次旅游的记忆，参加的生日宴会、婚礼、音乐会等的长时记忆，都属于这种类型。这种类型的长时记忆会有视觉形象，也可能包括声音、口味、嗅觉等具体的成分，会非常丰富和生动。另外，由于每个个体都有自己的独特经历，因此自传体记忆往往是非常个性化和有差异化的一种记忆。语义记忆则不涉及具体的个人体验，是与具体情境相分离的，更多的是和一些抽象的概念相联系。

可见，虽然人脑可以储存巨大的信息量，消费者平时也能看到许多商品或接触到许多广告信息，但大多数信息会被遗忘或根本未被注意。同时，短时记忆的容量也极为有限，只有那些能引起消费者特别注意并经过精心观察和复述的信息，才会留在消费者的长时记忆之中。要让外界信息顺利进入长时记忆系统，首先取决于消费者的需要、兴趣、情感等主观因素；其次还取决于外界刺激的情况，例如，商品的造型新颖独特、包装装潢鲜艳夺目、名称鲜明易记、广告构思形象生动，就容易引起消费者的注意，并起到好的记忆效果。尤其在广告工作中，要充分考虑人的记忆规律，提高消费者对广告信息的记忆效果。例如，在信息传递时间极短的广告中，如电视或广播广告，应当提高信息的意义性、趣味性，并对内容进行科学的安排和组合，重要信息的刺激量不应一下子超过 7 个单位，从而使广告取得较好的实际记忆效果。

铂爵旅
拍广告为何觉
得自己成功了

三、消费者记忆机制

（一）复述

个体在内心对进入短时记忆的信息或刺激予以默诵或做进一步处理努力，称为复述。复述具有两大功能：一是保持信息在短时记忆中被激活，二是将短时记忆中的信息转移到长时记忆中。复述最初是指在短时记忆中对信息做机械重复，在记忆试验中通常是指语言重复，也就是说，个体被视为默默地背诵这些正在处理的信息。人们对未完成任务的记忆比已完成的更加深刻（蔡格尼克记忆定律），这可能就是因为人们对未完成任务往往念念不忘，不断复述。

（二）编码

编码就是对外界输入大脑的信息进行加工转化的过程。Ericsson（1988）提出，要想获得很高的记忆技能，就必须满足以下 3 个条件：一是意义编码（meaning encoding），即信息应该在意义层面上加工，把信息和存储的知识联系起来；二是提取结构（retrieval structure），即线索应该与信息一起存储以利于其后的提取；三是加速（speed-up），即广泛练习以使编码和提取中所涉及的加工过程越来越快，直至达到自动化的程度。

（三）储存

储存是指将已经编码的信息留存在记忆中，以备必要时检索之用。随着时间的推移和经验的影响，储存在头脑中的信息在质和量上均会发生变化。从质的方面看，储存在记忆中的内容会比原来识记的内容更简略、更概括，一些不太重要的细节趋于消失，而主要内容及显著特征则被保持；同时，原始记忆内容中的某些特点会更加生动、突出甚至扭曲。

人们可能按照多种方式来对信息进行储存。例如，Axe 是一款香氛中含有女性特别喜欢的味道的男士香水，这一特殊的品牌特性容易被存储，其他存储方式包括广告特性（一位男子气的男士使用该产品）、品牌识别（"Axe"，中国叫"凌仕"）、类别识别（与古龙香水相似的男性香水）、评价反应（很迷人、很有趣）。

（四）提取

提取是指将信息从长时记忆中抽取出来的过程。对于熟悉的事物，提取几乎是自动的和无意识的，例如，当问及现在市面上有哪些品牌的手机时，消费者可能会脱口而出，说出诸如"苹果""三星""华为"等多种品牌。对于有些事物或情境，如去年的元旦你在干什么，你恐怕很难立刻回忆出来，往往需要经过复杂的搜寻过程，甚至借助于各种外在线索和辅助工具，才能完成回忆任务。

提取和前面介绍的复述、编码、储存等环节是相互作用、相互影响的。刺激的熟悉感、突出性、代表性以及提取的线索都会影响提取的效果。

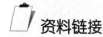 **资料链接**　　　　　　　　　**峰 终 定 律**

峰终定律（peak-end rule）是指人们对一件事的印象，往往只能记住两个部分，一个是过程中的最强体验——峰，一个是过程中的最后体验——终，好的开头不如好的结尾。过程中好与不好的其他体验对记忆几乎没有影响。

例如，一些儿科医院会在诊疗结束后送给小孩子礼物，或者给他最爱吃的零食。这样即便过程很痛苦，最后有一个甜甜的结果，小孩子对这个疾病的痛苦印象就不会那么深刻。

星巴克的"峰"是友善的店员和咖啡的味道，"终"是店员的注视和微笑。尽管整个服务过程中有排长队、价格贵、长时间等待制作、不易找到座位等很多差的体验，但是消费者下次还会去。

宜家的购物路线也是按照"峰终定律"设计的。虽然它有一些不好的体验，比如，"地形"复杂，哪怕只买一件家具也需要走完整个商场；店员很少，顾客得不到及时的帮助；要自己从货架上搬运货物，要排长队结账；等等。但它的峰终体验是好的，它的"峰"就是过程中的小惊喜，比如便宜又好用的挂钟，好看的羊毛毯以及著名的瑞典肉丸。它的"终"是什么呢？就是出口处1元钱的冰激凌！1元钱的冰激凌看似赔本，却为宜家带来了极佳的"终"体验。

资料来源：苏朝晖. 消费者行为学[M]. 北京：人民邮电出版社，2021.

❓ 思考一下： 你记得住的广告有哪几个？为什么这些广告会给你留下深刻印象？

 本章思考题

1. 如何理解消费者信息处理过程？消费者信息处理过程一般包括哪些阶段？
2. 在实际营销活动中，如何提高信息的接触水平？
3. 影响消费者注意的因素主要有哪些？在营销活动中如何才能更好地吸引消费者的注意？
4. 影响消费者理解的因素包括哪些？企业在营销中如何利用这些因素？
5. 消费者的质量知觉包括哪些方面？
6. 在营销活动中，厂商可以采取哪些措施来减少消费者的风险知觉？
7. 在广告活动中，如何增强消费者对广告内容的记忆？

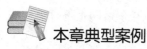 **本章典型案例**　　　　　**唯品会的认知迷失**

1. 建立连接

我们看书或浏览网页时，看到一道简单的数学题，如5×6，大脑会自动将答案30算出来，因为毫不费力；如果看到的是17×28这种不熟悉的题目，则会直接跳过，因为它需要我们停下来启动思维进行计算；通常情况下，大脑不会去浪费这个精力，除非这道题很重要，比如，在做数学作业或考试。

唯品会的产品定位是"品牌特卖"，"特卖"不是大脑熟悉的词，也很难通过字面进行直接理解。所以对于一名普通用户来说，看到"品牌特卖"这一广告语同看到 17×28 的感觉是一样的，就是没有感觉，大脑直接跳过，没有接收到广告在说什么。

在大部分用户的手机已经安装了淘宝、京东、拼多多其中一个或多个的情况下，其他电商 App 只有传达类似 5×6 这样可直观理解、无须思考的信息，才有机会与用户大脑"建立连接"；而 17×28 这种需要思考的信息就阻碍了认知流畅性，只会被大脑的过滤机制拒之门外。

2. 简化认知

我们每次接触新事物，首先都会根据已知信息，在大脑中形成一个预期，这个预期就是我们探索新事物的路标。比如，拿到一部未拆封的新手机，虽然暂时看不见手机，但是根据经验，我们预期手机边缘会有一个电源按钮，这个按钮就是我们开启手机的路标；假设拆开后找不到电源按钮，大脑失去路标，就会变得烦躁不安。

信息符合预期的正面案例如拼多多，在使用之前，你对拼多多的预期是东西便宜，因此打开后看到满屏 5 元钱的指甲钳、9 元钱的数据线、10 元钱的中性笔等各种价格极低且熟悉的小商品，马上就有一种大脑预期得到精准验证的确定感——你听说这里东西很便宜，进来一看果然很便宜。

相反，唯品会就让你有一种"迷路"的感觉。唯品会的卖点是"品牌特卖"，预期会看到"品牌货"与"价格低"。你第一次打开唯品会的感觉是，很多品牌不认识，价格也不确定是不是真便宜；看着满屏花花绿绿的页面，只有迷惑，这不就是一个很普通的卖衣服的 App 吗？跟淘宝、京东有什么区别？为什么要在这里买衣服？

我们的大脑，不是科学家思维——认真观察事实，再总结观点；而是律师思维——先有观点，再找验证的事实。我们不会从花花绿绿的信息中，认真观察其中的 60% 是品牌，再对比京东和淘宝，发现这里 70% 的商品价格更低，从而得出结论，唯品会果然是"品牌特卖"；相反，我们是先有"品牌特卖"的预期，再花几秒钟寻找可验证的事实，若没有找到，就直接放弃。

3. 引导决策

1）消除障碍：示范效应

"品牌"与"特卖"这两个词组合在一起似乎有点冲突；特别是对于年轻的小姑娘们，她们选购品牌衣服，除了追求款式和质量，多少都有一定的虚荣因素，希望通过一身名牌获得社交圈中更高的社会地位。

但是"特卖、低价、优惠"这些概念会破坏这种虚荣，所以购买时可能会存在顾虑和不自信，担心同事们会偷偷地嘲笑自己。大脑的任何停顿，都会制造一个新的选择分支，从而造成更多的订单流失。

当人们对一件事不确定时，我们会观察和模仿其他人，特别是与我们相似且社会地位稍高于我们的人。

如何消除年轻的小姑娘对于"特卖"的顾虑呢？就是找到能发挥示范效应的真实用户，比如，知名企业的中层管理者、高校老师、创业的小企业主、十八线的明星和模特等；并开辟专门的频道，引导这些真实用户分享自己购买的商品。

这些群体跟平台的用户类型比较接近，同时社会地位又稍高一点，是年轻小姑娘模仿和追随的对象；有效的示范能够重塑认知，将品牌与特卖组合成理性和聪明的消费观念，是一种普通、平常、无须纠结的生活方式，从而降低用户大脑中的不确定性，减少决策点。

2）降低门槛：社会认同

电子商务平台有百万级的商品数量，用户一次顶多能看几十件商品，如何降低选择成本，让用户更快找到适合自己需要的商品？

通过社会认同，让用户与用户彼此作为参考与帮助对象。消费者可以直接参考那些跟自己相似的用户，听取他们的推荐与评价，从而大幅度降低自己发现新商品以及决策的成本。

3）提升效用：收益具体化

虽然我们今天习惯用价格来标注一切商品，但大脑对于处理数字还是有些力不从心。比如，有个人在两个价格相差400元的音响之间犹豫不决，由于产品功能各有优势，所以一直无法决定；最后老板建议买低价的那个，再用省下的400元买10张CD，此人瞬间豁然开朗——10张CD的具体形象，让400元变得意义明确，并奇怪自己之前怎么没想到。

因为对于大脑来说，400元作为数字，只是一种抽象的存在，将其转化为具体的CD，抽象数字变成的真实物品在大脑中形象化，就成为决策天平上新增的一枚砝码。

唯品会以"特卖"为卖点，很多商品会比线下专柜以及其他平台更便宜，其中的差价如果以具体的商品表现出来，就能使消费者清晰地感知到增加一件具体物品所带来的效用提升，而不只是粗略感知到一个简单事实：哦，这里好像要便宜一点。

资料来源：认知决策机制应用（2）：唯品会[EB/OL]. (2020-11-30). http://www.woshipm.com/operate/427654.html.

本章案例讨论

1. 你认为唯品会应当如何改进以提高消费者的认知水平？
2. 在网络时代，有哪些好的方法能够帮助消费者接触、理解和接受广告信息？

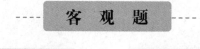

第三章 消费者的情绪与情感

🦋学习目标

- 了解情绪与情感的概念与分类。
- 理解情绪对消费活动的影响。
- 了解影响消费者情绪的因素。
- 掌握消费者对产品的情感体验水平。
- 理解情感营销方式。

🔑导引案例 鸿星尔克、白象为什么会让你"野性消费"

北京冬残奥会期间，白象因为员工有三分之一是残障人士，被网友送上了热搜。3·15土坑酸菜问题曝光后，白象的霸气回应"一句话：没合作，放心吃，身正不怕影子斜"，再次赢得大批网友点赞。大批网友涌入某官方直播间，带来"7天销售额破千万"的成绩，官网不得不呼吁消费者理性消费。

与之相对应的是，运动品牌鸿星尔克也经历过一场中彩票般的爆红。这个严重亏损的企业在2021年河南遭受特大水灾时，毅然捐出5000万元物资。一句"感觉你都要倒闭了还捐那么多钱"广为流传，激发出网友排山倒海般的同情心和回馈。网友纷纷涌进鸿星尔克的直播间下单，甚至在鸿星尔克董事长"理性消费"的善意劝导下以更为疯狂的"野性消费"回应。

有情绪的产品才好卖，做产品要激发情绪价值。企业善举以及背后的善心所拥有的强大力量，一旦获得强烈的感知，公众会自发"涌泉相报"，这种发自肺腑、撞击灵魂的共鸣大大增强了企业的知名度、美誉度。

1. 网民情绪的缘起——基于家国情怀的共情

不管是"快死了也要捐款"的鸿星尔克还是拒绝日资加入，招聘大量残疾人的白象，网民对其的评价集中在"爱国、低调、有担当、良心企业、国货之光"等关键词上；网民的情绪则集中在"震惊、感动、赞赏、钦佩、心酸"等关键词上。

2. 网民情绪的传播——裂变、爆梗、出圈

基于微博平台，鸿星尔克和白象事件引起热议。在家国情怀的加持下，网民情绪被激发，并向微博之外的平台蔓延，形成裂变式传播态势。事实证明，再精心的营销设计，也比不上大众共情。

3. 网民情绪的行动演绎——野性消费

当网民情绪发酵到顶点时，单纯的言论支持已经无法满足，网民开始用行动来宣泄情绪。这便形成了一种新的消费方式——野性消费。网民的野性消费与冲动性消费、报复性消费不同，野性消费的背后逻辑是心甘情愿为价值观买单。

网民对鸿星尔克和白象的野性消费，不仅是出于对品牌本身的支持，更是日益增长的民族自信、爱国情怀的抒发，也是对行善价值观的高度认同。换言之，在这个特殊时刻，消费者不再关注其产品质量究竟如何，他们买的不仅仅是商品实体，更多的是承载了一种民族情绪。

可见，消费者的情绪容易被不同的社会事件点燃，情绪和感受正在直接影响其消费决策，有时甚至完全不会动用理性逻辑分析。某种情感、价值观、态度、理念、生活方式，比如爱国、环保、精致、仪式感等，一旦被某些事件唤醒，就能够引发"为情感付费"和"为信仰充值"的"野性消费"，白象是如此，鸿星尔克也是如此。

资料来源：从白象、鸿星尔克爆火，看国货品牌营销进化之道 [EB/OL]. (2022-03-23). https://www.sohu.com/a/532105122_114819.

问题：

1. 从鸿星尔克、白象的"野性消费"现象中，你能得到哪些启示？
2. 根据此案例，谈谈情感营销的意义。

第一节 情感过程概述

情感过程是伴随着人们的认识过程而产生和发展的。情感过程是对于客观现实是否符合自己的需要而产生的内心体验。认识过程反映客观事物本身的特性，而情感过程所反映的是客观事物与人的需要之间的关系。因此，情感过程与人的需要紧密联系，并由客观事物所引起。

消费情感是消费者对产品和服务的属性与消费者对自己最终获得的消费价值的内心体验。我们可以用"高兴、轻松、紧张、平静、兴奋"等词汇来描述顾客在消费过程中产生的情感反应。

许多品牌都意识到了情绪价值在现代商业中的重要性，大部分品牌都采取了"情感诉求"而非"理性诉求"的广告宣传形式，例如，Coca-Cola 了解到消费者对快乐、积极情感的需求，因此通过全球范围内的互动活动，满足消费者对分享、快乐和友爱的情感需求。而 Airbnb 则抓住人们对归属感、接纳与宽容的渴望，通过广告中真实的故事，触动消费者的情感。

一、情绪与情感

人的情感过程包括情绪与情感两种形式。

（一）情绪

情绪一般是指与人的生理需要、与较低级的心理过程（感觉、知觉）相联系的内心体验。情绪往往由特定的条件所引起，并随条件的变化而变化，有较大的即景性、冲动性和短暂性。情绪复杂多样，对其种类的划分有许多不同看法。我国古代对人的情绪分为喜、怒、哀、乐、爱、恶、惧 7 种基本形式。现代心理学一般把情绪分为快乐、愤怒、悲哀、恐惧 4 种基本形式。

美国心理学家 Russell 提出的"愉快-唤起"情绪模型认为，情绪有两个相对独立的维度："愉快（积极）-不愉快（消极）"维度和"激动（紧张）-平静（轻松）"维度，图 3-1 所示，为以情绪双维度（性质、强度）模式绘出情绪的坐标图。

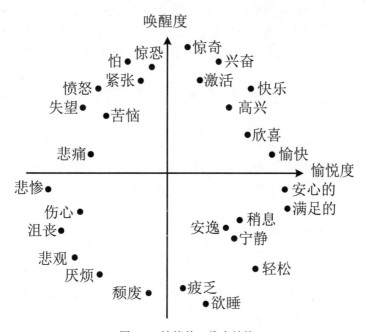

图 3-1　情绪的双维度结构

依据情绪发生的强度、速度、紧张度、持续性等指标，心理学将情绪分为心境、激情和应激。所谓心境，是指一种具有感染性的、比较平稳而持久的情绪状态。当人处于某种心境时，会以同样的情绪体验看待周围事物。例如，人在伤感时，会见花落泪，对月伤怀。所谓激情，是指一种爆发快、强烈而短暂的情绪体验。如勃然大怒、暴跳如雷、欣喜若狂等情绪反应。在激情状态下，人的外部行为表现比较明显，很容易失去理智，出现冲动性行为。所谓应激，是指在意外的紧急情况下所产生的适应性反应。例如，当面临危险或突发事件时，人的身心会处于高度紧张状态，引发一系列生理反应，如肌肉紧张、心率加快、呼吸变快、血压升高、血糖增高等。

（二）情感

情感是指与人的社会性需要、与人的意识紧密联系的内心体验。如理智感、道德感、美感、责任感、荣誉感、优越感等，这类情感是人类所特有的。它具有较大的稳定性和深刻性。例如，商店服务态度好，信誉高，商品质量有保证，购买与维修方便，就能使消费者产生愉快感、信任感、赞赏感，从而产生惠顾心理。

人的情绪与情感有着十分密切的联系，通常对情绪与情感也不做严格的区别，而作为同义词使用。在某种意义上可以说，情绪是情感的表现形式，情感是情绪的本质内容。情绪的产生和变化一般要受到已经形成的情感的性质、特点的影响和制约；另一方面，情感又往往要通过情绪表现出来，同一种情感在不同条件下可以有不同的情绪表现，比如，有道德感的营业员，对不良行为非常愤慨，对消费者却又满腔热情。

对产品创新和品牌塑造来说，了解消费者的感性动机和情感诉求是十分重要的。但消费者往往很难清晰地表达自己的情感状况。比如，如果你问一位女性为什么选择耐克，她很有可能会告诉你是因为穿着舒适，却不会提及品牌的情感意义——这一品牌在她内心代表了一种年轻态的生活方式。这一方面是因为消费者对自己的情感状况，不像理性信息那样容易识别、回忆，更难于表达；另一方面是因为一旦涉及情感，就会立刻触发消费者的心理防御机制。

二、情绪的外在表现

情感过程虽然是一种内心体验，无具体的形象，但一般都伴有各种外部表现。大多数情绪可以通过消费者的神态、表情、语气和行为表现出来。服务人员可以由此判断消费者的情绪变化和心理活动，从而有的放矢、体贴入微地做好服务工作。

1. 面部表情

面部表情是表达情绪的主要手段。面部表情具有适应的意义和生物学根源，所以许多最基本的情绪，如喜、怒、悲、惧等原始表情具有全人类性。表情中的目光和眼神是最重要的，眼睛最能表达人的情绪和内心状态，正如俗语所说"眼睛是心灵的窗户"。服务人员在接待消费者时，应当笑脸相迎，不能表现出冷漠、烦躁、鄙夷的神态，以避免引起消费者的反感。有的高科技公司还开发出"表情识别系统"，从人脸图像中分析并提取表情特征，应用人工智能和模式识别的方法加以归类和识别，以此来判断消费者对新产品的情绪反应。

一般而论，人的左脸通常会比右脸"诚实"，左脸的表情更接近一个人的真实想法。这是由左右大脑各自功能的差异导致的，右脸通常会流露出理性的信号，而左脸则往往是感性的，例如，情绪和感情。因此，左脸更能彰显一个人的内在想法。

2. 身体姿态

这就是所谓"身体语言"或"身段表情"，主要指四肢和身躯的动作、姿势。比如，人在高兴时手舞足蹈，在愤怒时紧握双拳，在惧怕时手足无措等。人们还常常无意识地通过各种姿势或手势将自己的情绪或情感反映出来。

3. 语调声音

言语的音强、音调、音速的变化，往往可以表达出不同的情绪。一般来讲，快速、激越、响亮的言语体现人的热烈、急躁或恼怒的情感，而低沉、缓慢的言语表现人的畏惧、悲哀的情感。俗话说"听话听音"，人们在日常生活中常常可以体会到，同样一句话，因声音的不同，可以表现出亲切、真诚、厌烦、讥讽、同情、欢乐、悲伤等性质完全不同的情绪。有的营业员就是因为语调声音中含有嘲弄、讥讽、厌烦的意思，而引起消费者的强烈不满。

4. 身体各部位的生理反应

有社会意识的人可以通过理智控制和调节其情绪的外在表现，驾驭情感反应。但人在情绪状态下所发生的体内生理变化，如血压、脉搏、汗腺分泌、瞳孔、呼吸等方面的变化，却难以被人所控制。这是因为这些生理反应主要受人的植物性（自主）神经系统的控制。当消费者与营业员发生矛盾冲突时，双方处于急躁、愤怒状况，则呼吸、心跳、脉搏加快，或面红耳赤或脸色苍白。人在紧张、兴奋、羞怯等情绪状态时，也会有相应的变化。国外有人曾研究人们在观察不同外界对象时瞳孔直径变化的情况，发现消费者在观察他所喜欢的物品时，瞳孔直径会扩大，如"见钱眼开"，对于这种生理反应自己往往难以觉察，也无法用意志加以控制。

但是，不是所有的消费者都乐于明显地表露自己的情感。心理学家做了这样一个实验，将人们置于描绘真实截肢或者一个人被蟑螂团团围住的电影画面前。结果，男性和女性在观看时表现出同样的厌恶程度，然而女性更有可能因为这种厌恶而做出提前离场的反应。因此，当男性和女性有相同的情绪时，女性更可能表露出来。正因为如此，在一定程度上营销人员可以判断消费者的情绪，并且女性关于服务态度好与坏的反应信号比男性的更具有参考价值。

心理分析中，"弗洛伊德口误"理论认为：如果让一个人情绪高涨或处于舒适状态，就可能减少其抵触或警觉心态，从而自由地谈论自己，最终他会脱口而出自己在那一刻的真实想法，而这往往会反映出消费者的真正需求所在。

另外，单纯通过人的外显反应并不能准确地判断出人的情绪状态。实际上，同一种外显反应甚至可能表现截然相反的内心情感。所以，必须要结合当时的情境因素，或者直接通过与消费者的言语、思想交流，才能正确地做出判断。另外，一种情绪状态也可能源自多种心理原因。如消费者在挑选商品时显得表情紧张，可能是担心商品质量不可靠；也可能是担心买回去后，家里其他人不喜欢；等等。

在大数据时代，可以通过摄像监视装置（以及人脸识别系统）、可穿戴设备、手机声纹收集器、手机和各种终端设备的自拍摄像头等，来捕捉消费者的脸部表情、讲话的声调以及身体上的各种生理指标等数据，随时随地分析被追踪对象的实时情绪。在网络口碑中，也可以通过数据挖掘技术对消费者的情感进行分析。因为消费者会在文本中使用与情绪相关的特定词汇，或者采用微博、微信、QQ上通用的网络表情符号来表达自己的心情，如"笑脸"或"沮丧"的图标；Facebook的"like"功能、新浪微博和微信的"点赞"功能，都可以实现消费者情感的即时反馈。因为很多消费者会基于社交媒体上口碑的喜好和评价做出购买决策，因而情感分析在消费者研究中较为重要。

第二节　消费情绪与消费行为

一、情绪对消费者行为的影响

早期的行为决策研究，对认知功能较为重视，而忽视对情绪、情感在行为决策中作用的探讨。随着研究的深入，尤其对人的"完全理性"的质疑，以及对"有限理性"的认同，研究者逐渐认识到，人们在进行行为选择时，既受人类信息处理能力的限制，又无法避免情绪的影响。消费者是有血有肉的人，并不是纯粹的"理性经济人"，其消费行为也会受到情绪和情感因素的影响，情绪甚至在下意识的情况下能控制人们的行为。冲动性购买就是一种情绪化的消费行为。而情绪对于消费最明显的影响是享乐消费。享乐消费是指使用产品或服务来追求内在的享乐，而非用来解决外在实体环境所面临的某些问题。享乐消费主要是透过感官来取得愉悦，而创造出一种想象，最终带来一种正面的情绪。抖音的沉浸感、享乐性非常强，其使用时长也超越了微信朋友圈。

利用情感（绪）价值的营销方式被称为"情感（绪）营销"，情感营销的本质是调动消费者的情感而非理性，让他们在情感或情绪的激发下产生对品牌的好感，促进下单。情感营销激发消费者的"快思维"（丹尼尔·卡纳曼），利用消费者的情绪来影响其购买决策，而消费者的信息加工路径是所谓"边缘路径"（ELM 模型）。现在，一些年轻人为了释放心理压力、宣泄情绪，常常利用商品来进行情绪消费。因此，商品的包装或沟通话题可以进行有针对性的情绪设计。例如。维维豆奶根据产品口味不同，加入对于"逗"的系列不同解读，将其呈现在包装上，"戳笑点""魔逗""逗 BEE""笑肌""逗（斗）鸡眼"等网络流行语引发年轻人的共鸣，直戳消费者心灵深处。

📋 资料链接　　　　　　　　情 绪 商 业

情绪商业指的是品牌和产品营销与消费者感性情绪融合。如今是一个小情绪的时代，由于年轻群体所受社会压力的增大，越来越多的人希望有途径进行自我表达，要有时时宣泄情绪的出口，要能释放自我的一些压力，因而产生了情绪消费。最为直观的例子就是网红餐厅的火爆，比如喜茶、丧茶，情绪消费的影响面日益增多。

现在很多产品正在进行调整，要把产品变成一种内容，变成一种情绪的表达。产品包装的情绪化、线下情绪场景体验、具有沟通力和话题性的情绪主题化传播让产品包装已经成为一个新的媒介。例如，维维豆奶根据产品口味不同，加入对"逗"系列产品的不同解读，将其呈现在包装上，印上"戳笑点""魔逗""逗 BEE""笑肌""逗（斗）鸡眼"等网络流行语引发年轻人的情感共鸣，直戳消费者心灵深处。

资料来源：2018 年消费市场还会有哪些新鲜趋势？[EB/OL]. (2018-01-18). http://www.kanshangjie.com/article/133151-1.html.

（一）情绪的两极性

情绪不仅具有扩散性，还具有两极性。情绪的两极性可以表现为肯定和否定的对立性质，如满意与失望、喜爱与厌恶等；也可以表现为积极和消极的对立性质，如快乐与悲伤、兴奋与消沉、愉悦与厌烦等。通常认为，积极情绪会促进实际的消费行为。心理学家的测试发现：对同一个广告，在消费者感到快乐的时候，有 21% 的人喜欢这则广告；相形之下，在感觉不快乐时，喜欢广告的只有 13%。情绪对于是否喜欢广告的影响幅度达到了 62%。心理学家丹尼尔·卡尼曼对此给出了解释：当我们情绪饱满、心情愉悦时，通常我们身边不存在任何危险，因此批判性思维的必要性随之减弱，这就是为什么我们快乐时有效吸收广告信息的可能性便会大大增加。同时，消费者还会出现一种正面情绪维护的现象。在消费者的抉择过程中，好心情的消费者会尽力维持其良好的情绪，因此对于干扰其情绪的信息会加以摒弃。例如，消费者可能会对其所偏好品牌的相关负面信息视而不见。

但是，研究者对有关消极情绪对消费行为的影响得出了一些不太一致的结论。大多数研究者认为，消极情绪会在一定程度上减弱消费行为；而另一些观点则认为，消极情绪不仅不会削弱消费行为，还能在一定程度上增加消费行为。例如，由于心情不好而产生的疯狂购买行为。一个关于孩子们在不同情绪状态下如何选择免费糖果的研究发现，情绪特别好和情绪特别坏的被试者比情绪处于中性的被试者拿的糖果更多。换句话说，好的情绪和沮丧的情绪都会使人对自己更加慷慨。

利用消极情绪进行的营销包括"丧营销""恐惧营销"等形式。"丧营销"虽然属于消极情绪，但因为击中了消费者内心的情感且其中蕴含着自嘲、幽默和戏谑的正面元素，往往也能引起消费者的共鸣。例如，叫板喜茶的"丧茶"快闪店、"Moonleaf"的"消极杯"、"没希望"酸奶、网易云的"网抑云"、UCC 咖啡的丧文化广告等。"恐惧营销"通过激发消费者的恐惧感来影响消费者的行为，如戒烟广告通过夸张的艺术表现手法，唤醒消费者的恐惧情绪，从而劝导消费者不吸烟。还有些商品通过夸大不使用这种商品可能导致的不良后果，刺激消费者的购买欲望。例如，"发生车祸时，汽车内未安装儿童安全座椅的婴童死亡率是安装了儿童安全座椅的 8 倍，受伤率是 3 倍。一旦发生汽车碰撞事故，使用儿童安全座椅可将死亡率降低 71%"。

孟蕾（2006）认为，消极情绪会更多地影响到消费者对实用型产品的选择，而积极情绪更多地影响到消费者对享乐型产品的选择。例如，在推广旅游、电影等享乐型的产品时向消费者传达快乐的情绪，可能会收到很好的效果，但对于电池、剪刀等实用型产品，就不会产生那么好的效果。又如，向重视汽车安全性能的消费者提及由于安全性不好而发生的交通事故，使其产生消极情绪并采用处理这种消极情绪的决策，就比提及由于安全性好而平平安安使其产生较为积极的情绪的推广效果要好。

关于情绪与消费者行为的关系，过去的研究比较关注正面情绪和负面情绪的影响效果。但是，最近的观点则认为带有消费者自责的情绪，相对于那些单纯的情绪，会引发消费者较强的行为意图。例如，罪恶感和后悔比期望和恐惧带有较高的自责成分，因此与后续行为的关联较为明显。譬如，强调"抽烟会损害家人的健康"（带有自责的罪恶感），会比强调"抽烟会损害自己的健康"（只有恐惧的情绪）更为有效。

当然，在两种极端位置上的性质相反的情绪之间，还存在各种强度不同的情绪。如在"喜-恶"之间，从大喜到微喜，从微喜到不喜，从不喜到讨厌，会出现一系列不同程度的情绪变化。同时，对立的两极情绪状态并不是绝对互相排斥的，它们既可以融合交织，如"悲喜交加"；也可以在一定条件下互相转化，如"破涕为笑"和"乐极生悲"。所以，服务人员可以通过有效的商品介绍或良好的服务，转化消费者的否定情绪或消极情绪。

（二）情感涉入

不是所有的消费者都会进行情绪反应或者以同样的程度和方式来表达情绪。两个消费者可能在一个拥挤的零售商获得同样糟糕的服务，一个可能愤怒地向经理投诉；而另一个可能简单地走开，找一个更安静的购物环境。可见，人格特征会影响消费者的反应或情绪表达方式。例如，神经质是一个重要的人格特质，与消费者在各种消费环境下的消极反应呈正相关。

情感涉入可以用来衡量消费者内心情感反应的强度以及行为受情绪的影响程度。例如，有些消费者沉湎于感人至深的电影场面而被感动得流泪，但是其他消费者看同样画面时却觉得无聊。一般而言，当消费者的个人兴趣与一些物品和活动联系起来时，就容易产生情感涉入。因此，因情感涉入而引起的消费一般包含强烈的享乐性动机。通常情况下，情感涉入可以使消费者呈现出非理性。

宜家效应

流畅体验（flow experience）是一种积极的情绪体验，类似于人本主义心理学家马斯洛提出的"高峰体验"，这种高度的积极情绪能够使人们全身心地投入某个任务中，同时感觉到身心愉悦。其特征包括：乐趣的感觉；控制的感觉；专心致志与高度集中的注意力；由于活动本身而得到的精神享受；扭曲的时间感；所面对的挑战与个人技能间的匹配。不少消费者都有过因为陶醉于一本好书或者一部好的电影以致对时间流逝毫无感觉的经历，这就是消费者对一项活动极度情感涉入的流畅性体验状态。还有些缺乏自控力的年轻人可能沉迷于电子游戏而通宵达旦，部分原因可能是想达到那种流畅体验状态的欲望和由此产生的享乐性价值。

❓ **思考一下**：你经历过"流畅体验"吗？它是一种什么样的感觉？为什么会产生这样的体验？

二、消费情绪的影响因素

从根本上说，需要是情绪产生的主观前提，人的需要能否得到满足，决定着情绪的性质与强度。在购买活动中，影响消费者情绪变化的因素主要有以下几个方面。

（一）商品

消费者的主要目的是购买商品。能否买到称心如意的商品，是影响其情绪的最主要的客观因素。商品的质量、性能、价格、商标、厂牌、造型、色彩、包装、式样、规格、体积、重量、商品的可挑选数量以及各种优惠条件、售后服务等，都可能影响消费者的情绪变化。而且有些情感化产品本来就是在"销售"某种情感。例如，电影、音乐会所提供的可能是高潮迭起的剧情、气氛，消费者可以享受其所带来的情绪变化。在现实的购买活动中，消费者情绪的性质和程度也随着对商品的了解而发生变化。另外，如果消费者事先对商品抱有较高的期望，而商品的现状又相差太远，则失望也很大，消极、悲观情绪就较为严重，这时消费者的情绪变化就由兴奋变为失望且反差很大。

Norman 在《情感化设计》一书中提出，消费者对产品的情感体验分为 3 个水平：本能水平（visceral level）、行为水平（behavioral level）和反思水平（reflective level），如图 3-2 所示。简单地说，就是感官层面的好看，功能层面的好用，精神层面的愉悦。

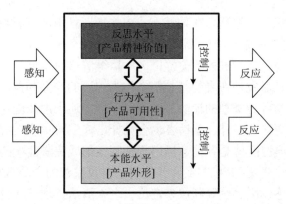

图 3-2　情感体验的 3 个水平

1. 本能水平

本能水平的体验是直观的感受，如产品的外形、质感的好坏、可口的味道、悦耳的声音等。例如，星巴克猫爪杯在饮品倒满后，会出现一只肉感十足、萌态可掬的粉嫩猫爪，这种独特性的创新产品戳中了不少女生的萌点，一上市就遭到市场哄抢，除了品牌溢价，其甜美可爱、奇特风趣的造型是受到消费者追捧的主要原因；唯品会定位于女性品牌的折扣商品特卖，因此其 App 采用了偏女性喜欢的粉嫩系小清新风格；成都通往城市音乐厅的地铁步行梯的每个台阶上都安装了钢琴琴键的交互设计，当行人走在台阶的琴键上时，台阶会相应地发出各种音符的声音，而想要乘电梯的人也有可能会被吸引而走楼梯，这种好玩的设计成了改变行为的一种方式。

2. 行为水平

行为水平体现在使用产品的感受上，涉及产品的使用乐趣和效率等可用性方面。行为水平的设计注重效用：功能性、易懂性、可用性等。例如，大疆航拍无人机系列中，Mavic Pro 的续航里程、抗风性能、便携性、航拍效果都非常好，故消费者的使用体验极佳。

3. 反思水平

反思水平的体验，是指经过个体的研究、评价和解释，个体产生了与产品理念共鸣的体验，如产品体现了自我形象，带来了美好记忆等。反思水平受文化、背景和自我认同的影响，与个人的感受和想法有关。例如，网易云音乐在用户生日当天，"每日推荐"会变成"生日祝福"，并且"每日推荐"的第一首歌是"祝你生日快乐"的歌曲，头部背景也替换成了生日气球的图片。这样的产品设计在这样特别的日子很容易触动用户情感，增加用户的产品黏性。

反思水平的设计注重信息、文化、产品或产品效用的意义与情感。例如，星巴克成功的秘诀在于"咖啡体验"和"人文精神"，而不是咖啡产品本身。相比而言，瑞幸咖啡在品牌文化的反思水平上与星巴克还有很大差距。

一个好的情感化设计应当把产品体验的 3 个水平有机地融合在一起。例如，美加净与大白兔跨界合作，推出了外观讨巧、香气宜人的"大白兔奶糖味润唇膏"，其包装造型延续了大白兔奶糖的经典形象，它的纽结就是开封口。产品成分里融入了牛奶精华，同时添加乳木果油、橄榄油和甜杏仁油，在大白兔经典甜香的基础上适当改良，以适应润唇产品的特性，使用起来十分清爽、舒适。在传播上，美加净还推出故事新编"连环画"——《这只大白兔不一样》，将《龟兔赛跑》《嫦娥奔月》《守株待兔》这 3 个耳熟能详的故事全新演绎，用反转内容唤起消费者对过去的美好记忆，赢得情感的共鸣。

很多产品和服务把激发消费者的某种情绪作为主要的产品利益。最明显的例子莫过于电影、书籍和音乐。与各种类型的惊险旅游项目一样，迪士尼乐园作为旅游胜地，也是旨在激发游客的情绪。另外，营销者也会设计出许多防止或缓解不愉快情绪的产品，这类产品中最典型的就是各种各样用于抑制忧郁或焦躁症状的非处方药品。鲜花被宣传为能够消除悲哀；减肥产品和其他有助自我完善的产品常常根据其缓解内疚感、无助感、耻辱感或厌恶感等利益来定位。个人清洁护理产品也常以缓解焦躁和忧虑作为其主要利益。

商品的情价比

（二）服务

将服务与消费者情感的需求结合起来，从内心深处感染消费者，使消费者达到情感上的共鸣，企业将会收获大批稳定的忠诚顾客。情感营销就是从顾客的情感需要出发，唤醒和激起顾客的情感需求，诱发顾客心灵上的共鸣，寓情感于营销之中，让有情的营销赢得无情的竞争。例如，高端玫瑰及珠宝品牌 Roseonly 的倡导的"一生只爱一人"的品牌理念，便是利用情感营销，打动了无数热恋中的顾客，快速成为高端爱情信物品牌。

Roseonly
"一生只爱一人"
的定位策略及市场
效应

心理学家丹尼尔·卡纳曼提出的峰终定律认为，高峰（不管是正向还是负向）时与结束时的两个情绪体验是未来最容易让人回忆起的体验，而在此过程中，好与不好体验的比重、好与不好体验的时间长短以及体验的平均值，对记忆的影响都很小。峰终定律经常运用在服务业。在消费活动中，惊喜总是让人印象最深刻，这就是情感中的"峰值"。即所谓 wow moment（尖叫时刻），也就是用户惊喜并发出感叹的时刻。菲利普·科特勒认为，在信息过载、注意力稀缺的时代，营销必须为用户创造意外和惊喜。

 案例链接　　　　海底捞给顾客一个好情绪

海底捞餐饮公司成立于 1994 年，以经营川味火锅为主。海底捞秉承"服务至上、顾客至上"的理念，以创新为核心，改变传统的标准化、单一化的服务，提倡个性化的特色服务，将用心服务作为基本经营理念，致力于为顾客提供"贴心、温心、舒心"的服务。在董事长张勇的理念中，虽然海底捞是一家火锅店，但它的核心业务并不是餐饮，而是服务。

在低附加值的餐饮服务业，虽然家家都在喊"顾客至上"，但实际效果并不理想。在海底捞，顾客却能真正找到"上帝的感觉"。顾客停车时有代客泊车，等位时有无限量免费水果、虾片、黄豆、豆浆、柠檬水，有免费擦鞋、美甲以及宽带上网，还有各种棋牌供大家娱乐；服务员为顾客表演自创的"魔性"舞蹈"科目三"，提高了火锅店的消费氛围感，带来了消费的独特体验，在网上也获得了大量流量；为了让顾客吃到更丰富的菜品而允许顾客点半份菜，怕火锅汤溅到身上而为顾客提供围裙，为长发顾客递上束发皮筋，为戴眼镜顾客送上擦眼镜布，为手机套上塑料袋，当顾客的饮料快喝光时服务员主动来续杯；顾客去洗手间也有专人按洗手液、递上擦手纸巾；顾客要求多送一份水果或者多送一样菜品，服务员也会爽快答应。服务员不仅熟悉老顾客的名字，甚至记得一些人的生日以及结婚纪念日，并赠送一些小礼物。细致周到的服务无疑让顾客有了一个好情绪。

资料来源：海底捞的情感营销案例分析[EB/OL]. (2021-01-07). https://max.book118.com/html/2021/0106/ 7156010000003041. shtm.

（三）购物环境

人的情绪很容易受到环境的影响。如果购物环境优雅舒适、生机盎然，会使消费者产生愉快、喜爱的积极情绪；反之，则容易使消费者产生厌烦、失望的消极情绪。例如，星巴克成功的一个秘诀就在于为顾客创造感觉轻松的环境，即以令人放松的气氛来打造舒适的咖啡店环境，给顾客创造一定程度的体验价值。Bitner 认为服务场景主要通过实体环境向消费者传递企业形象，从而影响顾客消费情感和顾客满意度。服务场景是指由企业控制的有形线索，包括灯光、色彩、标志、服务设施、布置与秩序、物品样式、POP 广告、清洁、温度等。

 案例链接　　　　　专为异地恋设计的餐厅

考虑到在圣诞佳节仍要分隔两地的情人太过可怜，日本电信公司 AU 在大阪、东京推出了名为"Sync Dinner"的未来创意餐厅活动。官方在大阪及东京分别设立两部高清摄像头，让分隔两地的恋人可以透过巨大、高清晰的屏幕，跟对方进行即时互动晚餐。

Sync Dinner 互动性是很高的，不只有即时的视频对话，餐厅提供的服务也是同步的，如即时送餐与倒酒，或者提供音乐演奏，甚至在想干杯时靠近屏幕便会有玻璃杯的碰撞声，并且在圣诞蛋糕上吹蜡烛也没问题……

虽然现实中的对象在遥远的另一端，但眼前的一切太真实了，聊天、互动、拍照这些都可以做，就跟真的约会一样。

专为异地
恋设计的
餐厅

资料来源：专为异地恋设计的餐厅！[EB/OL]. (2020-09-20). https://www.027art.com/design/gzh05/8712723.html.

（四）营销信息

厂商的营销信息也会使消费者产生不同的情绪与情感。例如，厂商通过广告的呈现（利用目标消费者喜爱的明星作为产品代言人），以引发消费者对广告的好感（因喜欢该明星而对该广告产生好感），进而将此广告的好感转移至所做广告的产品身上（消费者因喜欢该广告的表现手法或模特儿，通过移情作用，也转而喜欢所做广告的产品）。因此，观看一个令人产生好感的广告，也可能使消费者形成对产品的良好态度。同样的，一个让消费者讨厌的广告也可能殃及其相关商品。过去的研究也证实，广告态度会影响品牌态度，也就是广告态度经常扮演着广告认知与品牌态度间的中介角色。

Prada
新春贺礼

乐——游戏化
营销

社交媒体是品牌与消费者情感连接的桥梁，品牌应当善于利用社交媒体。例如，蜜雪冰城的洗脑宣传语在社交媒体上引发讨论和分享，形成了病毒式传播。瑞幸咖啡的"发疯清晨"将上班族的真实情感展现得淋漓尽致，引发了广大上班族的共鸣。

（五）消费前情绪

消费前情绪就是消费者本来的心境状态，如高兴、压抑、沮丧、孤独、焦虑、兴奋、平静、不耐心等。心境类似于人们平常所说的"心情"，它是一种能使人的其他体验和活动都染上情绪色彩的、比较持久的、微弱的情绪状态。心境使消费者的心理活动带上某种无特定对象的情绪倾向，正如古语所说："忧者见之而忧，喜者见之而喜。"

心境的好坏与个性特征有关，比如，有的人性格乐观开朗，有的人则抑郁孤僻等。心境也常由工作、生活中的背景情况所引起，如健康状况、生活遭遇、事业成败、人际关系、社会地位，甚至包括天气等自然环境因素。

资料链接　　　　　　　　什么是心锚

通常，我们都希望产品带给用户的感觉是轻松而愉悦的，如果一个产品总能够带给用户良好的心情状态，自然与用户的关系更为融洽、紧密。用户在情绪状态尚佳时，更乐意接受、使用产品，也会较少挑剔，更容易达成交易。

心锚本质上是一种经典条件反射，它是将产品标记在用户积极、正面的情绪位置上，从而让用户在使用产品时更容易保持良好的情绪状态。经典条件反射是在刺激与行为之间产生联系，心锚则是在刺激与情绪之间产生联系。当人的某一种心情、情绪与外界的某种诱因产生较为稳定的联系时，就可以说建立了一个心锚。

一旦我们将用户的正面情绪与产品或产品的某部分相锚定，使用户在打开产品或看到某个页面、听到某种声音时产生愉悦的感觉，我们就可以更好地维系用户关系，促进用户使用、留存、消费。例如，很多喜欢喝红牛的人，一喝红牛就会觉得有兴奋感，其实不仅仅是红牛的成分可以让人兴奋，这些人常常在运动时喝红牛，久而久之，运动时神经的兴奋感就会与红牛的味道、标志相锚定，即使他不运动时，一旦看到红牛的图标、字样，喝到熟悉的味道，运动时的那种兴奋感也会被很快地调动出来。当然，心锚也可能与消极情绪相联系，如"一朝被蛇咬，十年怕井绳"。

资料来源：墨饕巧用心锚，建立用户的良好情绪[EB/OL]. https://www.yunyingpai.com/user/458176.html.

心境虽然不如激情和热情那样对正在进行的行为产生较大的影响，但它能影响个人行为的所有方面，而且能够在个体没有意识的情况下产生。正面、积极的心境往往使消费者更有消费的积极性。另外，心境还影响对服务和等待时间的感知。一般情况下，心境好的时候对质量一般的服务也能接受，在排队等待的时候也不会觉得时间过得太慢而倍感烦躁。

同时，消费前情绪会对顾客消费时或消费后的情绪产生影响。Compeau 等人研究发现，消费前正面情绪越高的实验对象对产品质量的满意度也越高，消费前负面情绪越高的实验对象对产品质量的满意度也越低。Brown 和 Kirmani 探讨了病人在消费牙医服务前的害怕或愉快心情对他们的消费情感和满意感的影响。结果发现，

"熊猫不走"
的消费场景设

病人消费前害怕的心情会降低他们对牙医服务的期望，提高他们消费后的满意程度。顾客消费前愉快的心情对他们感知的牙医服务实绩有显著的正向影响。

研究还发现，心境会影响消费者对广告的反应。心境愉快时往往较容易形成良好的品牌态度、较少的广告负面看法，以及对广告进行较少认知处理；此时也会倾向以边缘途径的方式来处理广告，所以较容易被边缘线索（如模特儿的美貌）所影响，而不易受中央线索（如论证品质）所左右。

（六）服务人员

由于服务本身具有不可分离性特征，因此，服务人员在服务创造过程中扮演了重要角色。尤其对于情感密集型的服务性企业来说，服务过程是服务人员与顾客相互交往的过程。服务人员的情绪表现、服务态度和行为会直接影响顾客的情绪、态度和行为。Price 发现，服务人员熟练的服务技能、良好的服务态度、对顾客利益的关心、与顾客间的相互理解、礼貌待客行为等都会增强顾客的正面消费情感。研究还发现，即使顾客经历了负面情感，如果他们认为员工理解自己的情感，对自己的情感做出了适当的反应，顾客仍然会对服务感到满意。Lemmink 和 Mattsson 通过对不同行业的实证研究发现，在服务过程中，服务人员的面部表情、行为和语言都会影响顾客的消费情感，这种影响既包括直接影响，也包括间接影响。

另外，服务人员的情绪也会转移到顾客身上。研究表明，服务人员与顾客的情绪之间存在相互的影响，也就是从他人那里受到情绪"感染"。情绪感染是循环反应的机制之一，它的作用可表现为一个循环过程。在这一过程中，别人的情绪会在个人心理上引起同样的情绪，而这种情绪又会加强他人的情绪，从而形成情绪感染的循环反应。所谓情绪感染，就是一个人的情绪有意识或无意识地通过非语言渠道影响或转移给另一个人的动态过程。当服务人员表达积极情绪的时候，顾客就会积极回应。不过，顾客情绪对服务人员情绪的影响不明显。一般来说，当顾客受到服务人员的积极心境或情绪感染时，他们的购买积极性就会提高。同样，消极情绪和心境也会产生消极的感染力。情绪感染为"微笑服务"的口号提供了理论依据。因而，服务人员常常需要付出"情绪劳动"，通过"表层动作"或"深层动作"，在服务过程中努力表现出符合消费者心理需要的情绪表达。例如，即便空姐感到生气，她们的工作也需要她们掩藏自己的真实感受而以热情示人。

（七）社会情感

社会情感是由社会性需要而引起的高级情感。消费者的情绪反应在很多情况下会受到这种情感不同程度的制约和影响。人的社会情感主要有道德感、理智感和美感 3 类。

1. 道德感

它是根据社会道德准则去评价自己或他人的思想及言行时所产生的一种情感。例如，消费者在购买产品时，受到了营业员热情、礼貌、诚恳、周到的服务，就会由衷地产生信任感、友谊感和满足感等属于道德感的肯定情感，并以愉快、高兴等情绪表现出来。2021年，由于阿迪达斯、耐克等西方公司无端污蔑并抵制新疆棉花，引起中国消费者的愤慨，其在中国市场的销量大幅下滑，而安踏、361 度、李宁等国货得以快速崛起。同年，浙江一家水果网店向浙江大学进行植物科研的同学捐赠了蜜橘，经媒体曝光后，这家名不见经传的网店一下就火了，不仅自家的橘子卖完了，还帮全村卖出了120万千克橘子。

 **案例链接** 鸿星尔克为什么爆火

2021年，社会化营销做得最好的案例有两个：一个是下沉茶饮之王蜜雪冰城，靠一首魔性主题曲MV火遍全网；另一个是已经在大众视野中销声匿迹多年、被网友一度以为已经破产的鸿星尔克，在自己亏损2.2亿元的情况下，仍然给发生水灾的河南地区捐了5000万元物资，品牌美誉度与直播间销量瞬间拉满，单日销量暴涨52倍，而且持续发酵上升。短短一周，鸿星尔克在GMV、搜索指数、话题热度等方面数据呈井喷、火山式爆发。

其实，鸿星尔克一开始只是例行捐款，却意外地被微博网友发掘、出圈，此后又在直播间和微博衍生出诸多"梗"，在各大平台上爆炸式传播。网友也用自己的方式回馈善意，他们通过野性消费，还把鸿星尔克和民族力量联系起来，叫它"红星布尔什维克"。最终鸿星尔克"稀里糊涂"地成为一个殿堂级的社会化情感营销案例。

事件发生的主要原因在于网友对鸿星尔克的情感认同，一种"我和有爱心的企业站在一起"的心理，正如群体的社会心理——我也是那样的人。这样，网友们对即便亏了两个亿，也要毁家纾难捐5000万元的老牌国货产生了极大的喜爱和同情，再加上鸿星尔克积累多年的平价优质的口碑势能，网友们迅速涌入其品牌直播间，将原本日常只有几十人观看的直播间撑到了千万级的流量。这个直播间很快又成了新的传播节点：业务能力过硬的主播在一阵惊惶过后很快就进入状态，和观众自然互动，成功接住了这波大流量。主播在直播间劝网友理性消费，并没有趁机推销、涨价，网友则一边下单购买商品，一边刷弹幕聊天。直播间的强现场性、互动性，能够快速承载住情绪，并转化为购买。

此后，类似于"鸿星尔克总裁深夜骑共享单车来直播间，播了10分钟后车被人扫走""总裁劝大家理性消费，网友让总裁别多管闲事""野性消费"的"梗"和段子在微博、抖音和B站评论区呈病毒式传播。鸿星尔克事件彻底出圈，成为当时热度最高的品牌。

于是，鸿星尔克被打上了有社会责任感的标签。微博没会员，"穷"的人设立住了；老板骑单车，"朴素"的形象站住脚了；虚心接受网友对产品的批评和建议，"上进"的标签又被贴上了。鸿星尔克的人气瞬间爆棚。

资料来源：李萧楠. 鸿星尔克出圈启示录：社会化营销该怎么做？[EB/OL]. (2021-07-28). https://36kr.com/p/1329991889650304.

2. 理智感

它是人在智力活动过程中所产生的情感，与人的求知欲、认识、兴趣、追求真理等社会需要相联系。例如，消费者在购买某些新奇商品时所产生的疑惑感、求知感、好奇感、自信感、犹豫感，都属于理智感。这些情感都可能使消费者产生相应的情绪反应。如果消费者的疑惑感不解除，好奇心和求知欲不能得到满足，就会犹豫彷徨，下不了购买决心。所以，营销人员应当努力帮助消费者消除疑惑感，促进购买活动的顺利进行。

3. 美感

它是根据一定的审美标准或审美需要，对客观事物进行评价时所产生的情感。俗话说：

"爱美之心，人皆有之。"符合人们审美要求的事物，就会使人产生美感，并表现出愉悦的情绪反应。相反，对假、恶、丑的东西，人们就会产生否定的情感体验。能引起人美感的不仅仅有客观事物的外部特点，也包括事物的内在特征，并受人的审美标准或审美需要的制约。由于消费者在文化修养、爱好情操、社会地位、社会背景、风俗习惯等方面的不同，所以审美标准也会有所不同，但在同一群体中审美标准往往是近似的。例如，彝族同胞对由红、黄、黑三色制成的工艺品尤为喜爱；美国人喜欢黄色，因而在商品包装和广告中经常使用黄色作为装饰色，但在一些亚洲国家中，黄色却为滞销色。在商品生产和经营活动中，商品的造型、色彩、包装装潢等外观形象要符合目标消费者的审美要求；同时，商品的质量和功能等要符合消费者的求实要求，经得起时间的考验，做到外在美和内在美相统一、欣赏价值和实用价值相统一。

 思考一下：在你最近的实际购买活动中，哪些因素对你的情绪活动产生了影响？

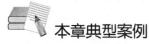 **本章思考题**

1．情绪与情感有什么区别与联系？
2．如何理解 Norman 情感体验的 3 个水平在产品设计中的意义？
3．谈谈你所知道的情感营销的成功案例，分析其成功的原因。

本章典型案例　　　喜茶与丧茶——情绪营销

2017 年，一款网红奶茶"喜茶"相继登陆上海、北京等城市，引来众多消费者的关注和体验。"喜茶"以其独特的配方"芝士奶盖"让喜欢奶茶的消费者品尝到了独特的味道，在上海的喜茶店，消费者需要"排队几个小时才能买到一杯"，在网络上也成为一个劲爆的话题。

在"喜茶"红遍互联网的时候，与它理念相反的"丧茶"突然出现在人们的视野里。"丧茶"的概念最早来自微博用户"养乐多男孩洸洸"于 2017 年 3 月 5 日发的一条微博：

"想在喜茶对面开一家丧茶，主打：一事无成奶绿、碌碌无为红茶、依旧单身绿茶、想死没勇气玛奇朵、没钱整容奶昔、瘦不下去果茶、前男友越活越好奶茶、加班到死也没钱咖啡、公司都是比你年轻女大学生果汁，叫号看缘分，口味分微苦、中苦和大苦，店里放满太宰治的《人间失格》。"

这条微博充满调侃意味，博主原意也是嘲讽恶搞，不过，同年 4 月 28 日，在上海却真正开了第一家丧茶店。这家丧茶店是饿了么和网易新闻共同合作的一次快闪活动，实体店只开了 4 天，并在饿了么 App 上接受外卖订单。丧茶店的店面装饰消极阴暗，员工板着一张扑克脸，完全没有正常餐饮服务行业的好态度，丧茶吉祥物是生无可恋的羊驼"王三三"。这家快闪店在 4 天时间聚集了过万流量。

与喜茶不同的是，丧茶的口感并不好。丧茶运营部门负责人告诉记者，"混吃等死"奶绿等部分饮品确实不好喝，其略微苦涩的口感是公司有意设计的，从名称到口味都要表达

"混吃等死"的状态，使消费者更有场景感地体验到那种心境。该负责人表示，现在年轻人普遍压力大，很多负面情绪缺少宣泄的空间，丧茶从名称到口感都充满沮丧，容易触发消费者的不满情绪，将压力释放到对茶饮的抱怨上。所以尽管"混吃等死"奶绿已在菜单上标注出"很难喝"，却依然销量最好。

丧茶实际上是一次负面情绪营销的应用。"心灵鸡汤"在几年前能够给人带来向上的动力，不过，从2016年起，网络上开始流行"毒鸡汤"和"负能量"。相较于"梦想要有，万一实现了呢"之类的励志名言，"转角不会遇到爱，只会遇到乞丐""今天一天过得不错吧？梦想是不是更远了"和"真正努力过的人，就会明白天赋的重要"这样有着绝望特质的"毒鸡汤"，似乎更能引起年轻群体的共鸣。

丧文化流行于"90后"，一般带有颓废、绝望、悲观等情绪色彩，在一定程度上反映了这一代青年的某种心态。丧文化的产生与"90后"越来越关注自我密切相关，他们在生活中经历了挫折，自己想达到的理想状态可能遥不可及，所以用"丧"的表现形式来自嘲或群嘲。但实际上，他们仍然在努力工作，争取实现个人价值。他们与上几代人的温和、内敛、隐忍不同，而是更愿意将自己的不如意表现出来，在情绪得到发泄之后继续前行。

资料来源：赵冰. 消费心理与行为学[M]. 北京：中国人民大学出版社，2018.

本章案例讨论

1. 如何评价丧茶的负面情绪营销？

2. 你认为男性消费者和女性消费者在选择丧茶这种产品的时候会存在哪些差异？

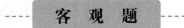

第四章　消费者的需要和动机

学习目标

- 了解消费者需要、动机的基本概念。
- 理解需要、动机之间的区别与联系。
- 掌握消费需要的分类和基本特点。
- 掌握 KANO 模型。
- 掌握消费卷入的含义及影响因素。
- 了解消费者具体购买动机的内容与特点。
- 理解 Censydiam 消费动机分析模型。

导引案例　　　　　　　后疫情时代，消费者需要什么样的益生菌？

新冠疫情使人们意识到，最重要的还是提高免疫力。而国家卫健委颁布的诊疗方案中，针对重型、危重型病例的治疗，在"其他治疗措施"方面，提倡"可使用肠道微生态调节剂，维持肠道微生态平衡，预防继发细菌感染。"疫情期间，钟南山院士也一再提醒："人类最好的医生是免疫力，强大的免疫系统才是对抗病毒的根本。"李兰娟院士也提到了肠道微生态平衡的重要性，对于预防新型冠状病毒感染意义重大。虽然行内人都知道益生菌对提升免疫力功效明确、效果明显，但由于这种作用形成的机制过于抽象，效果也不是短期内所能体现的，所以消费者理解起来并不容易。

而随着疫情的出现，专家和媒体的反复提及，使消费者在认知上对免疫和益生菌之间的联系比以往任何时候都更加紧密。消费者对于益生菌的认识由最初的只是用来调节肠道消化功能，转变为提升自身免疫力。消费者认识的变化，不仅助推了益生菌消费市场的日趋壮大，也加速了益生菌研究的创新速度。乳品、药品、饮料、保健品等行业都在积极涉足这个领域，都把益生菌产品作为重要品类推出，因此出现了许多"益生菌+"产品。那么，后疫情时代，消费者究竟需要什么样的益生菌产品？

一些保健品、乳品企业开发了一系列免疫类新品，而免疫类别中的产品也在进一步细分。定位不同，人群区分明显，围绕各种年龄段开发的不仅是益生菌，还出现了很多益生菌加上其他消费者已经了解的免疫功效原料。

那么，只要有营养、能提高免疫力，消费者就会购买这种产品吗？最早尝试和益生菌概念相结合的乳制品行业，对此更有发言权。伊利副总裁刘春喜认为，后疫情时代，随着健康知识的普及，消费者对于健康产品的需求日益提升，美味口感、提升营养和免疫力缺一不可，怎样通过牛奶与益生菌结合，保证营养摄入，保证美味口感，提高免疫力，这就是乳制品未来的发展方向。

虽然益生菌产品的需求量不断增加，但仍有部分消费者对其作用抱有质疑态度。如何提升消费者信任度？益生菌行业的上游原料供应商——杜邦公司的金苏总监认为，最关键的还是大量的临床试验。她认为，益生菌产品一定要选择有更多黄金标准ITC临床试验的标准，才能使科学支持更加持久，更加完善。通过开展严谨的科学试验来证明益生菌的健康作用，并将这些科学性和健康作用浅显易懂地向消费者进行说明。

资料来源：赵曦. 后疫情时代，消费者需要什么样的益生菌？[N]. 消费日报，2020-09-01.

问题：

1. 你认为消费者对益生菌的需求发生了哪些变化？发生变化的原因是什么？
2. 从消费者和营销者两个角度，谈谈研究消费需要的重要意义。

消费者的需要和动机直接决定着消费者的购买行为，因而是消费心理学研究的一个核心问题。人由于生理或精神的缺乏必然会激起需要，随后，人们就产生了满足需要的欲望。这种欲望又有可能促使人们产生动机。在相应动机的支配下，人们会采取适当的行为来满足自己的需要。消费者的消费行为，就是从需要出发，产生满足需要的欲望及购买动机，进而通过购买商品或劳务来满足自己需要的行为。各种营销策略都必须立足于消费者需要的满足和购买动机的激发。因此，研究消费者的需要和动机有着十分重要的理论价值和实践意义。

第一节　消费者的需要

满足人民群众不断增长的物质、文化、生活需要，是社会主义工商企业生产经营活动的根本目的所在。同时，掌握消费者的需要心理，并制定相应的产销策略去满足这些需要，也是工商企业能在激烈的市场竞争中得以取胜的关键。否则，如果不研究消费者需要心理的变化，不了解市场行情，不及时根据市场需求的变化而调整产销策略，顾"产"而不顾"销"，就可能造成很大的经济损失，从而在激烈的市场竞争中败下阵来。

一、消费者需要的概念与分类

（一）消费者需要的概念

需要是有机体感到某种缺乏而力求获得满足的心理倾向，是有机体自身和外部生活条件的要求在头脑中的反映。需要常常以愿望、意向、兴趣、理想等形式表现出来。

消费需要是指在一定的社会经济条件下，消费者表现出的对商品或服务的要求和欲望，是人类一般需要在社会经济活动中的具体体现。例如，饥饿时产生购买食物的需要。消费需要是消费者进行消费活动的内在原因和根本动力。

应当指出，需要有时也称为需求，一般来说，这两个概念没有实质上的差别。需求是指针对特定产品或服务具有货币支付能力的欲望或者愿望。需求必须具备两个条件：一是有支付能力，二是愿意购买。消费需要主要指一种心理活动，是一种未被满足的状态，需要只相当于对物品的偏好，并没有考虑支付能力等因素，因此，一个没有支付能力的购买意愿并不构成需求。只有那些消费者能够负担得起的需要才能被视为需求，对于市场上已经存在的产品或服务，营销者通常使用"需求"一词。例如，在网络时代，以快时尚、年轻化为标签的轻奢品牌成功地将消费者对社会尊重的需要转化为他们可以负担得起的市场需求。

科特勒将消费者的需求分为 8 类：负需求、无需求、潜在需求、下降需求、不规则需求、充分需求、过度需求和不健康需求，并提出了不同需求类别对应的营销任务。如表 4-1 所示。

表 4-1　需求分类和对应的营销任务

名　称	含　义	营 销 任 务
负需求	如果大多数消费者都对某个产品感到厌恶，甚至愿意出钱回避它，那么这个产品市场便处于负需求。例如，许多老年人为预防各种老年疾病不敢吃甜点心和肥肉，或因害怕化纤纺织品中的有毒物质损害身体而不敢购买化纤服装	分析消费者为什么不喜欢这种产品，以及是否可以通过改进设计、降低价格、更积极的推销等营销方法来改变消费者的观念和态度
无需求	目标消费者对产品毫无兴趣或者漠不关心	设法通过营销活动把产品的优点与消费者的需要和兴趣关联起来
潜在需求	消费者可能对某种产品有一种强烈的需求，但现有的产品或服务又无法满足这一需求	衡量潜在市场的规模，开发有效的产品或服务来满足这些需求
下降需求	指消费者对产品或服务需求下降的情况。例如，城市居民对电风扇的需求逐渐趋于饱和，需求相对减少	分析需求衰退的原因，确定是否能通过开辟新的目标市场、改变产品特色或更有效的沟通方法来重新刺激需求，以扭转下降趋势
不规则需求	指某些物品或服务的市场需求在一年的不同季节，或一周不同的日子，甚至一天的不同时间上下波动很大的一种需求状况。例如，在旅游旺季时旅馆紧张或短缺，在旅游淡季时旅馆空闲	协调市场营销，即通过灵活的定价、促销及其他刺激手段来改变需求的时间模式，使物品或服务的市场供给与需求在时间上协调一致
充分需求	指某个物品或服务的目前需求水平和时间等于预期的需求水平和时间	努力维持现有需求水平，维持或提高产品质量，经常衡量消费者满意程度
过度需求	指消费者的需求大大超过企业能够满足或想要达到的水平	应降低市场营销，即通过提高价格、合理分销产品、减少服务和促销等措施，暂时或永久地降低市场需求水平，或者选择那些利润较少、要求提供服务不多的目标消费者作为减缓营销的对象。需要强调的是，降低市场营销并不是杜绝需求，而是暂缓或降低需求水平
不健康需求	指有害消费者身心健康的产品或服务。例如，烟、酒等	通过提价、宣传警示及减少可购买的机会，甚至停止生产供应等手段，劝说喜欢有害产品或服务的消费者放弃这种爱好和需求，最终消灭需求

消费需要既是对内部主观欲求的反映，也是对外部客观现实的反映。同时，人的需要

也受到自身世界观、人生观的调节和控制。

对于消费者而言，满足合理的消费需要，树立正确的消费观是十分重要的，应当提倡"量入为出，适度消费；避免盲从，理性消费；保护环境，绿色消费；勤俭节约，艰苦奋斗"的科学消费观。我们"鼓励消费、扩大内需"并不是鼓吹奢侈、浪费，而是倡导和谐协调性消费、可持续性消费。

（二）消费者需要的分类

人们为了自己的生存发展和社会生活，必然会形成多种多样的需要。针对这些需要，可以从不同的角度进行分类，具体如下。

1. 自然（生理）需要与社会（心理）需要

根据需要的起源，可以将需要分为自然（生理）需要和社会（心理）需要。

（1）自然需要是身体、生理上的需要，是与生俱来的，因而具有普遍性，是人最基本、最重要、最容易满足的需要。

（2）社会需要是人们为了维持社会生活，进行社会生产和社会交际而形成的需要，是在社会生活实践中形成的，因而受到政治、经济、文化、地域、民族、风俗习惯、道德规范等社会因素的影响和制约，如社会交往的需要、对荣誉的需要、自我尊重的需要、表现自我的需要等。

2. 物质需要和精神需要

按照需要的对象，可以将需要分为物质需要和精神需要。

（1）物质需要是指消费者对以物质形态存在的、具体有形的商品的需要，这种需要反映了消费者在生物属性上的欲求，又可以进一步划分为低级和高级两类。低级的物质需要指向维持生命所必需的基本对象；高级的物质需要是指人们对高级生活用品（如家用电器、高档服装、健身器材、家庭轿车等）以及用于从事劳动的物质对象（如劳动工具）的需要。

（2）精神需要是指消费者对意识观念的对象或精神产品的需要，如获得知识、提高技能、艺术欣赏、情操陶冶和追求真理等方面的需要。这种需要反映了消费者在社会属性上的欲求。

3. 功能性需要、象征性需要与享乐性需要

根据所要达到的目的，需要可分为功能性需要、象征性需要与享乐性需要。

（1）功能性需要（又称为功利性需要或实用性需要）是以满足实际利益为目的的需求，如购买矿泉水解渴。消费者在购买这些产品时从实际的功能导向（如实用性、经济性）出发。它通常是透过产品客观与有形的属性来获得满足，其所产生的效益较具客观性，例如低脂的健康食品、省油的汽车。

（2）象征性需要是指与我们如何看自己和别人如何看我们有关的需求，成就感、优越感、归属感都属于此类需要。例如，购买一个 Gucci 手袋的钱可以购买多个其他品牌的手袋，驱动顾客购买 Gucci 牌手袋不是出于手袋的基本功能，而是产品功能之外的心理因素（如彰显个性、品位），这是基于个人情感偏好的象征性需要。

实际上，象征属性产品同样具有功能属性产品的特征。例如，Gucci 手袋和普通包包都可以用来装手机等个人用品。但出于社会象征性需要，消费者对商品的实用性、价格等往

往要求不高，而特别看重商品所具有的社会象征意义。这类需要在珠宝首饰、高级轿车、豪华住宅、名牌时装、名贵手表、礼品等商品的购买中表现得尤为明显。

（3）享乐性需要是以获取心理上的愉悦为目的的需求，与自身的情感体验紧密联系。它偏向经验性，消费者通常通过产品消费来使其满足兴奋、惊喜与想象。例如，在卡拉OK厅等娱乐场所里的欢乐体验。

一般而论，在同等情况下，消费者更加看重产品的功能性及性价比，其次才是享乐性、象征性。比如，在吸引新顾客的时候，功能性往往是首要因素。而象征性需要与享乐性需要的效益偏向主观性、心理性，因此产品在这些方面可以发挥的空间更大。随着人们生活水平的提高，象征性需要与享乐性需要越来越受到消费者重视。当然，一项产品也可以同时满足上述3种需要。例如，轿车是一种典型的享乐功能、象征功能和实用功能齐备的产品，轿车的功能性需要比较确定，而享乐性需要与象征性需要可以不断增加。表4-2显示了购买汽车的消费者在三种需要类型上的区别。

表4-2　功能性、象征性和享乐性需要的比较

类　　型	要　　求	利　　益	评 价 指 标
功能性需要	足够的运输能力	实用性、经济性	每百千米耗油量
			维护保养成本
			价格
象征性需要	高端、大气、上档次	美感、个性化	外观
			品牌
享乐性需要	驾驶愉悦感	舒适性、情感性	发动机噪声
			密封性
			驾驶平稳性

用来刺激不同性质需要的营销策略是截然不同的。激发功能性需要的广告一般信息更丰富、更理智。例如，普通自行车的广告可能宣传产品的经久耐用、骑乘舒适和折叠方便等特征；高档自行车则刺激人们的享乐性需要或象征性需要，其广告内容倾向于富含象征性和情感性。Okada认为，人们往往对于享乐性产品愿意花费更多的时间，而对于功能性产品愿意花费更多的金钱。另外，许多低卷入产品没有实质性的品牌差异，广告商往往用象征性的竞争替代实际产品差异的竞争，从而维持消费者对某类品牌的兴趣。

❓　思考一下：功能性需要、象征性需要与享乐性需要有何不同？相应目标市场的营销策略有何不同？对功能性、象征性和享乐性产品的评估中，消费者分别考察产品的哪些特征？

4. 生存需要、享受需要与发展需要

根据需要的层次，消费者需要可分为生存需要、享受需要和发展需要，还可以分为更细致的不同层次的需要。例如，美国心理学家马斯洛提出的需要层次理论把需要分为生理需要、安全需要、归属与爱的需要、尊重需要、认知需要、审美需要、自我实现需要等类别。

5. 现实需要与潜在需要

根据消费者对需要的认知程度和识别程度，消费者需要可分为现实需要和潜在需要，如图4-1所示。

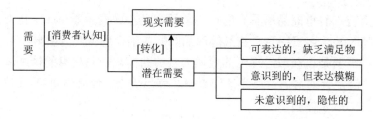

图 4-1　基于消费者认知程度的消费者需要分类

❓　**思考一下**：消费者往往对一些商品存在"消费惰性"，你认为应当采取哪些措施来激发消费者的消费热情？

6．KANO 模型

KANO 模型是日本学者狩野纪昭（Noriaki Kano）受赫兹伯格双因素理论的启发，于1984 年提出的消费者需要模型。该模型把消费者需求分为基本型需要、期望型需要和兴奋型需要 3 类，其目的是根据消费需要的不同作用，对消费者的不同需要进行区分，从而帮助企业找出提高消费者满意度的切入点。从模型上看，期望型需要和顾客满意度之间呈线性正相关关系，这种关系是目前各种顾客满意度评价方法和模型的理论基础；而兴奋型需要和基本型需要与顾客满意度之间则为非线性的正相关关系，如图 4-2 所示。

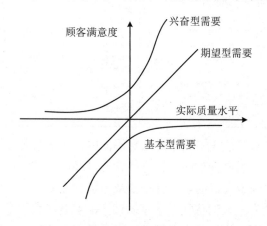

图 4-2　KANO 模型

（1）基本型需要是指不需要顾客表达出来的、最基础的期望。一方面，它们确实很重要，只要实际情况与顾客的期望有较小的偏差，就会招致顾客的严重不满；另一方面，它的超额满足对顾客满意度（CSI）的贡献不大（图形的斜率很小），基本型需要的最佳表现也只能是不使顾客感到不快而已。例如，消费者买微波炉就是用来热饭的，因此认为它是必备属性，倘若不能热饭，就会非常失望。

（2）期望型需要即性能需要，指在能达到基本功能的前提下，顾客希望产品或服务在性能上能够提升，在价格上能够优惠。作为产品的供应方，就必须不断改进产品或服务的相关性能。例如，微波炉的节电功能就是期望型需要，微波炉能节电，消费者就高兴；不能节电，消费者就不高兴。

（3）兴奋型需要很少被顾客表达出来，甚至经常连他们自己也没有意识到，但一旦被满足，顾客会立即感到强烈的喜悦。兴奋型需要的超额满足对提高 CSI 的贡献极大（斜率很大）。例如，希尔顿酒店在大多数客房浴室的浴缸边沿都会放一只造型可爱的塑胶小鸭子。消费者在沐浴的时候，假如童心未泯，可以和小鸭子一起在水中嬉戏。如若消费者喜欢，还可以将它们带回家，留作纪念。小鸭子让消费者享受到了视觉和触觉上的消费愉悦，加深了其对希尔顿的喜爱之情。希尔顿酒店的一个小创意使消费者获得了良好体验，但消费者并不会因为没有小鸭子而产生不满。

KANO 模型是一个典型的定性分析模型，对于产品开发有着重要的借鉴意义。根据 KANO 模型，企业所提供的产品和服务应当解决用户痛点（基本型需要），抓住用户痒点（期望型需要）。在确保这两者都满足的前提下，企业再给用户一些超出预期的 high 点（兴奋型需要）。

二、消费者需要的基本特点

由于不同的主观因素和客观条件，消费者对商品或劳务的需要是多种多样、复杂多变的，但仍存在共同的规律性，这些规律性体现在消费需要的基本特点之中。认识这些消费需要的基本特点，对于掌握消费者需要的发展变化趋势，并有的放矢地搞好产销与服务工作有着十分重要的实际意义。

（一）差异性

由于各个消费者在收入水平、文化程度、价值观念、审美标准、性格、爱好、性别、年龄、职业、民族、生活习惯等方面存在不同，在需要的层次、强度和数量等方面就表现出较大的差异性，因而消费者对商品或劳务的消费需要是千差万别、丰富多彩的，这就表现出需要的差异性或选择性。这种差异性也突出表现在不同消费者对相互替代的同类商品或劳务的不同选择上。正因如此，供消费者选购的商品应当品种繁多、规格各异、档次有别，以满足不同消费者的不同需要。

从另一方面来看，商家也可以根据消费者的基本情况和习惯行为（如购买历史等）推断消费者的偏好，从而预测消费者需要。尤其是在大数据时代，通过消费者画像，再结合线下消费情景，可以较清晰地反映消费者的需要状态，企业就能从被动适应消费者需求转向主动挖掘消费者需求，从而为消费者提供超出预期的产品和服务。同时，消费者需要的差异化特征会被强化，市场营销将朝着定制化、个性化的方向发展。

随着人们生活水平的提高和消费心理的不断成熟，消费者心理追求形成"基本追求"→"求同"→"求异"→"优越性追求"→"自我满足追求"的基本变化趋势，这些变化必然导致消费需要及其行为的多样化、个性化、情感化，如图 4-3 所示。

（二）多样性

消费需要的多样性表现在以下 3 个方面。

（1）消费者对同一商品往往有着多种需要。人们往往要求商品除了具备某种基本功能，还要兼有其他附属功能。随着企业产品不断更新换代，满足消费需要的手段呈现多样化、复合化，使消费者对多元化的追求变为可能。例如，健达品牌的"奇趣蛋"便是将玩具和巧克力相融合，在满足消费者"吃"的同时还可以满足其"玩"的需求。

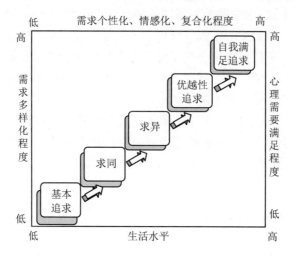

图 4-3　消费者心理追求变化的基本模式

（2）消费者有多种生活需要。由于人民生活水平的不断提高和价值观念的变化，消费者的需要范围在不断扩大，从吃、穿、住、行到文化娱乐、自我发展等方面都有着十分广泛的需要对象。

（3）同一消费者为满足某一生活需要而表现出更多的需要。随着社会物质、经济生活水平的提高，满足生活需要的手段更加多样化，人们的欲望也不断"膨胀"。如为满足休闲（身心修养）的需要，过去可能只有"闭目养神"、聊天、散步、玩棋牌、读书、从事为数不多的体育活动等。而现在休闲的手段种类名目繁多，如各种各样的旅行、健身、美容保健、洗浴、刷抖音、打电子游戏、SNS 社区交流等。手段的增多、欲望的"膨胀"和经济收入的提高必然导致需要的多样性。

（三）发展性

消费者的需要是动态发展的。消费需要的不断发展是推动社会生产发展的重要动力。消费需要发展性主要表现在以下两个方面。

（1）消费水平递进。消费者的消费水平遵循从低级到高级、从简单到复杂、从追求数量到讲究质量的演进过程。例如，以前人们能吃到"水果"就不错了，现在一款苹果都会分为红富士、金元帅、红星、红玉、金冠等多个种类，通过平台下单的一些用户不但会指定品类，还要求卖家切成"水果沙拉"。可以说，物质极度饱和背后，人们到对品位、精神的追求会更加挑剔。

（2）消费结构层次上升。马斯洛的"需要层次理论"认为：人的需要是有层次的；当低层次的需要得到相对满足以后，才会向更高层次的需要逐渐延伸和发展。我们如果把消费内容分为生存型消费、享受型消费和发展型消费，那么，消费结构变动规律就是：随着消费者收入的增加，其生存型消费所占比重会出现下降趋势，而享受型和发展型消费所占比重会呈现上升趋势。如果从物质产品消费和服务产品消费来看，则实物消费所占比重趋于下降，而服务产品所占比重趋于上升。若从吃、穿、住、用、行、旅游、医疗、服务的消费来看，则消费结构层次变动规律表现为：随着收入水平的提高，消费者食品消费的支出比例趋于降低，而非食品类消费的支出比例趋于上升，即恩格尔系数呈下降之势。

目前来看，我国消费者消费升级大体呈现出以下趋势：消费结构服务化、国内消费国际化、消费产品智能化、城市消费平台化、商品消费高端化、城乡市场融合化、消费群体年轻化、消费方式网络化等。

中国的
消费升级

（四）伸缩性

消费者需要的层次高低、程度强弱、满足方式等方面具有一定的弹性，在一定条件下是可以发生变化的。消费者的需要往往受到其支付能力等因素的限制，而只能有限地得到满足，可以抑制、转化、降级；低层次的需要也并非在百分之百获得满足后，才能进入高一层次的需要，而是相对满足，这个相对满足的程度是有个体差异的；消费者购买商品或服务时，可能要求同时满足多种需要，也可能只出于某一种需要而购买；在特定的情况下，人们还可能因满足某一种需要而放弃其他需要等，这些都表现出需要的伸缩性。

影响消费需要伸缩性的因素，除了商品的价格、市场供应、替代品、广告宣传、销售服务、商品特性等外部因素，也与消费者的需要强度、购买能力、情绪状况等内部因素有关，这两个方面的因素都可能对消费需要产生促进或抑制作用。例如，消费者对商品在数量、品级上的需要会随着商品价格的涨落或购买力水平的变化而发生变化，而且价格与消费需要之间的变化一般呈现反比例变动关系。当然，不同的商品与消费者需要的关系不一样，需要的伸缩性也不一样。一般说来，消费者对于基本的日常生活必需品（如油、盐、酱、醋、米、面等）的需要量是均衡的且有一定限度，需要的伸缩性小；而对于奢侈品、装饰品、高档耐用消费品等非生活必需品的消费需要，则伸缩性较大。

在网络信息时代，信息不对称的情况已大大改善，消费者能够快速、准确地获取所需要的信息以及表现整个社会环境变化的信息，他们可以充分发挥自己的主观能动性，以积极应对环境的变化、自我心理和偏好的变化。在从外部获取足量信息后，消费者分析并结合自身的因素，最终做出是否有需要、需要有多少、如何满足需要等一系列决定。因而在整个过程中，消费者的需要会更加有弹性，消费者能通过自己对数据的分析随时调整需要。

亚马逊的
Dash 按钮

（五）补足性和替代性

消费者对一种商品的需要常常与对另一种商品的需要密切相关。消费需要之间的这种内在联系或相关性主要体现为补足性（或互补性）和替代性（或互替性）两个方面。

所谓补足性，是指当消费者产生对某种商品的需要时，会产生对与这种商品相关联的其他商品的需要。从消费需要的数量变化上看，消费者对于有互补性关系的不同商品，其需要数量之间变化的关系是正相关的。

消费者购买某种商品后，消费需求会向和该商品有关联的其他商品延伸，这就是装修业者喜欢提到的狄德罗效应（Diderot effect）。狄德罗是 18 世纪法国著名哲学家，他曾买了一件新的家居服饰，之后觉得屋内的家具都显得很旧，为了能跟家居服饰相匹配，于是他先后换了新的书桌、壁挂装饰品，最终换掉了所有家具。所以，经营有互补性关系的商品，不仅会给消费者的购买带来方便，还会扩大商品销售，对于 PC（个人计算机）、家具、床上用品、餐具等系列商品，都宜采用系列组合性的产销策略，使商品成龙配套。

像手机这样的主流商品，小企业往往较难进入。但手机市场的繁荣也给类似手机保护膜这样的小商品带来了很大的商业机会。经济学中所谓的"长尾市场"（也称为"利基市场"）关注的就是处于长尾之中的非主流市场或"利基产品"。"利基"一词是英文 niche 的音译，意译为"壁龛"，有"拾遗补阙"或"见缝插针"的意思。

 **案例链接　　　　　笔记本电脑的互补连带（交叉）销售**

顾客要买一台笔记本电脑，商家说："笔记本电脑，应该配个蓝牙鼠标的。"

顾客："好。"

商家："键盘容易脏，而且脏了不好清洁，配个键盘膜吧。"

顾客："好的。"

商家："笔记本的屏幕不要随便用普通的布擦，否则会弄花屏幕的，介绍你买这种屏幕清洁剂和清洁专用布。"

顾客："那就都带上吧。"

商家："如果旅行带上笔记本电脑的话，一块电池可能不够用。要不多买一块电池吧，以后旅行就不用怕没电了。"

顾客："行。"

商家："有些酒店没有 Wi-Fi，只有网线，这个时候笔记本就上不了网了。建议你买一个微型无线路由器，随时可以把网线转换成 Wi-Fi 信号。"

顾客："好的。"

商家："现在有很多蓝光高清电影，如果有一个蓝光光驱的话，就可以看了。你看，要不要配一个外接蓝光光驱？"

顾客："行。"

……

资料来源：陈硕坚，范洁. 透明社会：大数据营销攻略[M]. 北京：机械工业出版社，2015.

所谓替代性，是指消费者的需要可以通过购买某些在功能、性能等方面相近或相似的不同商品来得到满足，这些商品可以相互替代。消费者对于有替代性关系的不同商品，其需要数量之间变化的关系是负相关的。例如，对一体式电脑的需要，可能抑制对普通台式电脑的需要。这就要求商品生产经营者把握好消费需要的变化趋势，调整好商品结构和服务内容，以适应消费者需要的变化。

有些酒吧会免费提供下酒小菜，因为提供了花生等下酒小菜时，人们喝酒的概率会变大。但是，美国的酒吧里连清水也是收费的，理由很简单，水喝多了喝酒的概率就会降低。简单来说，下酒小菜和酒是补足关系，而清水和酒则是替代关系。

思考一下：在网络营销中，如何根据消费者的网上行为更好地实现"补足性"或"替代性"营销？

（六）周期性

某些消费需要不是一次满足就永远满足，而是反复出现、反复满足，而且常常呈现出一定的时间性或季节性。其中，对有些商品的需要常年均衡，要经常购买，如食品、牙膏等日常生活必需品；有的商品在一定季节或节日才需要，如季节服装、节日消费品等。所以，消费者需要的内容也会不断地丰富和发展起来。

 案例链接 　　　从叶酸片到婴儿车——预测顾客未来的需求

美国零售商 Target 的分析师 Pole 开发了一个"妊娠预测模型"——通过分析妇女购买的商品来分析其是否怀孕，预测在未来一段时间里购买哪些产品。例如，如果有顾客购买了叶酸片，将来你向她推送什么产品的广告？

叶酸通常是孕妇吃的；孕妇在怀孕期间除了补充叶酸，还会吃含有镁、钙、锌等微量元素的营养片，如善存片等；此外，孕妇为了防止化学物品伤害胎儿，还会改用无香味护手霜和无香味乳液。

孕妇买了这些东西，过了大约 6 个月之后，估计婴儿快要出生了，可以向她推送婴儿床、奶瓶奶嘴、婴儿尿布等产品。再过两个月婴儿可能就出生了，此时可以推送婴儿奶粉。婴儿奶粉是分年龄段的，如果顾客第一次买的是"初生婴儿奶粉"，4～5 个月之后最好推送"6 个月大婴儿奶粉"，10～11 个月之后就应该推送"1 岁婴儿奶粉"。

除了奶粉，还可以推送婴儿装，然后沿着时间轴推延，在未来的不同时间点可以推 6 个月大的婴儿装、1 岁的婴儿装、2 岁的幼儿装……我们都知道，小孩子衣服的更替速度是很快的。接下来，还可以推送尿布、奶瓶、婴儿床、婴儿车，以及不同年龄段婴幼儿适用的不同玩具……如图 4-4 所示。

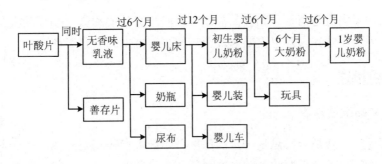

图 4-4　生理周期与需求预测

资料来源：陈硕坚，范洁. 透明社会：大数据营销攻略[M]. 北京：机械工业出版社，2015.

（七）潜在性

消费者需要的潜在性表现为购买愿望、愿望产品及购买能力，三者不能完全统一。可能有下面几种情形：消费者没有意识到自己对这种产品或服务的需要；消费者有购买愿望，也有购买力，但却没有发现符合愿望的产品或服务；消费者有购买愿望，也有符合愿望的产品或服务，但暂时没有现实购买力。

乔布斯：
消费者并不知道自己想要什

隐性需要常常存在于体验型的需要领域，如感官或美的享受、情感、舒适、休闲、便利、乐趣等。对于生存（自然）需要和一般性的功能型需要，消费者尚能描述，而对于精神、享受、发展等需要，常常是消费者难以准确描述或没有明晰满足物的体验型隐性需要。以盐为例，如果仅仅用于食用，消费者已有相应知识，但如果把盐与盐浴联系起来，就需要传递保健、美肤的信息和消费方式，以激活消费者追求健康、追求美丽的隐性需要。

汽车行业的先行者亨利•福特有句有争议的名言："如果你问消费者他们需要什么，他们会告诉你需要一匹更快的马。"乔布斯也说过："只有当你把产品给消费者看了，他才知道这个产品是不是自己想要的，没有用户可以非常清楚地告诉你他们需要什么。"因此，不应当一味地迎合消费者需求，而应当创造需求、引导需求。乔布斯并不依赖市场调查，而是采用一种设身处地的视角——一种直觉，来发现消费者尚未成形的需要，然后创造出产品来刺激消费者的潜在需要。

可见，企业可以在消费者意识到自己的需求前创新并推出产品，将消费者的潜在需求转化为真实需求，这就是所谓的"创造需求"。例如，患近视眼病的消费者是一个很大的群体，他们常常因为佩戴沉重的眼镜而给生活和工作带来诸多不便。针对这一困扰和潜在的需求，美国博士伦公司成功地开发了隐形眼镜，使近视眼患者终于摘下了有形的框架眼镜。

被制造的需求

❓ **思考一下**：你认为目前消费者可能存在哪些潜在消费需要值得进行商业开发？

第二节　消费者的动机

消费者的购买动机是消费者购买商品或劳务时最直接的动力。购买动机是消费者心理结构中的主要因素，外界因素也主要通过影响购买动机来影响购买行为。

一、购买动机概述

（一）购买动机的概念

所谓购买动机，就是为了满足一定的需要，引起人们购买某种商品或劳务的愿望或意念。所以，购买动机是在需要的基础上产生的，是引起购买行为、保持购买行为、把购买行为指向一个特定目标，以满足消费者需要的心理过程或内部动力。有人把动机比喻为汽车的发动机和方向盘。这个比喻是说动机既给人的活动动力，又可调整人的活动方向。

根据复杂程度，消费动机与消费行为之间的关系一般分为一因一果、一因多果和多因多果3种类型。由于人的生理需要和心理需要密切联系且复杂多样，支配某种购买行为的购买动机往往不是单一的，而是混合的，从而形成一个动机体系。如果这些动机方向一致，就会更有力地推动其购买行为的进行。如果这些购买动机相互矛盾或抵触，消费者能否采取购买行为就取决于倾向购买与阻碍购买两种动机力量的对比。如果相抵触的动机势均力敌，这时就要依赖外界因素的参与，如营业员的诱导和服务就会起到关键性的作用。例如，购买时装的动机，除了御寒蔽体，还在于追求美观、新颖、舒适，也可能还有显示生活优越、追求时尚的心理原因，如果又要求价格低廉，而价廉往往难以物美称心，这时就会发生动机冲突。同样，这种动机冲突也常发生在对某两种或几种商品选购时。

当然，各种交织着起作用的购买动机往往具有不同的特点：有的是主导性的购买动机，有的是辅助性的购买动机；有的是正向的，有的是负向的；有的是显明、清晰的，有的则是隐晦、模糊的，如图 4-5 所示；有的是稳定的、理智性的，有的则是即变的、感性或冲动性的；有的是普遍性的购买动机，有的是个别性的购买动机。如果营业员能够认清消费者各种购买动机的性质、强度、特点，有的放矢地多方面介绍商品的特点和长处，就可能强化消费者的购买动机，促使其采取购买行为。

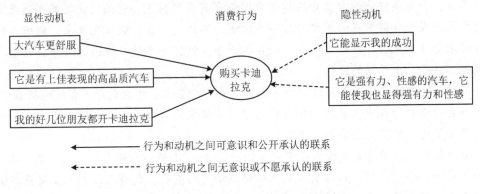

图 4-5　购买情境中的隐性动机与显性动机

另外，购买目标与购买动机是既有联系又有区别的。购买目标是人们希望活动所达到的结果，是需要的进一步明确化、具体化，而动机是推动人们达到目标的主观原因。有时购买目标相同，但购买动机可能不同；有时购买动机相同，而购买目标却可能不一样。购买动机是比购买目标更内在、更隐蔽、更直接地推动人去行动的主观原因。例如，同样是购买豪华汽车，有的人是出于追求享受的动机，有的人则是出于向别人显示自己的富裕或满足虚荣心的动机。另一方面，同样是出于消遣娱乐的动机，不同的人却有不同的购买目标：有的人喜欢进舞厅，有的人则经常光顾卡拉 OK 厅或夜总会。

消费者的购买动机之所以如此复杂多样，主要是因为它们是由需要和刺激两种因素的作用形成的。

📖 **案例链接**　　　"哈根达斯现象"：同样的消费行为，不同的消费动机

在现代中国的零售世界里，很多进口商品的价格远超其他国家。一杯星巴克的咖啡究竟该卖多少钱？星巴克咖啡为什么在中国卖得比美国还要贵呢？

在美国，星巴克只是一个快餐式消费品牌，其消费者也只是普通大众；而在中国，星

巴克的主力消费者是追随西方文化的都市年轻白领。这两群消费者虽然都在消费着同样的产品，但在各自社会结构中所处的位置不同，去星巴克喝杯咖啡这件事，对他们有着不同的社会学意义。

这一差别在商业上引出了两个后果：首先，两国消费者的地理分布不同，中国的星巴克消费者更多集中在白领聚集的大城市，特别是受西方文化影响更大的沿海大都市的中心商业区，这意味着更高的店铺租金；其次，中国消费者为这项消费行为赋予了更多的文化意义，包括文化认同、自我身份定位和个性彰显。而这些意义的实现更多依赖在店消费，而非仅仅买走一杯咖啡，这意味着更低的翻台率和更高的单位固定成本。

或许我们可将其称为"哈根达斯现象"，因为它比星巴克更清晰地演示了上述机制。哈根达斯在美国只是个普通大众品牌，与奢侈无关，但在中国，由于被新潮白领选中作为"说到它时显得不那么俗气的冰激凌"而身价倍增。再如，在中国的三、四线小城市，周末带孩子去肯德基吃饭常常是一种奖励，这在肯德基的故乡是不可思议的。

不过，并不是任何西方消费品牌在中国都会有类似待遇，它必须能够典型地代表西方消费文化，而且要时常在影视文学作品中出现，不能太小众。近十几年来，城市年轻人已有了越来越多的机会了解西方世界，而在二十多年前，一个精心捏造的假洋品牌也足以获得高端、洋气、上档次的地位。

而且，这种商品还必须与被视为更高阶的身份相匹配，才能获得"哈根达斯溢价"。例如，当自行车作为代步工具时，在当前的中国会被视为与低收入相关联的元素，而将它作为健身工具时，才可能是高端、洋气的。

全球化时代，随着消费模式在不同文化间传播，"哈根达斯现象"不会少见，从喜欢以某种方式喝咖啡的某甲，到喜欢像某甲那样喝咖啡的某乙，到喜欢让别人觉得他在像某甲那样喝咖啡的某丙，再到喜欢被某乙、某丙们视为同类的某丁，虽然都在喝同样的咖啡，但驱动消费的动机、对服务的需要、愿意为此付出的代价等都是不同的。

资料来源：周飙. "哈根达斯现象"[J]. 21 世纪商业评论，2013（21）：32-33.

❓ **思考一下**：请你描述一下在购买或获得以下产品或服务时可能会产生的显性动机或隐性动机：① 滑冰鞋；② 套装；③ 赛车；④ 汽车；⑤ 牙膏。

（二）消费者购买动机的形成

消费者购买动机是一种基于需要而由各种刺激引起的心理冲动，它的形成需要具备一定的条件。

（1）购买动机的产生必须以需要为基础，只有个体感受到某种生存或者发展条件的需要，并达到足够强度时，才有可能产生行动的动机。

（2）购买动机的形成还要有相应的刺激条件，当个体受到某种刺激时，其内在需求会被激活，使内心产生某种不安情绪，形成紧张状态，这种不安情绪和紧张状态会演化为一种动力，由此形成动机。

（3）需要产生后，还必须有满足需要的对象和条件，才能形成动机。

在消费者动机形成过程中，上述 3 个条件都是必须具备的。一般情况下，当消费者的需要处于潜伏或者抑制状态，需要外部刺激加以激活。

动机的指向（或欲望的对象）和强度是可以被诱导的。例如，某个消费者在家庭装修和购买家具前，可能只有一些简单或普通的想法，但在看过高档家具城的家具、经过设计师的说明和推荐之后，其想法可能大为改变，对某种装饰效果、某些高档次的名牌家具形成强烈的购买欲望。在这个过程中，名牌家具本身、家具的陈列展示、产品宣传图片、设计师的意见及其提供的装修效果图等都成了诱导消费者动机的有效工具。

Fogg 博士的行为模型（B=MAT）认为：要想促成用户某一个行为的发生，动机（motivation）、能力（ability）和触发物（trigger）缺一不可，即充分的动机、完成这一行为的能力、促使人们付诸行动的触发。例如，消费者想去游泳，且有机会进入游泳池，正好又有要好的朋友邀约，这时该行为最有可能发生。触发可以采取多种形式，如推送通知或提醒用户去游泳的信息。然而，只有当一个人的动机和能力足够高时，触发才能有效工作。如图 4-6 所示。

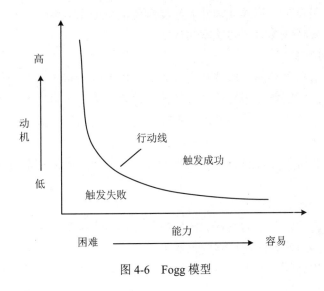

图 4-6　Fogg 模型

二、购买动机的强度

动机强度指满足某一特定需要的强烈程度。有时满足某一需要的动机非常强烈，就应优先满足它。而有时需要的强度不够，所以动机强度也显得微弱。消费者的动机强度通常与 3 个因素有关：需要的程度、需要的重要性、需要的紧迫性。而 Vroom 的期望理论认为：行为的动机强度是该行为可以获得某一特定价值的预期可能性（期望值）与该价值对个人所具有的重要性（效价）两者间的函数关系。例如，消费者如果认为到国家大剧院欣赏歌剧，可以彰显其高人一等的优雅品位，则消费者观赏歌剧的意愿高低会受到观赏歌剧能否使他人认为自己的品位"高人一等"以及"高人一等"对自己的重要性的影响。

动机强度主要取决于以下几个方面。

1. 需要的程度

消费需要的程度通常来自消费者的现实状态（现在的处境）与其期望状态（希望达成的目标）之间的差异情况。理想状态与现实状态是否存在差异、差异的性质及其大小决定了消费者对现实状态是否满意及满意的程度。需要没有被满足的程度越高，动机强度也就越强。例如，24 个小时没有吃饭的人想要填饱肚子的动机是非常强烈的。

对于营销宣传而言，可以通过以下两种途径来强化消费需要的程度。

1）提高消费者对理想状态的认知

在广告宣传中给消费者描述理想的生活状态、工作状态，使其感受到生活或工作中的差距，或者不断调整消费者内心理想状态的标准，使其不断产生改变现状的需要。例如，在以瘦为美、推崇"魔鬼身材"的观念下，"魔鬼身材"成为许多爱美女性的追求。同时，完美身材的标准也在不断刷新：从在锁骨上面可以放硬币和鸡蛋、有马甲线，到比基尼桥，再到后来流行的 A4 腰。每次新的标准推出，都会掀起一股减肥带来的消费热潮：减肥餐、瘦脸洗面奶、高效跑步机等。

2）降低消费者对现实状态的认知

在广告宣传中用夸张的形式让消费者感受到生活中的不方便、不舒适、不健康等。如以儆其所恶的方式来降低其对现实状态的认知。

2. 需要的相对重要程度

人们满足其最重要需要的动机往往更加强烈。所有的消费者都要受到时间和金钱的约束，只有相对更重要的需要才会被重视和解决。总体说来，重要性取决于解决此需要对于保持消费者理想的生活方式是否关键，或者说与消费问题的优先解决顺序密切相关。

3. 需要的紧迫性

需要的急迫性和可预见性也会影响动机的强度。紧迫程度高和非预期的需要往往会激起更强烈的动机强度。

4. 卷入程度

消费卷入不仅影响消费者购买行为的复杂程度，也是购买动机强度的重要影响因素，当卷入程度变高时，消费者的动机强度也变高。

消费卷入（也称介入、涉入或参与）是指消费者对消费活动的关心或感兴趣的程度。图 4-7 系统阐释了消费卷入的含义，其中，卷入度=f(个人，情境，产品)，卷入的水平可能受这 3 个因素中的一个或多个的影响。例如，通常情况下，消费者的兴趣、产品风险、产品外显性、购买社会性与卷入程度成正比，而消费者的先前经验、时间压力与卷入程度成反比。而且，个人、情境与产品因素间也可能发生相互影响。例如，有研究认为，消费者选购低卷入产品时，若消费者处于高卷入情境（送礼）时会比处于低卷入情境（自用）时愿意耗费较多的选购时间与选购成本，但选购高卷入产品时则不易受情境因素的影响。

高度卷入是指消费者对某一具体事物（如产品或商店）的积极强烈的关注和参与，这种关注和参与最后落实到消费者积极的信息搜集、加工和比较评价上。低度卷入通常表现在消费者日常生活用品的购买当中，因为购物风险相对较低，其对产品信息的加工是被动和肤浅的，购买决策过程相对简单。主观上对于这些因素的感受越深，表示对该产品的消费卷入程度越高，称为消费者的"高卷入"，该产品则为"高卷入产品"；反之则称为消费者的"低卷入"和"低卷入产品"。Vaughn 把卷入定义为产品和服务所拥有的潜在价值连续体，连续体的高端是那些贵重的产品或服务，它们通常是高价、复杂、高风险、高差异、社会价值高、自我关联性强或消费者较陌生的商品；而连续体的低端则是价格低廉、风险小的商品。例如，消费者对平板电脑卷入程度高，会被激发去搜寻大量不同品牌的信息。相反，消费者购买一双在家里使用的拖鞋，却不愿过多卷入，价格便宜一点即可。

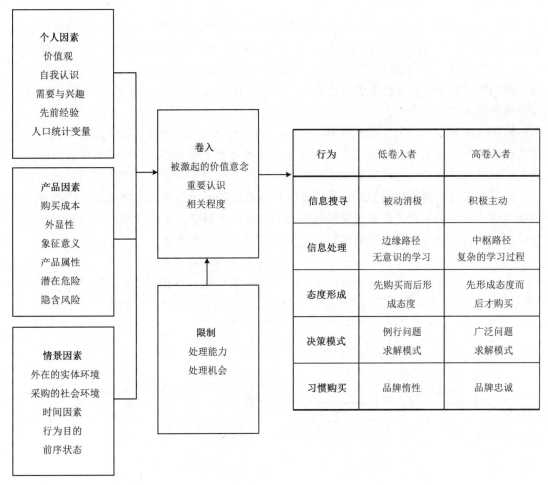

图 4-7 卷入的概念图解

5. 动机强度的变化

人的行为可分为如下两类：一是目标导向行为，即向目标前进，据以达到目标的行为（如去商店买食品、挑选食品）；二是目标行为，即直接满足需要的行为（如进食）。目标导向行为是目标行为的前提，顾客的动机强度会随着目标导向行为的进展而加强（如顾客在走近商店时不自觉地会加快步伐）。但目标行为开始后，动机强度则有降低的趋势（如随着进食的增多，对食物的需要程度便逐渐降低，直至进食动机消失）。

通常，一个人的动机强度与体系会因时间、地点、条件的变化而改变。这是因为动机产生并出现目标导向行为的过程中会受到主客观各种因素的影响。

消费习惯的
三阶段变革

三、购买动机的分类

消费者的购买动机是多样的、多层次的、交织的、多变的，但可以按照一定的分类标准进行分类。

（一）消费者的一般购买动机

消费者的一般购买动机包括生理性购买动机、心理性购买动机两大类。生理性购买动机往往只是"一次动机"，它们几乎是人类与生俱来的，而心理性购买动机是在其基础上产生的"二次动机"。对于现代营销来说，"二次动机"可能更有现实意义。例如，用"口渴"这样的一次动机很难解释消费者具体选择"可口可乐"或"芬达"，而不选择"百事可乐"或"统一乌龙茶"的理由。

如图 4-8 所示，随着生活水平和需求层次的不断提高，消费者心理方面的需要较之生理方面的需要对购买动机及其购买行为所起的作用显得更加重要，纯粹受生理需要驱使的购买动机已越来越少，心理消费动机逐渐成为现代消费的主导动机。消费者的需求观念已不再停留于仅仅获得更多的物质产品以及生理需要的满足，而是出于对商品象征的考虑，也就是说，如今的消费者在消费商品时更加重视通过消费获得个性的满足、精神的愉悦、舒适及优越感，这时商品中所蕴含的心理价值就显得尤为重要。

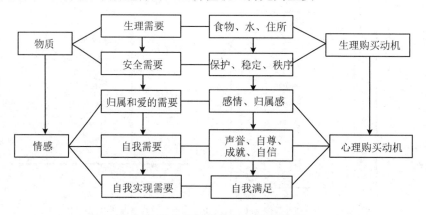

图 4-8　消费者需要与购买动机的转化

（二）消费者的具体购买动机

消费者在实际购买活动中的具体购买动机，要比一般性购买动机复杂、具体得多，这主要是由于消费者在需要、兴趣、爱好、性格、志向等方面存在着较大的个体差异，因而对商品也就会表现出不同的购买选择倾向。

消费者常见的购买动机

1. 求实购买动机

这是以追求商品的实际使用价值为主要目的的购买动机，也是消费者中最常见、最普遍的一种购买动机。这种动机的核心是讲求"实用"和"实惠"。表现在选购商品时，特别注重商品的实际效用、质量可靠、使用方便、经久耐用等方面的特点，而不过分强调商品外型的新颖、美观、包装、知名度、象征意义或商品的"个性"等与使用价值没有什么关系的方面。产生这种购买动机的原因，一方面是由于消费者经济能力有限，难以追求商品的精美外表或购买价格昂贵的名牌商品；另一方面是受传统的实用性消费观念或消费习惯的影响，讲求实用，鄙视奢华；另外，有些商品的价值主要表现为它的实用性，如一些日常生活用品，消费者也没有必要去追求商品别的特性。

针对求实动机，商家在进行产品图片拍摄、产品功能介绍、产品卖点塑造、产品售后时，要强调产品的实际使用效果。例如，房地产公司进行期房销售时，可以用样板房来让消费者领略最终的装修成效。

2. 求新购买动机

这是以追求商品的新颖、奇特为主要目的的购买动机。这种购买动机的核心是讲求"新颖"和"奇特"。这种购买动机往往由商品的外观款式、颜色、造型是否新颖别致，商品的构造和功能是否先进、奇特或有科学趣味，包装装潢是否独特或别开生面等因素所引起。不少时装、儿童玩具、娱乐用品就是以奇制胜，以其样式新颖或功能奇特而激起人们浓厚的兴趣和购买欲望。以这种动机为主导性购买动机的消费者往往对商品的实用程度和价格高低不太重视，他们消费观念更新较快，容易接受新思想、新观念，追求新的生活方式。这种购买动机常以青年男女为多见，他们往往是奇特商品、新商品、流行商品或时装的主要购买者。譬如，很多喜欢苹果手机的"果粉"，每年苹果出新品时，都会换掉自己的旧手机，购买一部新的 iPhone。

很多人觉得香水名称应该女性化，但世界上销量最大的香水品牌却是露华浓公司的查利（Charlie），而不是 Arpege、lanvin 或 Chanel NO.5。查利以其男性化名字的反向思维和其所代表的生活方式吸引了女性的关注，因而大获成功。Gucci 的网页浏览度很高，主要是因为其创意总监 Alessandro Michelee 将"疑幻疑真文化"融入设计理念，促成了很多创新的跨界合作，大多数的粉丝都喜欢在 Gucci 的官网上寻找创意跨界的信息和新品动态。例如，Gucci 会联合好莱坞的明星或者欧美最热的流量歌手推出一些跨界创意作品，甚至还联合拍摄歌手的 MV，或者推出创意微电影等。这些跨界信息都让顾客对品牌网站流连忘返。

但是，消费者的新鲜感是容易丧失的。广东某地有一家潮州牛肉丸餐厅，爽口弹牙的牛肉丸，分量十足的鲜切牛肉，多份的新鲜蔬菜，一大壶酸梅汁。价格也十分便宜：双人餐只要 68 元。但即便如此，开了两年后，从当初的客人满座，到最终落魄倒闭。因为人们对其食品和低价都逐渐习以为常，失去了新鲜感。ZARA 的定位是"快时尚"，以"快速上新"概念吸引消费者。ZARA 紧跟瞬息万变的设计趋势，能够把最新的款式在一两周内推入市场。但仅允许其最新服装在专卖店停留 3～4 周，一旦错过，特定款式的衣服都将消失，并被新的款式取代。就是这种不断更新的款式诱使消费者更频繁地光顾 ZARA，西方媒体经常用"新鲜出炉的衣服"来形容 ZARA。

"猎奇式"营销：利用消费者的猎奇心理，制造病毒式传播

3. 求美购买动机

这是以追求商品的欣赏价值和艺术价值为主要目的的购买动机。消费者购买商品时特别重视商品对人体的美化作用、对环境的装饰作用、对身体的表现作用和对人的精神生活的陶冶作用，追求商品的美感带来的心理享受。此类消费者在购买时受商品的造型、色彩、款式和艺术欣赏价值的影响较大，强调感受。这样的消费者往往文化素质较高，有浪漫情怀，生活品位较高，愿意花大价钱购买富有艺术情趣的商品，是时装、化妆品、首饰、家庭装饰品、艺术品、爆款商品的热心推崇者和购买者。

随着人民文化水平和消费水平的提高，求美动机对消费者购买行为的影响越来越大，

商品是否美观漂亮已成为消费者选购商品的重要决定因素。所以在产品设计上，必须注意实用性与装饰性、艺术性的结合。但是，消费者对"美观时尚"的认知往往是主观易变的。家居设计师也许认为巴洛克风格是最时尚的，而消费者却认为洛可可风格和罗马风格才是时尚的。奇瑞QQ微型车刚诞生时，在外观设计及色彩上大胆使用国际上流行的红、黄、绿等时尚元素，尤其是它那双"大眼睛"显得十分活泼可爱，独特的造型设计使其成为国内微型轿车的时尚"代言人"，后来却成为老土和呆板的典型。

4. 求廉购买动机

这是以追求商品价格低廉或追求付出较少的货币代价而获取最大使用价值为目的的购买动机。其核心是讲求"物美价廉"和"经济实惠"，价格敏感是这类消费者的最大特点。曾有调查表明，89.3%的中国消费者有选价比价心理，但以求廉动机为主导购买动机的人则一般是经济收入不高或节约成习惯的消费者。从国民收入结构来看，大多数消费者无法承担高价产品，对价格是敏感的。例如，在服装领域，巴宝莉、BOSS、范思哲等高端品牌让人向往，拥有光环，专为上层人士服务。而日本的优衣库和西班牙的ZARA则聚焦于大众消费，为普通消费者提供服装。相对而言，大众消费者的数量要远超有钱人，产品销量相差巨大。也因此，ZARA的创始人曾成为欧洲的首富，优衣库的创始人成为日本首富。应当注意的是，优衣库与ZARA的核心竞争力并不是价格。ZARA强调的是款式"快速上新"的品牌定位；优衣库则依托面料方面的创新优势，建立的是"舒适"品牌定位。

利用求廉动机进行价格促销，是商家最主要和最有力的竞争武器，至少在短期内是如此。创造出千亿级销售额的天猫"双十一"活动，就是利用了消费者的求廉动机。价格促销可以实质性地减少顾客在购买产品时的实际支出，降低顾客的购买成本；同时，也能让消费者通过价格比较，感受到正向的交易效用（transaction utility）或较高的交易价值，并促使他们下决心购买。但因为出"低价"购买产品的消费者往往并不是"忠诚客户"，一旦其他品牌打出了更低的价格，用户就很容易流失。

求廉动机与求实动机较为接近。一般情况下，实用、实惠的商品价格都相对低一些。但是，二者的区别在于：求实注重的是商品的实用性，而求廉注重的是商品的价格；前者是为了消费而购买，而后者是为了价格而购买。

5. 求荣购买动机

为什么要买奢侈品？

这是消费者在选购商品时，追求名牌、高档、稀有商品，借以显示或提高自己的地位、身份并博得他人的惊讶、赞美、羡慕或嫉妒等，从而形成的购买动机。其核心是"显名""炫耀"或"自我表现"。在选购商品时，这类消费者特别重视商品的象征意义、显示功能和社会影响，希望通过购买和消费名贵的商品来彰显自己生活富裕、地位特殊、支付能力超群或有较高的鉴赏水平或生活追求，从而获得自尊感、优越感、荣誉感等心理需要的满足；相反，他们对商品实用价值大小或经济上是否划算并不在意，甚至可以购买自己并不急需而又超出其消费水平的商品。与欧洲成熟的奢侈品市场比较，中国奢侈品市场显示出很强的炫耀性消费特性。这种购买动机在一些经济收入较高、具有一定社会地位或者虚荣心强的年轻的消费者中较为明显。

按照卢晓（2010）的定义，奢侈品包含了6种特性：绝对优秀的品质、高昂的价格、稀缺性和独特性、高级美感和多级情感、悠久的历史传统和传奇的品牌故事、非功能性。

从奢侈品的产品特征上说，它带来的享乐性价值与象征性价值远远大于功能性价值。其中，东方消费者购买奢侈品主要是对自己的身份和社会地位的彰显，看重奢侈品所带来的象征性价值（Vickers，2003）。中国人的面子文化可以很好地解释中国消费者收入相对较低却选择购买奢侈品的现象。虽然在各国文化中或多或少存在面子文化，但是由于受到传统文化思想的影响，导致"爱面子"、"护面子"和"怕丢面子"成为中国人典型的心理行为和文化现象，并无时无刻不影响着中国人的生活，特别是中国消费者的消费行为。

人们对名牌奢侈品的购买动机是复杂的。王慧（2009）认为，身份象征和自我赠礼是中国奢侈品消费中两个比较有中国特色的重要的奢侈品消费动机，并结合中国传统消费价值观念和消费特点，提出了中国消费者奢侈品消费动机结构，如图4-9所示。

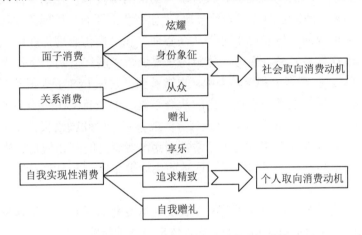

图4-9 中国消费者奢侈品消费动机结构

实施"会员制"的企业大多以为可以通过以让利为内容的所谓"忠诚营销"活动来培养客户的忠诚度，但调查发现，多数客户感到商家所给予的回报并不是真正的回报，它们只不过是一种促使客户购买更多商品的手段。不少顾客申请成为会员并不仅仅是为了赢得消费积分和免费物品，他们更多的是希望被"认可"，并受到"特别对待"，尤其是在一些高档服务性企业，顾客最希望得到的是对其特殊身份的确认，并享受到特殊的待遇。例如，"黄金卡"用户可以不用排队等候，能够由经理或优秀服务员来接待等。

奢侈品包装和打造的五点秘诀

6. 求名购买动机

这是由追求名牌商品或仰慕地方特产而形成的购买动机。其核心是"纪念"和"荣耀"。在现代社会，追求名牌商品已逐渐成为一种消费趋势，不少消费者对商品的商标及牌号非常重视，对名牌商品充满信任和好感，而且不在乎价格的高昂，有较稳定的牌号偏爱并认牌购买；相反，对非名牌商品则较为冷落。还有些旅游者或出差人员每到一地，都喜欢购买一些当地的名特产品、风味食品、传统工艺制品或中药材等土特产品。

这种心理现象实际上是人们求实心理、自我表现心理和攀比心理的综合体现。一方面，名牌产品一般情况下都工艺精湛、内美外秀、质量稳定可靠、经久耐用，能满足人们的实际使用需求，使消费者的购买风险降至最低点；另一方面，名牌产品的高标准、高价格又可以彰显自己的社会地位、经济实力，体现自己的文化修养、生活情趣、审美趣味等。人们只要认知了某个品牌，常常就能够主观地寻找自己购买该品牌商品的各种理由，比如，自我形象的满足、社会地位的彰显、经济实力的炫耀等，再加上商家的各种广告宣传，从而极易导致对该品牌情感上的寄托和心理上的共鸣。一般来说，求名心理更多表现在人们对轿车、服饰、化妆品、烟酒等商品品牌的追求上。社会层次高的消费者往往有强烈的品牌意识，对品牌的追求也是比较狂热的。也有些消费者购买名牌是为了炫耀或者显示自己与众不同的身份和地位，满足虚荣心，以求得到心理上的满足。

7. 求同购买动机

这是由于受社会消费风气、时代潮流、社会群体、周围环境等社会因素的影响而产生的追求一致或同步的购买动机。具有求同动机的消费者，在购买商品时主要以大众化为主，不求创新。赶时髦、消费攀比、"你有我也要有"等现象往往也是由这种动机所驱使而形成的。这实际上是"从众心理"和"模仿心理"在购买动机上的体现。例如，现在许多商品、服务、体验，只要加上"网红"两个字作为前缀，就很容易让消费者"种草"。在许多"种草帖"中，也常看到"它在 INS 上火得不行"和"时尚博主力推"等字眼，其目的也是想引起人们的从众心理。不少商家在网购的包裹里会夹带一张"五星好评+不低于××字的评论，立返×元"的条子，以此鼓励买家积极好评，从而激发其他消费者的从众行为。某些时尚用品常常因为消费者之间互相效仿、崇尚时髦或争强好胜、不甘落后而引起竞相购买的情况。这种购买动机在青年人中尤为常见。

羊群效应

8. 求异购买动机

其主要指的是追求个性化的购买动机。表现为消费者购买商品时越来越多地考虑商品的独到性，要求产品或服务打上自己的烙印，体现自己独特的（而不是大家共有的）个性、志趣和心情，喜欢有个性的、独特的以及赋予人格的产品，而不满足于大众化、普遍型的商品。"我要购买那些能够给我带来个性化生活的东西。我要购买那些能够让我创造自己、了解自己的东西，购买那些能够让我实现心理自主的服务。"这一思想形象地反映了消费者的求异购买动机。

商品的个性化特点是通过某些具体的形式表现出来的，这些特点又在一定程度上显示出了该商品持有人的社会地位、经济地位，以及生活情趣、个人喜好、性格、气质等个性特征。

在网络时代，"个性化消费"趋势越来越明显，这一方面与消费者物质与文化水平的提高有关，另一方面，互联网与电子商务的发展也为个性化、定制化提供了可能。在网络时代，一个企业为一群消费者服务的大众化消费时代正逐步演变为一位消费者有一群企业为之服务的个性化消费时代，把传统的"我生产你购买"模式转变成"你设计我生产"的模式，"made in Internet"的 C2B 模式时代已不再遥远。例如，耐克公司曾推出一项名为 NIKEiD 的运动鞋网上定做服务，凡到耐克网站购物的用户都可以根据自己的喜好让耐克公司为其定制运动鞋、背包、高尔夫球等产品，受到了许多消费者的欢迎。又如，可口可乐与优酷合作打造"台词瓶"广告及产品，网友还可以个性定制独一无二的专属"台词瓶"，在"我们结婚吧""如果爱，请深爱"等经典台词的前面加上恋人和朋友的名字，让优酷和可口可乐在视频广告中替你表白。实际上，很多产品可以借鉴这种方式，利用电商平台和 H5 等技术方式，为消费者制作个性化的商品包装。

案例链接　　优衣库 App UTme！用手机设计自己的个性 T 恤

优衣库的
UTme

看上了优衣库的 T 恤，却找不到自己喜欢的样式，怎么办？别着急，优衣库已经开始推广一种全新的 App，你可以通过手机设计自己的专属 T 恤！

"UT"即"Uniqlo T-shirt"。"UTme"，顾名思义，就是使每一个用户能够 DIY 个人专属的 UT。消费者使用这一 App 可以自由发挥自己的创意和想象力，设计属于自己的个性化 T-shirt，并借助优衣库社群的发酵，引起充分讨论和分享，形成螺旋效应。通过这些，可以最大限度地调动消费者的积极性，并借此传达出优衣库"个性、时尚"的品牌形象。

进入应用后，用户可以选择自己涂鸦、输入文字或者从手机里选择图像照片这 3 种方式为 T 恤打上独特烙印；然后还可以通过"摇一摇"来得到散开或是点阵的效果，为 DIY 增添亮色。

优衣库的线上社群精心汇集了用户的 UGC（用户原创内容）。在社群中，用户不仅可以陈列自己的作品，还可以欣赏其他人的创意作品，甚至为出色的创意点赞。在用户设计自己 T-shirt 的同时，他们也可看到其他用户的"作品"，应用程序会跳转到 UT gallery 的网页版，并选择是否喜欢或购买其他人的设计，起到了用户之间互动的作用。

资料来源：王薇. 互动营销案例 100（2014—2015）[M]. 北京：清华大学出版社，2015.

当然，消费者的需要很复杂，以上的动机分类并不十分全面，如还有求速、求便、求趣、健康、优先、尊重、留念、储备、补偿等许多具体购买动机。另外，消费者的购买动机也常因时间、地点、条件或消费者的不愿表露而有很大的变化。同时，在实际的购买活动中，其购买行为也往往是多种购买动机共同起作用的结果，只不过这些动机所起的作用大小不同而已。例如，多数消费者在购买日常生活用品时，注重经济实惠和价格低廉，求实、求利的动机较强；而在购买高档耐用消费品时，则喜欢设计新颖、功能齐全、使用方便、不易过时的高档商品，求质、求名、求新、求荣的动机较强。

❓ 思考一下：在你最近的一次购买活动中，存在哪些具体购买动机？

（三）ADP 市场分析模型

ADP 模型是可口可乐公司根据行为科学理论及著名的 3A 理论提出来的。"3A"是指行为（action）、态度（attitude）、能力（ability），分别说明"会不会""爱不爱""能不能"的问题。ADP 模型借用这种思想，认为产品要卖出去，应满足消费者的三个条件：愿意买、买得到、买得起。其中，"愿意买"解决消费者态度（attitude）问题，"买得到"解决产品渠道与分销（distribution）的问题，"买得起"解决产品性价比（profit）问题。这三大因素是相对独立的，三大因素都具备时，消费者才能产生购买动机。后来有人在 ADP 模型的基础上又增加了一个条件：有容量。有容量就是找到或挖掘那些对产品有需求的消费者，解决市场容量问题。市场容量英文是 market size，简称 MS。而产品的市场销量主要受 A、D、P、MS 这 4 个因素的制约，如图 4-10 所示。

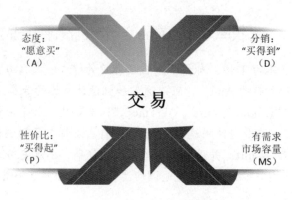

图 4-10　ADP 市场分析模型

例如，某品牌婴儿奶粉发现含有违规添加剂，引发消费者强烈的负面态度，销售量大跌（"不愿买"）；许多"海淘族"消费者对澳大利亚保健品情有独钟，但又怕买不到正品货（"买不到"），而考拉海购则满足了其要求；保时捷或者劳斯莱斯，虽然大家都想买，很多地方也都有卖的，但是太贵了，对于大众群体来说，销售量也趋近于零（"买不起"）。

（四）Censydiam 消费动机分析模型

Censydiam 消费动机分析模型是 Censydiam 研究所在其 1997 年出版的 *The Naked Consumer* 一书中提出来的。此理论来源于精神分析学派，目的在于有效地发现用户行为、态度背后更为深层次的动机。其基本逻辑是：消费者的需求存在于社会和个体两个层面，面对不同层面的需求，消费者会有不同的需求解决策略，通过研究消费者采取的需求应对策略，我们可以透视消费者的内在动机。其主要内容可以概括为"两维度""四策略"和"八动机"，如图 4-11 所示。

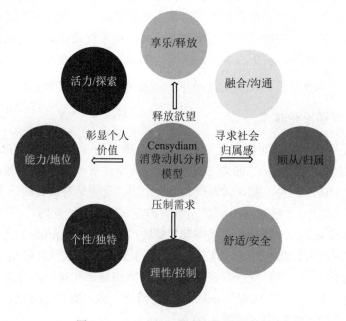

图 4-11　Censydiam 消费动机分析模型

1．两个维度

"两个维度"是指消费者的需求存在于社会和个体两个层面。

（1）社会层面维度：描述消费者作为社会中的一个个体存在，在面临需求问题时的解决策略。消费者经常需要在寻求群体归属和保持自我独立、展示个性之间进行权衡，二者经常是此消彼长的关系。

（2）个体层面维度：描述消费者作为个体存在，在面临需求问题时的解决策略。消费者一旦产生了需求/欲望，就面临着两个选择：一是释放，大胆去追求、去尝试；二是压制，克制自己的欲望。释放往往来源于自信开放的心态，而压制往往是由对需求的必要性或对满足需求的能力的质疑而导致的。

对于营销者来说，社会层面维度可以帮助理解产品或品牌将如何帮助用户塑造自身与周围社会之间的关系；个体层面维度则可以帮助预测用户对产品或品牌满意的潜力。

2．4种策略

两个维度的4个端点反映了消费者面对自身客观存在的需求时，可能采取的4种满足策略，同时也反映了消费者的4种基本行为动机。

（1）顺从/归属：在集体中寻找到快乐，从众和谐。

（2）能力/地位：表达成功自我，得到他人的赞许。

（3）理性/控制：回到自己的内心世界，克制欲望。

（4）享乐/释放：释放内心欲望，积极享受，探索更广阔的世界。

3．8种动机

除了上面4种基本动机，Censydiam研究所还分析和总结了这4个维度之间人们表现出来的行为动机，分别如下。

（1）活力/探索：对世界充满好奇，拥抱一切新奇的东西，渴望新的情感，喜欢挑战自我，获得激情、冒险和速度所带来的快感。

（2）个性/独特：在保持理性的情况下，极力想获得他人的注意，想凸显自己的与众不同，众人的关注使他们有一种优越感。但相比于"能力/地位"，渴望获得"个性/独特"的人们并不会表现出较强的"侵略性"，不会有强势和控制倾向。

（3）舒适/安全：总是希望获得内心的平静、放松与安宁，希望自己被呵护、被关怀，有时候会从童年或过去美好的时光中寻找依赖。

（4）融合/沟通：总是愿意融入集体，与大家进行开放式的沟通，分享自己的欢愉与快乐，"感情和睦，没有隔阂"是其他人与他们相处时的感受。

例如，喜茶就同时抓住了年轻人"顺从/归属"和"融合/沟通"的动机。个性十足的店铺装潢和简约而独特的卡通包装，迎合了年轻消费群体的审美观。消费者乐于自拍"打卡"，并在社交网络上分享体验。通过"融合/沟通"动机中社交与互动的需求，引发用户自行宣传，省下巨额的广告费用。喜茶排队的特点不但没有成为销售的阻碍，反而诱发了"顺从/归属"的动机。

本章思考题

1. 消费者不同种类的需要在营销活动中有何意义？
2. 如何根据 KANO 模型对商品属性的意义进行调查？
3. 消费需要的特点有何营销意义？
4. 你觉得可以采取哪些措施来激发消费者的"潜在需要"？
5. 现代消费者的需要有哪些发展趋向？企业应如何适应消费者需要的这些发展变化？
6. 消费者有哪些具体购买动机？
7. 利用 Censydiam 消费动机分析模型对某一品牌的营销策略进行分析。

 本章典型案例　　买化妆品为什么要送一堆小样

1. 互惠原则，看起来免费的小样并不免费

社会学家阿尔文·古尔德纳认为人类的一种普遍道德准则是互惠规范，即对于那些曾帮助过我们的人，我们应当施以帮助。罗伯特·西奥迪尼在《影响力》中说：如果一个人送给我们一件生日礼物，我们就应该记住他的生日，等到他过生日时，给他买一件礼品。如果一对夫妇邀请我们参加一个聚会，我们也一定要记得邀请他们参加我们举办的聚会。

许多去柜台买化妆品的女生在完成购买后，总期待着柜姐能给一些小样，如果得到了，她会非常开心。化妆品品牌为什么热衷于送小样呢？

（1）低成本大收益：相对于正装商品，小样的成本是比较低的。大牌化妆品一般包装精美，细节考究，售价也高，但小样一般使用塑料纸包装，容量也很少，以 5mL 左右居多，我们都知道化妆品是暴利行业，这样的小样成本对于企业来讲几乎可以忽略不计。

大牌化妆品往往单价较高，即便是爱血拼（疯狂购物）的女士，在购买大量产品前也得掂量一下，这其中可能存在的不确定性是一旦购买的化妆品不适合自己，那么付出的成本就有点高。但免费得到一个小样，无须付出任何成本，一旦小样使用满意，她则会很大概率购买正装。你可能经常听到一些用了某些小样的女生对其效果赞不绝口，下一步她就可能会为正装买单了。

（2）带来快乐情绪：如果人们在商场购物时获赠商品，会觉得心情愉快。赠品带来的快乐心情还会让消费者觉得身边发生的事都是好事，当然，快乐的情绪也会让他们对本次购买的体验打高分，从而促进他们未来再次光顾。

（3）适用峰终定律：峰终定律即人们对一件事的体验往往由这件事的巅峰（正向或负向）和结束时的体验所决定。女生买一个正装后被赠送一堆小样，心理上会觉得占便宜了，这个体验会给她留下美好的印象，驱使她以后再次购物。

化妆品是直播带货的最主要品类之一，一般销售化妆品的主播会在直播时强调×品牌化妆品适合什么皮肤，代表了什么特质，用各种颜色的口红在胳膊上试色，让消费者看的直观，也会在倒计时上架前告知送出大量小样。

2. 禀赋效应，先拥有妆效再购买化妆品

所谓禀赋效应，即当你拥有了一个东西之后就会对它倍加珍贵，一旦失去会异常痛苦。一般销售很善于运用禀赋效应，当你走进一家店时，通常里面的销售员都会让你先试用某款产品，这就创造了一种你拥有这种产品的感觉，进而你就会有更高的概率将产品买下来。

在 MAC 的口红专柜，往往有不少漂亮的小姐姐在那里试色。MAC 可能有几百种颜色来描述"红"，女生可以挨个试色，直到找到最适合你的颜色，一旦你找到了这种独特的颜色，就会觉得这是为你设计的，买下它的意愿也会大大提升。

有一些化妆品店会有化妆师为消费者免费化妆，背后的原理在于一旦消费者觉得化的不错，就会觉得自己获得了这个妆容，获得的东西当然不能失去，为了保持这种获得的感觉，她就会购买。

3. 凡勃伦效应，化妆品是当代女性的 party 外衣

女生的话题常常围绕某些化妆品品牌的产品展开，且非常专业：干性皮肤应该用×品牌的护肤水；×品牌的口红有独特的颜色，非常适合少有的×颜色皮肤；最近×品牌新出的精华非常好用，价格也不贵，1000 多元一瓶可以用半年……似乎神仙水、小棕瓶、MAC、YSL 在女生之间已经成为一种社交货币，如果一位女生不了解这些品牌，可能都难以融入同事圈子。

一个素颜来公司的女生往往会被认为不太讲究，而化了精致妆容的女生则显得神采奕奕。如果说仅看外表还看不出明显区分的话，那么当聊天话题转到化妆品品牌时，区分就会比较明显了。

在欧美，人们喜欢办 party（聚会），参加 party 的朋友通常会穿上华丽的衣服，这代表了自己的喜好和身份。在中国，party 是一种少见的聚会形式，年轻人的社交往往就是在公司进行，女性所使用的化妆品往往就代表了自己的喜好和身份，它们替代了 party 中衣服的作用。

凡勃伦在《有闲阶级论》中提出"炫耀性消费"一词，他认为消费是为了跟上身边的朋友和邻居的消费水平，以及为了让他们的朋友和邻居嫉妒。没有人会承认自己用化妆品是为了让别人嫉妒，但聊天时，她们在字里行间会透露自己使用的化妆品品牌和价值，这种容易让别人嫉妒的话题也许是无意的，却是真实存在的。

凡勃伦效应认为，一件商品越贵，消费者就越想买，反而越便宜越不想买。因为越贵的商品，越能显示自己的尊贵与品位，也越能让朋友和邻居嫉妒。贵的化妆品可能会更好，但大多时候贵的化妆品起到的其实是一种心理作用，人们会认为更贵的化妆品对皮肤更好，化妆的效果也会更好，即便事实并非如此。更重要的是，只有贵的化妆品才能让别人嫉妒，便宜的化妆品毫无谈资可言，使用更贵的化妆品的人从心理上已经战胜了身边的人。

化妆品可能是一种让女生变美、变年轻的商品，它是否真能让人变年轻？当然不可能。化妆品更多的是让女生在心理上觉得自己变得年轻，且让身边的同龄人感到嫉妒。从这个角度来看，化妆品作为一种社交货币，会让使用者获得巨大的心理优势，知名品牌的化妆品与其说是在销售商品，不如说是在销售一种心理"安慰剂"。这些品牌顶级的营销策略就是让女生觉得尊贵。

资料来源：买化妆品为什么要送一堆小样？[EB/OL]. (2021-07-15). http://www.woshipm.com/marketing/4872589.html.

本章案例讨论

1. 你认为本案例还涉及哪些心理效应？

2. 女生购买化妆品有哪些具体购买动机？

客 观 题

第五章 消费者的态度

学习目标

- 掌握态度的含义、结构。
- 理解态度成分改变的途径与方法。
- 理解归类评价理论的应用。
- 理解精细加工可能性模型。
- 理解并掌握信息传播改变消费者态度的因素与方法。
- 了解理性诉求与情感诉求的应用。

导引案例 "中国创造"让外媒感叹：中国年轻人更爱国货

美国媒体称，年轻的中国消费者似乎不像他们父母过去那样认为来自欧美国家的产品优于国产品牌。几十年来中国消费者一直青睐外国品牌，认为欧美公司制造的产品显示出比国货更好的品质。渐渐地，情况不再是这样了。例如，华为、小米等手机的市场优势正在上升，而非美国的苹果手机。

电动汽车初创企业蔚来的创始人李斌认为，这一趋势也呈现在他的公司和特斯拉在中国汽车市场的竞争关系中，他正在依靠这一趋势帮助蔚来与特斯拉展开竞争。

李斌在 2018 年北京车展上接受采访时说："1997 年我第一次去英国时觉得中国和欧洲之间的差别相当大。但对于'90 后'来说，当他们访问欧美时，他们并不认为存在显著不同。"

瑞士信贷银行中国消费者研究主管查理·陈认为："中国消费者，尤其是年轻一代，不相信外国品牌更好的看法。如今，中国消费者认为中国好，'中国制造'一点儿也不差。"研究结果显示，中国 90%以上的年轻消费者更喜欢购买国产家电品牌。中国智能手机市场由华为、OPPO、vivo 和小米等国内企业主导，苹果与国产品牌相比已经明显失去优势。

李斌认为，国内智能手机企业的崛起既可归因于感知质量的差距日益缩小，又是因为智能手机在"依赖本地服务、本地软件、本地支持和本地数据"时对用户的服务更好。

根据报道称，尽管特斯拉目前在中国奢侈品市场中占据主导地位，但李斌认为，蔚来和中国其他电动汽车制造商最终会胜出，因为它们"对中国用户有更好的了解，它们可以开发自己的软件来适应中国用户的行为"。

资料来源："中国创造"让外媒感叹：中国年轻人更爱国货[EB/OL].(2018-05-11). https://baijiahao.baidu.com/s?id=1600149047323192864&wfr=spider&for=pc.

问题：

1. 你认为中国年轻消费者喜爱国产品牌的原因是什么？

2. 影响中国年轻消费者态度转变的主要因素是什么？

消费者对商品或服务的态度对其购买决策和购买行为影响较大。了解消费者的态度，使消费者建立和巩固积极、肯定的购买态度，改变其消极、否定的购买态度，在营销工作中有着重要的意义。

第一节 消费者的态度概述

一、态度的概念

（一）态度的定义

态度是一个人对某一对象所持有的评价与反应倾向。态度是建立在人们比较稳定的一整套思想、兴趣和目的基础上的。态度是人的内在心理倾向，但可以通过人们的意见、表情、行为表现来进行推测和判断。

值得注意的是，消费者可以在产品的不同层次上形成自己的态度，从而形成一定的态度层次。具体来讲，消费者可以对特定的产品种类、产品形式、品牌、型号，以及具体的、个别的产品属性形成态度。而且，对于同一个对象（产品或服务），在不同的消费情境下，消费者也可能具有不同的态度，如图 5-1 所示。

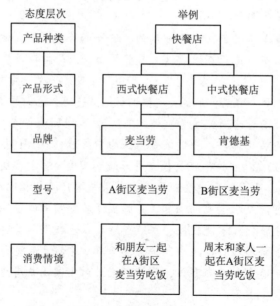

图 5-1　消费者态度的层次

不同层次的态度之间还会存在一定的相互影响。所以，营销人员在试图影响和改变消费者的态度时，仅仅关注某一层次的态度是不够的。有时，消费者先形成较高层次的态度（如对产品种类和形式的态度），然后才形成较低层次的态度（如对特定品牌或型号的态度）；

有时，这个态度形成的顺序可能正好相反。前一种情况多出现在老的产业或市场中，后一种情况则多出现在新兴的产业或市场中。

（二）态度的构成要素

态度由以下 3 种心理因素构成。

（1）认知因素。它是对客观对象的认识和理解。认知因素往往带有评价功能，它是整个态度的基础。决定消费者认知因素的主要是其拥有的知识水平、使用经验，以及信念、信仰、偏见等，并通过感觉、知觉、联想、思维等认识活动来实现。例如，消费者根据自己的专业知识和实际观察，认为某商品有较好的性能；或者根据使用经验，确认其效果不错；或者根据"名牌商品质量可靠"的信念，确认商品有较高的品质。

（2）情感因素。它是在认知因素基础上对客观事物是否满足主观需要的情感体验。它使态度染上感情色彩，如对某商品的喜爱、满意、失望、厌恶等。如果商品或服务能满足消费者的主观需要，就会产生积极的态度；否则，就会产生消极的态度。情感因素表达了消费者对具体对象的好恶，态度的强度也往往是由情感因素所决定的，可见，情感因素是态度的核心。同时，情感因素也是态度要素中较为稳定、较难变化的心理成分。

（3）行为因素。它是对态度对象做出某种行为反应的意向或准备状态。它是行为之前的思想倾向，如购买意向："我愿意买此商品"。如果条件许可，购买意向便会引发动机，导致购买行为。

所以，当我们对一种品牌（或商品）有好的态度时，我们一定对这种品牌（或商品）有一些认识，知道有关这种品牌（或商品）的一些信息，也对这种品牌（或商品）有一个总体的喜欢或好的情感，同时，也有想要拥有它或购买它的意向，如图 5-2 所示。

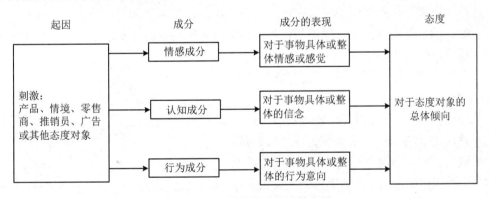

图 5-2　态度的组成成分及其表现

态度的这 3 种成分构成了 ABC 态度模型（ABC model of attitudes），该模型强调了 3 种成分之间的相互关系。消费者对产品和服务的态度是由这 3 种成分互相作用形成的，但并不是有了认知或情感就一定产生行为。而且这 3 种成分出现的先后顺序也不是确定的。情感通常是评价某产品具体属性的结果，但它也可能在认知出现之前产生并影响认知。事实上，一个人可能在没有获得任何有关产品的认知的情况下便喜欢上该种产品。如图 5-3 所示。

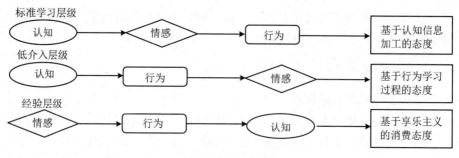

图 5-3　影响层级图

资料来源：所罗门，卢泰宏，杨晓燕. 消费者行为学（第 10 版）[M]. 杨晓燕，郝佳，胡晓红，等译. 北京：中国人民大学出版社，2014: 157.

态度的上述 3 种成分一般是相互协调一致的。例如，一个消费者通过各种信息渠道了解到市场上出售的众多牌号的电冰箱中，A 牌的质量较好，且价格合理，售后服务较为完善（认知成分），自然会对其产生好感和积极的评价（情感成分），假如这位消费者正打算添置一台冰箱的话，他会更愿意选择 A 牌冰箱作为购买对象（行为倾向），反之则相反。但有些时候，态度的认知因素和情感因素也会有矛盾。例如，某人知道抽烟有很多害处，但就是喜欢抽烟，所以仍想买烟来抽。这也说明，当态度的诸因素发生不协调时，情感因素对态度的影响往往超过认知因素，而行为倾向也往往以情感因素的趋向为转移。

❓　**思考一下**：在你所看到的广告中，哪些广告内容试图改变以下态度成分：① 情感成分；② 认知成分；③ 行为成分。

从逻辑上来说，态度似乎应该在行为之前。由此，营销者期望消费者先形成对某品牌的好态度，然后靠态度推动产生购买行为。许多广告的投放就是基于这一点。但实际上有时正好相反，即使用体验在前、态度在后。可见，态度和行为是互动关系，而不一定是因果关系（见图 5-4）。

从态度和行为的关系上看，态度对行为的影响也不是决定性的。有时，营销者为了争取销量，可能采取与其内心态度不一致的行为。例如，"酒桌文化"貌似热情大方，实则更多是利益关系驱使下的虚情假意；特价促销可能会诱发消费者去购买一个不太喜欢的品牌。可见，态度只是一种行为意向，态度和实际行为之间并没有绝对的一致性，原因是态度与行为之间还有很多中介因素起作用。

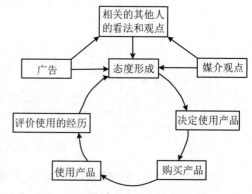

图 5-4　态度与行为的循环圈

（三）态度的强度

一般认为，态度的强度和其对产品的卷入有关。态度在强度上，也常因情境的变换而有所不同。但从态度的形成或变化过程上看，可以大致将态度的强度从弱到强分为服从、同化和内化 3 个层次。

（1）服从

或称为顺从，是一种低强度的态度状态，它来源于从外界取得报酬或避免惩罚。例如，人们为了获得物质利益、金钱、他人尊重、承认、赞许或为了避免惩罚而采取服从的态度。这种态度是受外因驱动的、表面的、一时的、局部的、即景的、不牢固的。当诱因失去时，态度便不容易维持。

（2）同化

或称为认同，是个体从感情上自愿接受他人或群体的观点、信念、行为，并使自己与别人或群体的要求一致。同化能否顺利实现，他人或群体的影响力非常重要。例如，广告利用榜样的示范来促使消费者产生模仿和认同。如果周围的小朋友都使用小天才智能手表，有了它就容易与其他小朋友进行网上社交或游戏，否则很难融入群体，会被其他小朋友认为落伍。小天才智能手表被认为是小朋友的必备物品，这时他们对于小天才智能手表的态度已经达到认同的层次。

（3）内化

这是指个体已把情感认同的态度纳入自己的价值体系，成为自己态度体系中的有机组成部分。其特征是比较稳固、持久、不易改变。例如，一些发烧友对商品的积极态度已经内化为其自身的一部分。

二、消费者态度改变的途径

态度的形成与改变是两个密切相关的范畴。当个体对某一事物事先就持有某种态度时，一种新态度的形成就只不过是原有态度的改变。一种态度形成后就具有持续性，但也不是一成不变的，它可以在外部条件的影响下发生变化。消费者态度的形成受多种主客观因素影响，相应地，这些因素的变化也会影响其态度的变化。当然，改变消费者的态度远比形成态度复杂和困难。图 5-5 显示的是口碑信息对态度改变的作用。

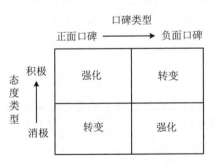

图 5-5　口碑对态度的作用

态度的 3 个组成成分往往倾向于一致，这意味着某个成分的变化将导致其他成分的相应变化，消费者态度改变也可以从以下 3 个方面进行。

（一）改变情感成分

消费者购买某一产品，往往并不一定都是从认识上先了解它的功能特性，而是从感情上对它有好感，看着它顺眼，有愉快的体验。营销者通常使用 3 种基本方法增强消费者对产品的好感：激发产品或广告的情感意义、更多接触以及经典性条件反射。

1. 增强产品或广告的情感意义

消费者态度中含有情感性的成分，可以使用感情营销和情感诉求方式来唤起消费者情感上的共鸣，从而影响消费者的态度。同时，消费者对一则广告（如幽默广告、情感广告）的喜爱也可能导致对产品的喜爱倾向。例如，日本的一家儿童鞋厂设计了一句非常著名的广告词——"像母亲的手一样温柔的儿童鞋"，这使得消费者产生这样一种感觉——买回来的鞋子就像母亲本人对孩子一样温柔，结果受到了许多母亲的喜爱。

2. 更多接触

尽管存在争议，但有证据表明，更多接触也能导致情感的产生。也就是说，向某人不断地大量展示某品牌，也能使他对该品牌产生更积极的态度。因此，对于那些卷入程度低的产品，可以通过广告的反复播放增加消费者对品牌的喜爱，而不必改变消费者最初的认知结构。

3. 经典性条件反射

经典性条件反射是指将消费者喜欢的东西和产品的品牌放在一起展示，多次反复后让消费者的情感转移到该品牌上来。例如，万宝路香烟广告中，一位西部牛仔骑着骏马在广阔的草原上奔驰，其男子汉形象能够激发男性消费者对万宝路香烟的正面情感，从而认为抽万宝路香烟更有男人味。有的广告将受众喜爱的某种刺激（如音乐、喜爱的图画、明星人物等）不断地与品牌名称同时播放。一段时间后，与该音乐相联系的正面情感就会转移到品牌上。比如，"南方黑芝麻糊"温情的画面和声声叫卖，会使人油然而生一种"抹不去的回忆"，消费者一想到"南方黑芝麻糊"，脑海里就会浮现出那"一缕浓香，一缕温情"。

（二）改变认知成分

消费者对产品的认知（信念）要比情感因素更容易转变。影响认知可以改变情感和行为；改变认知也可能直接导致购买行为，进而导致对所购产品的喜爱。研究表明：消费者在高卷入（参与）的情况下，信念变化要先于品牌态度的变化。消费者的态度转变往往是在接受了一定信息和意见的情况下，经过判断后发生的。改变认知成分也是改变态度的一个常用和有效的方法。但是，对于感性产品（享受性产品），情感转变比信念转变更重要。当消费者基于情感购买某一产品时，他们依靠的是情感（态度）而不是认知（信念）。

改变认知成分可以通过改变信念、改变消费者对产品属性认知的权重和理想点以及增加对产品的新的信念等途径来进行。

1. 改变属性信念

该策略是改变对于品牌或产品一个或多个属性的信念，进行"心理再定位"。例如，许多消费者认为新能源汽车没有传统能源汽车好，就应当设计大量广告以改变这种信念。一些公司在推出新的产品属性时，也十分注重转变消费者的信念。例如，雀巢公司使消费者确信大的黑色颗粒同口感更好的速溶咖啡相联系；宝洁公司使消费者深信蓝色清洁剂的洗涤效果比白色的更好。

利用概念营销是传递信念主张的有效方式。例如，乐百氏对饮用水提出信念主张：喝"每一滴都经过27层过滤"的纯净水。但养生堂则提出喝天然水的信念主张，认为喝"从可直接饮用的一级水体70米深处提取的天然水"最符合人体的要求。而"脏的水就像一件脏了的白衬衣，再怎么洗也是脏的"，以此来引导消费者接受天然水的信念主张。

除了增强积极信念，也可以降低已存在的消极信念的强度。例如，黄油和蛋黄等食品的属性曾获得很积极的评价，因为它给食品以丰富和令人满意的味道。但 20 世纪 90 年代后，黄油和蛋黄成为心血管疾病的罪魁祸首，消费者普遍持有负面和消极的看法。克拉夫公司推出它的无脂色拉佐料（蛋白奶油）和蛋黄酱产品系列，重点打消消费者对高脂、高胆固醇食品的顾虑和消极态度，打开了市场。

2. 改变属性权重

该策略是调整消费者对商品各属性相对重要性的认识。对同一产品来说，消费者会认为产品的某些属性比其他一些属性更重要，因而他可能对各属性赋予不同的"权重"。营销者常常说服消费者相信自己产品中的相对优势属性是该类产品最重要的属性。例如，格兰仕设计了一款圆形微波炉，它只能放在橱柜的桌面上而不是吊柜中，于是就在其广告中大力强调其美观大方、使用安全且方便的一面，尤其能让女性和身材矮小的消费者感到这些特性在生活中的重要性。

消费者对某些产品的评价不会太高，或竞争不过对手，但这并不意味产品的各种特性都不行。在许多场合下，评价不高的产品在个别特性上却具有胜于对手的优势。问题是消费者对此特性认为无关紧要。因此，重要的一个策略是去改变消费者心目中的这一不重要的信念。例如，选择空调机的标准除了降温速度、降温程度及耗电量等指标，还有噪声这个较少被采用的指标，但它却是造成许多人买了空调机后使用体验不佳的原因。

3. 增加新信念

该策略是在消费者的认知结构中添加新的信念，或者唤起消费者对被忽略属性的重视。如百威啤酒在促销中强调口感新鲜是好啤酒的一个重要衡量指标。

4. 改变对竞争产品（品牌）的信念

为了在竞争中确立某个品牌的地位，一种策略就是改变对竞争产品的知觉。例如，当不少企业都以"售后服务好，维修网点多"为荣时，某企业却以"没有服务才是最好的服务"为诉求点，彰显其追求产品零缺陷的价值理念。因为售后服务固然重要，但它是在产品有质量问题的前提下，可是又有谁希望自己买的东西出现质量问题呢？谁不希望自己买的东西质量好，没有后顾之忧呢？

5. 改变理想点

最后一种改变认知成分的策略是改变消费者对于属性理想标准的认识或旧的消费观念。例如，以前总认为良药苦口，药如果不苦则效果一定不好。厂商可以强调这个评审药品的原则已经落伍。虽然味道还是主要选择标准之一，但是现在的药必须不苦才真正是好药。厂商对这些信息的阐明及强调可以帮助消费者做出明智的购买决定。

（三）改变行为成分

购买或消费行为可以先于认知和情感的发展，也可以以与认知和情感相对立的形式发生。例如，一个消费者可能不喜欢健怡饮料的口味，且认为其中所含的人工甜料不利于健康，但是，当朋友递给他一杯健怡饮料时，为了不显得失礼，他还是接受了它，喝完后感觉口味还不错，从而改变了以前的认知。证据显示，试用产品后所形成的态度会更持久、更强烈。

行为能直接导致情感或认知的形成。消费者经常在事先没有认知和情感的情况下尝试购买和使用一些低价的新品牌或新型号的产品。这种购买行为既是为了满足诸如饥饿的需要，也是为了获得"我是否喜欢这个品牌"的信息。

在改变情感或认知之前改变行为，主要是以操作性条件反射理论为基础的。因此，营销的关键任务是促使消费者试用或购买企业产品，并确保消费者的购买和消费是物有所值的。优惠券、免费试用、购物现场展示、搭售以及降价都是引导消费者试用产品的常用技巧。试用行为常常有效导致消费者对于所试产品或品牌的积极态度，而没有试用经验就形成的态度可能是虚弱易变的。在20世纪初，当百事可乐还是一个新兴品牌时，百事可乐在购物中心和旅游胜地支起小摊，提供路人在双盲的味觉品尝中比较百事可乐和可口可乐的机会。人们经常会很奇怪地发现他们实际上更喜欢百事可乐。

第二节 营销说服理论

一、低认知卷入说服理论

低认知卷入说服模式强调情感迁移以及其他非认知因素的作用，忽视消费者信息加工的主观能动作用。

（一）强化理论

强化理论是起源于行为主义心理学的理论。行为主义心理学认为人的大脑是一个黑箱，没有必要去推测人的内部心理过程和状态（如态度），重点是根据"刺激-反应"的关系去预测和控制人的行为。而人的行为是趋利避害的，当这种行为的后果对他有利时，这种行为就可能重复出现，行为的频率就会增加；不利时，这种行为就减弱或消失。因此可以利用这种"强化"作用来对人的行为施加影响，凡是能影响行为或反应频率发生变化的刺激物均可称为强化物。

强化理论认为，当一个人面对的说服性传播所持的态度与自己已有的态度不同时，是否接受新的态度，依赖于这一传播所提供的诱因。如果传播中所提供的诱因能使人们感到满意，那么人们就倾向于改变自己已有的态度，接受新的态度；反之，人们就可能拒绝态度改变。根据这一观点，营销活动的说服作用主要取决于营销活动是否提供奖酬或承诺，以及这些奖酬或承诺的大小。在营销活动中，赠送样品、免费品尝、产品试用、"30天试用，无效退款"等都是这种理论的应用。

如果你想改变消费者在某个特定情境下的行为概率，可以利用消费者的4种心理：追求心理、规避心理、失去心理、恐惧心理。图5-6所示为提高消费者对健身

图5-6　强化对健身房的积极态度

房积极态度的 4 种宣传方式。

（二）暴露理论

暴露理论又称为多看效应、纯粹曝光（接触）效应等，它是一种心理现象，指的是我们会偏好自己熟悉的事物。正如俗语所说"越看越好看、越听越顺耳"。

著名心理学家 Zajonc 认为，只要营销活动暴露让消费者接触到，就足以使消费者对新异物体产生积极的态度。Zajonc 用一系列的实验研究证实：简单地因为接触，就会导致偏好的产生，甚至在人们还没有对接触的信息进行认知、加工时也是如此。在商标、食物以及诗歌、歌曲的研究中也发现，人们更喜欢比较熟悉的东西。例如，心理学家 Obermiller 曾随机选用一些音乐旋律进行研究，发现比起没有听过的旋律，被试者更喜欢以前听过的旋律。

可见，广告或产品接触会产生熟悉感，熟悉也容易引起喜欢。对于快消品等低卷入的产品，厂商倾向于采用密集型的广告投放，目的是让消费者可以通过各种媒介多次接触同一个广告信息，由于消费者对快消品的广告信息往往是浅加工，因此暴露次数的增加能够提升消费者印象、评价并激发其购买行为。消费者可能觉得"找工作和老板谈"和"你爱我，我爱你，蜜雪冰城甜蜜蜜"等广告语很烦，但当在需求场景的时候却很容易就想到他们。相反，对于高卷入的商品，消费者会综合考虑并对比各种品牌、价格、信誉等因素，这时候单纯的曝光并不能直接带来销量。

与暴露理论相似，广告心理效应中的"闪光灯"理论认为，有时仅仅一次接触，特色鲜明的营销刺激就能产生很强的作用。对于一些有创意的广告，消费者往往只见到一次，就会有深刻的印象。

按照 Zajonc 的观点，营销活动宣传只要让消费者"见到或听到产品"就行了，至于营销活动说什么、怎么说，都是次要的。无论如何，这一理论观点是很难让人接受的，不过它也给我们一个启示：营销活动一定要做，至少要让人"见到或听到"你的产品。

在网络信息时代，只有曝光度而无体验感和良好口碑的产品，现在很难被消费者认可，其销售转化率将更多地受网络口碑的制约。例如，从铂爵旅拍的百度搜索指数上看，洗脑式广告确实在短期内大大提高了搜索热度，但广告一停就立即打回了原形。一定程度上讲，洗脑式广告是以牺牲品牌美誉度为代价来实现知名度提升的，其转化率不具有持续性。在信息与网购时代，即使不打广告且地处偏远地方的产品，也可能因"酒香不怕巷子深"而热销。例如，一个偏僻的山区小店在"好评网"上受到追捧，因为它有野味可餐。当然，在传统购买模式下，对于那些卷入程度低的产品，消费者多次与广告接触，可以增加他们对目标品牌名称的熟悉感，甚至提高好感度。

为什么有些流量
无法带来销量

（三）低卷入学习模式

低卷入学习模式最早是由 Krugman 提出来的。Krugman 在观察中发现，大多数电视广告的产品是低卷入类型的，消费者对电视广告的认知反应比较少。在极端低卷入的情况下，人的知觉防御很低，甚至不存在，这时，广告对消费者态度的影响是"潜移默化"的。

在低卷入信息处理方式下，消费者很少对广告信息进行解释，或者从广告中推出结论，但会发生不易察觉的知觉结构变化和情感迁移，会记住广告中的显著信息或重复信息，并将其作为品牌联想，而品牌联想会影响消费者直觉的品牌选择。

（四）归类评价理论

1. 产品归类

归类评价理论认为，人们经常会把接触到的事物分门别类，并且在评价一种新的物体时，总是先把新物体归入某一类别，如高档、低档，名牌、非名牌，化妆品、日用清洁品，奢侈品、大众商品等。然后，从记忆提取出对该类别已有的态度，并把这种态度强加在这个新归类的产品上。

例如，把洁面用品归为化妆品还是日用品，会使消费者对其品质与价格产生不同的认知；Zippo 打火机将其归类为礼品（如"送给男朋友的礼物"），从而避开了与其他打火机做竞争对比，再加以礼品包装就可以卖出比一般打火机更高的价格；Hey juice 蔬菜果汁一瓶售价 30 多元，但它把产品归类为减肥代餐的健康果汁，就不再是普通的蔬菜果汁了；在美国，褪黑素作为一种保健品进行售卖，能够调节免疫、改善睡眠、延缓衰老，而中国一家企业把它命名为"脑白金"，包装成"高大上"的"孝心礼品"，价格则翻了 56 倍。又如，药店经销的商品，有的是药品（还可分为处方药和非处方药），有的是保健品（还可分为有蓝帽子的卫食健字号和没有蓝帽子的国食健字号），显然，消费者对不同类型产品的功能会有不同的理解。有的旅游者由于不熟悉国外药品与保健品的标识，为了治疗顽症，结果买到的却是并没有实际治疗效果的保健食品。

根据这一理论，广告等营销活动的效果主要看消费者如何将产品归类。营销活动的作用则在于促使消费者恰当地将产品归类，归于有积极态度的类别之中。有些产品广告有意地运用成功人士作为产品介绍人，试图让受众把产品归类为成功人士专业品，从而提高产品的品质形象。例如，某策划大师将"E 人 E 本"定义为商界人士的标配，广告词是"E 人 E 本，领导者"；后来又以"成功人士"定义 8848 手机，并以攀登过珠峰的企业家王石作为产品代言人，但这些所谓"土豪产品"的质量却差强人意。

另外，产品归类的范围大小也会对消费者心理与行为产生影响。海底捞很少宣传它是四川火锅，王老吉也并不强调它是来自广东的凉茶。因为它们本来就是品类中的领导者，如果再强调自己是"正宗"或"特产"，那言外之意就是：除了我们，市场上还有很多其他品牌（如潮汕火锅、港式火锅等），相当于在消费者心智中放弃了领先者的地位。对于王老吉而言，"怕上火"是比"广东特产"联想频率更高的（功能性）诱因，而且"广东凉茶"本身也不是一个强有力的卖点。当然，对于非常强调特定文化属性的品牌、规模小的特色品牌、只能由某个地区生产的产品、景区售卖产品，则可以用地区归类作为产品的诱因，强调其"正宗"和"特产"的概念，如茅台酒、龙井茶等。

"土特产"难成大品牌

2. 品类划分

Ries（2010）在消费者分类思想的基础上提出品类的概念，指出消费者的行为特征是"以品类来思考，以品牌来表达"。例如，消费者买车时，基于"通勤代步"或者"喜欢旅游"的需求为出发点，会首先对应到"经济型轿车"或者"SUV"的特定品类之下，其次才是对具体品牌的考量。又如，消费者期望购买饮料的时候，首先是在茶、纯净水、可乐等不同品类中选择，如选定可乐，之后所表达出的是代表该品类的品牌，如选择可口可乐。因此，营销的竞争与其说是品牌之争，不如说是品类之争。

根据 Ries 的定位理论，差异化竞争的最好体现方式是品类，而不是品牌。这一点对于那些初创品牌尤为关键。可口可乐是在啤酒、汽水、橙汁、柠檬汁等软饮料的市场下，开创了一个叫可乐的新品类，红牛则开创了一个叫能量饮料的新品类，这些品类的开创者都成为该品类最大的市场受益者。阿里的社交产品来往 App 无法与微信竞争而淘汰，后来阿里做了差异化，将微信定位为生活社交 App，将钉钉定位为工作 App，成功地从社交领域切入移动办公的细分领域。2020 年新型冠状病毒肺炎疫情发生后，超过 1000 万企业使用钉钉办公。而腾讯推出企业微信 App 与钉钉竞争，也许会重蹈来往 App 的覆辙。

在网络时代，许多走红的新品牌从细分品类切入市场，并以足够的差异化来支持甚至独立形成新品类。如王饱饱麦片、小仙炖、王小卤、三顿半、完美日记、开山白酒、拉面说……同时，品类还可以延伸，从而实现产品系列化。比如，鲍师傅核心拳头产品是肉松与芝士，以肉松小贝撬开市场，然后在小贝的纵向口味延伸，扩展横向品类，研发了蛋黄酥、凤梨酥、提子酥等一系列现制产品。

但是，如果品类的市场潜力不大或正在萎缩，企业就应当对品牌进行重新定位，归类到相近的有潜力的品类中。比如，王老吉之前受限于中药品类，后来将其归类到有巨大市场潜力的饮料品类中，成为凉茶饮料的品类王者。东阿阿胶之前只是"补血"类的产品，后来归类为和燕窝、人参一样的滋补品类后，市场潜力就大不一样了。

 **案例链接**　　　　　　元气森林、钟薛高的品类定位

网红品牌元气森林、钟薛高在两三年时间就迅速使市场占有率高居相似产品前列，而传统品牌可能 5～10 年都做不到。元气森林与钟薛高都是快消品牌，属于冷饮品类，其成功具有一定的相似性。从品类定位上看，它们都是通过精准地切入细分市场，创造了蓝海市场。

在竞争日益激烈的今天，大品类市场的主要占有率被头部品牌牢牢占据，难以撼动。比如，饮用水中的农夫山泉和怡宝，可乐中的可口可乐和百事可乐，牛奶中的蒙牛和伊利等。新的品牌直接侵入这些大品类往往费力不讨好。

而新的品牌往往从大的品类中找一个大品牌还没有涉足的细分市场，创造一个消费蓝海。比如，海之言定位于清淡型功能饮料，主打加入地中海海盐，味道清淡不过甜，又能补充盐分，因此在果味饮料中生造了一个细分市场，巅峰时的年销售额超过 20 亿元。

元气森林和钟薛高同样在各自的品类中开辟了属于自己的蓝海市场。元气森林从大的品类来讲属于汽水，这个品类竞争非常激烈，基本没有品牌能跟可口可乐和百事可乐两家饮品抗衡。在汽水这个大品类中，元气森林同时切入了气泡水和无糖汽水两个相对细分的品类。气泡水市场上产品不少，无糖汽水产品同样不少，但兼具二者特性的无糖气泡水，市场上的竞品就不多了，因此元气森林切入了这个细分的蓝海市场。

钟薛高所在的雪糕品类中，高端市场被哈根达斯、和路雪等品牌把持，大众市场被蒙牛、伊利占据，直接进入这个市场难以占据优势。钟薛高的定位是健康雪糕，低糖、低脂

是其特点，这与元气森林的无糖有异曲同工之妙。其次，与大部分即买即食的雪糕不同，钟薛高开始切入的是家庭仓储式消费市场。以前大部分消费者消费雪糕的方式是在线下即买即食。但电商和冷链物流的发展促进了在线消费、家庭食用的场景，同时随着雪糕工艺的改良和冬季室温的可控性，雪糕的季节属性也慢慢淡化。线上购买，在家吃雪糕成了一个新的雪糕消费趋势和场景，在这里钟薛高创造了家庭仓储式低糖雪糕的细分蓝海市场。

在消费人群定位上，钟薛高和元气森林都定位年轻人群。年轻群体喜欢尝试新事物，关注低糖、健康食品，这就与二者切入无糖/低糖、无添加、健康的理念非常相符。另外，元气森林采用日式风格设计，钟薛高采用纯中式风格设计，都自带年轻人喜欢的高颜值及文化属性。元气森林和钟薛高在进入一个大的品类市场时，都针对年轻人的需求，从中选择了一个细分市场，这使得它们避开激烈竞争，迅速占据一席之地。

资料来源：解析网红品牌元气森林、钟薛高们的走红路径[EB/OL]. (2020-07-09). http://www.woshipm.com/marketing/4076088.html.

3. 品牌归类

归类评价理论也适用于品牌，而不仅仅是品类。知名品牌常用的品牌延伸策略就是希望消费者能将过去对原有品牌的良好印象延伸至具有类似属性的新产品上。这种策略尤其适用于驰名商标的相似品类的系列产品，而且，企业名称也常常与名牌商标名称相统一。例如，3M 公司拥有上万款 3M 牌的产品，包括口罩、透明胶、便利贴、净水器、耳塞、防毒面具、护目镜、创可贴等，其中不少还是品类领导者。宝洁公司的产品广告以前只注重塑造单个品牌的形象，许多消费者不知道飘柔、潘婷、海飞丝、舒肤佳是姐妹关系，也不知它们都是宝洁公司的产品。后来在各种品牌的广告结尾一般都加上一句"宝洁公司，优质产品"，将品牌与企业联系起来，以此促进人们对各品牌产品的认同。

同一名牌以系列产品的方式出现，其中有高档、中档和低档，还可以满足经济能力有限的消费者追求名牌的愿望。但是，品牌在垂直延伸过程中如由高端向低端市场延伸，会影响品牌高端形象，从而失去高端市场。例如，派克笔曾经向低端市场延伸，险些丧失其高端品牌形象。

另外，品牌延伸要注意保持与原有产品属性的相关性或一致性，避免消费者产生不良联想或排斥心理。如金嗓子喉宝把品牌延伸到带有明显休闲性质的草本植物饮料领域，就没有取得成功，因为它忽略了顾客心目中对金嗓子品牌是"药品品牌"的认知。999 胃泰延伸到冰啤酒、活力 28 洗衣粉延伸到纯净水等都是如此。"希望"火腿肠容易让人联想起猪饲料，后来改成"美好"火腿肠，就重新得到了消费者的认可。

品牌延伸还可能造成品牌淡化效应，使品牌价值受损，这就像已习惯于"金利来——男人的世界"的消费者，不能接受金利来女装或女用皮包出现一样。皮尔·卡丹品牌曾是社会上层人物身份和体面的象征。为了吸引更多的消费者，皮尔·卡丹品牌延伸到日常生活用品上，从家具到灯具，从钢笔到拖鞋，甚至包括廉价的厨巾。其后果是皮尔·卡丹品牌在大多数市场上丧失了高档名牌的形象，也丢掉了追求独特风格的品牌忠诚者。

更重要的是，品牌还应当确立自己在品类中的地位，使品牌成为品类的主导品牌、创新品牌。例如，"阿芙就是精油""瓜子二手车直卖网成交量遥遥领先""爱玛——中国电动车领导者"等广告就是企图主导品类，而格力空调、海天酱油、茅台酒、蓝月亮、哈弗 SUV、九阳豆浆机、公牛插座、南孚电池、史丹利复合肥、滴滴打车等都是最容易引起消费者品类联想的领导品牌。如果品类领导者已名花有主，其他品牌就应当对品类进行再细分。比如，海飞丝是去屑洗发水品类领导者，那么清扬就开创男士去屑品类；淘宝、京东是电商行业霸王，唯品会就做全球特卖细分领域的佼佼者，小红书就专注海外购物这一品类。

又如，在豪华车品类中，奔驰代表豪华、奥迪代表科技、宝马代表驾趣、雷克萨斯代表匠心、沃尔沃代表安全、凯迪拉克代表美式风范等。但是，如果某一品牌试图成为多品类的领导者往往不会成功。当然，最好的结果是品牌代表品类。例如，杜邦特氟龙本来是杜邦公司注册的一个品牌，但是现在消费者认为特氟龙是一种不粘材料。同样，莱卡本来也是杜邦公司注册的一个品牌名称，现在却被消费者认为是一种面料，即一个品类的名称。

领导者定位实
战的五大误区

（五）平衡理论

平衡理论类似于生活当中所说的"敌人的敌人就是我的朋友"和"朋友的朋友也是我的朋友"。心理学家 Heider 提出了改变态度的"平衡理论"，又被称为"P-O-X 理论"：P 代表认知主体，O 代表与 P 发生联系的另一个人，X 则代表 P 与 O 发生联系的一个任意对象。一旦人们在认知上有了不平衡和不和谐性（即"P-O-X"之间不平衡），就会在心理上产生紧张和焦虑，从而促使他们的认知结构向平衡和谐的方向发展。营销者可以利用这种三角关系来影响消费者对事物或对营销者的态度。例如，雷军在刚刚推出小米手机时，就披露了手机行业很多信息不对称、价格不公平等内幕，把自己放了这些负面内幕的对立面，从而获得了消费者的认同，赢得了好感。如图 5-7 所示（三角形三边符号相乘为正时，则三角关系是平衡的）。

图 5-7 雷军构建的平衡理论三角关系

但 Heider 十分重视人际关系（即"P-O"）对态度的影响力，当出现认知不协调时，人们通常不会改变 P、O 之间的情感关系，而是改变对认知对象 X 的评价或态度，从而使认知结构恢复平衡。可见，当消费者对营销方持肯定态度时，消费者对营销方持赞成态度的商品也会倾向于持肯定态度。如果消费者对产品持否定态度，而受他们喜欢的营销方对产品的态度是肯定的，就会出现认知不平衡或不一致，消费者会产生认知紧张。在这种情况下，消费者消除认知紧张的方法有 3 种：第一，降低对营销方的积极评价；第二，假设自己已不是真正讨厌产品；第三，改变自己对产品已有的消极评价。其中，后两种方法对营销活动宣传是有利的。

从实践的角度来看，平衡理论的核心就是要利用信息源影响消费者。这一理论可以解释现代营销活动及其广告中存在大量明星代言人的现象，它同时说明，营销者在代言人的使用上一定要慎重，尽量选用有威望、受人们尊敬和喜爱的人物。如果代言人出现影响巨大的负面舆情（如吸毒或行为放荡）时，应当坚决与之解除合作关系。

案例链接　　　　你直播了吗？——全民秀场的狂欢

21岁的小赵是一名大三学生，在准备出国留学的闲暇时间里，她加入了直播的队伍。小赵长相甜美、上镜、身材修长挺拔。她的才艺是舞蹈，曾经获得过北京市中学生的舞蹈比赛名次，但是她直播的内容却是吃饭、与关注她的网友聊天。2017年，她的粉丝数已经超过10万。

2016年1月，Facebook正式开通了直播功能，推出相关iSO应用，此后一年里，用户观看视频直播的平均时长是其他类型视频的3倍。扎克伯格说，直播开启了视频的新黄金时代。

越来越多的人被"全民直播"的概念所吸引，他们拿起手机，开始直播各种各样的内容：美食、旅游、学习、游戏、真人秀场……后期，财经、心理、科普等专业人士也纷纷加入直播队伍。直播变成了一场全民娱乐的盛筵！

喜欢观看直播的人以年轻群体为主。25岁及以下的用户观看游戏直播和真人秀场的比例高于体育直播，而体育直播的受众与这两类相比明显更成熟。电商企业也在做自己的直播内容，淘宝公布的数据显示，超过40%的消费者会在观看直播的过程中访问相关店铺。2016年天猫"双十一"期间，张大奕和雪梨两位电商网红单日销售额过亿，成绩斐然。

起初，虎牙、一直播、陌陌、斗鱼、花椒是行业第一梯队。后来，抖音、快手几乎以"碾压式的胜利"压倒了先行者。

像小赵这样的业余主播占大多数，全职的主播有30%会选择与直播平台或第三方经纪公司签约，希望得到专业化的包装化身网红。不过，真正走到最前端的主播仍然是少数，MC天佑一曲《一人我饮酒醉》以喊麦（一种对着麦克风吼的说唱）的形式吼出了4114万元的身价，在直播主播收入排行榜上名列第二，热度榜第一。而其他小主播的日子就没有那么好过了，像小赵这样的主播已经考虑放弃直播了，因为她发现想让自己变得更受欢迎实在太难了，这需要投入太多的时间和精力，而她目前迫切需要的是得到心仪的伦敦政治经济学院的offer（录取通知书），这才是她人生开启新篇章的敲门砖。

资料来源：赵冰. 消费心理与行为学[M]. 北京：中国人民大学出版社，2018.

（六）认知失调理论

美国心理学家Festinger提出了认知失调理论来解释态度与行为之间的联系。认知失调指个体感受到的两个或多个态度之间或行为与态度之间的不和谐，而任何形式的不一致都是令人不舒服的，个体会力图减少这种不协调和不舒服。

这一理论侧重于态度结构中的认知成分上，即由于认知上的不一致而导致态度的改变。解除不协调的方式有改变认知、增加新的认知、改变认知的相对重要性、改变行为等方法，以力图重新恢复平衡。

在营销沟通中，可以运用这一理论来进行消费者说服活动。

1）减少或改变不协调的认知成分

该策略是改变对于品牌或产品一个或多个属性的认知，进行"心理再定位"，从而使认知成分之间趋于协调。例如，宝洁公司使消费者深信蓝色清洁剂的洗涤效果比白色的更好；

认知失调理论的经典实验

小米智能家居是无线的，是免安装、即放即用的，而不是消费者所认为的拆墙布线、重新装修那么麻烦。

2）增加协调的新认知成分

在消费者的认知结构中添加新的认知成分，或者唤起消费者对被忽略属性的重视。例如，如果消费者觉得百威啤酒口感还不够淳厚，那么百威啤酒在促销中则可以强调口感清新也是好啤酒的一个重要衡量指标。

3）强调某一种认知成分的重要性

消费者对某些产品的评价不会太高，或竞争不过对手，这一般并不意味产品的各种特性都不行。在许多场合下，评价不高的产品在某方面却具有胜于对手的特性。问题是消费者对此特性认为无关紧要。例如，选择空调机的标准除了降温速度、降温程度及耗电量等指标，还有噪声情况，这个很少有人采用的选择指标，却经常是造成许多人购买了空调机后使用体验不佳的原因。因此，营销者常常说服消费者相信自己的产品中相对较强的属性是该类产品很重要的属性。例如，某家电厂商设计了一款圆形微波炉，它只能放在橱柜的桌面上而不是吊柜中，有的消费者觉得会使厨房更拥挤，该公司就在广告中大力强调其美观大方、使用安全方便的优势属性，尤其能让女性和身材矮小的消费者感到这些特性在生活中的重要性。

给消费者一个理由，让他们花钱心安理得

国外有人做了一个有趣的实验，研究者制作了几个马桶形状的容器，里面倒上可乐、橙汁等饮料。他们再三强调，这个马桶是定制的、绝对干净的，但是还是没有被试者愿意端起"马桶"喝一口果汁。当然，也有一些营销者把认知失调作为一种可控的营销战略，从而使人们对产品产生一种新奇的感受。尤其是跨界产品，如马应龙口红、老干妈卫衣、火锅味牙膏、泸州老窖酒心雪糕、白酒味香水、辣条香水、福临门卸妆油，还有如"让你肚子里更有墨水"的鸡尾酒、六神和 RIO "合体"出的花露水味鸡尾酒等。这些产品引起了广泛注意，受到了年轻人的喜爱，但更重要的则是要做好产品品质以及品牌内涵的升级。又如，老乡鸡董事长束从轩乡村味十足的"老乡鸡战略小会"在搞笑的氛围中获得了网友的刷屏，正所谓"土到极致就是潮"。

老乡鸡召开2020战略大会

二、精细加工可能性模型

精细加工可能性模型（elaboration likelihood model，ELM）是由心理学家理查德·E.派蒂（Richard E. Petty）和约翰·T.卡乔鲍（John T. Cacioppo）提出的，被认为是多年来影响最大的说服理论。

ELM 认为，不同的说服路径效果依赖于对传播信息做精细加工可能性的高低。当精细加工的可能性高时，说服的中枢路径特别有效；而当这种可能性低时，则边缘的路径有效。借用广告界的名言"不要卖牛排，要卖吱吱声"来说明，高卷入的消费者会寻找"牛排"（有力、理性的观点），而低卷入的消费者更易受"吱吱声"（边缘路径）的影响。

（一）信息加工与说服路径

由于消费者对外界信息的精细加工可能性不同，相应地会选择中枢路径或边缘路径两种不同的信息处理方式，而营销沟通也要适应消费者的信息加工特点，采取相应的传播说服方式。

（1）中枢路径。当消费者选择中枢路径时，消费者会认真考虑和整合广告中商品信息的结果，即消费者进行精细的信息加工，综合多方面的信息与证据，分析、判断广告中商品的质量与性能，然后形成一定的态度。其显著的特点是它需要高水平的动机和能力去加工信息的核心成分，即当人们试图形成一个有效态度时，用中枢路径加工的人将会投入较多的精力，更深入地考虑说服信息。因此，这一过程消费者需要有较多的认知资源。在这种高卷入情境下，广告传播应提供更具体、更具有逻辑性和事实性的信息。

（2）边缘路径。当消费者选择边缘路径时，消费者往往不会认真研究广告中所强调的商品本身的性能，无须进行逻辑推理，而是根据广告中的一些边缘线索得出结论来形成态度（低精细化）。所谓边缘线索，是指广告情境以及一些次要的品牌特征，如信源的特点、背景音乐、图片吸引力、色彩、代言人、产品外观等。如果边缘线索存在，受众就会发生暂时的态度改变；如果边缘线索不存在，受众就保持或重新获得原来的态度。例如，Tom和 Eves 研究发现，那些有背景颜色的广告比没有颜色的广告，在回忆和说服测量上的指标都要高一些。

中枢路径和边缘路径至少在 3 个方面是不同的：① 这两个路径加工信息类型不同；② 中枢路径信息加工的认知作用比边缘路径中的高；③ 引发的态度变化的路径和稳定性不同。通过中枢路径的态度变化主要是通过认知和信念因素的改变，是基于详细而全面的考虑得到的，因而其形成的态度更强烈、更稳定持久、更不易被说服，在记忆中更容易被提取，能更好地预测行为。而边缘路径受情感因素的影响较多，缺乏对信息周密的考虑，态度变化是短暂的，行为因素的改变也并不完全来自态度。如图 5-8 所示。

在中枢路径下，理性的认知要素传播容易使消费者态度发生改变，此时广告对消费者的说服能力主要取决于广告信息的质量，例如，是否提出了消费者关注的品牌特性，广告信息内容是否可信和有冲击力等。相反，在边缘路径下，消费者通常不对信息内容进行深入思考和评价，此时应将重点放在信息传播的形式而不是信息的内容上，如利用名人作为代言人，采用视觉化、符号化或情感要素的广告表现形式。通过有限的信息，使消费者迅速地知悉该产品的关键属性。如果消费者对边缘线索的评价是肯定的，如广告代言人有吸引力，那么广告就能激发消费者的积极情感，使消费者更容易接受广告信息。

通常来说，知名品牌利用的是边缘路径，通过品牌信用，帮助消费者节省决策成本。消费者只要基于品牌知名度，就可以快速做出大概率正确的选择。这意味着消费者在购买大品牌时卷入度非常低，无须过多的思考比较，仅凭需求和品牌记忆就可以促成消费。但是边缘路径并不一定总是能够反映产品真实的质量和效果。因此，小品牌如果可以引入更多的中枢路径，提高消费者卷入度，就更有可能在大品牌的围剿中突围。例如，小米手机初期较少做广告，但率先引入了跑分制，通过测试跑分直接量化比较，彰显了其高性价比的特点。

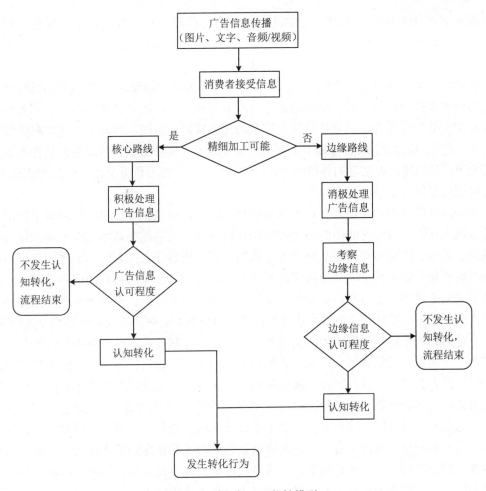

图 5-8　精细加工可能性模型

　　但是，两种路径也并不是截然对立的，可能会有同时并存的现象，但会以其中一种路径为主导。商家可能会以边缘线索来引起消费者的注意，然后消费者再通过信息搜索进行深入研究。这在移动互联网时代更为常见，因为消费者通常是在碎片化时间中以边缘路径来接受外界刺激，但如果引起了他的购买兴趣，他就有可能通过手机获取进一步的信息，进行中枢加工。

（二）信息精细加工可能性的影响因素

　　根据这一模型，在制定营销传播策略时，需要预测特定情境下消费者加工信息的可能途径。一般认为，信息精细加工的可能性或劝导路径的选择主要由消费者分析信息的动机和分析信息的能力所决定。而 MacInni 和 Jaworski 认为，消费者通过何种路径对广告信息进行加工取决于其 AMO（即能力、动机、机会）水平。

　　当信息加工的动机和能力都较高时，消费者更可能趋向于遵从中枢路径，倾向于接受理性诉求。中枢路径包括诉诸理性认知的因素——消费者进行一系列严肃的尝试，以逻辑的方式来评价新的信息。消费者的知识水平较高时往往倾向于理性的选择。例如，摄影爱好者在接触相机广告时，会主动地凭借自己的经验对广告信息进行接收、判断，有较强烈的认知动机；对于相机广告中出现的"CMOS"和"CCD"之类的术语理解难度也不大。

当动机和能力其中之一较低时，消费者便趋向于遵从边缘路径，更愿意接受感性诉求。边缘路径通常把产品和对另一个事物的态度联系起来，因此涵盖了感情因素。例如，促使年轻人购买其崇拜的青春偶像在广告上推荐的某种饮料的原因，实际上与该饮料的特性毫无关系，起作用的是对偶像（idol）的喜爱。这是因为人们在对该饮料本身的特性不太了解的情况下，只能通过该信息的外围因素（如产品包装、广告形象吸引力或信息的表达方式）来决定该信息的可信性。

在移动互联网时代，消费者行为呈现碎片化特征，而且新媒体和网络社群不断涌现，各种资讯充斥着消费者生活中的时间间隙和空间碎片。人们越来越多地基于碎片化的信息来讨论、评价、围观事实，而从整个大环境的背景中断裂开来；人们越来越倾向于将碎片化的时间消费在搞笑段子、立场鲜明的评论上，而较少进行深思熟虑的明辨。可见，其信息加工倾向于采用边缘路径。而企业及媒体应当思考如何才能让消费者在碎片化时间选择你的内容和服务，并且能让他们快速喜欢你的碎片化内容。例如，豆瓣电影和时光网在PC网页上是影讯和电影相关资料的两大媒体，在核心功能和业务上差别并不大，但在移动端他们却走了两条不同的路子。时光网直接将时光网中各种影讯、影评、电影条目等组织成几个栏目并作为他们的移动产品，而豆瓣电影却重点突出近期以及即将上映的影片，甚至连电影条目的搜索框都"藏"了起来。豆瓣电影认为用户在移动端的使用场景下更多是"查影讯"的状态，所以围绕这点出发，突出近期和即将上映的影片条目，用简单的短评和介绍帮助用户判断是否值得去看，并通过查询附近的影院和选座购票完成最后一步，而对于那些非近期上映的电影、长篇的影评、各种榜单资料等就是可以忽视的。准确地判断了用户使用场景的豆瓣电影显然更胜一筹，而时光网后来也推倒重来，在新版中学习了豆瓣电影的模式。

那么，影响消费者信息处理动机与能力的因素有哪些呢？

（1）媒体性质。消费者越能控制广告展示步骤，就越可能遵循中枢路径。例如，印刷广告比速度较快的电视广告和广播广告导致更高的认识详尽程度，而广播媒体更可能形成边缘路径态度。

（2）卷入度。消费者对广告内容越有兴趣，广告信息与其相关度越高、对其越重要，卷入度就越高，就越能产生总体的、更详尽的认识，从而以中枢路径形成态度。如果消费者不在意广告说了些什么，那么就可能从边缘路径形成态度。可见，卷入度小的消费者更可能受信息源特点的影响，而卷入度高的消费者更可能会注意并加工实质的信息成分。

（3）知识水平。知识丰富的人比缺乏知识的人可以产生更多的与信息相关的思想，将更倾向于从中枢路径形成态度。如果消费者不清楚广告说了些什么，那么就可能从边缘路径形成态度。

（4）理解。不管是因为其知识水平较低还是时间不允许，只要消费者无法理解广告的信息，他们就将倾向于从广告来源或其他周边暗示里去理解广告，而不是通过广告去理解广告信息。

（5）注意力。如果观看广告的环境或广告本身使消费者注意力分散，他们将很少产生与信息相关的思想，这将减少中枢路径的可能性。

（6）情绪。如果广告引发消费者的积极情绪，使消费者心情舒畅，他们则一般不愿花精力去思考广告内容，态度形成更遵从边缘路径。但是，对于享乐性产品，情绪很可能代表中枢路径，从而在高卷入情境下影响态度。

（7）认知需要。一些人本身就愿意思考问题（即认知需求高），其态度形成更遵从中枢路径。

许多研究都验证了精细加工可能性模型的有效性。例如，Vidrine 等进行了一项基于事实的吸烟危害信息和基于情感的吸烟危害信息对不同水平认知需求者的健康危害感知的研究，结果表明：基于事实的吸烟危害信息对高认知需求者影响更大，基于感性的吸烟危害信息对低认知需求者的影响更大。

❓　**思考一下**：回想一下那些成功的广告宣传活动，并用 ELM 模型来加以解释。

第三节　信息传播与消费者态度改变

消费者态度的改变一般是在某一信息或意见的影响下发生的，从企业角度分析，又总是伴随着宣传、说服和劝导，所以消费者态度改变的过程可以看作通过传播信息进行劝说或说服的过程。应当提醒的是，企业通过广告宣传方式来说服消费者的效果在网络信息时代正在减弱。Simonson 和 Rosen（2013）提出了"绝对价值"的概念，也就是说，当消费者拥有更多商品信息渠道（如用户点评）时，消费者就可以更为精确地预测目标产品或服务的实际体验品质或价值。如果企业企图依靠那些与产品本身无关、吸引人眼球的宣传与营销技巧，其效果将会大大减弱，除非是非网络环境下的冲动性购买。因此，宣传的重点应当放在创造消费者对产品优势的兴趣上，以真正符合消费者需求和兴趣的、实实在在的产品优势去说服消费者。

同时，在网络时代，营销信息的来源与传播者已经多元化，而营销者的传播作用大大减弱。从淘宝到小红书的各种定性、定量的用户商品评价体系，以及豆瓣上的评分、微博上的吐槽段子，还有抖音短视频、Vlog（blog、volg 或视频博客）等，都反映着消费者正发挥着越来越强大的信息传播作用。例如，占卜奶茶、COCO 青稞奶茶等都是通过抖音走红的。但不同的传递者或信息源所产生的说服效果是不同的。从网红带货现象来看，粉丝对于微博、抖音、B 站、快手上的 KOL 的喜欢，大多是从人设开始的，喜欢网红的性格、风度、言谈、外貌、内容等。所以，当这些网红转战电商的时候，流量的转化则是从"人设"到货的转移，大家会因为喜欢网红而选择购买他的商品，即所谓"流量变现"。因此，应当弱化营销者作为传播者的角色，强化口碑信息和其他公共信息服务（如记者、业内专家、质检机构）的沟通作用。

Lasswell（1948）在《传播在社会中的结构与功能》一书中提出 5W 模式，指出信息传播的五大要素：传播者、传播的信息、传播媒介、受众和传播效果。在这些传播要素之间，存在着编码、译码、反馈以及干扰等动作。以下将结合这些传播要素谈谈对消费者态度的影响。

（一）传播者特征

同样的信息经由不同的传递者或信息源传递，效果大不相同。如果消费者认为传递者信誉度高、值得信赖，那么说服的目的更容易达到。一般来说，影响说服效果的信息源特征主要有4个：传播者的权威性、可靠性、外表的吸引力以及被喜爱的程度。

1. 权威性

传播者的权威性（或专业性）指传递者在有关领域或问题上的学识、经验和资历。它往往决定宣传影响力的大小。内行、老专家、权威机构等都有较高的权威性，容易使人信服并转变态度，尤其是当消费者对某个产品还不是很了解或尚未对其形成看法时。"定位之父" Ries 曾举例说："在美国市场有一个狗粮品牌，为了销售产品，对外宣称是拥有最多狗粮专家推荐的狗粮品牌。"在药品广告中，采用一位医生介绍产品的作用同一位喜剧演员介绍产品相比，前者会有更大的说服力，但可能违反广告法规。美国佳洁士牙膏的成功很大程度上应归于牙科协会这一专业机构的认证，其实牙膏品牌之间可能没有太大的差异性。同时，认证不一定总能增强消费者对营销信息的信任度。如同其他信息来源一样，这些认证信息只有在消费者缺乏对某产品表现做出直接判断的能力，并充分信赖这些机构时才有效。

群体或社交媒体中的意见领袖对消费者有较大的影响力。意见领袖的一个主要特征就是具备出众的产品知识和产品经验，相比非专业人士，KOL 或专家可以提供更多、更广泛的产品知识。当然，意见领袖并非普遍适用于所有领域。一个人可能在某个领域或相似的种类中扮演意见领袖的角色，但在另外一个领域则不然，普遍意见领袖是很少见的。例如，一位旅游达人并不会被消费者认为也是服装方面的意见领袖。有些网红 KOL 试图利用自己的影响力代理更多的产品品类，这实际上并不明智，"口红一哥"李佳琦就曾因为一场不粘锅直播出现"翻车"，原因竟然是"没有按照说明书的要求操作和使用"。李佳琦没有分清KOL 与明星的区别，KOL 只是某个垂直领域的意见领袖，是专业性人设的网红。比如，王自如是数码电子产品领域的 KOL，李佳琦是美妆界 KOL，李子柒是美食达人等。KOL 最好是沿着品类上下游做延展而不应跨界带货，因为意见领导力往往受其产品类别的专业性影响。不过，有时这种专业性的影响力会扩散到其他的相关领域，这种现象被称为"意见领导力重叠"。例如，一位对于电脑产品具有高度意见领导力的人，有时也会被认为在电器、手机和数码相机等产品上具有影响力；服装的时尚意见领袖可能对化妆品购买也很了解，但对微波炉则不然。意见领导力重叠的现象有时也可能会被扩散得过分严重。例如，某位知名的小说作家却经常就婚姻或政治议题发表并非其专长领域的意见。

还有一类为消费者提供决策建议的专业人士被称为"代理消费者"。与意见领袖不同的是，他们能够通过提供意见而获得报酬。例如，消费者委托室内装修公司装修住房，装修公司往往会成为家装材料、家具等物品的代理消费者；医生对病人的用药起着重要的指导和咨询作用，药厂很希望与医生保持良好的关系；许多网红 KOL 也与品牌签约，为品牌宣传和销售产品，但他们并不会被看作专业人士，只是比普通消费者更了解产品而已。

2. 可靠性

传播者的可信性（或可靠性）指传递者在信息传递过程中能否做到公正、客观和不存私心与偏见。它主要与传播者的动机有关，也与传播者的地位、态度、个性特征、仪表风度、穿着打扮甚至表情等有关，还与传播者和受众之间在人口统计特征、生活方式的相似性以及相互关系的亲密程度有关。它往往决定宣传影响力的有无，例如，中央级或其他主流官方媒体比较严谨，可信性就较高。

作为非营利性信息源的参照群体或意见领袖也会被消费者视为可靠的信息源，因为消费者认为，这些人不会从给出的建议中获利，是客观、中立的。对使用过该产品的消费者或中立的新闻媒体等第三方也较为信任。但是，很多消费者对商业性（营利性）信息源缺乏信任，因为他们认为商业信息的传递者难以做到客观、公正。所以，公关宣传或公众媒体对品牌形象有着特别的意义，因为消费者认为：一篇褒奖某款产品的媒体社论要比商家付费策划的广告更可信。

同时，人们对宣传者是否有通过宣传而获得某种个人利益的动机的判断，也是评价可信性的主要依据。比如，如果人们认为某著名的影视明星只是为了获取巨额广告费用而向消费者推荐商品，这种宣传的可信性就会大打折扣。同样，尽管销售人员和广告主往往具有丰富的专业知识，许多消费者却怀疑他们的可信度，因为他们可能会为了自身的利益而误导消费者。所以，有些企业会回避商业色彩浓厚的形象，而改为以公益形象的基金会作为消费者沟通的发送者。当然，消费者对于发送者背后的意图猜测带有主观性，主要视消费者的归因而定。

在网络时代，自媒体或网络社群往往是普通大众分享消费经验、传递信息的重要信息途径，其对消费者的影响作用很大程度上取决于信任关系的强度。自媒体往往比主流媒体更具平民化与中立性，对消费者影响较大，企业应当注意利用微信、QQ、博客、微博、BBS论坛等网络社群进行产品与品牌宣传。尤其是社交电商性质的 KOL 和 KOC 能极大地影响消费者决策，名人或社群领袖的好评也能起到良好的销货效果。

无论 KOC 还是 KOL，都属于在某一行业内有话语权的人，他们通过社交媒体等平台，帮助品牌进行口碑发酵。KOL 或许具备快速且显著扩大品牌知名度的力量，但是他们与消费者的互动基本都是单向的。相比之下，KOC 的粉丝数量或许与 KOL 相差甚远，但 KOC 与普通用户更接近，往往是营销者所不可控的，因而更具有亲近感、真实感和可信性。KOL 与 KOC 的区别如表 5-1 所示。

表 5-1　KOL 与 KOC 的区别

区　别	KOL	KOC
归属	公域流量	私域流量
层级	头部力量	腰部力量
效果	影响力显著	真实性突出
角色	意见领袖	熟人朋友
内容	系统、专业	生活化、兴趣化
相互关系	弱关系	强关系
营销	偏向于品牌	偏向于产品

续表

区　　别	KOL	KOC
品牌关系	商业合作	信任关系
目的	商业盈利	自主分享
运作模式	B2B2C	B2C2C
活动范畴	广告宣传	口碑运营

当然，有些 KOC 会逐步转化成专业 KOL，成为某些品牌的代理商，背后甚至还有 MCN 机构的扶持，这时其权威性会提高，而可靠性则会有所降低。从图 5-9 所示的影响力金字塔模型来看，KOL 置于顶部，KOC 置于腰部，而普通群众则位于底部。顶部 KOL 可以快速打造知名度，引爆产品；而腰部 KOC 因为和底部的普通消费者联系更紧密，虽然无法迅速引爆，但却更容易对用户进行渗透；而底部的普通消费者大都处于被动的信息接受状态。

一般来说，头部大 KOL 更适合做品牌形象，小 KOL 适合带货。KOL 的流量变现，其实可以看作一种信任变现：消费者正因为相信 KOL 的推荐，才会被"种草"或对某品牌有好感。通常来说，KOL 日常内容输出是用于建立用户信任，接广告变现是消耗用户信任。但如果 KOL 广告接的太多，甚至推荐了假货，就会透支用户信任，并损害 KOL 自身的长期利益。

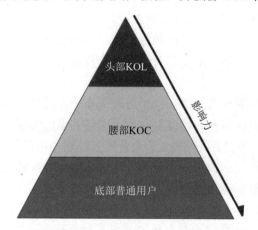

图 5-9　影响力金字塔模型

直播带货的品类偏向于体验型产品、非标性产品，如美妆、服装、珠宝玉石等。直播带货与电视购物有类似之处，其中之一就是所售产品的去品牌化。但直播带货是建立在消费者对主播或 KOL 的个人信任和好感基础上的，主播是人格化的，是以自身信任资产做担保的，低价刺激也是重要的原因之一。

从网络内容生产方式上看，一般来说，可信性高低的顺序依次为：UGC（用户生产内容）、PGC（专业生产内容）、PUGC（专业用户生产内容）、OGC（职业生产内容）。

另外，不同的零售商店也具有不同的可信性，同时也会影响消费者对于其所销售产品的品质或价值认知。例如，相较于地摊货，消费者往往会对大型超市中的产品品质比较有信心；而某些专卖店的产品又可能比超市给予消费者更高级的形象。

3. 外表的吸引力

外表的吸引力指传递者是否具有一些引人喜爱的外部特征。传递者外表的魅力能吸引人注意和引起好感，也会增强其影响力。正因如此，小视频或直播平台上的网红们大都喜欢使用化妆、美颜和滤镜来提高颜值，以增强其吸引力与影响力。而"萝莉变大妈"的斗鱼主播乔碧萝殿下则成了大众笑柄。

商业广告或直播带货都喜欢用俊男靓女作为模特或主播以吸引人注意和引起好感，并增强说服的效果。这其中可能有"光环效应"（或"晕轮效应"）的作用。但是，虽然漂亮的模特更容易引起观众的注意，但在引导观众认真理解广告信息时作用可能并不大。相反，观众可能因为欣赏广告中漂亮或英俊的人物（并由此产生好心情）而忽视了对广告信息的关注和理解，也没有影响其对产品本身态度的转变或购买倾向。另外，若是用高度迷人的代言人，有时可能会使消费者产生某些负面情感（如忌妒），因而导致贬抑代言人，使产品受到不利影响。

此外，要使外表魅力在广告中发挥作用，还必须考虑代言人与产品的匹配程度。例如，当产品与消费者的外表魅力有关时，如香水、洗发剂、护肤品、珠宝等，有魅力的代言人才会更有说服效果；否则，如果广告宣传的是咖啡、电脑、面纸等与性感或魅力无关的产品，其效果就会受到限制。由此可知，使用外表漂亮、性感的代言人做广告并非在任何情况下都合适。

4. 被喜爱的程度

被喜爱的程度指受众因传递者的社会价值而产生的正面或负面情感。消费者对传递者的喜爱程度可能部分基于后者的外表魅力，但更多的可能是基于其他因素，如举止、谈吐、幽默感、人格特质、明星、社会地位或与个体的相似程度等。在自媒体时代，传递者要善于利用幽默、卖萌、互动等方式，获取消费者的喜爱。例如，一封理由为"世界那么大，我想去看看"的辞职信在网络上爆红，雷军便在飞往印度视察印度市场前发表微博说："世界那么大，我想去看看……待会儿就飞印度"，末尾还放了一个十分卖萌的微博表情。这一微博短短几分钟之内便吸引了上百条粉丝回复，雷军不仅成功扩大了自己对小米品牌的影响力，更确立了一种十分亲善的公众形象。

喜爱之所以会引起态度改变，是因为人具有模仿自己喜爱的对象的倾向，较容易接受后者的观点，受他的情趣的影响，学他的行为方式。

传播者与受众的相似度不仅影响可信性，也与被喜爱程度有着密切关系。人们一般更喜欢和与自己相似的人接触和相处，从而也更容易受其影响。T. Brock 在 20 世纪 60 年代的试验发现：没有专长但与顾客有相似性的劝说者比有专长而与顾客无相似性的劝说者对顾客的劝说更为有效。聚划算与平台化妆品商家登录 B 站，在 B 站直播"我就是爱妆"的网红 coser（角色扮演者）直播秀，选取了当红 coser 主播 cosplay（角色扮演）成动漫界人气角色，以"美妆直播"为切入点，交流 coser 界的妆容经验，引发了数万二次元喜爱者的积极参与，粉丝弹幕几近霸屏。定位于平民化妆品的"大宝"采用"典型"消费者（就像邻家男孩、女孩或大婶）作为广告代言人也起到了较好的效果。

请名人代言来宣传产品并不便宜，但通常这种投入还是值得的。一个印刷广告的分析报告指出："就有助于消费者阅读你的广告这一目标而言，数据表明，名人代言能增加读者数量。"名人的吸引力甚至是固有的：一项研究表明，相对于"普通"面孔，人们的大脑更加关注名人的脸，同时，处理和这些形象有关的信息过程会更加有效。名人提升了公司广告的知名度，同时也提升了公司形象和品牌态度。名人代言是在相似的产品中创造差异的一种有效的策略。在消费者无法区分竞争产品实际差异的情况下尤其重要，而这种情形经常发生在产品生命周期的成熟阶段。

网红、影星、歌星、体育明星等名人信息源有助于受众态度改变的原因有多种：可借助一般人对知名人士的熟悉度和爱屋及乌的心理，来提升对产品的认同；能吸引人们的注意；消费者也许愿意将自己与名人相提并论或效法名人；消费者也许把名人的特征与产品的某些属性联系起来，而这些属性恰好是他们所需要或渴望的。如果名人的形象与产品的个性或目标市场消费者实际的或所渴望的自我形象相一致，就能更好地表达和传递品牌内涵和品牌个性，激发消费者的共鸣，从而提高名人信息源的效果。如图 5-10 所示。

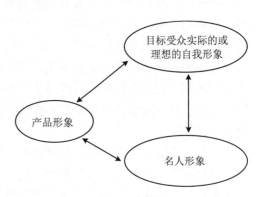

图 5-10　名人形象与产品和目标受众的匹配

总之，企业应根据产品的性质和定位以及目标消费者的特征来选择适合自己的形象代言人。代言人的类型有名人、专家、典型消费者和动漫人物等几种。根据产品类型和消费者卷入度的差异，不同类型的代言人也分别发挥着不同的作用。例如，从产品特点来看，专家型代言人对影响消费者对实用产品（如吸尘器、治疗顽固性疾病的药品）的态度会非常有效；名人作为珠宝、家具之类社会风险较高产品的代言人，效果将会更好；在推荐食品、饮料、家用洗涤剂、普通化妆品时，"典型"消费者则是很能打动人心的一种形象代言人；卡通造型、动漫人物属于低可信度代言人，但对于小朋友、二次元消费者来说却有较大的影响力。例如，电影《哪吒之魔童降世》火起来后，某医院以哪吒的动漫形象作为牙齿整形的广告代言人，也取得了较好的效果。

但有研究表明，随着时间的延续，宣传者特点的作用会逐渐减弱，受众的态度更多地受宣传材料的内容与观点的影响，以至于最后受众的态度变化与宣传者有无声誉并无明显的关系。这种现象被称为"睡眠效应"。"睡眠效应"产生的原因在于，一段时间过后，信息与信息源分离，只在人的记忆中留下了信息内容。所以，为了取得一时的效果，聘用声誉高的信息传递者或采用吸引人的宣传形式是一个决定性的措施，但要取得长期的效果，还应充分重视信息的内容等其他因素。

（二）信息特征

1. 论据特点

1）论据的易懂度

早期的说服心理学认为，说服的关键在于论据的学习，任何材料如果能让消费者学得又快又多，自然能增加这些材料的说服力。在广告这一说服性传播中，消费者对广告信息的学习都不是很在意，学习的动机也不强，而且有些广告信息的呈现瞬间即逝。因此，如果广告信息太复杂、太困难，就可能使消费者因不耐烦而放弃

直播卖货
案例解读：看
带货主播如何
掌握消费心理

学习。所以，要增加广告的说服力，广告所提供的论据就要简单明了。

2）论据的多少

通常而言，证据越充足，论点就越有说服力。但论据本身是否有力也相当重要，如果论据多而有力，那么广告的说服力就会增强；相反，如果广告提供了很多无力的论据，这不仅不会增加强广告的说服力，反而可能削弱广告的说服力。所以国外的许多广告喜欢运用独立研究机构提供的证据来证明自己产品的优点。

3）论据是否有力

信息传播过程中，有些论据强而有力，有些则显得说服力较弱。比如，某产品获得了国家级的质量证书，就比该产品获得地方性协会的优质证书更有说服力。论据应当解决真痛点，给真利益、真价值。比如，"没有中间商赚差价""3000 元开新车""更适合中国宝宝体质""充电 5 分钟通话 2 小时""云耕物作真红糖，真的暖"，这些都是消费者立马就能感知到的利益。

另外，强弱论据的说服力还取决于消费者对信息的关心注意程度，即卷入程度。Petty等人的研究表明，当广告论据有力时，不管消费者是高卷入还是低卷入，广告的说服效果都比论据无力时的说服效果好。当论据无力时，消费者的高、低卷入状态对广告的说服效果则产生很大的影响，低卷入时说服效果好，高卷入时说服效果差。有时，当消费者对传播的信息卷入程度很高时，在已经很强的论点上再加入相对较弱的论点，反而会削弱信息的整体说服力。

在实际生活中，消费者很多情况下并不会对信息进行深入思考，此时"边缘性信息"（如论点的数量）可能比论据质量更为重要。研究发现，对于产品知识较缺乏的消费者来说，较长的信息会比较短的信息产生更多的态度转变；而对于对产品知识了解较多的消费者来说，论点的强度和质量比信息的长短对态度转变的影响力更大。

2. 信息结构

1）单面论证与双面论证

在广告中，常常仅提供正面、有利的资料或论据来说明产品的优点，这种手段即所谓的单面论证。然而，偶尔也会在充分肯定产品重要属性的优点的同时，适当地暴露（非反驳性双面论证）或否认（反驳性双面论证）产品次要属性上的不足之处，这种手段称为双面论证。

单面论证的说服手法是以消费者对广告信息做认知评价为基础的，要求提供有说服力的证据来突出产品的某一优点。而双面论证一般是诉诸消费者的同情心理或逆反心理，虽然广告暴露了产品的某些缺点，却给人诚实可信的感觉，可以降低或减少受众对信息和信息源的抵触情绪。例如，男士生发水广告可能会宣称，经过临床试验，接近半数的男士使用过该产品后，发量由中度变为密集，1/3 的使用者增发量较少，1/6 的使用者没有增发。承认产品并不是总有效果或"包治百病"，会增加广告的可信度。

Hovland 的研究表明，如果消费者现有的态度与宣传者一致，或消费者对所接触的问题不太熟悉时，即让消费者发生一致性的态度转变，采用单面论证能最有效地强化其现有的态度。而如果消费者还存在疑虑，或对有关问题还存在分歧与争论，而受众对有关问题又比较熟悉时，就宜采用双面论证的方式。

从消费者的特点上看，如果其知识水平较高、较具批判性思维、理解判断能力较强，卷入程度高，爱挑剔或不太友好（如使用竞争对手的产品），双面论证可以帮助其比较鉴别，效果较好。例如，小米手机面对一二线城市用户和发烧友，利用详细的测评内容，并从操作系统、处理器、镜头、电池、外观等多个角度全面细微地与竞争产品做比较，用理性的事实说服用户。另外，当消费者很可能看到竞争者负面的反诉，或与沟通者的立场相对立，或对该品牌的态度已经很消极时，双面论证也会很有效。

但对于判断力较差、知识面狭窄、依赖性较强、卷入程度低的消费者，单刀直入的单面论证效果较好。另外，如果消费者是友好的（如使用广告产品），对广告及产品持积极态度，或者消费者听不进负面评论，那么仅强调有利信息的说明是最有效的。

从时效上看，单面论证产生的即时效果优于双面论证；在长期效果上，双面论证的效果有上升的趋势，而单面论证的效果有下降的趋势。

双面论证采取提出不利方面然后予以解决的方式，容易提高信息源的可信性和"客观性立场"，使那些对产品持怀疑态度的人更易于接受一个平衡的论据，并有效地避免消费者产生逆反心理。当然，双面论证也可能降低信息的冲击力，从而影响传播效果。另外，消费者可能更关心负面论述，更倾向负面内容的传播。因此，负面说明最好不要涉及产品的核心功能和品质，以及消费者很难判断的产品特性，而应该是消费者可以接受的属性，点到为止即可。例如，可口可乐旗下的一款产品零度可乐，先被爆出其成分阿斯巴甜可能致癌的负面消息，公司通过食品卫生部门证实阿斯巴甜成分是安全的。表面上看，虽然证实了阿斯巴甜成分的安全可以使人们放心，但在消费者进行消费决策时，难免会对这一重要属性心存怀疑。另外，双面论证中优点的论述强度及比例，应当覆盖并反驳产品所拥有的缺点，力求给消费者留下一种瑕不掩瑜的印象。最后，企业在传播过程中是否运用双面论证，最好事先认清广告对象是哪一层次的消费群体并了解消费者的反应后，慎重决定。

Bazaarvoice 公司创始人布雷特·赫特甚至认为，在网络平台中，保留负面评论反而能促进销量。首先，负面评论告诉消费者他们的购物环境起码是真实的，这就表示他们可以信任有关产品的正面评论。其次，人们的偏好各异，可能某个人的负面感受对另一个人来说却是正面的。例如，一个摄影新手要买数码相机，发现有些资深玩家说某款相机手动操作的功能不佳，但这个摄影新手感兴趣的只是自动拍照功能。

2）表达顺序

心理学认为，刺激的先后呈现顺序不同，记忆效果也不同。一般来说，最先呈现的和最后呈现的刺激，记忆效果最佳，即所谓"开台锣鼓、压轴戏"。当两个刺激先后呈现时，先呈现的刺激记忆效果比较好，然而随着信息长度的增加，人们的疲劳感和厌烦情绪会增加，这会减弱人们对后面信息的关注程度，但是结尾的陈述更容易被人们记住，这是因为最近的信息更容易被激活。关于说服的研究则表明，把最有力的论据置于最后，当时的说服效果更好。然而，从消费者实际接触广告的情形来分析，一则广告如果消费者只读了一部分，那么这一部分通常是最前面的部分。

鉴于上述分析，又因为广告的说服效果通常要在比较长的时间之后才体现出来，所以让消费者记住重要的论据是达到广告说服效果的一个关键。具体而言，如果广告中要呈现一系列论点，最好依论点重要性顺序呈现。

3）结论明确性

在商业宣传中，可以明确地提出已有的结论，也可以只提供足以引出结论的支持性材料，由消费者自己来下结论。例如，一台主打音效功能的游戏耳机的广告词是"隔壁装修，也能听到敌人的脚步声"，这是结论明确广告。而结论暗示广告，则希望消费者自己通过对广告中客观信息的理解加工来判断产品好坏，形成自己的结论。例如，在一个胶带广告中，创意者将胶带变成汽车安全带，绑在一个熟睡女童的身上，不仅凸显了其卓越的黏合力，还暗喻其产品无毒无味的环保性能。

采取明确结论的形式，可以避免消费者的推断与信息发送者的期望发生偏离，能更有效地转变消费者的态度，特别是在短期内尤为明显。但当信息来源不可靠时，消费者可能会拒绝接受结论。此外，呈现结论有时也会限制产品尤其是新产品的被接纳性。如果一种产品在宣传上大力鼓吹它是为年轻人设计制造的，这种过分的强调就可能将其他年龄、喜欢该产品的人排除顾客范围。有些暧昧性的产品宣传反而有助于产品更广泛地消费，因为它允许许多人按照自己的意思使用产品。

沟通信息是应替消费者下结论，还是由消费者自己下结论？这主要视消费者的知识能力与卷入程度、广告信息复杂性以及传播者的可信性而定。一般而言，如果企业或商品在消费者心目中尚未建立起信誉，可以采用有一定重复的、非明确结论的宣传；问题太简单或消费者太聪明，或是太过于个人化的问题，也不宜替消费者下结论。如果信息相当复杂且难以理解，若发布者较有威信，或消费者的卷入程度不高，则应替消费者下结论；反之，如果消费者的卷入程度很高或信息很单纯，则由消费者自己下结论。另外，消费者的个性特点也对信息传递方式有影响，认知需要或文化水平较高的消费者喜欢将结论寓于信息之中，喜欢自己得出最终结论，而经由消费者自己的思考而得出的结论，会使其态度更坚定，更有参考价值。

从广告决策上看，既要考虑消费者本身，也要考虑广告投放的环境。以数码产品推广为例，如果在专门销售数码产品的电子城针对特定目标人群投放广告，采取结论暗示广告会让消费者对产品产生更好的态度，因为这里的消费者对数码产品的卷入度较高。如果为了扩大曝光量而选择在人流量大、环境嘈杂的闹市区（如公交站广告牌、街头广告展板、商业区十字路口电视墙等）投放广告，采取结论明确广告会让消费者对广告目标产品产生更好的态度，因为这个时候环境相对混乱，并且人群对广告的卷入度较低。

归纳起来，呈现结论一般比较适合于下列情况：第一，复杂、专业化的产品；第二，产品拥有单一而明确的用途；第三，受教育水平比较低、缺乏商品知识的消费者；第四，不会导致高卷入的广告或产品。

4）信息量

信息量必须适度，做到言简意赅。比如，当年的MP3产品都宣扬自己的容量如何如何大，但苹果MP3的广告词"把1000首歌装进口袋里"，显得简单明了，直击内心。

如果信息量不足，消费者可能理解困难；而信息量太大，又可能使消费者难以处理太多的信息，产生混乱现象，并降低对重要方面的理解。有意思的是，充分了解商品信息的消费者有时还不如只知道产品模糊信息的消费者快乐，因为前者更容易发现产品的缺点，这被称为"幸福无知效应"。

消费者面临过多的信息时会出现信息超载现象。在信息超载状态下，消费者可能会滋生受挫感和沮丧感，从而降低信息处理水平。研究发现，随着收到的商品目录数的增加，消费者购买的商品数量会随之增加；但是当商品目录达到一定的数量时，商品目录数的进一步增加反而会导致顾客购买的商品数量减少。究其原因，在于发生了信息超载现象，在此状态下消费者会停止阅读任何商品目录。可见，太多的信息很容易使人们不知所措，营销者以减少比较品牌的时间和精力的方式提供信息，往往更有助于商家更好地吸引消费者。

5）重复性

一般而言，反复多次的宣传有利于消费者对商品态度的转变。这是因为重复可以增加消费者对内容的注意、记忆和理解；也可以因重复产生一种暗示作用，使人们因熟悉而产生信任和好感；重复还可使信息扩散到较广的范围，当人们多次听到来自不同信息源的同样信息时，就较为容易相信。所以，如果同一信息在不同的地点或通过不同的传播途径多次作用于消费者，就更容易使消费者相信。但是，单调乏味、缺乏吸引力和说服力的重复却可能产生相反的效果，使消费者产生逆反心理或因过度学习而视而不见。因而，重复宣传应当新颖、变化并有适当的时间间隔，以避免重复可能引起的厌烦或疲倦心理。

❓ 思考一下：Boss直聘与铂爵旅拍相比，谁更适合用洗脑广告？

6）意图的明显性

一般来说，如果消费者发觉信息发布者的目的在于促使他改变态度时，往往会产生警惕而降低说服效果。"王婆卖瓜，自卖自夸"的宣传容易使消费者产生抵触情绪。但采用意会、含蓄、暗示等形式，就可以减少直接宣传的强加性和营销意图的明显性，较有利于消费者态度转变。企业可以利用故事、电影、文学作品、新闻报道、社会荣誉或各种公关活动（如体育赞助、慈善捐助、活动冠名等）来宣传商品，类似植入式广告，往往可以取得"无心插柳柳成荫"之效。例如，春节晚会某小品中使用的蒙牛牛奶；电影《碟中谍4》中的宝马系列豪车；法国有个葡萄酒品牌从不做广告，但却经常出现在影视剧的富豪家宴中，在国宴中也能看到其身影，从而维持其高档品牌形象。这种将具有鲜明品牌标志的产品实物放到内容载体中的做法已甚为常见。采用这种方法植入品牌的优势主要有两点：第一，能尽量消除受众对品牌的排斥感，借助内容载体本身的故事向消费者传达品牌信息；第二，能将内容塑造的人物形象与品牌融合在一起，造成一种晕轮效应，吸引消费者的注意力，引导消费者购买。

唯品会这个植入广告令人佩服

3. 信息形式

信息形式是指信息的各种表现方式，具体包括图像、文字、音乐、证言、证据、示范、暗示、幽默、生动、抽象、格式、活动等方式。但媒体的属性也会影响信息形式的效果。例如，科学性的信息形式比较适合用在印刷广告上，因为其容易传递更多的信息；而幽默的方式较常使用在广播或电视媒体广告上，而不易在平面广告中表达。

1）文字、图像与视频

相对于文字资料，人们更偏爱视觉信息，更喜欢轻松地观看视频和图片。图像的刺激可以产生巨大的冲击力，尤其是当传播者希望引起受众感性的反应时，生动而富有创意的图像画面能发挥很好的效果。但是，在传递实质性的信息内容上，画面的效果却并不理想。

从吸引注意上看，图片会比其他任何静态广告要素（品牌、文本信息等）能吸引更多的注意力，大脑加工图像的速度也要比加工文字快得多，这种图片优先效应说明了印刷广告中大量使用图片的重要性。例如，当竞争对手大都还通过文字传达信息的时候，三只松鼠首先采用视觉传达引起消费者注意。从记忆上看，文字信息也更容易被遗忘，因此需要有更多的信息接触，而图像则可以使接受者在解释信息时对信息的印象更加深刻而不易遗忘。另外，文字信息需要接受者付出更大的认知努力，它更适用于高度参与的情况。

从营销宣传上看，文字形式有助于影响消费者对产品效用、功能方面的深入评价，而图像形式则在情感或审美评价方面具有较大的影响力。因而，实用产品的信息易于通过文字来传递，而感性产品的信息则易于通过符号和形象来传递。例如，某牌号运动自行车为了重建它在自行车爱好者心目中的形象，它的广告试图以公路上的自行车手挑战小汽车的形象来打动自行车爱好者的心弦。这个广告绝大部分是图像，只有很少的文字。与此相反的是，它的自行车头盔的广告几乎全是文字，用以宣传它的产品属性。自行车头盔可能很难引发愉悦和想象，它是为了实用的安全目的而设计的。

当文字与图像表述结合在一起，特别是当图像与文字表述相吻合时（即画面中的广告语言与图像紧密联系），文字表述会更有效，而且文字表述也会点明画面的主旨含义。

相比而言，视频比文字、图像更加真实、立体、多样。如果有 VR、AR 等虚拟技术的加持，其场景塑造更具想象力。在 5G 时代，消费者用不到 1 s 的时间即可下载一部高清电影，而消费者接受信息也呈现碎片化趋势，视频形式也更加符合消费者的阅读习惯。短视频/直播营销是内容营销的绝佳表现形式，其展现形式更加直观通俗且立体生动，同时兼具娱乐属性和话题属性，更容易激发用户的兴趣，让用户沉浸其中。这些特点恰恰也能在感官上迎合人们对于美好生活的向往。

总体上看，视频的影响效果强于声音，声音的效果强于图片，图片的效果强于文字。相比图文手段，视频的形态更为丰富，让原本需要洋洋洒洒几百字的文字描写可以更直观地展现出来。这种特点完全符合手机的特点——一块不大的屏幕上，阅读过长的文字内容，很容易让人产生疲劳；但轻松幽默的视频，却能让人轻松摆脱阅读的烦恼。从信息量角度而言，人更容易快速把握视频中的信息和内涵，或者能快速把握声音中的情绪，或者快速通过图片把握传递的核心信息，而文字则是一种高卷入的信息方式。从情感体验上看，对语音和视频的情感体验以及信任体验远远强于文字的体验，因为视频或者语音可以带来更多的感官体验，主要的原因则是在生活中忙碌的消费者习惯于被动地接受信息，而不是简单地通过文字或图片去思考其内涵，消费者一般需要的是简洁放松的模式。因此，抖音等短视频的刺激比图片和文字更能激发消费者的购买欲，网红营销大都选择短视频网站作为内容输出平台。当然，图文模式并不会消失，只是它的地位不再唯一，甚至成为附属品。

在国外也有类似现象，在 YouTube 发布的内容，形式多为视频或直播，更容易吸引消费者的关注。相比视频及直播形式，上传到 Twitter 的图文信息就难以调动消费者参与的积极性，且包含的信息量十分有限，不容易获得消费者的集中关注，信息在消费者界面停留的时间也较短暂。由此可见，相较于 Twitter，经 YouTube 输出的内容价值含量更高，持续时间更长，更能保证早期信息推广的影响力。而 Twitter 更适合用于价值扩散。通常情况下，国外广告主对 Twitter 的关注度要远远低于 YouTube。

当然，媒介形态的选择还与信息复杂度有关。一般来说，越简单的信息，媒介形态越丰富，越能帮助用户形成观点或态度的变化；而信息程度越复杂，考虑的媒介形态则需要多样化选择了。如图5-11所示。例如，电脑、数码相机等复杂程度较高的耐用消费品，如果用声音方式可能很难表现出产品本身的特质，可以借助文字、图片、影像等形态，让用户充分了解产品的全貌。而奶茶、零食等快消品，除非文笔相当犀利，否则用户很难接受，倒不如在抖音上传一段视频、在朋友圈贴一张图片来得更为直观。

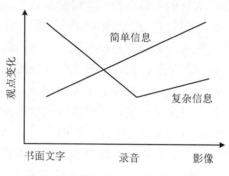

图 5-11　媒介形态对观点变化的影响

2）格式

通常，简单、直接的信息呈现方式比复杂的信息展示方式更容易为消费者所接受。因此，信息展示要简单明了，展示的速度不宜过快，不要使用晦涩的语言，不要引入复杂的概念，不要选用难懂的口音或方言等。

从形式上讲，具体（特定）生动的信息比抽象（普遍）单调的信息，口头或有形的信息（如画面）比书面文字都更易引人注意。另外，信息的接近性也会产生不同的形象生动性。接近性主要分为3种类型：感觉上、时间上和空间上的接近性。感觉接近性指信息是直接的（接近的）还是间接的（远离的）。用消费者自己的眼睛和耳朵直接得到的信息，比经由他人传递间接得到的信息更具形象生动性，"精明的商家卖的不是牛排，而是煎牛排的吱吱声"强调的就是将产品功能形象化。时间接近性是指事件发生的时间早晚。最近发生的事件比很久以前发生的事件更具吸引力。消费者更关心的是昨天下线的产品，而不是10年前的产品。空间接近性是指事件发生的位置远近。在消费者的居住地发生的事件比在海外发生的事件更具形象生动性。

3）说教与剧情

说教是直接以告知或说服的方式来向消费者传达信息；剧情则是以幽默、戏剧表演或故事方式来向消费者传达信息。说教常以高压诉求方式来传达信息，因此常会引发枯燥、厌烦与反感；相对地，剧情方式则因能引起积极的情感反应，或转移至使用产品时的感觉，而增加消费者的兴趣。消费者可能会怀疑、反感带有明显劝说性、推销性的说教，但不会拒绝一个关于产品或服务的情节或故事。人们有爱听故事的喜好，即使知道这是一种广告形式，也依然会充满兴趣。Zippo就是利用故事沟通成为世界第一打火机品牌。例如，在狂风暴雨的黑夜中，Zippo不可思议地点燃了救命的篝火；一名士兵因为Zippo挡住子弹而保住性命；一名飞行员用Zippo照亮失事飞机幽暗的仪表盘而将飞机安全带回；被鱼吞入肚子中的打火机完好无损，甚至用打火机可以煮熟一锅粥等。这一系列小故事都给消费者以极大的吸引力，增加了人们对 Zippo 品牌的好感度和美誉度。

在网络时代，还可以想办法激发大众为品牌生成故事。Airbnb、小红书就是靠众创用户故事与体验起家的。例如，Airbnb 主张"让顾客而非你的品牌成为故事的主人公"。Airbnb 鼓励用户上传自己到各地住宿的经验和照片，鼓励他们分享自己的故事，在哪里、吃得怎么样、住得怎么样、如何行、风土人情如何、跟房东有什么样的故事等。同时，Airbnb 也会第一时间在微博、知乎等平台上分享这些故事，让这些真诚的故事吸引和感动更多受众。每段故事都是当地的一种生活方式，满足了游客"像当地人一样生活"的愿望。其中，归属感和人情味是这些故事中最吸引人的地方，即所谓"让爱彼此相迎"，很大程度上吸引了年轻群体。

案例链接　　　　　　苹果手机的"橘子哥"事件营销

一位外国友人在自己的苹果手机里看到了一名中国男人跟橘子树的大量自拍照。这个神奇事件的起因竟是这位外国友人丢失的手机被中国"橘子哥"买到了，最终在网友的帮助下，外国友人找到了住在广东梅州的"橘子哥"。更神奇的是，外国友人应"橘子哥"之邀到梅州游玩，两个人上演了一场"有缘千里来相会"的画面。如今，这一故事还将被拍成电影《橘子哥》（*Brother Orange*）。

这场跨国"良缘"除了带来苹果手机的高话题度，对于苹果手机 ITUNE 账号相片同步及保存的亮点也进行了宣传，可谓一箭双雕。苹果公司把品牌和产品植入事件中，神不知鬼不觉地引起了公众的广泛关注与传播。

资料来源：出自网络，并经作者加工整理。

4）活动方式

心理学家 Lewin 曾进行过"不同的活动方式对美国主妇改变吃动物内脏的态度"的实验研究，结果表明：要有效转变一个人的态度，应当引导他积极参与有关活动，在实践中转变态度。比如，对食品广告中宣传的新产品，可以让消费者先品尝一下，这样有利于转变其对新产品的态度；对一个对于体育活动态度不够积极的人，与其口头劝说他去参加运动，还不如直接带他去操场上活动一下。

在营销活动中，让消费者积极参与动手操作、试用、示范、质量恳谈会、参观产品的生产和加工过程，或让消费者直接参与产品的加工制作及检验过程，就能提高消费者的兴趣和信任感，提高信息沟通的反馈水平，比那种单纯讲解、宣传的效果更好。

在网络信息沟通活动中，也应加强消费者的参与和互动。例如，小米企业发布新产品"米 Max"时，为了展示该产品的超长续航能力，小米联手 B 站开启发布会直播，其在线观看人数在 2000 万以上，粉丝也通过弹幕进行实时评论与沟通。此次直播活动全天候进行，并邀请了许多名人与观众进行互动。除此之外，用户还可参与抽奖，有大约 700 台"米 Max"新品作为奖品发放给用户，每日访客数量超过 200 万，在顶峰时期，其在线人数超过 10 万，就算是在零点以后，仍有 1 万人以上在观看小米直播。可见，与以往的新品发布及展示方式相比，直播形式更能够吸引关注，覆盖范围更大。

 资料链接　　　　　　**直播带货与电视购物有啥不同**

淘宝直播就是在淘宝里面可以边看边买的电商直播购物形式，是淘宝版的电视购物。其实，淘宝直播本质上就是在1.0图文、2.0短视频之外的一种新3.0内容载体——"升级版的电视购物"。那么，淘宝直播为什么比电视购物变现更快呢？具体原因如下。

- 淘宝直播缩短了电视购物时消费的障碍（不需要打电话了）。
- 消除了过去的价格信息差（多少钱，网上搜一搜就知道）。
- 增加了实时互动性（可以通过聊天和主播对话）。
- 价格更低（直播成本低，大流量主播又能争取到爆款商品的最低价或更多赠品）。
- 与消费者更亲近（主播个人形象有吸引力，表情、语言丰富，在互动中容易玩紧迫感促销、玩视觉刺激）。

购物直播是一种易接受情景式消费

但直播购物最大的一个弊端，就是它必须占用你很多的时间去等待一个"种草"的讲解。就算你再无聊，你也不用天天去蹲着听别人给你讲广告吧？

资料来源：淘宝直播不是万能药[EB/OL]. (2019-11-06). http://www.woshipm.com/marketing/3056735.html.

5）奖励式呈递

如果在沟通中增加一些奖励活动，如小礼品或优惠参与等，可以增加消费者对广告及广告宣传的产品的好感。心理学研究中的可口可乐效应就证明了这一点。把被试者分成两组，让他们看某个广告传单，其中一组在发给广告传单时每人赠送一瓶可口可乐饮料，此组为实验组，而另一组则无任何奖励，称为控制组。之后让被试者说明自己对广告及广告宣传产品的评价。研究表明，实验组的评价普遍高于控制组。这说明可口可乐的实物奖励起到了积极的作用，它帮助消费者接受了广告。这种奖励式呈递在应用时应格外注意，所强调的奖励一定要能兑现，否则会适得其反。

例如，服装品牌鼓励用户上传衣着照，享受返现活动；电子阅读品牌鼓励用户图书分享，享受电子代金券免费领活动；在微博中上传图文好评并@（关联）咖啡店官方账号，下次可享受咖啡五折优惠；海尔公司经常以免费赠送产品及抽奖的方式吸引老客户参加其新品推介活动；等等。

 案例链接　　　　　　**加多宝的春节红包**

2016年春节，加多宝在微博平台发起"招财进宝"红包活动，直接给社群粉丝带来最直接的"春节福利"。加多宝为了这个活动，特别定制活动页面与海报，将民俗文化植入活动之中，透出了浓浓的年味，并直接推送给社群粉丝。在整个"让红包飞"项目中，加多宝广告总曝光近70亿次，点击量突破8000万，共有800万网友输入了"招财进宝"的口令。而随着活动的如火如荼，则是"金罐加多宝"的全新理念正式被大家记住。微博平台显示，"加多宝的红包"话题阅读量高达3.3亿，远远高出第二名，成为2016年节日红包激活社群的第一品牌。

资料来源：青木老贼，峥嵘. 场景化社群运营实战手册[M]. 北京：人民邮电出版社，2016.

（三）诉求方式

一般而言，有两种基本的广告诉求形式：影响消费者认知为主的理性诉求形式，影响消费者情感为主的情感诉求形式。

1. 理性诉求

理性（智）诉求又被称为"硬诉求"。其诉求策略如下：通过提出事实或进行特性比较，展示商品所固有的特性、用途和使用方法等，提供关于商品的事实性信息，或给消费者带来实际利益，强调商品所具有的特性及优越性，以使消费者形成积极的品牌态度。正如美国广告大师李奥·贝纳（Leo Burnett）所言："做广告最伟大的成就是让人信服，而没有任何东西比产品本身更能说服人。"例如，"晚上服黑片，睡得香"告知了产品的使用情境；"日丰管，管用五十年"强调了产品的可靠耐用性；而乐百氏的理性诉求——"二十七层净化"则突出了产品复杂、严谨的生产流程和洁净的水质。

广告传播活动中的理性诉求应当注意引导和加强消费者对产品核心价值的认识，形成吸引消费者的所谓"卖点"，也就是满足消费者需要且独具特色的产品特性。产品"卖点"的提炼可以从产品、消费者以及竞争对手3个层面来考虑。相对应地，主要有3种广告理性价值诉求策略，具体如下。

（1）以产品拥有的最大优势价值为诉求。例如，某一品牌手机最大的优势价值是"高像素"（优势属性）带来的逼真效果（优势价值）。影星孙红雷为瓜子二手车直卖网说了句著名的广告词"没有中间商赚差价"，并成为网络流行语，互联网时代更是宣称要消灭中间商，其实这些平台本身就是最大的中间商，广告所言并不是其真正的优势所在。

（2）以消费者最看重的价值为诉求。例如，卫生巾生产商电通公司从"消费者最看重的卖点"出发，发现消费者比较关注的功能主要是"吸收量大""有护翼""触感舒适""透气性强"这4个卖点，对此，电通把它们概括为一个词——"安全感"。"安全感"成为其卫生巾最应该诉求的核心价值。

采乐去屑，
挖掘药品新卖点

（3）以产品最独特的价值为诉求。"拥有程度"和"行业重要性"这两个指标只考虑了项目自身和消费者的情况，而"独特性"则考虑了竞争对手的情况。在市场竞争日趋同质化的今天，差异性、独特性是营销者和广告人无法绕开的话题。USP（即"独特的销售主张"）理论强调广告就是要诉求这一"独特的销售主张"，这基本上是很多营销和广告人员的共识。例如，某品牌洗发水打出"洗了一辈子的头发，你洗过头皮吗？"广告语，一下子颠覆人们过去数百年来洗头只洗头发的护理认识，提示消费者只有用某品牌清洗头皮才能解决根本问题。

对于趋于理性的消费者而言，即使其可能因情感化广告创意而备受感动，但那些更具说服力的理性资料，如产品参数的对比、用户使用前后的对比、评测跑分等，对其购买决策起着更重要的作用。

2. 情感诉求

情感诉求又被称为"软诉求"。其诉求策略如下：传播者将产品或品牌涉及的情感、感觉、体验、个性、气质、生活方式、自我概念和价值观念等非具象信息传递给受众。这种诉求方式的心理作用基础在于：消费者具有较强的求同动机（社交需要）、求美和求名动机（尊重需要）、求异动机（自我实现需要）等。在这种心理动机的支配下，消费者需要被感动、感染、认同，希望彰显个性和身份，渴望自我概念和价值观的展示。情感诉求有利于提高消费者对产品的关注程度，容易给人留下深刻的印象，而且对于那些追求享乐消费的目标群体或主要为消费者创造特殊体验的产品来说，情感诉求会有很好的效果。

情感诉求往往并不是传达产品给消费者带来的实际利益，而是设法激发起消费者的某种情绪或情感反应，传达产品带给他们的心理附加价值或情绪的满足，使消费者产生积极的品牌态度。"情感诉求是最具人情味的广告，它充分利用了人们的情感性需要，将产品与爱情、亲情、友情和幸福、快乐、渴望等联系起来，让消费者在感情上产生共鸣，并最终接受该产品或服务。"（吴志琴）尤其是戳中人们内心深处泪点或笑点的情感表达，往往会引发巨大的共鸣。例如，电影《你好，李焕英》意外地反超《唐人街探案 3》，成为 2021 年春节黄金档的票房之冠，其重要原因就是贾玲以其真挚、平等的母女亲情得到了广大观众的共情。

情感诉求大多利用正向情绪，但也可以利用负向情绪。情感诉求通常是以亲情、爱情、友情、爱国主义等社会性情感需要为中心，如"为爱温暖"的云耕物作、"爱要及时"的即食花胶等，也包括幽默诉求、欢乐诉求、虚荣诉求、恐惧诉求、性感诉求、道德诉求等方式。若一个广告中包含亲情（包括爱情、友情等）、幽默、热情、怀旧、性感、愤怒、恐惧、悲伤、爱国之情等情感诉求手段中的一个或一个以上时，该广告就是情感广告，不管广告中是否含有产品特性的信息。若没有这些情感诉求手段，就是理性诉求广告。

情感诉求有利于提高消费者对产品的关注程度，容易给人留下深刻的印象，但情感诉求存在不能传递足够信息的风险。情感诉求主要是为了建立积极的情感反应，应当注意避免消费者消极情感反应的发生。例如，"弹个车"是蚂蚁金服推出的弹性购车金融服务方案，其楼宇广告是一群大妈用橡皮筋与颠簸的汽车连在一起，画面略显媚俗，容易使目标消费者产生消极情感反应。大润发在女装尺码建议表上以"瘦""美""烂""稀烂""稀巴烂"来标明规格大小，"瘦"和"美"还令人称快，但"烂""稀烂""稀巴烂"却让人极其反感。京东美妆曾在快递箱上印上广告语"不涂口红的你，和男人有什么区别"，这句带有性别歧视的广告语引发了网友的愤怒讨论，京东美妆立即在其官方微博上道歉，并立刻召回相关快递，才避免了品牌形象的进一步损失。

360 借条
奇葩低俗广告

3. 理性诉求与情感诉求的应用

诉求方式的有效性主要与产品属性和潜在受众有关。从产品类别上看，宣传实用性、功能性、技术性较强的产品，或制造工艺、原材料、使用方法、使用情境等较为独特的产品时，理性诉求方式更为有效。而享乐型、情感型、象征型、冲动型产品更适合使用情感诉求方式，对于像香水、时装、烈酒等注重包装的产品，如果将广告与人的情绪、感觉联系起来，就要比只理性地介绍产品的特点更有宣传效果。

情感性广告比较适合那些追求享乐消费的目标群体或主要为消费者创造特殊体验的产品，但情感诉求不能传递全面的商品信息，对于那些消费者存在认知需要（消费者还未形成有效的认知）的功能性产品、高卷入产品，就应当采用理性诉求。例如，优乐美奶茶请周杰伦拍了一段唯美的爱情广告，广告语大意是"因为想要把你捧在手心"；香飘飘的广告语大意则是"一年卖出的奶茶可以绕地球两圈"，最后的结果是优乐美完败。原因是速溶奶茶的定位不应该是情感型、冲动型或象征型产品，购买速溶奶茶之后怎么也得回家烧开水再喝，所以，温馨的情感营销也就失效了。

对于低卷入度产品，情感诉求类广告更能引起受众的注意，并且有较积极的情感反应和态度变化；而对于高卷入度产品，理性诉求类广告更能引起受众的注意，并且可以获得更多的认知反应。如果商品同质化程度较高，不同品牌的实际性能差别不大，则适合采用情感诉求，使产品在品位、情调等方面与同类品牌区分开来，以符合潜在消费群体的自我形象。而对于同质化程度较低的商品，则首先要让受众明白这种商品的特点在哪里。

此外，商品的使用场合也是必须考虑的因素。一般来说，公共场合使用的商品宜使用情感诉求策略，因为使用者的自我形象心理在公共场合更为突出。例如，名表大多是成功人士使用的，所以更多地暗示佩戴人的形象和品位；一些汽车广告借助靓丽的模特引起男士的注意。这些情感诉求方式都容易作用于受众信息处理的边缘路径。非公共场合使用的商品，如家电、卫生用品等，其广告策略则应该以理性诉求为主。例如，牙膏广告强调"护牙洁齿"的功效，众多的药品广告强调"见效快"。

从时效上看，"以情动人"的情感诉求往往对消费者有较强的影响力和感染力，但效果容易消失；而"以理服人"的理性诉求产生的效果保持时间较长。所以，如果要取得立竿见影或气氛热烈的效果，应运用情感性的诉求以及幽默、新奇、生动、有趣等富有情绪色彩的宣传手段，激发出消费者情感上的共鸣；但如果要使宣传收到长期的效果，就需依据充分说理的理性手段。表 5-2 对两种诉求方式的适用特点进行了归纳。

表 5-2 理性诉求与情感诉求的比较

理 性 诉 求	情 感 诉 求
适合于实用产品	适合于感性产品
适合高卷入消费者	适合低卷入消费者
着眼于产品在功能、特性、价格或消费益处等方面的"硬信息"	着眼于目标受众的喜悦、恐惧、爱、悲哀等情绪或情感方面的"软信息"
注重广告信息的逻辑性、说服力	注重广告是否有感染力、诱惑力
针对的是消费者的物质需要或理性需要	针对的是消费者的情感性需要或社会性需要
追求长期效果	追求短期效果

从潜在受众来看，受到更好的教育或者善于分析思辨的人比受教育水平不高或不善于分析思辨的人更容易接受理性的说服；认知需求高或客观理性的消费者，容易受理性诉求的影响，而低认知需求的消费者和喜欢感情用事、多愁善感、情绪易激动的消费者，感性诉求可能更有效；内向的人偏向于理智诉求，外向的人偏向于情感诉求；男性更喜欢理性广告，男性用品应更多地展现产品本身的效用，而女性更喜欢情感广告，女性用品应更多地赋予情感因素；先前处于积极情绪状态下的被试者对于两种诉求方式的喜爱没有差异，而处于自然状态下的被试者更偏向于情感诉求。对于"00 后"消费者而言，他们有着独立思考、反权威、崇尚内容深度的倾向，一方面让广告创意变得失灵，另一方面更加注重品牌所传递的独特观点。未来，中庸的大众品牌或许将会变得黯淡，而产品过硬、观点锋利

的品牌才会获得新一代的热爱。

消费者是理性与感性的结合体，既有理性需求，也有感性需求。在广告设计中最好能将情感诉求和理智诉求有机结合，即用理智诉求传达信息，以情感诉求激发受众的情感，互相补充其不足，做到"有理可依、有情可感、情理相融"，往往可以兼顾不同对象的特点，还能收到既迅速又持久的效果，实现最佳的广告效果。如果一则广告作品充斥着理性知识符号，让消费者保持长久注意，容易使其产生心智疲倦；而过多的情感体验符号会过度吸引消费者的情感，在轻松、愉快的同时，也会弱化其对产品的功能、特性等信息的注意力。因此，可先用富有情绪色彩的宣传介绍方式，引起消费者的注意和兴趣，继而通过理性论述，使其在思想上迅速接纳营销者的观点。

应当指出的是，在网络时代，消费者获取信息的主要渠道并不是营销者控制的广告，而是其他消费者的评论。但点评信息大多是理性而非感性的，人们根据评论做出的购买决策也大抵是理性的。以前，消费者购买相机时，看到的广告词可能是"留下你的美好人生"和"展现最好的自我"。但现在的用户评论则更为直接、具体，更以事实说话，更关注相机的质量和使用价值。当消费者可以从专家和其他买家处获得大部分信息时，人们就不那么容易受广告的影响了，尤其是那些缺乏实际价值的"煽情"宣传。

另外，一般来说，对于文化程度较高的人，尤其是对宣传的商品比较关心的人，理智材料的影响较大；而对文化程度较低的人，情绪材料的影响较大。在多数情况下，情理结合式的宣传往往能兼顾不同对象的特点，还能收到既迅速又持久的效果。

低俗营销：利"人性"的营销却无法与人隔

从广告来看，那些能激起温馨感的广告能引起一种生理与心理反应，它们比中性广告更受喜爱，并使消费者对产品产生更积极的态度。情感性广告的设计主要是为了建立积极的情感反应，而不是为了提供产品信息或购买理由。但是，情感性广告比较适合那些追求享乐消费的目标群体或主要为消费者创造特殊体验的产品，但未必适合功能性产品。另一方面，情感诉求存在不能传递足够信息的风险。当消费者存在认知的需要（消费者还未形成有效的认知）、其产品参与度较高时，情感诉求的效果就会受到限制。例如，日产汽车公司最初在美国市场推出豪华汽车 Infiniti 时所做的广告就采取了情感诉求的方式。对其新款轿车的介绍，是通过一系列与汽车毫不相干的印刷品和电视广告完成的。这些广告展示的重点是特殊的驾驶体验和户外宁静的风景。该项广告制作的一位执行者解释说："我们不是在出售汽车的外壳，而是在出售它的灵魂。"尽管这些广告极富创意，但大多数美国消费者却很难把握日本人对豪华的定义。由于效果不佳，Infiniti 的广告转而强调了汽车的功能特性，以降低受众心中的迷惑感。

另外，如果商品同质化程度较高，不同品牌的实际性能差别不大，也适合采用情感诉求，使产品在品位、情调等方面与同类品牌区分开来，以符合潜在消费群体的自我形象。而同质化程度较低的商品，则首先要让受众明白这种商品的特点在哪里。此外，商品的使用场合也是必须考虑的因素。一般来说，公共场合使用的商品宜于制定感性诉求策略，因为使用者的自我形象心理在公共场合更为突出。例如，名表大多是成功人士使用的，所以更多地暗示佩戴人的高贵形象和品位；一些汽车广告借助靓丽的模特引起男士的注意。这些感性诉求方式都容易作用于受众信息处理的边缘路径。非公共场合使用的商品，如家电、卫生用品等，其广告策略则应该以理性诉求为主。例如，牙膏广告强调"护牙洁齿"的功效，众多的药品广告强调"见效快"。

 思考一下：找到并描述从以下方面促成消费者态度形成或改变的广告：① 可靠的信息源；② 名人信息源；③ 幽默诉求；④ 恐惧诉求；⑤ 比较性诉求；⑥ 情感性诉求。

（四）说服技术

1. 登门槛效应

登门槛效应又称得寸进尺效应，是指在提出一个大的要求之前，先提出一个小的要求，从而使对方更容易接受大的要求。这就像登高时，并非一步跨上去的，而是一步一步走上去的。当然，如果提的要求并不大，那么也就不适合用登门槛效应了，直接提就行了。

影响力"的
大心理学法则

　　在消费者行为上，如果销售人员能让顾客先买一些单价低的小东西，则其以后购买单价高的物品的概率便会增加。试用品和小容量的包装都利用了登门槛效应。许多免费的网络游戏也是先吸引大量消费者接触产品，等他们玩上瘾或发现好处后再试图引导他们花钱购买。有的餐饮店菜品价格偏高，顾客想看看菜单，老板总是让顾客先坐下再看，结果会提高成交率。

📖 **案例链接**　　　　**新氧医疗如何在小红书中应用"登门槛效应"**

新氧是做医疗整形的，在小红书中如何应用"登门槛效应"的呢？

虽说"爱美之心人皆有之"，很多小姐姐也非常舍得在美丽上花钱，但说起"医疗整形"，这可涉及手术，普通的人心里还是有大量顾忌的。因此，新氧并不会一上来就劝说你赶紧去做整形，而是先给你看大量别人写的整形日记，看看别的小姐姐是如何通过整形变成"白富美"的！这样第一步就达成了。

但看了别人的整形日记，你还是不放心，怎么办呢？毕竟是要做手术的，万一低概率的事情被你撞上了呢？所以这个时候新氧又给你提供了一个相互交流的社区，让你和已经整形过的人进行交流，由对方来解答你的各种疑惑，减轻你的顾虑。

如果这样你还不放心，新氧的第三步就是给你看大量的整形视频，以及提供给你一系列的用户评价、资质证书等。

就这样，新氧一步步将一个说服难度颇高的"整形服务"通过登门槛的方式赢取了你的信任，让你心甘情愿地掏出钱包。

资料来源：什么是心理学中的"登门槛效应"？[EB/OL]. (2019-10-09). https://zhuanlan.zhihu.com/p/85849479.

2. 吃闭门羹效应

吃闭门羹效应又称门面效应或拆屋效应。它与登门槛效应正相反：首先提出一个很大的要求，接着提出较小的要求；对方拒绝大要求后，一般容易接受较小的要求。也就是：先大后小，先拒绝后接受。门面效应对女士更有效。使用吃闭门羹效应有一个注意点，就是第一个要求必须合理。对方一旦觉得第一个要求不是真诚的，那么它就无法起到应有的作用。

吃闭门羹效应主要基于互惠原则和补偿心理。对方的拒绝隐含着对方对你的亏欠，因此对于你后续提出的小要求，他们也会较倾向于以同意作为回报。例如，保险推销员可以在消费者拒绝了他所提出的高金额保险计划后，转而要求消费者购买一些低金额的单项保险。消费者可能会为了弥补先前拒绝高金额保险计划所带来的过意不去，而倾向于购买低金额的单项保险作为补偿。

3．鸟笼效应

鸟笼效应是指人们会在偶然获得一件原本不需要的物品的基础上，继续添加更多与之相关而自己不需要的东西。这如同一个人买了一只漂亮的空鸟笼，总想为这只笼子再买一只鸟养起来而不会把笼子丢掉。在营销中，也可以给消费者发一个"鸟笼"，以刺激相关产品的销售。例如，拍立得机身的价格并不贵，但是相纸却非常昂贵。而一旦买了某个拍立得，由于相纸只能使用该品牌的相纸，就会导致巨大的后续消费。

电商平台经常会给用户发一些优惠券，用户在得到时并没有付出什么，但如果不用，就会有一种心理暗示：拿都拿了，不用好亏啊。

4．互惠效应

互惠效应是指受人恩惠就要回报。在营销中，免费品尝、免费试用、赠送小礼品、第二杯半价、申请优惠、包邮、买一送一等往往让消费者出于回报心理而购买商品。

5．"囚徒困境"效应

囚徒困境的主旨为：虽然囚徒们彼此合作、坚不吐实，可为全体带来最佳利益，但在资讯不明的情况下，因为出卖同伙可为自己带来利益（缩短刑期），也因为同伙把自己招出来可为他带来利益，所以彼此出卖虽违反最佳共同利益，反而是自己最大利益所在。在这种情况下，双方都不能得到最好的结果。囚徒困境反映出个人最佳选择并非团体最佳选择。

在营销工作中，同样可以给用户制造这样的"囚徒困境"，来达到我们所期望的效果。例如，"某某家小孩都已经开始学习了，咱们可不能输在起跑线上啊"；"现在过年回家孝顺父母都要送某某酒了，咱们可不能不送啊"。

❓ **思考一下**：如何在你的产品中运用登门槛效应、吃闭门羹效应、鸟笼效应、互惠效应、"囚徒困境"效应？

（五）接收者特征

信息接收者（或营销者试图说服的对象）对信息的接收并不是被动的，他们对于企业或信息传递者的说服有时很容易接受，有时则采取抵制态度，这在很大程度上取决于说服对象的主观条件或个体心理差异。在宣传、说服过程中，要考虑到不同消费者的个体差异，采取不同的宣传方法，这样才能取得好的效果。

1．对原有观点、信念的信奉程度

如果消费者对某种信念信奉程度很高，或在多种公开场合表明了自己的立场与态度，或者根据这一信念采取了行动，此时要改变消费者的态度将是相当困难的；相反，如果消费者对某种信念的信奉程度还不是特别强烈，所获的社会支持程度不高，而且也没有在公开场合表明过自己的立场，此时说服消费者改变其原有的态度就会相对容易一些。

传达者发出的态度信息与消费者原有态度的差异大小也是一个重要的影响因素。营销人员应当了解消费者的原有态度特征，从而确定适当的宣传目标，保持合理的态度差距，以避免受到对方心理上的抵制，并取得好的说服效果。一般而言，传递信息所维护的观点和消费者原来态度之间的差异越大，信息传递所引起的不协调感会越强，消费者面临的改变态度的压力越大。然而，在较大的差异和压力之下，能否引起较大的态度改变则要看两个因素的相互作用：一个因素是前面说的差异或差距，另一个因素是信息源的可信度。差距太大时，信息接收者不一定以改变态度来消除不协调的压力，而可能以怀疑信息源的可信度或贬低信息源来求得不协调感的缓解。多项研究发现，中等差异引起的态度变化量大；当差异度超过中等差异之后再进一步增大，态度改变则会越来越困难。

2. 预防注射

通俗地讲，预防注射是指消费者已有的信念和观点是否与相反的信念和观点做过交锋，消费者是否曾经构筑过对相反论点的防御机制。一个人已形成的态度和看法若从未与相反的意见有过接触和交锋，就易于被人们说服而发生改变；相反，如果他的观点、看法曾经受过抨击，他在应付这种抨击中建立了一定的防御机制，如找到了更多的反驳理由，那么，在以后他便有能力抵御更加严重的抨击，就像预防接种后会产生一定免疫能力那样。

3. 卷入程度

消费者对某一购买问题或关于某种想法的卷入程度越深，他的信念和态度可能就越坚定；相反，如果卷入程度比较低，可能更容易被说服。在购买个人电脑时，消费者可能要投入较多的时间、精力，从多个方面搜寻信息，然后形成关于哪些功能、配置比较重要的信念。这些信念一经形成，可能相当牢固，要使之改变比较困难。而在低卷入的购买情形下，如购买饮料，消费者在没有遇到原来熟悉的品牌时，可能就会随便选择售货员所推荐的某个品牌。

4. 人格

个人性格对其态度的转变影响很大。例如，具有自尊心强、自信心强、自我评价高、固执等性格特点的人，其态度难以转变；而自尊心低、缺少自信心、顺从型的人，就容易接受别人的说服。迷信权威的人，在权威面前表现出易被说服的一面，而在非权威面前表现出不易被说服的一面。

5. 知识和能力

消费者的专业知识是接收者对产品或服务的信心程度的标志，反映了消费者对产品或服务属性的自我判断水平。消费者的专业知识越高，其受外来信息的影响力就越小。

消费者的智力或能力不同，对事物的理解程度和接受过程的长短就不同，态度转变的难易也就不一样。有资料表明，虽然在一般情况下，智力水平高的人比智力水平低的人不容易接受宣传而转变态度，但在某些情况下，其态度的转变却比智力水平低的人更容易发生，这主要取决于宣传、说服的内容、性质和方式。例如，智力或能力水平高的人对于强调要对方相信与执行的宣传不易接受，较少受不合逻辑的论点的影响，而对于强调要对方注意与了解有关情况并具有说服力的宣传则易接受。智力水平低的人对简单、浅显的宣传易接受，而对复杂、深奥的宣传不易接受。同时，能力高的人由于有较强的独立分析及判断能力，往往根据自己的认识来决定自己态度的转变，所以态度的转变是主动的；能力低的人则往往被动地接受外界的影响或压力而转变态度。

6. 性别

Eagly 等人研究认为，男性与女性在谁更容易被说服的问题上不存在明显差异。差异主要集中在双方各自擅长的领域，如从事金融、管理等工作的大多是男性，女性在这方面可能缺乏自信，在与此有关的一些问题上可能较男性更易被说服。但在家务和孩子抚养上，女性较为自信，因此对与这些方面有关的问题，可能较男性更难被说服。

应当指出的是，在移动互联网时代，信息的传递方式已经发生了深刻的变化，企业转变消费者态度的广告宣传方式也应当与时俱进。例如，唐兴通（2015）提出了一个营销传播的 4C 法则，即在适合的场景（context）下，针对特定的社群（community），通过有传播力的内容（content）或话题，利用社群的网络结构进行人与人连接（connection），以快速实现信息的扩散与传播，最后获得有效的商业传播及价值。

 本章思考题

1. 在广告活动中，可以采取哪些措施来有效地影响消费者的认知因素、情感因素与行为因素？
2. 改变消费者态度中的认知成分时，应当注意哪些方面？
3. 简述 ELM 理论的基本思想。
4. 谈谈理性诉求与情感诉求的适用范围。
5. 在广告活动中，可以采取哪些诉求方式？各自的适用情形怎样？
6. 还有哪些说服技术或说服心理效应？

 本章典型案例　　　喜茶为什么比你更懂年轻人

1. 如何让用户喝出"恋爱的感觉"

喜茶是如何让用户留下记忆、产生满足的？喜茶创始人 Neo 给我讲了个很有启发的故事。大概五六年前，Neo 刚做茶饮头一年，一直努力试图调出完美的味道，今天喝感觉奶味重了，于是调淡一点，明天给另一个人喝又觉得太淡了，又改浓一点，来回折腾，却始终找不到芝士、奶盖与茶的黄金比例。直到有天睡前，Neo 翻到微博一条评论，一个女孩说喜茶挺好喝的，男朋友回复她"觉得一般"，因为"没有恋爱的感觉"。恋爱的感觉？简直抬杠！Neo 气得睡不着觉，但反复琢磨，男孩竟指出了命门所在，"我们缺的正是那种惊喜感和爆发感，喝起来不太甜，也不太腻，中规中矩，结果呢？顾客就是不再回头"。Neo 反思，自己是不是掉进了味道的坑里？消费者众口难调，今天浓点，明天淡点，最终结果只能是平庸，要让消费者有惊喜感，还要在另一个方向使力——口感。

Neo 说，世界上每个人对味道的理解都不一样，比如，上海人爱吃甜，贵州人爱吃酸。但对口感，全人类有基本一致的认知：哈根达斯冰激凌入口即溶，这是一种口感；麦当劳

麦辣鸡翅外脆里嫩，这是一种口感；相反，再上好的牛排如果煎到全熟，食客也尝不出那是顶级美味。Neo 认为，口感应该丰富、多层次，让人留下记忆点。怎么优化口感？好材料、好配方、好工艺。2017 年上市的一款桃茶饮"芝芝桃桃"用了三种桃子，分别来自浙江、四川、山东，有的桃子用来做果肉，增加咬感；有的桃子用来榨汁；有的桃子用来出颜色，肉质更粉，更符合少女心。

做茶饮除了味道、口感，还有一个重要维度：香气。比如，西柚、柠檬等柑橘类水果没什么口感可言，但香气很浓，不仅有闻到的前香，还有润过喉咙后喷出来的后香。喜茶曾想推出一款车厘子茶饮，车厘子有甜味，有嚼感，但没香气，于是放弃。

2. 跳出来，重新定义产品标准

观察喜茶产品的名字，一款由草莓、绿茶、奶盖组成的茶饮，叫"芝芝莓莓"。喜茶给产品起名大有学问。为什么不叫"鲜榨草莓芝士茶"？Neo 说："如果以原料命名，顾客就会以自己的标准来判断，而喜茶呈现给顾客的，并不一定是你之前理解的那种原料的味道。"再看"金凤茶王"，其实世上并无一款叫金凤的茶，它由乌龙、金轩、绿茶等拼配而成。"我们希望定义金凤这款茶"，背后的原因是 Neo 要打破目前茶叶产业过分依赖品种和原产地，导致一些茶叶动辄炒到天价的困局。

Neo 不喜欢一款产品带有太多特产和原产地色彩，他称之为"原产地困局"。"特产往往在原产地做不出品牌，为什么？因为人们从小吃到大，每个人都有自己的标准，我见过的所有湖南女孩对米粉都有不同见解，都认为自己老家的最好吃，别人一创新，就被批判不正宗，其实是被传统口味、工艺绑架了。"所以，做产品一方面要不断优化，另一方面则要跳出来，重新定义标准。这方面最酷的当属苹果。"苹果不会说，出了一款更好智能手机，它会重新定义一个名字，就是 iPhone。"

3. 品牌方法论：更新"皮肤"，传承"灵魂"

中国企业该如何打造本土品牌？Neo 的方法论是"皮肤与灵魂"：更新皮肤，传承灵魂。Neo 认为，"喜茶要做茶文化，并不是要把我们的店装修成一个茶馆，我认为那是皮肤，包括大红灯笼、唐装等都是皮肤，皮肤要用现代化的表现方式呈现。你看优衣库、无印良品等日本品牌，店内没有任何日本元素，店员不会穿一身和服，脚踏木屐，它们的品牌 logo 用的都是很现代主义的字体，严格直角，极端平行与对称，但给人感觉就很日本化。"下面来看看喜茶是如何做的。

（1）品牌起名：寓意要美好，但不要太容易被定义。首先要简单。Neo 说："因为我们想做的是大众化的生意"，"当初我们改名叫喜茶时，很多人觉得这个名字土，似乎是用红色毛笔字手书的，但我们赋予'喜茶'现代主义的字体，这就产生了一种唐突感。"Neo 还希望品牌名寓意要美好，很有内涵，但不要太容易被定义。之前皇茶的"皇"字就太容易被定义了，而"喜"字，每个人都觉得寓意很美好，又可以有自己的联想，"这有利于品牌以后的延伸和重新诠释"。

（2）品牌 logo：越底层的越持久。喜茶的 logo 是一张侧脸：一人手握一杯喜茶，饮品将要送到嘴边时，合眼，神情陶醉。侧脸很难让人分出谁是谁，因为人类的侧脸都差不多。而 Neo 就希望喜茶是一个比较中性的品牌，因为他希望喜茶能赢得所有人，所以"Ta 没有肤色、刘海、分头的发型，就是一个人类共同的形象"。"耐克那只钩几十年一直那么醒目，就是因为它没有多余的装饰，是一个很底层的东西，我希望喜茶也一样。"

资料来源：贾林男. 6 个真相让你明白，喜茶为什么比你更懂年轻人[EB/OL]. (2018-10-10). https://www.sohu.com/a/258624024_100207069.

本章案例讨论

1. 喜茶为什么会受到人们的喜爱？
2. 喜茶使用了哪些方法来改变消费者的认知成分和情感成分？
3. 你觉得还应当采取哪些营销措施来提高消费者肯定的态度？

客 观 题

第六章 消费者的个体心理差异

学习目标

- 掌握消费者个性的概念。
- 了解大五人格模型和萨提亚冰山理论。
- 掌握自我概念的构成与类别。
- 理解自我概念对消费者行为的影响。
- 了解生活方式的含义及在营销中的应用。

导引案例　　　　　　　个性十足的"ONLY"

ONLY（奥莉）是丹麦著名的国际时装公司 BESTSELLER 拥有的众多著名品牌之一。ONLY "快时尚"的定位，使其成为众多欧洲时尚的领跑者。时尚感强的欧洲设计，让大胆而独立的都市女性通过服饰表现自我。

1. 品牌定位

ONLY 定位于 22～35 岁的年轻女性族群，这一族群代表着活力、有趣的生活方式，充满动感，带有浓厚的时代气息。ONLY 在为消费者带来世界流行时尚的同时，也带来了精致的品质和服务。根据调查显示，ONLY 的消费群体是充满激情的，她们拥有独特的个性，是生活在世界各大都市中独立、自由、追求时尚和品质的现代女性。

2. 品牌风格

ONLY 的品牌风格是与众不同、富有激情并充满生机的。其拥有的三个系列为每一位女性发现自我和表达自我提供了多种可能。

- EDGE 是 ONLY 的高端系列，它专为那些精致又不失酷味的女性定制：赞美力量感、才华出众、摩登独立。这是一个散发强烈个性态度的时尚系列。
- TRUE 是 ONLY 的街头系列，它为那些时刻忠于自我的女性而生：赞美野性真实、崇尚自由、敢于表达。这是一个将女性独立个性与中性潮流元素混搭的时尚系列。
- LOVE 是 ONLY 的都市系列，它为那些拥抱浪漫主义的女性而生：赞美充满诗意的生活，经常制造出其不意的惊喜，喜欢传递俏皮的爱意。这是一个诠释女性细腻情感和精致品位的时尚系列。

资料来源：白玉苓. 消费心理学[M]. 北京：人民邮电出版社，2018.

问题：

1. ONLY 品牌吸引了具有哪些个性特征的消费者？一个品牌的个性特征与其消费者的个性特征有什么联系？

2. 根据该案例，你认为一个品牌该如何表达其个性特征？

从心理学的角度看，人的个性心理差异是其行为差异的心理基础。消费者在购买活动中发生的感知、记忆、思维、情感、意志和心理倾向等心理现象，既体现了人的心理活动的一般规律，又反映着其心理活动的个人特点，由此形成各具特色的消费者购买行为。消费者在购买活动中所表现出来的千差万别的行为，主要是由于消费者不同的个性心理所决定的。研究和了解消费者的个性心理，不仅可以解释他目前的购买行为，还可以在一定程度上预测其以后的消费行为趋向。

从营销的角度看，显然，营销者不应试图去改变消费者的个性，而应在了解消费者个性特征及其对行为影响的基础上，使营销策略适应消费者的个性特征。从消费者来看，"个性化消费"趋势越来越明显，这一方面与消费者物质与文化水平的提高有关，另一方面，互联网与电子商务的发展也为个性化定制提供了可能。例如，耐克公司曾推出一项名为NIKEiD 的运动鞋网上定做服务，凡到耐克网站购物的用户都可以根据自己的喜好让耐克公司为其定制运动鞋、背包、高尔夫球等产品。

第一节　个性与消费心理

迄今为止，尽管只有一小部分的研究结果证明了个性与消费行为之间关系的存在，并且只是一种微弱的关系，但是个性研究及其在营销中的应用价值仍不能被低估。有证据表明，个性对于消费者的信息搜寻行为、产品种类的选择、产品使用率、新产品采用、品牌忠诚、信息偏好等都具有显著的影响。

资料链接　　　　**人格还是情景，对人的决策影响力更大**

有一个著名的行为心理学测试，选择了 40 个牧师进行测试。实验前，通过对他们填写进入修道院的动机，判断他们是出于帮助别人还是自我救赎的动机，是否拥有乐于助人的天性。

实验开始后，实验人员让他们去参加一个录制节目。待他们出发前，所有牧师中有三分之一被告知：你们已经晚了，也就是被设置在一种极度匆忙的状态中。另外三分之一的人则被置于一种中度匆忙的状态——他们被告知"已经准备就绪，可以过去了"。另外三分之一则被告知：时间非常宽裕。而在他们途经的路中，有一个假扮落魄潦倒的人，发出咳嗽和呻吟声。

结果，在极度匆忙状态中，停留救助的比例只有 10%；中度匆忙和不匆忙的状态中，停留的比例分别为 45% 和 63%。而是否愿意伸出援手，和是否拥有乐于助人的天性，并没有强相关的对应。

实验结果证明，决定最终行为表现的，是客观情景而非人格。

资料来源：忘记目标用户，找到目标情景[EB/OL].（2022-08-12）https://www.woshipm.com/marketing/5562102.html.

一、个性的含义

个性（personality，也可译成人格）就是表现在一个人身上的那些经常的、稳定的、本质的心理倾向和心理特征的总和，以及与之相适应的特征性的行为方式。它包括消费者的兴趣、爱好、价值观、态度、能力、气质、性格、自我评价、行为方式等许多方面。人的个性是在先天生理素质基础上，在一定的社会环境的作用下，通过自身的主观努力而形成和发展起来的。由于影响个性的因素不同，因而产生了各种各样的心理特征，反映在消费者的消费行为活动中自然也多种多样。

由于个性特征丰富多彩，根据不同的标准，可以对个性进行多种不同的分类。例如，美国学者 Sporles 等人曾以美国高中生为样本成功测量出了 8 类消费者的个性决策型态：① 完美主义型；② 经济实惠型；③ 品牌认知型；④ 新潮时尚型；⑤ 时间节约型；⑥ 困惑不决型；⑦ 粗心冲动型；⑧ 忠诚习惯型。此分类标准说是从"质"的方面划分个性类型，但实际上，人们的个性特征大多只是在"量"方面存在差异。所以，很多人并不是某种典型个性类型，而是中间型或混合型。不同个性类型的消费者必有与其个性相应的消费心理。

与类型说相对的个性理论是特质说。特质说并不把个性分为绝对的类型，而认为个性是由描述一般反应倾向的一组多维特质组成的，每个人在这些维度上都有不同的表现。比如，成功欲、社交性、攻击性、慷慨等都是可以用来描述个体特质的维度，但每个人在这些方面的表现程度可能是不同的。

人格特质的理论模型不少，其中，大五人格模型（big five model，OCEAN model）对于消费者行为较具预测力。

（一）大五人格模型

大五人格模型认为，大约有 5 种特质可以涵盖人格描述的所有方面，这 5 类因素如下所述。

（1）开放性（openness）：用来描述一个人的想象力、艺术的敏感度与智能程度的一种人格构面。如想象、审美、情感丰富、求异、创造、智能等特质。

（2）责任心（conscientiousness）：用来描述一个人负责可靠、不轻言放弃与成就取向的一种人格构面。如胜任、公正、条理、尽职、成就、自律、谨慎、克制等特质。

（3）外倾性（extraversion）：用来描述一个人在社交、互动与专断程度上的一种人格构面。如热情、社交、果断、活跃、冒险、乐观等特质。

（4）宜人性（agreeableness）：用来描述一个人友善本质、合作性与信任程度的一种人格构面。如信任、利他、直率、依从、谦虚、移情等特质。

（5）神经质性（neuroticism）：用来描述一个人情绪稳定程度的一种人格构面。如镇定、平稳、安心（正面的）或冲动、脆弱、敏感、紧张、压抑、沮丧、不安（负面的）等特质。

（二）MBTI 模型

MBTI（Myers‐Briggs Type Indicator）是由美国的布里格斯和她的女儿迈尔斯共同研制定的一种人格类型理论模型。它以瑞士心理学家卡尔.荣格（Carl G.Jung）的心理类型理论为基础，形成四个维度，如图 6-1 所示。所谓"I 人、E 人营销"，就是根据 MBTI 中的外向（E）和内向（I）指标对消费者进行分类，从而提供相应的服务。

你从哪里获得精力？	
外向性（E）	内向性（I）
喜好户外活动的	安静的
互动型的	专一的
先说后想	先想后说
爱交际的	沉思的

你注意并且收集什么样的信息？	
感觉的（S）	直觉的（N）
实用的	概括的
详细的	可能性的
具体实例的	理论性的
特定的	抽象的

你如何评估和做出决定？	
思维的（T）	情感的（F）
分析的	主观的
用头脑	凭热心
遵循规则的	依环境而定的
公正的	仁慈的

你如何使自己适应外部世界？	
判断的（J）	知觉的（P）
结构性的	灵活的
时间导向的	结果开放性的
决策性的	探索性的
有组织计划的	任其自然的

图 6-1　MBTI 的指标维度

通过对照四个维度的描述，识别出个体在每个维度上的偏好，取每个维度上偏好类型的代表字母，即可以由四个字母构成性格类型，如 ISFJ，即内倾-感觉-情感-判断型。但大多数人在四个维度上往往兼具两种倾向，只是更偏向某一端。可见，四个维度、八个端点可以组合成总共 16 种性格类型。消费者也可以根据其性格类型，划分为 16 个细分市场。例如，INTP 型的消费者可能更喜欢逻辑、创新、高质量的产品，而 ESFJ 型的消费者可能更喜欢实用、人性化、有社会责任的产品。

（三）萨提亚冰山理论

萨提亚（Satir）的冰山理论（见图 6-2）借鉴了弗洛伊德的冰山理论，认为一个人的"自我"就像一座冰山一样，能看到的只是表面很少的一部分——行为，而更大一部分的内在世界却藏在更深层次，不为人所见，恰如冰山。那些内在、非直观

萨提亚
冰山理论

的应对方式、感受、观点、期待、渴望、自我等众多心理层面，才是一个人状态的主体。萨提亚冰山理论不仅是一套自我觉察、理解他人的技术工具，更是一个人整体状态的展现。

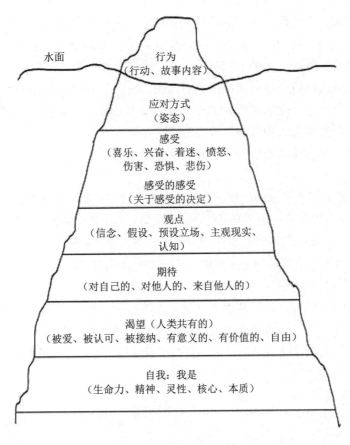

图6-2 萨提亚冰山理论

 **案例链接** 顾客小张的内心"冰山"

小张到饭店就餐，等了很久，但服务员因照顾其他团队客人，不愿搭理他。小张大声指责说："你这样对待顾客，我要告诉你们经理（行为）。"小张对这种不公平的态度或行为通常都不会容忍（应对方式）。小张当时很愤怒（感受），服务员做了解释并很不高兴地为他进行了服务。小张自视很高，但也只能无奈、无助地发泄一通（感受的感受）。小张认为，服务员应公平对待每一位客人，这是其基本的职业道德（观点）。小张希望能受到同等规格的礼貌和热情接待（期待），这样才会感觉到被尊重，才有一种归属感（渴望）。在被冷落的那一刻，小张的自我价值感受到了极大冲击（本质）。

当然，人的个性是十分复杂多元的，不容易观察到内在特性，因而准确地把握消费者的个性心理特点并不容易。在网络时代，所有的消费行为最终都会沉淀为数据，研究者容易从中了解消费者的行为差异，但消费者的内在心理特征仍较难被准确描述。

二、消费者的个性特点

拥有不同类型个性的消费者会表现出不同的消费行为，譬如拥有孤独型人格的人可能更难产生品牌忠诚，会体现出更多的品牌转换行为。而针对孤独型人格的营销就可以定位在个人主义、独立自主等方面。但单一个性特征对于行为的预测效果可能不高，最好能结合消费者的人口统计特征（如经济状况等）或更多的个性特征，从而提高其预测效度。

营销者可以通过分析个性对消费行为的影响，进行市场细分和定位。"个性化消费"以及相关的大规模定制、个性化定制、DTC（direct to consumer，直接面向消费者）营销，都反映了以消费者个性化需求和体验为核心的营销理念。

下面就列出几个影响消费行为的主要个性特点。

1. 创新性

创新型的消费者喜欢了解新的想法，是第一批尝试新产品和新服务的人。对于新产品而言，此类消费者很大程度上决定了产品的成功和失败。消费者创新性的度量是与刺激的需求、追逐新鲜感以及独一无二的需求联系在一起的。某些消费者对新事物乐于接受，那么他们的创新性就较高；而有些消费者则对新事物持怀疑和排斥的态度，则他们的创新性就低。

2. 教条主义

这是一种反映个体对自己不熟悉或者与自己的信念不同的信息显示出的刻板程度。低教条主义的消费者更喜欢不熟悉的和创新型的产品，而高教条主义的消费者排斥陌生事物和更喜欢既有产品或者已经成名的产品。某些广告使用权威或者名人代言（权威诉求），就是针对高教条主义的消费者，以打消他们的疑虑。

3. 独特性需求

人们对独特性的需求是不同的，有的人不管是外表还是所有物，都追求独特，他们不愿意遵从他人的期望和标准。独特性需求会影响消费者对独特性产品或者品牌的偏好。独特性需求高的人倾向于选择具有独特性、个性化的产品，而独特性需求低的人则会选择一般性的产品。独特性需求也受到文化的影响，譬如中国传统文化的特点之一是从众心理比较普遍，即使个体的自我概念不断强化和独立，也依然受到文化的影响，使得消费选择较为同质化。

相对于男性，女性消费者的独特性需求更高。全球领先的市场研究集团益普索（Ipsos）针对中国女性被访者进行了奢侈品牌消费调查。研究发现，展现个人品位、彰显身份地位、确保生活品质、润滑群体交往以及释放自我是中国女性消费奢侈品牌的五大动因。其中，以展现个人品位这个动机为主的群体规模最大，她们希望通过消费奢侈品牌表达自己独特的个性和品位，使自己与群体区分开来，表现出与众不同的品位与气质。

4. 社会性格

这一概念可以用来描述个体个性中内倾性和外倾性的程度。内倾性比较高的消费者会用自己内心的标准和价值观去评价产品或服务；而外倾性比较高的消费者则会更多依赖他人的意见做决定。在广告方面，如果针对的是内倾型消费者，则要多讲产品的功能以及个体使用后所获得的利益。

5. 最优刺激水平

个体在喜欢的刺激水平上存在差异，有的人喜欢过刺激的生活，有的人则喜欢过平静安稳的日子。如果个体的生活方式与自己的最优刺激水平相一致，那么个体会对生活感到满意；如果最优刺激水平低于个体的生活方式，那么个体会追求宁静和平和；如果最优刺激水平高于个体的生活方式，那么个体会感到生活很沉闷。也就是说，个体的最优刺激水平及其生活方式决定个体的追求，从而影响他的消费。举例来说，如果消费者感到过于刺激，那么他可能会去人少安静的地方度假；相反，如果消费者感到乏味，那么他可能会去人多热闹的地方度假。因此，最优刺激水平可以指导企业决定在广告信息中是强调刺激还是平和等因素。

6. 认知的需要

认知的需要是个体渴望或者喜欢思考的程度。如果消费者的认知需要很高，那么他就有可能对广告中与产品有关的信息更加关注；而如果认知需要较低，那么他就会被背景或者画面（如著名代言人）所吸引。对于认知需要较高的消费者来说，广告可能不需要重复多次，但是要提供相对丰富的产品信息；而对于认知需要较低的消费者来说，重复性的广告更加有效，他们更多地会从媒体中获取信息。

7. 人际关系导向

人际关系导向是描述消费者是否具有很容易被别人影响的特质的一个个性维度。如果一个消费者的人际关系导向比较强，通常他受口碑、参考群体的影响就会很大；反之就小。

8. 价格敏感性

Z 世代的消费行为特征

价格敏感性也可以被视为消费者的一种特质。不同价格敏感性的消费者在购买产品或服务时对价格的关注程度和敏感程度不同，并且对企业价格变动的敏感程度也不同。了解消费者的价格敏感性，对于企业定价策略有很重要的指导意义。

第二节　自我概念与消费心理

商品的品牌个性能够与消费者的个性心理品质相联结，从而对其消费行为产生影响，实际上这是品牌个性（或品牌形象）与消费者的自我概念（或自我形象）相一致而产生的结果。在此基础上形成的"自我概念和品牌形象一致性理论"（Sirgy，1985）认为，包含形象意义的产品通常会激发包含同样形象的自我概念。例如，一个包含"高贵身份"意义的产品会激发消费者自我概念中的"高贵身份"形象。因此，消费者的自我概念与产品形象一致是影响购买动机的重要因素。例如，在购买服装时，性格外向的人喜欢新颖、时髦的款式和对比强烈的色彩，因为他觉得这样的选择符合其自我概念。正是在这个意义上，研究消费者的自我概念对市场营销特别重要。

一、自我概念的含义

自我概念也称自我形象，是指一个人所持有的对自身特征的信念，以及对这些特征的

什么是

给消费者戴上
自我概念的
"帽子"

评价。换言之，即自己如何看待、评价自己，俗语"人贵有自知之明"反映了自我概念或自我意识的重要性。自我概念是自我意识中最重要的一部分，它回答的是"我是谁""我是什么样的人""我应该是什么样的人"这一类问题。

按照自我概念理论，个人是基于他们的实际自我和理想自我来形成自我概念的。因此，二者构成了自我概念的基本框架。自我概念理论主要基于两大原则：自我一致性的维持和自尊的强化。一个人为了维持自我一致性，必须遵循实际的自我；若要强化自尊，就必须追随理想的自我。因而，消费者倾向于选择那些与其自我概念相一致的产品、品牌或服务，避免选择与其自我概念相抵触的产品、品牌和服务。

二、自我概念的构成

自我概念实际上是在综合自己、他人或社会评价的基础上形成和发展起来的。过去，人们通常认为消费者只有"一个单一的自我"，而且仅对那些能满足这个唯一自我的产品或服务感兴趣。然而，研究表明，把消费者看作具有多重自我的人更有助于理解消费者及其行为。这是因为现实生活中存在大量这样的事实：特定的消费者不仅具有不同于其他消费者的行为，而且在不同的情境下也很可能采取不同的行为。在不同的情境下（或在扮演不同的社会角色时），人们往往就像换了一个人一样。

一般来说，可以从社会化程度及理想化程度两方面把自我概念分成4个基本的部分。

（1）真实自我：消费者实际如何看待自己。

（2）理想自我：消费者希望如何看待自己。

（3）社会自我：消费者觉得他人如何看待自己。

（4）理想社会自我：消费者期待他人如何评价自己。

如图6-3所示，运用坐标的格式列出了自我概念的4种基本变式。其中，X轴代表"自我"主观的程度（即"自我"价值究竟取决于个人意识还是社会评价）；Y轴代表"自我"真实的程度（即"自我"的认知究竟比较接近真实的自我还是美化过的自己）。两轴相交，产生了4个象限，即自我概念的4种类型。

图6-3 自我概念的4种类型

对于在公共场合使用的产品或者品牌来说，理想社会自我对品牌选择的影响比真实社会自我更大；对于在私下场合使用的产品或者品牌来说，真实自我对品牌选择的影响比理想自我更大。例如，就某些日用消费品来说，消费者的购买行为可能由真实自我来指导；对于某些社会可见性较强的商品来说，他们则可能以社会自我或理想社会自我来指导其行为。因此，在营销策划（如产品设计、广告设计）中，应当考虑适宜的产品使用场合或情境。

另外，人们通常都希望从真实自我向理想自我转化，从而不断修正自身行为，以求自我完善；人们还力求使自我形象符合他人或社会的理想要求，并努力按照理想社会自我从事行为活动。特别是青年女性消费者按照理想社会自我进行消费的特点相对突出，例如，许多女生喜欢用美颜相机对自己的形象进行美化。

自我概念对消费心理的影响作用还与个人因素有关。自我概念一致性对那些自我监控强或更看重别人看法的消费者更为重要，对那些不太在意他人看法的人则不大起作用。强调理想社会自我概念的消费者可能为了提高自我形象而不顾经济条件和其他条件的限制进行超前消费、高标准消费，而按照实际自我消费的消费者往往会根据自己的实际条件量力而行。中年以上的消费者主要受实际自我的影响，而较少受理想自我和社会自我的影响。社会自我意识强的消费者更倾向于通过商品展示其个人形象，例如，奔驰的用户通过开奔驰展现自己的社会地位；买曼联球衣的消费者展示自己属于曼联球迷这一群体；上 B 站的消费者展示自己不属于现实世界这一群体。另外，倾向于社会自我的消费者更容易受到参照群体影响，更加考虑产品的群体合群性，注重产品的社会性象征意义及其社会影响，以及如何有利于建立维护消费者与集体和他人的关系。在进行购买决策时，消费者会更多地考虑社会规范、他人的影响，以及后果对于自己声誉和与他人关系的影响，因此不易采取冒险的消费决策，冲动性购买较少。

在不同的文化背景中，自我概念会有所不同。与西方国家的消费者相比，中国人强调"脸面"（或"面子"）的重要性，"脸面"实际上就是社会自我以及在他人眼中保持自己所渴望的理想社会自我形象。在消费活动中，中国人更容易将产品或品牌与"面子"联系起来，在送礼、宴会等倾向性消费时更注重产品的声誉和标志地位的符号作用，甚至导致炫耀性的消费行为。

在网络世界中，人们还会选择性地将一些个人线索或虚拟形象呈现在他人面前，形成一种虚拟自我或数字化自我。例如，上传到社交媒体上的照片往往以虚拟或 P 图（利用 PS 软件美化图片）的方式呈现。人们已经逐渐开始用自己创造的数字标签来定义自我，而数字化自我也成为判断其个人特点的重要线索。以前判断一个人往往是"你穿什么用什么，你就是谁"，而现在有可能转变成"你在社交媒体上 post（公布、发布）什么，你就是谁"。

三、自我概念与产品的象征性

一般而言，消费者会选择可以增强自我概念的商品，回避那些与自我概念的特点不一致的商品。而商品除了具有使用价值，还具有某些社会象征意义。例如，Rolex、Cartier、LV、Hermes、Gucci 等国际知名品牌常被消费者当作身份和地位的象征。换言之，不同档次、质地的商品往往蕴含着特定的社会意义，代表着不同的文化、品位和风格，可以作为表达消费者身份的外在符号。而最有可能成为传递自我概念的符号或象征品的商品大多具有 3 个方面的特征：可见性、区别性（有人能够拥有，有人无力拥有）、拟人性（能在某种程度上体现使用者的典型形象）。

在很多情况下，消费者购买商品不仅是为了获得商品所提供的功能效用，更多时候还是为了获得商品所代表的象征价值。例如，劳斯莱斯车对购买者来说，显然不是单纯地购买一种交通工具，更是一种身份和地位的象征；耐克运动鞋也不是因为舒适性和耐磨性而受到欢迎，真正吸引消费者购买耐克运动鞋的原因可能在于其可以为消费者带来自我形象增强的价值。一些学者认为，某些商品对拥有者而言具有特别丰富的含义，消费者将它视为一种将自我概念传达给其他人的方式，是一种"印象管理"的方式。例如，一些年轻女性希望通过漂亮的服装、沁人的香水或某些外显性名牌用品，来"管理"其他人对她的看法。而且，强调社会自我的消费者往往会依据他人的期望来规范自己的消费行为，这时还会产生一种"自我实现预言"，例如，一位女性认为自己并不吸引人，平时穿着不注重自己形象，而这真的会降低她的魅力。另一方面，人们也总是倾向于透过别人的拥有物或活动，如他的服饰、珠宝、家具、汽车、家庭装饰、个人收藏、饮食爱好以及个人选择的休闲活动等，来对对方的个人特点做出评价，推断他究竟"是谁"或"是什么样的人"。

人们希望通过被其他人见到的消费行为及消费品来构建自己身份，因此，消费者一般倾向于选择符合或能改善其自我形象的商品或服务。例如，现代人对奢侈品的崇拜和追捧，其实也是对理想自我追求的一种展示。人们甚至会有意识地借助一些物品或消费行为来完成自己的角色定位，实现"我现在是谁"的自我形象的塑造。当人们刚刚开始扮演一个新的或不寻常的角色时，由于身份还未完全形成，物品的作用尤为突出。例如，青春期的男孩子会使用诸如汽车、香烟之类的"成人"用品来显示他们正在形成的男子汉气质。相反，一个十几岁的少女可能通过拒绝她曾经十分迷恋的"芭比"娃娃，来声明或表达她已不再是一个小孩子了。

贝克尔（Belk）提出了"延伸自我"概念来解释这种现象，它说明了消费者有时根据自己的拥有物来界定自我。因为有些拥有物不仅是自我概念的外在显示，同时也构成了自我概念的有机组成部分。如果丧失了那些关键性的拥有物，消费者就可能觉得失去自我而成为另外的个体。因此，消费者所拥有的财产或者所购买的商品常常被消费者本人看作自我概念的延伸或扩展。例如，如果消费者拥有一套豪华别墅，那么他本人往往把自己看作是成功的和富足的。

❓ **思考一下**：有哪些物品属于你的"延伸自我"？

概括地说，消费者购买产品是为了象征性地向社会传递关于自我概念的不同方面。通过购买和使用这些商品，可以显示出不同的个性特征，增强和突出个人的自我形象，从而帮助消费者有效地表达自我概念，并促进真实自我向理想自我的转变。

但是，不同的消费者对具有象征性价值的物质产品的注重程度并不相同。有的消费者特别注重这些具有象征性价值的物质产品，并将其视为自己追求和奋斗的目标；另一些消费者对这些物质产品看得相对淡泊，对这些产品的拥有与否也持一种无所谓的态度。具有极端物质主义倾向的消费者将物质产品置于生活的中心位置，认为这些是他获得满足感的最大来源，也会更加重视产品的象征性。

四、自我概念与营销心理策略

自我概念的影响作用在消费者对商品的偏好、价格的认同、广告的接受程度等方面都有所体现。

1. 尽力使品牌形象与目标消费者的自我概念（形象）保持一致

江小白
的营销术

Sirgy 提出的"自我概念和品牌形象一致性理论"认为，当产品的属性与消费者的某些自我概念相符合时，就容易被选择；产品与自我概念的影响是双向的，也就是说，自我概念会影响消费者所购买的产品，而某些产品则可强化消费者的自我概念。同时，消费者也希望产品能够彰显自我、表达自我。比如，曾经火爆的《我的说明书》H5[①]、DIY 类 H5，引发了同类 H5 作品的爆发，背后都是年轻人自我价值的表达。大量实践也表明，消费者在选购商品时，不仅仅以质量优劣、价格高低、实用性能强弱为依据，而且把商品品牌特性是否符合自我概念、是否有助于表达和提升自我形象作为重要的选择标准。

因此，营销人员应该努力塑造产品形象并使之与目标消费者的自我概念相一致。虽然每个人的自我概念是独一无二的，但不同个体之间也存在共同或重叠的部分。比如，许多人将自己视为环保主义者，那些以关心环境保护为诉求的公司和产品将更可能得到这类消费者的支持。

如果品牌形象与消费者的自我概念一致，就容易激发消费者强烈的"共鸣"反应和产品认同。但是，并非所有的产品或品牌都能够成为延伸自我的一部分，担当消费者自我形象的"代言人"，并与消费者产生"共鸣"。通常，自我概念一致性更多地与具有象征意义的产品（如服装、香水）相联系，而与具有功效价值的产品（如食盐、肥皂、药品、车库钥匙）的关联则较弱，因为这些商品在社交中很少被人所注意，品牌差异度也很小。另外，从自我概念本身的作用上看，对于功能性产品来说，消费者倾向于将产品形象与真实自我进行比较；而对于象征性产品或与社会地位相关的产品来说，消费者则会使用理想自我来进行比较。

如图 6-4 所示，对自我概念和品牌形象的影响关系做了大致勾勒，但这一过程并非都是有意识的和深思熟虑的，维护和增强自我形象的购买动机常常是一种内在的深层动机，这个过程往往是无意的。

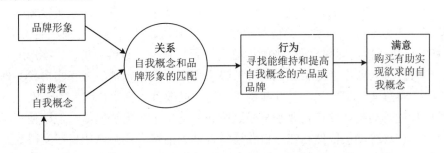

图 6-4　自我概念与品牌形象之间的影响关系

📋 资料链接　　　　　　　　拼多多？并夕夕？

近日，一组"灵魂问答"在网络上刷屏。问曰："怎样判断一个人是否向生活低头了？"

---

① H5 是指 HTML5（一种语言描述方式），也指用 H5 语言制作的一切数字产品。

答曰："看这个人是否给你发拼多多的链接。"

小郑是一位名牌大学毕业生，毕业后在一家知名外企工作，月薪8000元左右。虽然工资并不高，但她却过着令人羡慕的精致生活——穿着名牌服装，喝着星巴克。她经常在天猫、京东、当当、苏宁、唯品会购物，却从来不在拼多多买东西，因为她觉得这么做很"Low"（品位低、档次低）。在水木社区（源于清华的高知社群），有网友吐槽"觉得上了拼多多的广告后，湖南卫视更'Low'了"。

小郑的这些消费行为正是受到自我概念的影响。消费者购买某些品牌的产品是为了保持或提高其所追求的自我形象，消费者的自我概念使得他们把自己占有或希望占有的产品与这些产品对他们自己以及对其他人的意义联系起来。当某项产品所象征的意义与消费者已有的或希望获得的自我概念一致时，他就想购买该产品。因此，营销人员应该努力塑造产品形象，并使之与目标消费者的自我概念一致。

2. 巧妙运用消费者真实自我与理想自我之间的差距，激发消费行为

象征性自我实现理论认为，人们可以通过获取与自己的理想自我目标紧密相关的事物来象征性地缩小自己与理想自我的距离。也就是说，消费者可以不用付出任何实际的努力，通过获取与理想自我相关的物品来象征性地缩小自我差异，同样也可以产生满足感，并提升自尊水平。而且少部分产品确实能在短期内缩小自我差异，例如，衣服、装饰品、美容手术以及其他附属品（如化妆品、珠宝等），都为消费者提供了改变他们的外表，进而调整他们"自我"的机会。

同时，让消费者相信产品在某些方面能象征性地代表他们的理想自我也比产品开发要容易得多。例如，很多产品广告通过明星代言，反复强化广告商品与消费者理想形象是联系在一起的，就有可能得到消费者的认同。例如，古龙香水的广告语"闻起来就像条汉子"，试图建立起该产品与男子汉气概之间的联系；穿耐克运动鞋的消费者，不是为了说明他很能跑，而是象征他热爱运动、有活力。

当然，消费者首先必须意识到真实自我与理想自我、社会自我和理想社会自我之间的差距。为此，营销者可以通过"揭示差距"与"提高理想"的方式，来激发和强化消费者的自我差异，巧妙地降低消费者的自尊水平，从而刺激消费者通过某种产品来弥补差距，"改善"真实自我或接近理想自我。例如，在化妆品、服装、首饰、手表、整形美容等产品广告中，广告代言人或广告模特强大的外表吸引力强烈地暗示消费者真实自我与理想自我之间的差距，唤醒其理想自我，激发其购买行为，以改善"真实自我"的形象。

虽然自我提升动机往往在自尊水平受到威胁的情况下会更加明显，但即使在没有受到威胁的情况下，这种动机依然存在。自我感觉良好的消费者还会希望自己变得更好，对自我价值的肯定几乎是没有上限的。任何号称能让消费者更聪明、更有魅力、更健康的产品，都会引起人们的关注。

但是，营销者在广告中所暗示或展现的的差距必须恰到好处：如果差距过大，则会给消费者带来一种无法企及的挫败感，从而严重降低消费者的自尊；而如果差距过小，则无法给消费者带来足够的心理期待，难以激发其消费行为。

3. 正确辨别消费者私人自我和社会自我之间的差异，采取针对性的营销策略

私人自我是指"我觉得自己怎么样"或"我想自己应该怎样"，而社会自我则是"别人

怎样看我"或"我希望别人怎样看我"。有时，消费者为了符合或影响他人对自己的看法，会出现"为别人而消费"的现象。例如，喜欢休闲装的消费者在正式场合也不得不穿上西服，从而给他人以严肃、正派和合群的印象。这说明消费者整体的自我概念不仅受到"我"对自己的看法和态度的影响，还受到别人对"我"的看法和态度的影响，也就是社会自我概念的影响。在实际的消费行为中，至于哪一种自我概念起主导作用，需视产品的属性及其与消费者的关系而定。一般地，如果该产品具有较强的私密性、内隐性、功能性、价值性，则私人自我概念起主导作用；反之，如果该产品具有较强的社会性、外显性、价值观表达性，则社会自我概念起主导作用。

有心理学家认为，社会自我比私人自我更能影响人的自尊水平。例如，如果你的朋友觉得你的身型完全走样，你的自尊肯定会大受打击，即便在你眼中自己的身材几近完美。同时，与说服消费者降低其自我评价相比，从他人的评价入手来降低消费者的自尊水平更为容易。一些男士对杂乱的胡须满不在乎，甚至引以为荣，如果广告宣传告诉他们，女士十分反感这种不修边幅的男性，就可能提高这些男士对剃须产品的需求。又如，游戏《梦幻西游》的广告语："人人都玩，不玩才怪"，就是告诉年轻人大家都在玩这款游戏，如果你还没玩，就会成为别人眼中的异类。

第三节　生活方式与消费心理

中国中等
收入阶层的
生活方式

我们前面所讨论的个人特性因素，如年龄、性别、个性等往往是在广义上和非具体的范围内影响消费者行为，而受这些变量影响形成的生活方式则更能和消费者的购买行为建立一种显著而直接的关系，也因此更能为企业营销者带来准确和实用的信息。

一、生活方式的含义

生活方式（life style，又称生活形态）是一个内容较为广泛的概念，它包括人们的衣、食、住、行、休息娱乐、社会交往、待人接物等物质生活和精神生活的方式，以及价值观、道德观、审美观和与这些方式相关的生活活动状态、模式及样式等方面。简言之，生活方式就是人如何生活。例如，我们现在都使用智能手机，热衷于网购，这就是我们的生活方式。生活方式是由人们过去的经历、人口统计特征、个性特征、自我概念、价值观及所处的生活条件等所决定的，是各种主客观影响因素的综合反映，并由此形成的有别于他人的活动、兴趣和态度的综合模式。不同的地理环境、文化传统、政治法律、科学技术、思想意识、社会心理等多种因素从不同方面影响着生活方式的具体特征。而人们的人口统计特征、社会阶层、经济收入、消费水平、家庭结构、参照群体、教育程度、闲暇时间占有量、社会服务等条件的差别，甚至消费者的购买动机、经历、情感和个性等的影响，使同一社会中不同阶层、职业群体以及个人的生活方式形成明显的差异性。

❓ **思考一下**：描述一下你现在的生活方式。你的生活方式与你父母的生活方式有何不同？在未来五年内，你预期你的生活方式会有什么改变？是什么原因引起的这些变化？由于这些变化，你将购买什么样的新产品或品牌？

生活方式与个性、价值观等有很大的重叠，但生活方式所涵盖的范围更广，其表现的内容比个性要多得多。从生活方式与个性、自我概念的关系上看，一方面，生活方式在很大程度上受个性、自我概念的影响。例如，保守、拘谨性格的消费者，或者把自己看作一位传统、严谨家庭主妇的消费者，不大可能有类似户外探险、极限运动的生活方式；一个高社会阶层的人很少能以几块油腻的肯德基作为午餐。另一方面，生活方式反映的是人们如何生活、如何花费、如何消磨时间等外显行为，可以作为判断消费者购买行为的直接依据，而人的内在个性、自我概念也会通过其生活方式表现出来。表 6-1 显示了个性、欲望与生活方式的关系。

表 6-1　个性、欲望与生活方式的关系

个 性 特 征	欲 望 特 征	生 活 方 式
活跃好动	改变现状	不断追求新的生活方式
	获得信息	渴望了解更多的知识和信息
	积极创意	总想做些事情来充实自己
喜欢分享	和睦相处	愿与亲朋好友共度好时光
	有归属感	想同其他人一样生活
	广泛社交	不放弃任何与他人交往的机会
追求自由	自我中心	按自己的意愿生活而不顾及他人
	追求个性	努力与他人有所区别
	甘于寂寞	拥有自己的世界而不愿他人涉足
稳健保守	休闲消遣	喜欢轻松自在，不求刺激
	注意安全	重视既得利益的保护
	重视健康	注重健康投资

资料来源：张中科. 消费者行为分析与实务[M]. 北京：中国人民大学出版社，2016.

AIO（活动、兴趣和意见）清单调查法和 VALS（生活价值观）调查法是目前比较流行的生活方式测量方法。其中，活动（activities）指人们如何支配、使用时间与金钱；兴趣（interests）是衡量人们对所接触事物的关注程度；意见（opinions）是人们态度的表达和对周围环境的看法；生活价值观（value and life styles）是人们对待生活的一种态度和观念，主要表现为人们对生活本质、生活方式、生活目的的一种理解、看法和追求。

二、生活方式与营销心理策略

20 世纪 60 年代，市场营销研究者将生活方式的概念引入了营销学领域，特别是应用在市场细分上。它弥补了传统研究方法的不足，更加生动地揭示了人们的生活方式，了解某类生活方式与某种消费之间的联系，为消费者分类提供了更具体、有效的方法。

（一）生活方式与消费行为

生活方式反映出消费者同环境相互影响的全部特征。虽然它同社会阶层、个性等因素紧密联系，但是它既超越了社会阶层，也超越了个性。社会阶层说明的是某个群体或某类人的代表性特征，而无法说明某人的具体特点。个性侧重于从消费者的内部状况描述个体，而生活方式影响着消费者如何花费、如何消磨时间、收入与消费支出的比例关系，以及消费商品种类的选择等各个方面，与消费者的外部行为紧密相连，可以作为判断消费者购买行为的直接依据。

具有相似社会、经济、文化背景的消费者，可能在基于生活方式的具体消费活动中表现出一定的共同之处。而来自不同文化群体、不同社会阶层，甚至不同职业的人，可能会具有完全不同的生活方式。同时，生活方式也会随着人们内在条件与外在环境的变化而发生变化。对于伴随着手机长大的"00后"消费者而言，智能手机、视频分享、SNS社群、网购、快递、网游等构成了新的消费行为生态系统或生活方式。而"改变消费者行为的许多生活方式都是由年轻消费者所推动的"（M. R. Solomon），营销者应当特别关注年轻消费者生活方式的变化趋势。例如，由于年轻人生活方式的改变，饿了么和美团的餐饮外卖的市场份额不断增长，尤其在午餐中更受青睐。

生活方式影响着消费行为的方方面面，影响着消费需要与欲望。因此，根据生活方式可以划分不同的细分市场。同时，生活方式影响消费决策，而这些决策反过来又能强化或改变消费者的生活方式。如图6-5所示（本图有修改）。

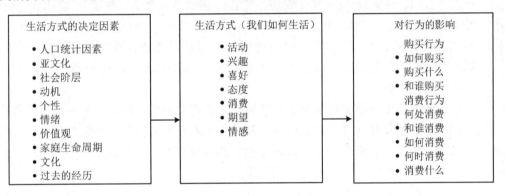

图6-5 生活方式和消费过程

资料来源：霍金斯，贝斯特，科尼. 消费者行为学（原书第8版）[M]. 符国群，等译. 北京：机械工业出版社，2003.

（二）生活方式营销

所谓"生活方式营销"，是指以消费者所追求的生活方式为诉求，通过将产品或品牌演化成特定生活方式的象征，或者身份、地位的识别标志，以吸引目标消费者并建立稳定的消费群体的营销策略。其目的是在使消费者追求特定生活方式的同时，不会忘记特定的产品或服务，并使之成为他们生活方式的一部分。例如，星巴克成为美式休闲的代表，苹果手机成为极简美学和数字生活的代表，无印良品代表着自然主义，宜家代表着北欧生活方式……

叫卖"生活方式"将成为时代发展潮流

从生活方式营销来说，首先就应当识别一系列看上去在消费者观念中与其特定生活方式相关的产品和服务，如果不能创造一种生活方式，就必须服务一种生活方式。实际上，很多产品和服务看起来是"配套"的，这通常是因为它们容易被同一生活方式群体成员选中。很多时候，一个产品如果不跟配套产品一起出现就"不合理"，又或者与其他产品一起出现时显得不协调。例如，20 世纪 80 年代的美国雅皮士（西方国家中年轻、能干、有上进心的一类人），购买、消费的商品包括 Rolex 手表、宝马车、aucci 公文包、软式网球、新鲜的绿色沙司、白酒和乳酪等，这些商品很容易让人们判断他是不是雅皮士。

❓ **思考一下**：网络的出现给我们的生活方式带来了怎样的变化，给市场营销带来了哪些机会和挑战？

生活方式在营销实践中的具体运用包括以下几个方面。

1. 市场细分

生活方式营销要求企业研究社会变迁及其对社会心理产生的影响，将消费者生活方式的特征与企业的营销战略结合起来，面对消费者生活方式的多元化，竞争将不再是企业间单纯的商业竞争，而是围绕消费者生活方式差异开展的差异化竞争。

"森女"的生活

新节俭主义者

将生活方式作为消费者分类的方法被认为是市场细分重心从人口统计向心理地图演变的结果。目前，国内外基于生活方式的市场细分方法普遍存在。如吴垠的 China-Vals 模型将中国消费者分为个性表现族、勤俭生活族等 14 个族群。如果从价值取向来看，生活方式可划分为时尚式（新潮、崇洋）、个性式（另类、叛逆）、旅行式（自由、体验）、成就式（成功、光耀）、奢侈式（豪华、炫耀）、简约式（简单、精致）、简朴式（简单、朴素）、田园式（休闲、自然）、健康式（养生、克制）、追随式（大众、普通）等类型。在社会生活中，某些消费者有着较为典型的生活方式，如"极简主义生活方式""轻奢主义生活方式""佛系生活方式""空巢生活方式""乐活生活方式"等。

生活方式市场细分可以基于生活方式给消费者画像，提供各种生活方式类型消费者的不同需求、活动特征和市场规模等信息，关于消费者的活动、兴趣和观点等方面的信息可以帮助营销者推断哪些产品可以满足他们的哪些需要，以便确定相关产品的目标市场。例如，喜欢极限运动的消费者是相关装备的目标市场。可见，生活方式市场细分是进行生活方式营销的前提。

2. 市场定位

市场定位是根据目标消费者的偏好对产品进行定位。在生活方式市场细分基础上，营销者可以选择一个或多个消费群作为某种产品或品牌的目标市场，将相关产品的性能、价格、文化或品牌定位于某一特定的生活方式，使产品与目标消费者理想的生活方式相适应，将产品设计赋予相应的生活方式标志，从而吸引具有该种生活方式的消费者群体。例如，某些产品设计往往标志着具有不同生活态度的人群，如白色、简洁、布艺感标志着朴素、精致、极简主义的生活态度；抽象、扭曲标志着前卫、尝鲜的生活态度；银色、黑色、金属感标志着严谨、时尚、拥抱科技的生活态度。而特斯拉、H&M、ZARA、优衣库、Whole Foods、亚朵、网易严选、小米有品等品牌，则分别体现的是低碳环保、轻奢主义、快时尚、精致利己主义、有机生活、廉价旅行、小资生活、智能生活等生活方式。

同时，市场定位也可以使营销者更清楚地了解真实消费者的产品使用情况，确定产品定位与目标市场是否匹配。如果不相匹配，企业需要尽快调整营销战略，以适应真实消费者的需求。如果品牌及产品能与特定的人、社会背景融为一体，它就能创造或展现出一种特有的生活方式或消费方式，从而将品牌所宣扬的生活方式渗透到消费者的衣食住行中。例如，无印良品（MUJI）几乎涉及消费者衣食住行所需要的所有商品，但都以简洁、环保、纯朴无华的设计和产品为主，向消费者宣扬着自然、简约、质朴的生活方式。无印良品（MUJI）是目前生活方式营销中践行得最好的品牌——因为它就是生活方式本身。

3. 营销传播

设计和利用与目标消费者 AIO 一致的广告文案和营销方案进行营销传播。消费者选择产品，是因为它与特定的生活方式相联系。对于生活方式营销来说，它强调的是消费者所想要的一种生活状态，而不是产品的功能、价格等因素。因此，在生活方式的营销传播中，企业首先要确立一个和自己所要推广的品牌或者产品相挂钩的生活方式的具体概念，例如，天猫将 slogan（口号）从"上天猫就购了"更改为"理想生活上天猫"，将天猫这个卖货平台升级为理想生活方式的倡导者。另外，还有一些利用生活方式进行营销传播的成功案例，如网易严选"好的生活，没有那么贵"；亚朵"人文、温暖、有趣的新中产生活方式品牌"；抖音"记录美好生活"；支付宝"数字生活开放平台"等。然后，在品牌或产品的推广过程中始终贯穿这样的概念，让消费者感觉到生活就应该是这样。比如，在广告中，我们可以设计跟消费者生活方式相对应的角色形象、艺术背景、生活场景等。

另外，在生活方式营销中，还要注意掌握消费群体独特的传播偏好、偶像偏好，以此来确定媒体的使用类型与传播策略。例如，小红书最早是一个生活方式分享平台，成千上万的消费者在这里通过短视频、图文等形式标记生活点滴，交流消费心得和购买经验，其真实、朴素、平等的社区风格得到了许多追求高品质生活的中青年女性消费者的信任，她们希望在这里找到一些更能匹配自己生活方式的商品。小红书则通过大数据和人工智能，将社区中的口碑内容精准匹配给对它感兴趣的消费者，从而提升了消费者体验。

 思考一下：描绘出你心仪的生活方式，并想想如何根据这种生活方式开展市场营销。

本章思考题

1. 在营销活动中，应当着重关注消费者的哪些个性特点？
2. 举例说明营销策略与消费者个性心理的关系。
3. 自我概念有哪些类别？
4. 试以你自己为例，说明自我概念与消费选择之间的关系。
5. 生活方式营销应当注意哪些方面？

本章典型案例　　　　　　　汽车"性格营销"

形形色色的车展现了车主不同的个性魅力，汽车科技和汽车文化也早已融入人们的生活理念之中，成了人们展示地位和延伸品位的载体，汽车品牌、汽车风格就像时装品牌一样满载着故事。在个性飞扬的时代，汽车已成为驾车人生活的一部分，与人融为一体，而人与车两者性格的契合，则成为被关注的新话题。

一汽马自达"十二星座 Mazda3"网站通过都市年轻人喜欢的星座时尚话题，深切关注人、星座、性格和汽车的关系。人们可先通过十二星座的诠释，知道自己是什么性格，应该拥有什么样的生活方式，该找什么性格的车成为自己的移动之家。此前，一汽马自达副总经理于洪江与星座专家薇薇安一起做客新浪、搜狐星座频道，探讨"星座"、"生活"与"车"，受到网民关注。有评论称，这是中国车界首次用"星座"话题来推介汽车品牌，从一种生活时尚和性格关注的角度讲，这无疑是一个成功的营销案例。

无独有偶，在一次宝马潜在用户的试驾活动上，宝马人士先给试驾者做了一次性格测试，告诉一位男士："你是一个沉稳和内敛的人，如果你开得过慢，会享受不到驾驶宝马的乐趣。我建议你胆子大一点，开快一些，或许能开阔你的心胸……"

性格测试介入汽车营销，在以前比较鲜见。近年来，"性格"被越来越多的品牌关注。其中，包括人的性格，也包括车的性格。实际上，多年来，车界人士和公众都忽略了"性格"问题。一位精打细算很会过日子的人，如果买了一辆号称很省油的"油老虎"[①]，肯定会后悔。而一位风风火火的职业经理人，却因为汽车知识和驾驶经验的不足而买了一款动力平平、毫无操控乐趣的车，只能让他的性格、工作和生活都陷入平庸。一些心理学家建议：如果性格上存在劣根性，那么不妨通过改变自己的服饰、座驾、居室环境来改变自己的性格。如果你是一个性格沉闷的人，不妨追求一些年轻和时尚的元素，来丰富自己的生活。

汽车营销最常见的就是价格战，当价格策略逐渐失去效力时，如何跳出传统的价格战，或者在价格战的同时为产品挖掘出新的附加价值，就成为关键所在。汽车观察人士称，一汽马自达从星座入手的营销，是开始挖掘价格、品牌之后的第三重价值的表现，即从汽车产品、汽车品牌对人性格的适应以及对人性格的促进和变革中寻找产品新的价值。

资料来源：翟亚男. 汽车"性格营销"是独到还是牵强？[EB/OL]. (2007-09-22). http://auto.sina.com.cn/news/2007-09-22/0958312326.shtml.

本章案例讨论

1. 本案例的产品定位依据的是什么？
2. 如果根据性格来进行品牌定位，你认为还可以开发哪些相应特点的汽车产品？

客 观 题

---

① "油老虎"原指油价接连飙升，此处指油耗量很大的汽车。

第七章 影响消费心理的环境因素

学习目标

- 理解社会文化与消费心理的关系。
- 了解文化的概念、构成及社会文化组成要素对消费心理的影响。
- 掌握参照群体的影响作用分类。
- 理解网络社群消费行为的特点。
- 掌握消费者情境的含义、构成与类型。

导引案例　　　　　　　　　麦当劳的用户体验策略

1. 金色拱门

曾有分析指出，在全球范围内，人们发现金色拱门比十字架更容易辨认。拱门的设计是为了让人一眼就能认出来。在早期，麦当劳需要让路上开车的人一眼认出来，这两个大大的金色拱门出色地完成了任务。当人的眼睛看到这个标识，大脑就开始"闻"到薯条的味道，直到你停下来。

2. 颜色的力量

在品牌塑造方面，颜色扮演着重要的角色。毫无疑问，麦当劳的颜色是故意组合的。红色是刺激性颜色，它能吸引人们的注意力，还能提高心率。同时，黄色是一种让人联想到幸福和阳光的愉快颜色。

3. 随心所欲

众所周知，跟其他大多数餐厅一样，你可以在麦当劳自由定制你的餐食，但这并不一定是件好事。麦当劳希望快餐变得快速，所以他们在某些方面限制了你的选择。比如，各种组合套餐都是整个菜单的子部分。

对一些人来说，选择恐惧症会让下单变得更加困难和耗时。这在蛋糕店或许行得通，但麦当劳可不希望你花太长时间进行挑选。如果你的时间很紧张，就说出一个数字，然后吃一份套餐吧，这是一件非常便捷高效的事情。

4. 交叉销售

我们耳熟能详的一些术语也与麦当劳的用户体验有关。店员会提醒你"你想要薯条配这个吗？"或者"是否要超大版"，这其实是交叉销售的一种策略。想方设法让顾客多买一点，麦当劳的总利润就会更高。

交叉销售鼓励用户购买互补的商品，因为它们与现有订单能够很好地匹配。我们都知道汉堡和薯条是搭配食用的，但习惯会让你把它和可乐一起吞下去。加价销售能诱使顾客买更多的东西，比如，加一小笔钱就可以得到一份超大号的薯条。最终，麦当劳赚到了钱，而顾客却消费了他们不想要的食物。

5. 关爱儿童

许多孩子喜欢在麦当劳吃东西，麦当劳也已成为世界上最大的玩具分销商。

作为一个孩子，很难拒绝吃儿童乐园餐。作为父母，你可以用很低的价格得到一顿快餐，里面包括一个汉堡、一个薯条、一个可乐和一个成本很低的玩具，填饱了肚子又哄了娃。

有孩子的顾客很有可能不会只买一顿饭。孩子会长大，胃口也会变大。当他们年龄已经不适合赠送玩具时，他们就会被麦当劳的组合餐策略命中，让他们吃得更多，花得更多。

6. 用视觉来销售产品

当你看麦当劳的菜单时，你可能看不到所有的选项。进入应用程序通过不断地点击，你可能会看到一些你不知道的商品。这是因为麦当劳更希望你注意到他们想让你点的东西。

人们的阅读量有限，但图片能快速地讲述故事。大多数人是视觉学习者，图像对感官的吸引力是语言所不能达到的。如果麦当劳想让你点一份巨无霸套餐，它就会在首页印上超大的图片。与此同时，像基本的芝士汉堡或普通的香草蛋筒这样的常见商品将会被折叠起来。

7. 把吃变成游戏

麦当劳最大的活动或许就是他们的大富翁游戏。这个比赛要求顾客购买选定的物品来收集碎片。如果幸运的话，他们会得到一种颜色的所有碎片，并获得高额的奖励，但这需要多次消费才可能实现。

很少有人能赢得大奖，而且围绕这个游戏也存在一些争议，但这不能阻止人们去买麦当劳这个"彩票"。幸运的话，顾客可能会获得一些较小的奖励，如免费的食物和饮料。这种类型的游戏玩法并不仅限于大富翁，但它可能是最容易上瘾的一种。

8. 获得忠诚用户

如果你想复购，大概率就会注册他们的小程序，你还会得到一个免费优惠赠品。

当然，这不仅仅对用户有利。麦当劳希望收集你的地理数据，并定期向你发送促销信息。事实证明，这样的策略能够鼓励用户花更多的钱。在美国，它们还与 Uber Eats 等移动外卖应用很好地整合在一起，这样用户不用离开沙发就能吃到麦当劳。

9. 花钱，别犹豫了

当你去麦当劳的时候，你会在菜单上看到一些数字，比如，清晰的套餐含量和卡路里数。而有关价格信息则在视觉上被弱化，有些菜单甚至完全不考虑价格—这家餐厅想让你考虑食物而不是钱。他们期望的是当你真正看到价格时，你的订单已经在系统中了。这是因为当人们看到成本时，他们就不太愿意花钱，即便他们已经知道自己饿了。

这个策略有一个例外：在打折促销时，餐厅老板会尽可能地让你知道商品有多便宜，如10元两个汉堡。否则，价格都是次要的，装满你的胃才是最重要的。

资料来源：麦当劳的用户体验策略[EB/OL]. (2022-01-28). http://www.woshipm.com/marketing/5303397.html.

问题：

1. 麦当劳对购买环境的打造对你有什么启发意义？
2. 购买环境对消费者的影响有哪些方面？其心理机制如何？

影响消费水平的因素

人们生活在社会中，其消费心理必然要受到各种宏观与微观环境因素的影响。我们要了解各种主要的环境因素（包括政治、经济、法律、文化、家庭、参照群体、消费情景等）对消费心理的影响，从而更好地认识和掌握消费行为。

第一节　社会文化与消费心理

作为社会中的一员，人是在与文化的相互作用过程中成长的。一定的文化环境影响着人的心理发展和行为，也影响着人的消费心理。虽然文化对消费心理的影响并不像营销措施那样直接和明显，但"文化是影响人的欲望和行为的基本因素"，"文化因素对消费者行为的影响最为广泛和深刻"（科特勒）。短期变量并不能解释全球化消费与本土化消费的根本不同。例如，经济收入水平的差异会造成消费行为的不同，但随着收入的提高，这种不同就会消失。只有文化才会使全球化消费和本土化消费这两类基本消费行为的差异长期存在。

D&G 中国风宣传片亲华还是辱华？

在 Web2.0 背景下的 4I 营销时代，如何准确而细腻地把握消费者的不同文化心理，往往会成为商业成功的关键因素。eBay（易趣网）、MSN 在中国败走麦城并不是偶然的，而阿里、腾讯这些成功的本土互联网企业能更加深刻地洞悉中国消费者的文化心理，"淘宝""11·11 光棍节""支付宝红包"这些名称都反映出对中国民众喜好心理的准确把握。

一、文化与亚文化的含义

（一）文化的含义

从狭义上讲，文化是指社会意识形态，包括文学、艺术、教育、道德、宗教、法律、价值观念、风俗习惯等。文化大体可分为文化价值体系（如价值观）、文化信念体系（如宗教信仰、文学、知识）、文化规范体系（如社会习俗、法律）3 个方面。文化要素以多种形式在诸多方面构成一个社会的社会规范和价值标准，影响和制约着社会成员的行为，当然也包括他们的消费行为。

文化对消费心理的影响主要是通过影响消费者个体和影响消费者所处的社会环境来实现的。文化首先影响消费者个体，包括在人的发展过程中，文化对人的个体心理、行为方式等所不断产生的决定性的影响作用。其次，文化可以通过影响个体所处的社会环境而影响消费心理。社会是由无数个体所组成的统一体，对每一个消费者个体来说，其他消费者是其环境。因而文化可以通过影响消费者群体而影响每一个消费者个体所处的社会环境，进而影响每一个个体的消费心理。

 **案例链接**　　　　科罗娜的"文化创新"

墨西哥莫德罗啤酒公司酿造的科罗娜是世界上销量第一的啤酒品牌，也是 20 世纪 90 年代最成功的美国偶像品牌之一。在达成这一成就之前，科罗娜曾经历两次重大变革。

作为墨西哥最便宜的啤酒，科罗娜主要在墨西哥裔美国人聚集的西南部进行销售。20 世纪 80 年代，美国春假潮兴起，大学生们疯狂涌入佛罗里达州 Daytona Beach 和得克萨斯州 South Padre Island 等地。规则和学业被丢弃，他们纵欲无度，酗酒成性，声色犬马，夜夜不休。

4 美元一箱的科罗娜同样受到热烈追捧，简洁的包装设计、辨识度极高的 logo，随着塞入柠檬片时的气泡声在学生间迅速散播开来。与龙舌兰舔一口盐再咀嚼柠檬片颇为相似的经典喝法，为品牌蒙上了某种仪式感，至今仍是消费者在酒吧里喜爱的独特喝法。

至此，科罗娜从一众啤酒品牌中脱颖而出。离开沙滩的大学生们，将它带到了夜店酒吧、聚会派对。

在这一阶段，科罗娜主打"聚会"文化的风潮席卷了全美的大学生。但好景不长，聚会也好，寻欢作乐也罢，诸如此类的风格定位几乎适用于任何一个啤酒品牌，难以在顾客心中留下深刻的印象。

1990 年左右，科罗娜的销售水平回落到 3~5 年前的水平，面临着随时被取代的风险。

与此同时，20 世纪 90 年代的美国迎来新经济时代，电脑革命带来大量创新和实际产出，国家经济繁荣发展，蒸蒸日上。但于个体而言，他们厌倦了所谓的公司文化和过强的工作压力，迫切想要从中逃离。

低谷中的科罗娜看到了这一社会现象，将之牢牢抓住，开展了一场"Change Your Latitude"的宣传，在广告中描绘了由沙滩、阳光、科罗娜啤酒组成的美好景象，滚动播放。这一次不是美国的沙滩，而是墨西哥的沙滩。

如今工作压力激增，意图躺平的这一群人，正是当初在沙滩上享受曼妙时光、恣意妄为的大学生们。品牌释出的 campaign（本义指运动、竞选，此处指广告或广告主）仿佛在说"停下来休息吧，等等再努力"。

科罗娜代表了群体的心之所向——阳光、沙滩，也在告诉他们：生活并非只有更美、更好，你心中那些泄气的、苦闷的同样应该被看见。

这一次，科罗娜用了一个新的概念，利用墨西哥的海滩故事，将美国人摆脱日常琐事和工作压力的愿望浸入科罗娜的文化资产之中。

可以说，科罗娜的成功在于洞察了消费群体和社会发展的变化，据此对品牌定位和文化形象进行调整，将品牌概念与美国社会中强烈的文化冲突相整合。

资料来源：玩转"文化创新"，小众品牌如何破圈跨入大众？[EB/OL]．（2021-12-25）.https://xw.qq.com/partner/vivoscreen/20210816A0984D/20210816A0984D00?isNews=1.

消费文化是社会文化中一个极其重要的组成部分。消费文化是在一定的历史阶段中，人们在物质生产与精神生产、社会生活以及消费活动中所表现出来的消费理念、消费方式、消费行为和消费环境的总和。文化中那些影响人们消费行为的部分，或文化在消费领域中的具体存在形式，都可被称为消费文化，如各地的饮食文化、风俗习惯。消费心理学重点关注和研究的是文化对消费者心理和消费形态的影响（见表 7-1）。

表 7-1　文化对消费心理和消费形态的影响

文 化	特 征	消 费 形 态
向上型	积极	新产品
自由型	喜爱大自然	自然产品、环保产品
个人型	寻找自我	消费个性化
团队型	与同伴相同	消费集体化
同情型	同情弱者	忠于实力小、便宜的品牌
怀旧型	回忆旧时往日	老牌子、怀旧
重成功型	金钱至上	爱炫耀，贵就是好，品牌

资料来源：李捷. 消费者行为学[M]. 北京：北京理工大学出版社，2020.

另外，优秀的商品品牌无不蕴含着丰富的文化内涵，文化赋予消费者情感体验，也造就了商品品牌的人文价值，能够让品牌长久散发魅力并且让无数消费者拥趸。所谓品牌文化，就是指通过赋予品牌深刻而丰富的文化内涵，建立鲜明的品牌定位，并充分利用各种有效的内外部传播途径形成消费者对品牌在精神上的高度认同，创造品牌信仰，最终形成强烈的品牌忠诚。简单来讲，品牌文化就是给品牌注入灵魂，如图 7-1 所示。

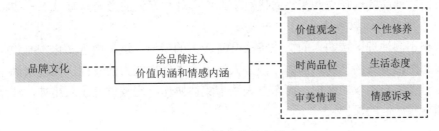

图 7-1　品牌文化的内涵

例如，曲阜老窖长期不温不火，后来更名为"孔府家酒"，并配以古朴典雅的包装，赋予其厚重的儒家文化内涵，其品牌价值大增，并被评定为中国十大文化名酒。江小白从年轻人的休闲文化入手，向喝茅台的商务文化、成功文化发起挑战，从而在"陈词滥调"的白酒文化中找到了新的意识形态，并成为江小白作为新品牌撬动旧市场格局的一大切口。

　案例链接　　　　　　　孔府家酒，叫人想家

"家"文化是中国人历来的情感归属，家能让人感到温暖与亲情。"家"文化可以从小家延伸到大家，可以由国家延伸到地球之家，可以是实体的家，也可以是精神的家。

孔府家酒率先嗅到市场的气息，引入了"孔府文化"和"家文化"，借助在不成熟市场环境下广告畸高的力量，使"孔府家酒，叫人想家"一夜传遍大江南北，成就了鲁酒的短暂辉煌。

"家"文化是孔府家的品牌核心价值所在，孔府文化只是一个载体，是成功的一个要

素，并不是成功的关键，因此"家"是孔府家品牌与消费者的共鸣点。越来越现代化的都市生活，往往使许多人在精神上迷失了自我，渴望寻找一份心灵的慰藉，寻找一份返璞归真的心境……其最大的指向就是"家"。

"陶"是中国的历史文化产物，孔府家的陶瓶包装本身就代表着一种对历史的回味，而且受"酒是陈的香"的消费理念的影响，消费者一看到孔府家的陶制酒瓶就会有"陈酒"的联想产生，将现代白酒同历史情感融为一体，形成产品、包装和品牌的共鸣效应。

从自酿自用，到款待达官显贵，到成为"皇宫贡酒"，到历代文人墨客，到走向市场，成为大众消费品，孔府家酒具备与生俱来的历史文化优势和人文感受。游子归家，慈亲守候，一句"孔府家酒，叫人想家"，没有声嘶力竭的叫卖，平淡简单的话语便牵动了存在于人内心深处的心灵感动。家国同构，总牵挂故土乡音；漂泊万里，割不断家国亲情。

孔府家酒作为中国现代酒文化营销的初创者，早在 1994 年，当时中国白酒行业最引人注目的就是王姬为孔府家酒拍的广告，巧妙地把电视剧《北京人在纽约》的火爆嫁接到广告中来，使人很快记住了"孔府家酒，叫人想家"这句充满中国人伦理亲情的广告语，孔府家酒也随之而一举为天下知，年销售额一度达到鲁酒疯狂时期的 9.5 亿元巅峰。

资料来源：孔府家酒（酒与家文化）消费者行为学案例[EB/OL]. (2019-02-02). https://www.taodocs.com/p-199489869.html.

文化作为一种社会氛围和意识形态，无时无刻不在影响人们的思想和行为，当然也必然影响人们对商品的选择与购买。文化对于人们心理与行为的影响具有以下一些特征。

1. 具有明显的区域属性

生活在不同地理区域的人的文化特征会有较大的差异，这是由于文化本身也是一定的生产方式和生活方式的产物。例如，西方人注重个人创造能力的发挥，比较崇尚个人的奋斗，注重对个人自由权的保护；而东方人注重集体协作，比较讲究团队精神，注重对团体利益和领导权威性的保护。

 案例链接　　　　　　欧美企业的中国化方案

在欧美国家，宜家门店采用自选方式，以减少商店的服务人员，并且没有"销售人员"，只有"服务人员"。服务人员不允许向顾客促销某件产品，而是由顾客自己决定和体验，除非顾客需要向其咨询。顾客需要自己动手把买到的家具组装起来，而且宜家不提供送货。这些购物的不便利，国外的消费者都习惯了。因为宜家是在用实际行动告诉顾客，他们在为顾客"省钱"。然而，中国消费者却不习惯缺少服务的购物过程。他们更习惯家具厂商在商店里的热情服务，在购买家具等大件商品时更是将免费送货当作商场理应提供的服务项目。他们难以接受自己运货或花钱运货回家的做法。宜家为了适应中国消费者的习惯，也配备了较多的送货车辆，并在消费者的强烈呼吁之下，降低了送货费用。另外，考虑到很多中国消费者远离宜家门店，宜家将在中国市场的退货日期从 14 天延长到 60 天。

在中国，"宜家"是一个带有古风韵味的中译名，它取自《诗经·桃夭》"之子于归，宜其室家"。"宜家"意为使家庭和睦美满，与 IKEA 的经营理念达到一种完美的契合。

宜家在对中国市场进行调研的时候发现，中国老百姓除了搬新家，一般很少购买新的

家居用品来改变现有的居住环境和布置。针对这种现象，宜家颇具匠心地推出了"改变其实很简单"的口号，旨在帮助和鼓励广大普通老百姓通过改变一成不变的生活习惯和惰性，来创造美好的生活环境和舒适空间。基于这一想法，宜家样板间才悄然走进了老百姓的生活，从而变得如此浪漫。

宜家告诉消费者，改变不是很麻烦，一点点小变化可能就会起到画龙点睛和事半功倍的效果。于是，宜家也配套推出了一些不太贵的新品，如封闭的阳台。如果一隅堆着杂物、落满灰尘，主人可以花半个小时打扫一下，空出一块地方，买个新式摇椅放着；傍晚，打开阳台玻璃窗，坐在摇椅上慢慢摇晃着享受夕阳。

资料来源：季然. 宜家的中国式问题[J]. 现代经济信息，2013（4）：219.

2. 具有很强的传统属性

文化的遗传性是不可忽略的。由于文化影响着教育、道德、法律等对人们的思想和行为产生深层次影响的社会因素，因此一定的文化特征能够在一定的区域范围内得到延续。文化的传统性会引发两种不同的社会效应：一是怀旧复古效应，二是追新求异效应。因此，我们既要利用人们对传统文化的依恋创造市场机会，也必须注意多元文化的影响，并加以利用创造出新的市场机会。

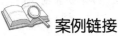 **案例链接**　　　　　　　**茶颜悦色的"新中式"文化**

茶颜悦色的定位是"新中式花果与茶"，其品牌 IP 必然以"本土"文化为中心，为品牌注入"新中式"文化。在五感（体验）演绎上，茶颜悦色堪称茶饮界的故宫文创，早已跳出了"颜值"的束缚，以中国文化的广度和深度打开想象空间。

新 IP 文化品牌如何先声夺人

（1）首先，"团扇、佳人与窗花"的 logo"土"而不俗。

以古风的高贵和典雅，传递出女为悦己者容的唯美，同时"胆小、话痨、可爱，就像需要呵护的邻家妹妹一样"。

（2）在 IP 产品化上，将中国本土文化宝藏表达得淋漓尽致。

视觉形象登峰造极，既有宋徽宗的瑞鹤图、百花图卷、花鸟册的应用，也有花重金买下《百花图卷》《千里江山图》等水墨名画的使用权。

- "知乎，茶也"系列，将宋词、传统水墨色以及传统中国画的经典意象元素等结合，打造自成一派的中国文化符号。
- 独树一帜的海报，隶书、人物、水墨山水、漫画等中国传统文化元素扑面而来。无论是品牌、新品、促销、节气，甚至是招聘海报，以中国风来传达品牌和产品的核心，让用户获取信息的同时，更像是欣赏一幅幅画卷。
- 语言体系无出其右，"幽兰拿铁""芊芊马卡龙""烟火易冷""栀晓""蔓越阑珊"等，在产品命名和各类文案上美妙而美好。
- 长沙俚语等地域元素的植入，让一杯杯奶茶渗透到当地用户的情感中。
- 各种文创：调香茶、茶杯、雨伞、挎包、衬衫、手机贴、明信片、笔记本、文化徽章等，它们与传统文化的嫁接相当惊艳。

（3）IP情境化（店面体系）中，对中国文化的挖掘，即使是故宫、喜茶也得望其项背。以标准店（茶颜悦色）覆盖、外卖店（欢喜殿）夺势、新零售店（茶颜游园会等）进取，并结合主题店来创造"新中式花果与茶"IP领袖地位。

- 方寸间·桃花源："桃花源"是中国人千年挥之不去的情结，是世外，也是人间；至于"方寸间"，是因为店面不大，仅方寸之地，取方寸心田之意。
- "江枫渔火"：以唐代张继诗作《枫桥夜泊》中的意象为设计灵感，再现诗中场景。
- "别有洞天"：以中国传统文人的禅修意象和修身养性之所为设计灵感，营造出真实的洞窟场景，堪比一家石雕博物馆。
- "竹林煮茶"：以中国传统文人最爱的竹林为设计元素，以清幽的品茶空间再现闲云野鹤的意境。
- "少年时"：灵感源于"鲜衣怒马少年时，一日看尽长安花"诗句中的意象，有怒放的鲜花，也有少年意气风发的设计元素。
- "活字店"：复古的空间饱满地展示了活字印刷的前世今生，利用几何体的无限组合展现"活"的精神。

就这样，无穷尽的中国文化宝藏打底，茶颜悦色破"土"而出：本土（中国本土）又不土气，品味又不高冷，文化又不文艺，市井又不庸俗。

资料来源：从奶茶品牌看 IP 角色的三大门派——"气宗"之茶颜悦色[EB/OL]. (2021-07-23). https://new.qq.com/rain/a/20210723A01B4A00.

3. 具有间接的影响作用

文化对人的影响在大多数情况下是间接的，即潜移默化的，它往往首先影响人们的生活和工作环境，进而影响人们的行为。

在网络时代，消费者更多地借助网络平台进行人际交流，逐渐地形成了普遍认同的网络文化。比如，网络礼节、对开放和自由的信仰以及对创新和独特的事物的偏好等。而且，在网络世界中还存在着诸多的亚网络族群和相应的亚网络文化。网络文化存在于虚拟网络空间，对人的影响也有别于现实社会，对网络消费者的心理与行为产生着重要的影响。

（二）亚文化的含义

一个社会的文化通常可以分为两个层次的内容：一个是全体社会成员共有的基本文化，即主文化；一个是社会中某些群体所具有的独特观念和行为模式，即亚文化。亚文化是在主流文化层次之下或某一局部的文化现象，每一种文化都包含着能为其成员提供更为具体的认同感和社会化的较小的亚文化，而这些文化群体都表现出不同的价值形式、生活方式、人口统计特征和消费者心理与行为。

1. 亚文化的概念

亚文化是指某一文化群体所属的次级群体成员共有的独特信念、价值观和生活习惯，与主文化相对应的那些非主流、局部的文化现象。一种亚文化不仅包含着与主文化相通的价值与观念，也有属于自己的独特的价值与观念。如中国的少数民族，他们既受自己民族独特的文化影响，又有整个中华民族的文化烙印。亚文化是一个相对的概念，是总体文化的次属文化。对于社会整体文化来说，校园文化就属于亚文化；对于特定的校园文化而言，该校园内的教师文化、学生文化、社团文化就是亚文化。每个社会成员都隶属于某一特定的组织或群体，而且有着相似的价值体系，一般来说，该群体的文化就是亚文化。

如图 7-2 所示，个体受着主文化和亚文化的双重影响，在多大程度上拥有某一亚文化的独特行为模式，取决于他认同该亚文化的程度。例如，服装界的"破产三姐妹"：汉服、JK 制服、lolita 洋装主要是受二次元文化影响深较的年轻小姐姐的最爱。

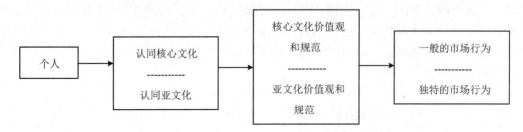

图 7-2　认同亚文化会产生独特的市场行为

在亚文化内部，人们的态度、价值观和购买决策比大范围的文化内部更加相似，亚文化对群体成员消费心理的影响也更为直接。属于不同亚文化影响范围的人，在消费方面存在着一定差异；属于同一亚文化影响范围的人，在消费方面就有较多的相似之处。亚文化对了解消费需求、分析消费者行为、选择目标市场有重要意义。

一个消费者往往同时处于多个亚文化中，每种亚文化影响人们生活方式和行为的不同方面，其影响程度也不尽相同。比如，消费者对食品的偏好会受到种族或地域亚文化的影响，对音乐和服装的偏好则会受到时代亚文化的影响。同时，亚文化是动态的，其特征和影响都在不断变化之中。

一些新兴品牌往往会借助某种亚文化的共识力、传播力，从小众需求开始，然后逐步放大做大。例如，SUPREME 是从滑板文化开始的，Lulumelon 是从瑜伽健身文化开始的，泡泡玛特是从潮玩小众文化开始的，元气森林是从二次元年轻人文化开始的。

弹幕亚文化
反映的心理需求

2. 亚文化的分类

亚文化通常具有地域性，也会因民族、宗教、年龄、性别、种族、职业、语言、教育水平的差异而产生，亚文化也常常按照这些人口统计特征来进行划分。

1）民族亚文化

不同的民族在观念、信仰、语言、文字、消费观念、生活方式、爱好禁忌、审美意识、文化传统和风俗习惯等方面有各自独特的文化特征。例如，我国是一个统一的多民族国家，各个民族在衣、食、住、行以及节日、交往等方面表现出不同的亚文化特征。在进行跨民族营销时，营销者要注意其民族文化特征、独特的消费需求以及禁忌。同时，营销者在进行旅游开发时，要充分利用当地独特的民俗文化、民族特色来吸引游客。

2）宗教亚文化

不同的宗教群体具有不同的文化倾向、习俗和禁忌。宗教信仰对消费者的价值观和行为方式有深远的影响，也影响着人们对产品的态度、购买和消费方式，进而阻碍或促进人们产生对特定产品的需求和偏好。宗教节日是独特的文化现象和活动，往往形成相关产品的消费高潮。人们还因为宗教而在消费中会有某些方面的禁忌。例如，印度教禁食牛肉，犹太教和伊斯兰教禁食猪肉。

3）区域（地理）亚文化

区域（地理）亚文化是由于不同地区具有不同的气候条件、自然环境和资源、移民等特点，以及经历过不同的重大社会历史事件而形成的。例如，我国历来有南甜、北咸、东辣、西酸的食品调味传统。我国各个城市还具有各自独特的文化特征，例如，北京：大气、醇和，上海雅致、开阔，广州生猛、鲜活，成都悠闲、洒脱，深圳开放、兼容。卢泰宏则把我国消费者分为4种类型（见图7-3）：华南市场趋向保守型消费者形态，西南和华东地区趋向理财型消费者形态，华东地区趋向前卫型消费者形态，西北、东北和华北地区趋向乐天型消费者形态。

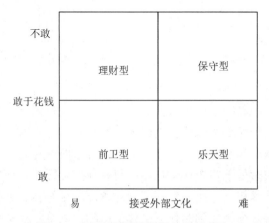

图 7-3 中国区域消费差异的基本形态

4）职业亚文化

不同职业的人受不同生活环境、工作环境、收入水平等因素的影响，具有不同的消费心理特征。例如，都市白领在经济收入相对较高的前提下自然而然会追求时尚及品位消费。都市白领受教育程度高，接触的社交圈比较广，思想活跃而超前；他们喜欢购买别人所没有的东西以展示与众不同和自信；他们追求品牌，喜欢穿着自己固定的服装服饰品牌。

5）年龄亚文化

"90后"的"圈子文化"与营销策略

不同年龄阶段的人有着不同的价值观，以及对商品的不同偏好。尤其在现代社会，代与代之间的差距越来越大。例如，少年儿童、青年、壮年、中年、老年这5个年龄段的消费者各有不同的消费特点。青年亚文化群喜欢追求新颖、奇特、时尚，乐于尝试新产品，容易产生诱发性、冲动性购买；中年亚文化群有讲究实惠、理性、精心挑选的特征；老年亚文化群比较保守和自信，习惯于购买熟悉的商品，求实、求利的动机较强。

6）性别亚文化

任何文化中都有着对不同性别的不同规范要求，从某种意义上说，不同性别的人有着不同的亚文化，而不同性别的亚文化群有着不同的消费心理和消费行为。例如，女性消费心理一般具有以下特点：第一，利用直观，追求美感；第二，购买中常含情感；第三，注重实用，价格敏感，考虑周全；第四，注重他人的评价，追求时尚。

2019年，埃森哲在《智赢她经济：重新认识数字时代的女性消费者》报告中指出，中国女性消费者更加理性和务实，她们对透支消费和名牌消费持审慎态度。受访女性在面对花呗、京东白条等互联网消费贷产品时，比男性表现得更为成熟理性，只有25%的受访女性认为当"月光族"并无不妥，而受访男性的这一比例为28%。女性买家对名牌的消费也日趋理性，44%的女性消费者表示，购物时会优先选择知名品牌，男性消费者的这一比例为48%。

 **案例链接** 　　　　　　**"董小姐"的文化营销**

浙江小王子食品股份有限公司（下文简称小王子公司）认为非油炸薯片是现有薯片市场的升级换代产品，决定将这个产品作为大单品在文化创意和营销传播上进行打造。

《董小姐》是宋冬野创作并演唱的一首著名的网络民谣。小王子公司将产品取名为"董小姐"，借用了流行的"董小姐"网络文化，成功注册商标作为知识产权保护，把都市15～35岁年轻女性作为目标群体，利用包装设计、微信、微电影等形式打造独特的产品体验，并将散装渠道作为主打渠道，同时结合时下流行的"互联网+"模式。

"董小姐"有与生俱来的戏剧性，把《董小姐》的歌词进行改编，融入流行元素，比如，"买我走吧，董小姐，吃起来吧，董小姐"。董小姐薯片在包装上采用董小姐短发年轻女性的卡通形象，并在人物造型上进行创意设计。食品包装从来没有一款卡通形象是以背面示人的，董小姐却是第一个吃螃蟹的人。她想表现"下雨时候我也想要一把伞"，想表达一个职场女性在坚强的外表之下也有一颗柔软的心。

后来"董小姐"开始升级，试图寻找一种叫作"董小姐主义"的东西，要把产品改造成为"董小姐式的女性"，让消费者去猜测董小姐的心境，从而感同身受。知识女性"董小姐"是文艺青年的"中国好闺密"，她倡导独立和健康向上的价值观与生活方式，她桀骜不驯，却又善解人意，拥有独立的人格。在优酷、腾讯、爱奇艺等新媒体上，"董小姐"在以自身的形态强化着与消费者的沟通。

"董小姐"还启动了《董小姐》连载小说、系列漫画、原创歌曲和MV，用于丰富"董小姐"文化的内涵。另外，还跨界合作娱乐圈流行的两大IP——盗墓和美人鱼题材，使其更显个性。一个品牌的内涵是依靠故事构建的，此前的"董小姐"是平面二维的，只有形象和设计，而现在却要成为一个三维立体的，是有灵魂的。

董小姐IP传播不但是一种广告，其本身还是一种无形资产，可自身增值，而且可以带动旗下多品项的销售。

一千个女人会有一千种包包，但装进包里的东西大同小异，让"董小姐"进入女性的包包，她可以每天换包，但是每天携带"董小姐"。目的就是让产品变成一种必备的、可以随身携带的角色！这样，消费频次就改变了。因此，产品形态需要"握在手里刚刚好，装到包里不嫌大"。

总结来说，"董小姐"成功的基因在于4个方面：产品健康化、形象符号化、文化价值观、消费社群化。小王子公司总经理王岳成这样总结"董小姐模式"——专业制造+文化创意+互联网传播（微营销和电商）。

资料来源：钟文彬.把脉消费更迭，解密成功基因[EB/OL]．（2016-05-27）．http://dongying.dzwww.com/jiu/jdxw/201605/t20160527_14361443.htm（有改编）．

在网络新媒体时代，网络亚文化常常会出现某些新形式，如二次元文化、短视频文化、直播文化、锦鲤文化、佛系文化、洛丽塔文化、国潮文化、丧文化、杀马特文化等，表现出青年人渴望特立独行、彰显个性等心理特点。在广告设计、品牌塑造时，应当关注、引导和适应网络文化现象，赋予文化营销以新的内涵。

 **案例链接** 　　　　　**潮牌如何向年轻一代讲故事**

优衣库与 KAWS 联名系列 T 恤最高售价仅 99 元。正式发售当日，年轻的粉丝们天还没亮就去排队，门店一开门就疯了似的往里跑，有的跑掉了鞋，有的跑丢手机，仅 3 秒钟时间，货架上的衣服被抢夺一空，有人不看尺码抱起就走，有人直接从模特身上扒衣服，还有人为了一件衣服大打出手。如果你以为仅仅是因为这款产品的价格便宜，那就大错特错了。这场优衣库抢夺事件背后，是联合 IP 变现，是中国消费新势力的崛起。

KAWS 备受瞩目的原因在于敢于颠覆、打破陈规，向更高的阶层发起挑战。在奢侈品都开始年轻化、亲民的时代，KAWS 全新的表达方式吸引了年轻一代的消费兴趣。

提到 IP 经济，迪士尼堪称鼻祖。从 20 世纪 20 年代开始，迪士尼就开始打造动漫 IP，其中年纪最大的要数诞生于 1928 年的米老鼠。尽管已经 94 岁，米老鼠依旧是迄今为止在全球范围内辨识度最高、最受欢迎的超级 IP，甚至已经成为美国的一部分，一种文化符号。

在市场中，IP 不只是知识产权，它可以是一个神话故事，如哪吒；一个社会现象，如"佛系 90 后""丧文化"等；一个卡通形象，如熊本熊、小猪佩奇等。各个品牌都在寻找自己的 IP 基因，如吉祥物、创始人故事、情怀等。

在日本大受欢迎的熊本熊就是日本熊本县为取得更好发展特意找人设计、打造的一个吉祥物。熊本熊的造型和举止戳中了年轻人喜欢呆萌、耍贱又可爱的"痛点"，全身黑乎乎、胖嘟嘟，脸蛋上的两抹腮红越发让人觉得蠢萌可爱，因此很快得到了人们的喜爱。

中国传统文化拥有五千年的历史，IP 基因非常强大。比如，"故宫淘宝"的 IP 是宫廷文化，让"皇上""格格""太监"等古老的形象搭配萌萌的表情和一些装酷、耍帅、扮靓的台词，重新出现在大众面前，成了新的流行趋势。

现如今二次元动漫卡通形象的带货能力完全不亚于各路明星，优衣库的抢夺事件可见一斑。国内当红动漫形象"吾皇万睡"和"阿狸"都是优质 IP 跨界营销的典范。"吾皇万睡"是漫画师白茶笔下的一个漫画形象，这一漫画形象主打猫的"傲娇"性格，这一点不仅契合当下年轻人的"傲娇"、自恋心态，依托这一形象所设计的内容大多也反映了宠猫但被猫嫌弃的"猫奴"们的心情，因此深受年轻人喜爱。目前，"吾皇"的微信公众号粉丝超百万，每篇推文阅读量都在 10 万以上，拥有如此强大的粉丝量，这个 IP 与电商的合作就更加顺风顺水。在"吾皇万睡"官方淘宝店，有手机壳、公仔、折扇、T 恤等多种产品。不仅如此，"吾皇"授权业务已自成体系，与微软、大悦城、伊利、屈臣氏等企业建立合作。

"阿狸"同样如此，迄今为止，"阿狸"的出版物突破 300 万销量，在线上拥有千万注册粉丝。周边产品层出不穷，合作伙伴包括中国银行、麦当劳、五月花、悦诗风吟、周大福、相宜本草、屈臣氏等，衍生品类覆盖毛绒公仔、服饰、箱包、家居生活、文具等。

资料来源：李光斗. IP 联合新势力：潮牌如何向年轻一代讲故事[EB/OL]. (2019-09-03). http://liguangdou.blogchina.com/562123409.html.

思考一下：你认为还有哪些文化元素可以进行 IP 开发？它适合什么产品？如何进行文案、形象等创意？

东西方
文化差异

二、文化差异与消费心理

文化无处不在，包罗万象，文化差异也会反映在文化的各个方面。文化的内容大体上可以分为 3 个层次，具体如下。

（1）外显层。指文化中外在的、可见的层面，包括器物、行为、语言表达等。

（2）中间层。主要包括价值观和规范。

（3）内隐层。也称为核心层，包括基本信念、世界观和思维方式等。

文化在这 3 个层次上都会对消费心理产生影响。下面仅就其中一些具体方面来认识文化差异在消费心理与行为上的影响。

1. 生活方式

一般来讲，生活方式与文化有着密切联系。不同文化背景下，人们的生活方式会有较大差异，必然对消费者的购买心理和行为产生影响。例如，2020 年初全球暴发新型冠状病毒肺炎（COVID-19）疫情时，中国老百姓都能够做到出门戴口罩，而一些欧美国家的人却认为有病才需要戴口罩，甚至对戴口罩者有一种歧视心态。不少人还觉得戴着口罩与他人说话是很不礼貌的行为。

2. 产品偏好

在不同的国家，产品偏好可能存在巨大的差异。营销者在制定产品策略时，应该考虑当地消费者的行为、口味、态度和传统的影响，否则会给自己带来麻烦。例如，中国消费者大多对咖啡的苦味不习惯，为中和咖啡的苦味，很多花式咖啡做得又太甜。实际上，网上有一个梗就是说，中国人对甜品的最高评价是"不甜"。而瑞幸的生椰拿铁在甜和苦之间的口味平衡上做得很好，结果受到了市场的追捧。

又如，日本松下公司曾自夸其电饭煲能使食物不至于太松脆，后来公司才意识到，实际上在中东地区这正是人们想要的一个特性。欧洲人喜欢纯巧克力，而不像美国人喜欢牛奶巧克力，他们认为牛奶巧克力是给儿童吃的。Sara Lee 销售蛋糕时，在美国添加了巧克力屑，在澳大利亚添加了葡萄干，在中国香港添加了椰子。鳄鱼皮手袋在亚洲和欧洲都十分受欢迎，但在美国却反应一般。

3. 产品使用

在国外从事经营时，企业管理人员必须考虑产品使用上的差别。例如，一般来说，我们使用冰箱是利用它的制冷用途来保鲜食品，但是对于因纽特人来说，却是利用冰箱的制热用途来保持所放食品新鲜的。这虽然受到一定的地理因素影响，但不可否认也包含一定的文化因素。委内瑞拉妇女洗衣服时总是将肥皂片揉在一起形成一种糊状，高露洁公司的研究人员观察到这一情况之后，决定将洗衣用的糊状物放在塑料碗中出售，这就是 Axion 肥皂糊，是拉丁美洲的主要洗衣用品。

咖啡市场有趣地说明了文化对饮食习惯的影响。即冲即饮的速溶咖啡在英国市场占到 90%的份额，在瑞典却只有 15%，这是两个极端。速溶咖啡之所以能占据英国市场，是因为英国有热饮消费习惯。英国人以前喜欢喝热茶，而速溶咖啡在冲饮方法上接近于茶，因此一旦英国人开始喝咖啡，他们选用速溶咖啡而不是普通咖啡是很自然的。速溶咖啡受欢迎的另一个原因是，英国人在喝咖啡时往往加入大量的牛奶，这样咖啡本来的口味就被掩盖了。瑞典却正好相反，它是一个喝咖啡的国家，咖啡是最主要的热饮，人们喝咖啡时不加大量牛奶，因此咖啡的口味不会被掩盖。

另外，不同的产品类别具有不同的环境敏感性，产品的环境敏感性越强，越需要营销者花费时间和精力确定当地市场的具体情况和独特需求，做出较大程度的适应性调整。通常，工业品（如计算机芯片）因其通用性和标准化，表现为较低的文化环境敏感性；而消费品（食品、服装、饮料等）对文化差异较敏感。在跨文化环境中，即使同一消费行为也可能来自不同的需要。例如，一些研究表明，美国消费者使用牙膏主要是为了防止龋齿（功能性需要）；在英国和加拿大说法语的一些地方，消费者用牙膏主要是为了使口气清新（享乐性需要）。法国女性喝矿泉水是希望她们气色更好（象征性需要），而德国消费者喝矿泉水是为了获得健康活力（功能性需要）。

4. 象征意义

象征是文化的重要内容。例如，中国人用红豆代表相思，用白鸽代表和平。颜色也具有象征意义，企业必须特别注意广告中使用的颜色。红、黄、绿、蓝、紫、白、黑等都有各自的象征意义。一般来说，白色代表纯洁，红色代表热情喜庆，黑色代表哀伤或庄重肃穆，绿色代表生命、青春与和平。在不同的国家，相同的颜色可能具有完全不同的象征意义。蓝色对绝大多数美国人来说，是最能代表男子汉形象的颜色；而在英国和法国，红色才具有相似的意义。在日本，灰色是同廉价商品联系在一起的；对于美国人来说，灰色却代表着昂贵、高质量，并且值得信赖。在许多拉丁美洲国家，人们不喜欢紫色，因为这种颜色与死亡联系在一起，而紫色在中国却代表着高贵。一家英国银行在新加坡开展业务时，想用绿色和蓝色作为公司的象征，但咨询公司告诉它，在新加坡绿色代表死亡。

除颜色之外，其他事物的象征意义也会对消费心理产生影响。例如，在非洲的许多地方，两头大象是噩运的象征，这迫使嘉士伯公司在其标签上加上了第三头大象。在日本，数字"4"是残废的意思，因此 Tiffany 公司在日本出售的玻璃器皿 4 件套改为了 5 件套。

日本立邦漆为了突出其光滑的特点，策划了一则名叫"龙篇"的广告作品。画面上有一个中国古典式的亭子，亭子的两根立柱各盘着一条龙，左立柱色彩黯淡，但龙紧紧攀附在柱子上；右立柱色彩光鲜，龙却跌落到地上。意思是说：右立柱因为涂抹了立邦的木器清漆，把盘龙都滑了下来。我们知道，龙是中国的图腾，在一定意义上是中华民族的象征，而这个广告创意忽略了文化因素，结果受到了中国民众的反感。另一则日本霸道（普拉多）汽车的广告画面上，霸道越野车威武地行驶在路上，而两只石狮子蹲坐路旁，一只挺身伸出右爪向"霸道"车作行礼状，另一只则低头作揖。这同样忽视了中国人特殊的文化心理和民族情结。

5. 商业习惯

商业习惯是指在商务活动中形成的普遍观念与习惯做法，不同文化折射出的商业习惯差异对消费者的购买行为（尤其是讨价还价行为）有着重要影响。例如，美国消费者在购物活动中比较直率，不喜欢商家漫天要价，也不愿意砍价；拉美消费者常常将价格砍得很低，并提出许多要求，再与商家慢慢地讲价；亚洲消费者则善于讨价还价，追求对自己有利的成交价格；在欧洲购物时，讨价还价常常会被看作粗鲁或无知行为。

6. 消费习俗

消费习俗是由长期的历史文化所形成的消费习惯和风俗。消费习俗对消费者购买行为有如下影响。

（1）使购买行为具有普遍性。例如，在中国传统的新春佳节来临时，人们对商品的需求量比平时增加好几倍。

（2）使购买行为具有周期性。与社会潮流不同，消费习俗一经形成就会固定下来，并会周期性地出现。例如，中国人在元宵节吃元宵、在端午节吃粽子、在中秋节吃月饼等。随着这些节日的周期性出现，人们也会周期性地购买相关商品。

（3）使购买行为具有无条件性。一种消费习俗之所以能够继承下来并相传成为一种习惯，重要的原因是人们具有从众心理，即使消费数量大、费用高，人们也会想办法去克服困难，来满足这方面的消费需求。

（4）使购买行为具有长期性。消费习俗是人们在长期的社会实践中逐渐形成和发展起来的，习俗一旦形成就会世代相传地进入人们生活的各个方面，稳定地、不知不觉地、强有力地影响着人们的购买行为。

7. 宗教信仰

宗教是一种神秘化的信仰，包括宗教思想、宗教组织、宗教礼仪规范、宗教文化等丰富的内容。宗教对人们的生活习惯、消费方式都会产生巨大影响，而不同的宗教信仰会直接导致人们消费观念和消费习惯的明显差异。例如，印度教徒是素食主义者，印度的食品和化妆品制造商在产品中必须使用植物油而不是动物和起酥油；绿色对于穆斯林有重要意义，所以面向这个群体的产品包装多使用绿色。

很多宗教有其特殊的禁忌，在商业营销活动中应当避免与之发生冲突。例如，印度教崇拜牛，忌食牛肉；伊斯兰教忌讳妇女抛头露面，不允许其出现在商业图像中；等等。

日本丰田公司为了表现小吨位卡车平衡、牵引性能优良等特点，曾在南非的广告上画出这种汽车和站不稳的猪蹄子，结果引起当地穆斯林的强烈抗议，因为广告画面上站不稳的猪蹄子严重触犯了穆斯林的宗教禁忌。为了挽回损失和商业声誉，丰田汽车公司除公开致歉认错之外，还修改了广告画面，把猪蹄子换成了鸡。

8. 价值观念

尽管不同文化之间的差异性体现在多个方面，但最根本的差异还是文化价值观的差异。不同的社会文化决定了人们不同的价值观念和价值取向，并且激励人们做出符合社会价值观的消费行为而避免不符合社会价值观的消费行为。例如，中国人习惯储蓄，讲究勤俭过日子，所谓"家中有钱，心中不慌"；而在一些西方发达国家，情况恰好相反，人们不大注意节约储蓄，往往是有钱就花，花完再赚。

在同一客观条件下，人们对待同一个事物，由于价值观不同会导致不同的态度评价和行为反应。价值观的排序构成了文化的价值体系。世界上各个国家都有与其特定文化相对应的价值观。在价值观的影响下，各国消费者会形成不同的消费观念和倾向。例如，Airbnb（爱彼迎）在美国很火，复制到国内却频受冷遇，因为中国人更注重隐私，不愿意陌生人住进自己的家里，顾客也很难适应晚上睡陌生人房间。又如，"按照销量排序"在淘宝等国内电商平台上是一个被高频使用的功能，消费者认为产品买的人多，产品就更好，这样的观念也催生了店家刷单的行为。但北美的亚马逊平台上并没有"按销量排序"这个选项，因为美国的用户相对来说个人主义更强，更相信自己的判断和选择，他们不认为他人推荐的就一定是好的。可见，个人主义与集体主义的价值观差异导致了不同的营销措施。

Rokeach 把价值观分为终极价值观和工具价值观。其中，终极价值观大多是普世性的，如健康、愉悦、幸福。而文化的差异主要表现在这些普世性价值观的相对重要性的差异上，以及工具价值观方面的不同。

对于不同的价值观念，企业营销人员应采取不同的策略。对于乐于变化、喜欢猎奇、富有冒险精神、较激进的消费者，应重点强调产品的新颖和奇特；而对于一些注重传统、喜欢沿袭传统消费习惯的消费者，企业在制定促销策略时应把产品与目标市场的文化传统联系起来。例如，东方人将群体、团结放在首位，所以广告宣传往往突出人们对产品的共性认识；西方人则注重个体和个人的创造精神，所以其产品包装装潢也显示出醒目或标新立异的特点。可见，营销人员了解价值观有助于了解消费者与产品的相互关系。表 7-2 列出了美国人的核心价值观及消费特征。

表 7-2　美国人的价值观及消费特征

价 值 观	含 义	消 费 特 征
个人主义	以自我为中心，强调每个人都是自己前途的主人，鼓励人们不断地探索和冒险，善于自我完善，希望通过努力实现自己的价值	强调获得能够表现自我的产品
个人自由	认为个人自由是应有的权利	尊重消费的个性化和多元化
激励竞争	认为竞争有利于社会和个人进步	企业竞争激烈，鼓励生产多种多样的产品，产品丰富，消费选择多
勤奋工作	表现为"工作—挣钱—更好地工作—更多地挣钱"，认为工作上的业绩可以衡量一个人的成就	对改进工作、提高效率的产品感兴趣
讲究实际	注重效率和利益，重视解决实际问题的科学技术，认可可以解决问题（如节约时间和精力）的人或事物	花钱节省，消费以实用主义为主，不在乎面子和虚荣心
享乐主义	相信生活更好，鼓励"快乐一阵子"	鼓励消费、超前消费、借贷消费普遍

9. 思维方式

思维方式是人们用来处理信息和感知世界的基础认知模式。Morris 和 Peng 等学者发现，东方人（如中国人、日本人、韩国人）的思维方式是整体性的，这种世界观强调事物的变化、矛盾和普遍联系。而西方人（如美国人、英国人、加拿大人）的思维方式是分析性的，它强调事物本身，使用静态、逻辑和非矛盾的方式来看待世界。

一般来说，相比分析性思维方式的消费者，整体性思维方式的消费者对远距离的品牌延伸更能接受。在盛行分析性思维方式的美国，如果 Twitte 推出矿泉水，人们可能不习惯。而在盛行整体性思维方式的中国，这些大公司可以推出任何产品。比如，小米做手机、做空气净化器，甚至做体重秤；三星不仅做电子，还做公寓、博物馆、保险。

中西方广告也鲜明地体现了这两种思维方式的不同。以汽车广告为例，中国的汽车广告往往追求"好而全"，汽车通常整体出现在画面中。而西方的汽车广告则突出其中的某些部件，如安全气囊、车座、车灯、汽车底盘等都常表现在广告创意中。

? 思考一下：根据你的切身感受，谈谈文化因素对你的消费行为有何影响。

麦当劳的
跨文化营销

对于经济全球化背景下的跨国营销而言，一方面，国家之间的民族心理特点、行为习惯和价值差异无法回避，即所谓"入境而问禁，入国而问俗，入门而问讳"；另一方面，互联网下的信息社会和更为频繁的旅游交往又使全球文化价值观具有了更多的共性。由于全球文化和本土文化长期存在或相互并存，任何国家的消费者行为分析都必须从两个方面入手：一是全球化消费行为，二是本土化影响下的差异性消费行为。例如，一个家具商开拓海外市场时，认定每个国家的消费者都重视美观、社会认可和舒适，但不同国家的消费者对美观或如何显示社会地位的认识又存在差异，必须针对不同的市场建立不同的营销策略。可口可乐公司通过全球化广告策略每年可以节约大约 800 万美元，但即使它采用了一个全球性主题，在每个国家的广告宣传上也都要做一些改动，同时在一些国家的产品配方上也做了一定改动。海底捞在国内大受追捧，在美国却遭冷遇，只因其服务方面的长处在美国全都用不上。美国人不理解为啥火锅店会有美甲服务，也不太接受店家发的发卡，还有如果服务员听到顾客交谈马上表示"我们可以提供什么"，可能一分小费也得不到，还要遭白眼，因为你偷听了顾客的隐私。

播带货为什么
欧美火不起来

第二节　参照群体与消费心理

消费者会下意识地审视自己所做出的购买决定，并将自己的决定与其他人的决定，特别是那些他所崇拜的人的消费情况相比较。这种行为在购买高价值产品或重复购买中体现得最为突出。通常，消费者的头脑中都会有一些他所崇拜或者他所接受的人。在人的头脑中形成的这种参照群体并不一定是一个现实存在的群体。因此，参照群体的成员不需要会员资格，也不需要一个明确的界限。

一、参照群体概述

（一）参照群体的概念

参照群体是个人认同的为其树立和维持各种标准、提供比较框架的群体，也是在消费者购买或进行消费决策时，用以作为参照、比较的群体。参照群体能够影响一个人的价值观念，并影响他对商品和服务的看法及其购买行为。参照群体可能是个人所属的群体，也可能是个人"心向往之"或"避之不及"的群体。例如，不少消费者害怕被人称为"中年油腻男"，总是避免购买或使用可能让别人把自己当成"油腻中年人"的物品，如手串、唐装和大金链子；西方的青少年从 Facebook 转向 Instagram，中国的小朋友从微信转向 QQ，主要就是因为他们觉得应当与成年人的行为有所不同。

（二）参照群体的类型

根据不同标准，参照群体可进行多种分类。如图 7-4 所示，参照群体可以分为 4 类。

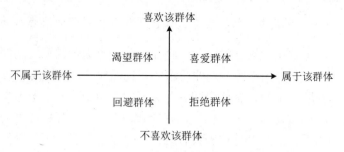

图 7-4　参照群体的类型

1. 渴望群体

消费者不属于但渴望加入的群体。例如，周杰伦代言中国移动动感地带品牌，外表冷酷的周杰伦以"我的地盘我做主"打动了那些处于叛逆期、渴望自主的年轻人的心。又如，对部分旅行者来说，当地人是一种渴望群体，因而美国民宿平台 Airbnb 的广告是"像当地人一样去生活"。

2. 回避群体

消费者不属于同时也想保持距离的群体。例如，可口可乐曾经聘请某位歌星来代言，销量却急剧下降。原来这位歌星只受到一些女性的喜爱，而在可口可乐目标消费群体中占大多数的男性却不喜欢该歌星，甚至抵制该歌星。又如，美国有个知名的手工工具制造商百得，占据了大量的消费者市场，但同样的品牌却很难进入专业手工业者市场，反而是另外一个本来不知名的日本品牌 Makita 在专业市场上取得了成功。原因是专业手工业者在回避"非专业人士"这个群体，他们希望在服务水平和工具上都与普通人不一样。

3. 喜爱群体

消费者属于同时也为之自豪的群体。例如，《经济学人》杂志的目标读者是高端、高知人士，他们也为自己是高端商务人士而自豪。

4. 拒绝群体

消费者属于却内心排斥的群体。例如，肯德基推出了高性价比的咖啡（相对于星巴克），但消费这种咖啡的人却容易陷入一个"图便宜"的人这种拒绝群体。他们明明属于这个群体，却不想在这个群体。

（三）网络社群

网络社群是基于用户之间共同的爱好、兴趣或活动等，在网络平台上以横向交流为纽带构建的一种网状交织的社会关系，也可称为虚拟社区、在线虚拟社群、网络社区、网上社群等。网络社群包括博客、微博、开心网、天涯、猫扑、QQ 群、微信群及"朋友圈"，以及社群旅游、社群创业、社群投资等平台。网络社群是一种突破时间、空间，更强调实时性、社交性的人际沟通的关系群体。它的特质是去中心化、兴趣化。

消费网络社群是"消费者基于共同兴趣、目的、自愿原则而加入社会交互活动的虚拟群体，其对消费者的态度、行为、购买决策产生影响"（Pentina）。如聚集在各种聊天网站、点评网站、品牌社群、SNS 社群，讨论相关购物问题的消费者群体，他们大多由某些购买或喜欢某种商品（或消费方式）的消费者所组成。例如，苹果手机的社群粉丝喜欢追求科技感与前卫感；罗辑思维的社群粉丝具有独立思考的共同标签；B 站一开始就摒弃了优酷、土豆这些网站的"大而全"特点，主打动漫、恶搞和弹幕文化，对二次元青少年有着不可抗拒的魔力；小红书是一个以"90 后"女性消费者为主的大型消费社群，有海量的 UGC（用户原创内容）、PGC（专业生产内容）信息，还吸引了大 S、张雨绮等明星入驻分享。同时，品牌发布的内容也应当契合不同社群用户的喜好，比如，在小红书发布科普内容便不大合适，而在知乎进行明星娱乐传播效果也不会好。

在人们广泛接触互联网之前，许多成员型群体是由个体面对面接触形成的。但是网络社群打破了地域限制，大大地提高了个人交友的范围，人们可以基于对某项特定消费活动或产品的共同认识和爱好在网络消费社群进行持续的互动、分享、交流。网络社群成员间的关系与"面对面"交往的人际关系有很大不同，而与在线关系相类似，但网络社群成员间的关系较一般在线关系要紧密一些。网络消费社群的部分成员往往积极地传播各种营销信息，乐于相互交流信息与感情、分享各自的使用体会与经验，对成员的商品选择以及品牌认可度和品牌忠诚度有重要的影响。当然，由于相互较陌生，网络消费社群成员间的关系总体上呈现一种松散的弱关系，群体共识也不具有现实环境下较强的规范性约束力。同样由于网络的开放性，同一参照群体内容易出现多种不一致的态度和意见，不容易形成一元化的影响，这样的群体可称为"多元参照群体"。

但是，网络社群中也会出现影响力大的 KOL 或 KOC。群体内的 KOC 在很大程度上能影响其他消费者的最终决策。KOC 自己就是消费者，分享的内容多为亲身体验，他们距离消费者更近，在发布内容时更能够通过同理心来影响其他用户；KOC 注重真实、互动，喜欢分享，容易与粉丝之间形成更加信任的关系。在公域流量增长乏力、获客成本越来越高的背景下，KOC 所带来的私域流量受到了企业的广泛关注。

网络消费社群呈现出精细、垂直的发展倾向，并由此产生出两种典型的网络社群：消费者部落和品牌社群。

1. 消费者部落

消费者部落（consumer tribe）是指拥有共同生活方式的一群人，他们因为对某个活动的兴趣、热爱而集结在一起，如户外社群、母婴社群、豆瓣、B 站、蜂鸟网等。越来越多的网友热衷部落化、圈层化——倾向围绕共同的生活方式、兴趣爱好、消费需求进行交流沟通，在圈子中获得某种身份认同，共享消费偏好与消费信任。例如，育儿论坛会分享奶粉、玩具、婴幼儿洗护等一系列的消费产品信息；豆瓣的社群粉丝都对文艺气质、情怀有着共同追求。在诸如此类的去中心化、扁平化的社群中，个体因兴趣而自发地产生联系，彼此分享交流，UGC 的创作模式使社群成员兼具传播者与接收者的角色，也因此具有更高的表达欲、参与度和创造性。

2. 品牌社群

社群电商拼多多
的价值创造

消费社群垂直化的主要表现是品牌社群的兴起。其实，品牌社群兴起初期，是以线下活动为主的。例如，哈雷车友会就是由一群喜爱哈雷品牌精神而凝聚在一起的车友，通过哈雷大奖赛、哈雷故事会等，将全球的哈雷车友会集在一起。随着互联网的发展，线上品牌社群也逐步兴起。如今所说的社群一般都是指网络社群。粉丝经济模式的核心本质就是线上品牌社群。

Muniz（2001）对品牌社群（brand community）的定义如下："基于对某个品牌的崇拜而形成的特殊的、不受地域限制的社交群体。"通俗来说，品牌社群就是崇拜某个品牌的圈子。品牌社群是经由品牌维系联结的，主要为消费者提供与品牌相关的体验，是消费者之间关于特定品牌进行有效沟通的在线社会网络。如 NIKE+、MyBMWCIub、花粉俱乐部、DJI 大疆社区、秋叶 PPT 等。

同时，在线品牌社群的存在也改变了消费者与品牌企业之间的旧有沟通方式，消费者可以通过参与品牌社群来分享知识、情感和物质等方面的资源，甚至是通过多种方式来构建和表达自我的个性，如参与品牌社群活动、展示自己喜爱的品牌。对企业而言，品牌社群是发现顾客需求和信息、培育顾客忠诚的有效工具。例如，在小米社区中，小米品牌的消费者和小米公司通过这个平台进行与小米产品有关的沟通和交流，发布小米产品的性能、价格等信息。小米社区也充分发挥了社群成员的力量，通过鼓励"米粉"进行社会交往，进而赢得了大量消费者对品牌社群的持续关注。社区中大量"米粉"的互动形成了强烈的社会链接，使得小米的活动从线上迁移到线下。

"小米"的品牌
社群

Darry Ring 社群

品牌社群的成员不一定生活在同一地理区域，但是在该品牌的特定平台上（如车友会、QQ 群、微信群、论坛、交流群、品牌商赞助的品牌日等），他们共同讨论产品特性、交流使用经验、期待新产品面世。如在 MIUI 和米聊这些专属社群中聚集着许多活跃且富有激情的"米粉"。通过线上、线下的品牌活动（如"爆米花"、"米粉节"、同城会、小米之家等），可以使产品拥有者结识其他产品爱好者，并且强化他们与品牌产品、与其他有着同样热情的人之间的同一性。品牌社群参加者对产品的感觉更加积极，有更强的情感联结与归属感，因而品牌忠诚也容易得到提升。

品牌自身独特性非常明显的高卷入产品更容易建立起品牌社群，而消费者也很容易通过标签、关键词等方式找到自己感兴趣的品牌社群。大疆无人机官网上的一个重要模块就是大疆社群，在这个社群里，无人机爱好者和大疆的消费者共同学习如何正确使用产品、互相交流作品、定期参加活动，企业为他们提供相关的售前、售后服务。在这样一个品牌社群中，消费者形成了松散但又紧密的消费群体。

❓ **思考一下**：你在进行商品购买活动时，是否受到过网络消费社群的影响？这些影响作用有何特点？

二、参照群体对消费心理的影响

世界上的每个人都不是孤立地进行消费活动的，而是在与其他人相互影响的过程中实现自己的消费行为。因而，人们的消费行为必然会受到参照群体的影响，尤其是消费有社交意义的商品。参照群体的活动、价值与目标等都会直接或间接地影响消费者的行为，这种影响作用的心理机制包括从众、模仿、暗示等方面。例如，热烈的群体氛围容易使社群成员相互感染，产生从众心理，甚至引发冲动购买行为。尤其是对于那些客单价较低的商品，"种草"到"拔草"之间的过程大大缩减，消费者并不会有太多的理性思考而甘愿被"种草"。

从防疫行为
谈从众心理

相比西方消费者，中国消费者更易受参照群体的影响。比如，任何商品、服务、体验，只要加上"网红"两个字的前缀，如网红餐厅、网红食品、网红打卡地等，都很容易让中国消费者"种草"，这与中国消费者容易受到他人的影响不无关系，而不能仅仅以接受新事物的态度来解释。

📖 案例链接　　"种草"经济火热，你"长草"了吗

2022年母亲节期间，许多人给母亲挑选表达自己心意的礼物。新浪微博上"母亲节礼物种草"，这个话题就有超过2000万的阅读量。在话题里，鲜花、护肤品、首饰、家居用品、保健用品等都成为人们母亲节"种草"的对象。

此"种草"非彼"种草"，不是要去栽花栽草，而是泛指把一样事物推荐给另一个人，让其他人喜欢这样事物的过程。"种草"这一行为起源于线上，随着美妆论坛和社区的兴起，一些美妆达人开始在网络上分享自己使用过的优质产品，积累了众多粉丝。此后，"种草"行为也由自发推荐转变成商业行为，企业利用分享经济和粉丝效应，对其产品进行推广宣传。

如今，"种草"把日常消费和网络社交结合起来。在不少年轻人看来，"草"本身就有普遍、遍布的含义，"种草"无处不在，万物皆可"种"。走在大街上，看到别人的穿搭好看，自己会留意；和朋友闲谈的时候，有时也会相互推荐分享。艾瑞报告发布《种草一代·"95后"时尚消费报告》，将"95后"称为"种草一代"。小红书、B站、新浪微博、知乎等知名网络平台都有大量的"种草"内容，如体验晒单、定期盘点、种草好物、良心推荐等都是常用的标题。这些分享使用体验的人则被称为"UP主""博主""达人"等，如果粉丝较多还会建立粉丝群，群内成员可以相互讨论、推荐。

很多时候，朋友之间相互"种草"是一种社交方式。例如，通过"偶像同款"和"同一色号"等符号找到和自己兴趣相投的群体，获得认同感和归属感。这其中，"种草"的内容就成为一种谈资，变成了当下年轻人独特的交流方式。

对不少年轻人来说，"种草"不只是停留在功能的选择上，更像是消费者在选择一种生活方式、个性态度以及品牌背后所代表的符号化意义，尤其在青年群体中更受欢迎。Twitter市场营销的数据公司Annalect联合发布的一份报告，发现在影响购买决策这件事上，网红"大V"的影响力和人们身边的朋友一样大。可口可乐、联合利华、雀巢等都曾花钱请网

红"大 V"宣传自己的产品。数据显示，消费者在品牌购买习惯上，23.5%的消费者会选购品牌的明星产品，还有16.0%的消费者喜欢"拔草"网红产品和新产品。"种草"能力和"内容创造"成为品牌营销的重要能力。

资料来源：王峥，王俊岭. "种草经济"为啥这么火[N/OL]. 2019-05-22(11).人民日报海外版. http://paper.people.com.cn/rmrbhwb/html/2019-05/22/content_1926001.htm.

参照群体影响消费者心理的主要方式包括：信息性影响、规范（功利）性影响和价值表现性影响，如表 7-3 所示。

表 7-3　参照群体影响消费者心理的主要方式

维　度	动　机	导　向	过　程	表　现	结　果
信息性影响	规避风险	获得满意的产品	内部化	从他人那里搜寻信息，观察他人的消费决策	提升消费决策能力与知识
规范性影响	遵从社会	建立满意的关系	顺从	通过消费选择来迎合群体的偏好、期望、标准和规范	赢得来自参照群体的赞扬，避免来自参照群体的惩罚
价值表现性影响	提升自我、心理隶属	获得心理满足	认同	通过消费选择来与自己所向往的群体建立联系，并与自己所否定的群体或想要避开的群体进行区别	强化自我概念，提升自我形象，表达对参照群体的喜爱之情

在信息性影响的情况下，相关群体提供信息，满足了消费者对于来源可靠的知识的需求，群体的专门知识导致了消费者认可和接受某一产品或品牌。在规范性影响的情况下，参照群体满足了消费者从亲和关系中获得奖励的需要，群体的奖励使消费者采取了顺从行为。在价值表现性影响的情况下，参照群体满足了消费者维护身份和地位的需要，使其在一群相似的人中获得自我确认，并且赢得其他成员的认同。

例如，罗辑思维第三季会员开放前，罗辑思维建立了上千个微信群。在微信群里不断有忠实"罗粉"发布最新小道消息（信息性影响）。到了正式购买这天，很多人纷纷炫耀自己抢到了铁杆会员，成了"铁粉"，而一些没有成功购买的成员，甚至几天内都不好意思说话，觉得自己"不配是罗辑思维的一员"（价值表现性影响）。要留在这个群里，不买个会员都不太好意思，甚至都不好意思只买普通会员（规范性影响）。罗辑思维一名社群成员在论坛发言说："我觉得我很自豪，能够成为罗辑粉丝的一员。在这里，我开始尝试独立思考，开始与志同道合的人讨论更深入的问题，这是我在过去完全不可想象的事情。所以现在当我介绍起自己时，最后我一定会加上一句：我是罗辑粉丝的成员！"（价值表现性影响）

上述三种影响在现实生活中是普遍存在的。但是，不同产品或者在不同的情景下，参照群体对消费者行为影响的程度是有差异的。这取决于多种因素，包括产品的性质及其对个体和群体需要满足的程度以及消费者个体的特征及其与群体之间关系的性质等。网络社群对消费者的影响方式主要是信息性影响和规范性影响。而且，信息性影响要大于规范性影响，因为虚拟的网络环境没有明显的群体规范约束，而消费者又更多地依赖他人提供的评价或推荐。

资料链接　　　　　　**身临其境：电商直播背后的消费心理**

电商直播除了解决传统图文展示的痛点，用户还能与主播互动，看到其他买家的踊跃参与，让购买体验不再是与其他买家隔离的"孤岛"，而更像是线下场景中的逛购。

1. 直播与社会临场感

简而言之，社会临场感就是"不在面前时却有面对面的感觉"，让用户感知到类似真实环境的温暖和社交。这种身临其境的沉浸体验，将个人消费行为变成了社会化消费行为。社会临场感能提高用户的网购安全感知和购买态度，用户与商家在线互动可以增强临场感，提高对店铺诚信和善意的感知。

直播的即时互动相比以往形式更加直接、高效，带来的临场感也更强。但在直播环境中社会临场感只是背景，并非感到身临其境就会狂热地参与"剁手"队列。用户感受更直接、具体的是直播间氛围与亢奋感，实时互动、不断炒热的氛围带来的持续参与感让用户"上瘾"。热烈的氛围引导从众消费，而亢奋感则带来情绪的唤醒。

2. 直播与从众消费

当个人的消费观念、意愿或行为参考他人时，就容易出现从众消费行为，销量排行、用户评价以及爆款推荐都会导致从众行为的产生。字面上看似乎有随大流之意，却也是购买决策中的理性参考，但是把握不好度往往会演变成盲从。

在不确定的情况下（比如，我们不熟悉这个商品），他人评价就是我们从众产生的重要原因，专家型用户或者好评数量会明显提升信任感，让我们的决策更有把握。而社会规范则是另一个重要部分，出于自我印象管理的需要，人们希望他人接纳而非排斥自己，所以期待得到积极评价，即"合群"，而对消极评价比较顾忌（比如，男性跑步者遇到迎面而来的女性时，跑步速度要比遇到背对他的女性时更快）。

对信任及自我印象管理的内在需求，直接反映为对决策信心的把握和对社会规范的屈服，并外化为从众消费。直播场景中，互动展示的商品突出细节与上身效果，给予用户购买决策信心；其他买家的拥趸让观众"服从"，自动内化为群体成员，从而放大社会临场感知，明显促进从众消费行为。

3. 直播与社会助长

从众略带理性，服务于个人判断与决策；而直播间气氛则直接带动高涨情绪，让人变成感性动物。

社会助长理论指出，临场感（或他人在场）会对个体产生情绪唤醒，从而影响态度及行为。实验发现，他人在场或陪伴会让被试者对商品图片表现出更高水平的情绪唤醒。更重要的是，内驱力唤醒会直接影响我们的决策偏好，增强任务中的优势反应，即在简单任务中提高效率，但是在复杂任务中降低效率。举个例子，在很兴奋的状态下我们擅长高效完成常规任务，如打扫、收纳，但是在解推理题时就很难静下心集中注意力。

网购决策也是如此，商品材质、规格参数是需要仔细查看对比的复杂任务，在情绪唤醒的状态下效率较低；但是依赖口碑（品牌、效率）、信誉（专家、红人）等边缘线索进行的启发式决策是简单任务，可以快速完成，通常"头脑一热"就买下了。直播也同样放大了这个效应，高水平的情绪唤醒更容易受到他人临场的影响，根据口碑信息激发消费者购买欲望。

总之，用户在身临其境的直播观看体验中产生了社会临场感。主播的推荐、其他买家的拥趸，增强了消费者对判断决策的信心，与他人的选择保持一致也减少了决策失误的概率风险。直播间的氛围与互动交流唤醒情绪，更容易有积极态度及购买冲动，并进一步改变了消费者的思维路径，倾向于依靠边缘线索快速决策，从而形成最终的从众消费行为。

资料来源：身临其境：电商直播背后的消费心理[EB/OL]. (2020-07-10). http://www.ce.cn/culture/gd/202007/10/ t20200710_35297172.shtml.

三、网络社群消费行为的特点

在网络社群环境下，消费者行为的特点有以下几个方面。

1. 以现实消费行为为核心

在网络社群中，消费者互动主要指向现实消费行为。虽然消费者互动交流的情境具有虚拟性，但交流的内容具有现实性，对消费的需求具有实在性。他们以现实生活中未能得到满足的需要为出发点，围绕现实世界中的产品和品牌展开交流话题。消费者在网络社群中的信息交流主要是为了减少现实生活环境中的信息不对称问题。

因而，社群必须围绕产品（以及相关服务）这一核心要素来丰富社群场景。产品是根基，社群是平台，场景是血液。小米最早尝试社群文化建设，也先后开发出了系列化的家电产品，但社群活动长盛不衰，原因之一就是始终围绕产品做文章。例如，小米手机＋MIUI＋小米家电，满足用户的产品需求，构成完整的使用场景生态；小米产品＋小米论坛＋小米荣誉，满足用户的精神追求，构成完整的精神场景生态；小米产品＋发烧理念＋同城互动，满足用户的兴趣追求，构成完整的社交场景生态。

2. 参与的差异性

网络消费社群的活跃和繁荣，取决于社群成员的参与程度。社群参与的方式越简单、方便，越能解决成员的问题，就越有可能提高大部分成员的参与度、活跃度。否则，社群不能提供新鲜的内容，没有活跃的"带头大哥"，就会导致访问量减少。小米公司就是将营销聚焦在"参与感"上而获得了成功。

如图7-5所示，网络消费社群成员的参与情况基本上呈现金字塔结构。那些经验丰富、沟通积极的成员在金字塔高层，人数少但参与质量高，如网络"大V"、KOL。多数看客或"潜水者"只是观察群体成员之间的讨论，基本上不提供信息和交流；部分成员只在某种程度上参与；少数成员积极参与讨论或管理社群。群主、KOL对社群成员影响最大，如果营销者希望利用社群进行各种增强品牌忠诚度的活动，或者进行相关配套产品的营销工作，他们需要特别关注的对象。

Jakob Nielsen提出了网络社群的"90-9-1法则"，即在网络社群中，90%的参与者只看内容并不参与互动，9%的用户会进一步参与讨论，而只有1%的用户会积极去创造内容。当然，智能手机的快速普及大大降低了用户创造内容的障碍，越来越多的普通用户也希望

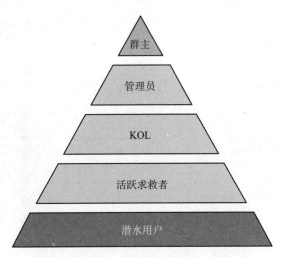

图 7-5　网络消费社群成员的金字塔结构

能成为被人崇拜的"大V"和网络红人，Jakob Nielsen 的比例并不一定完全准确。社群应当激发用户产生更多 UGC，即使是低参与度的用户也很重要，因为他们可以传播活动的信息，为活动造势，形成轰动效应。从企业社群营销来说，则是"1-9-90 效应"，即用 1%的KOL 吸引 9%的 KOC，9%的 KOC 引爆 90%的关注者。

3. 关系的平等性

由于网络空间的虚拟性、匿名性特点，成员的身份意识在网络社群已大大弱化，呈现出了明显的去中心化。因此，人们在进行线上交往时，往往不再注重各种社会关系的属性，即网络交往中各方不存在上下级、长晚辈那样的垂直关系，另外，网络交流还打破了日常生活中各种交往规则的限制，因此在线关系的各方会显得更平等、更自由。再者，网络交往中的个体可以摆脱身体素质、心理素质、教育程度、社会身份等因素的影响，进而实现平等交往的目的。同时，个体也可以自由地发表见解、宣泄情绪。例如，在小米论坛，官方客服也会受到粉丝的质疑，"米粉"有时甚至比官方客服还要专业，尤其在产品体验方面。

4. 注重体验分享

社群成员把网络社群当作分享购物经验和消费体验的重要渠道和展示个性化消费行为的主要平台。消费者主动向其他成员介绍自己购物的经验和教训，展示自己购买的新款产品和时尚产品，畅谈新款产品和时尚产品的消费体验和新奇感受。他们渴望通过分享体验，得到其他成员的响应和认同，获得个人心理上的满足。当然，社群成员对其推荐购买的产品也容易接受。

在 KOL 营销中，消费者对 KOL 或 KOC 的人格化信任会大大降低对品牌的要求。比如在 KOL 直播场景中，用户的购买行为其实很少取决于品牌力、产品力的大小，而取决于对 KOL 的信任以及 KOL 的现场转化手段，用户对品牌、产品的要求已经极大转移到了 KOL 身上，KOL 帮助粉丝用户进行产品筛选。从图 7-6 中可以看出，KOL 能够帮助用户挖掘自身需求、收集商品信息、进行方案评价，直接引发用户购买行为，从而缩短了用户行为链条。

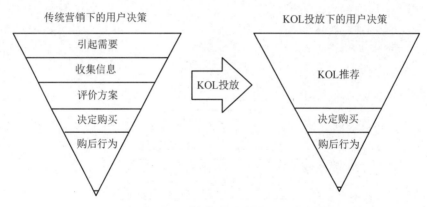

图 7-6　KOL 缩短消费者决策行为过程

5. 口碑传播网络化

网络社群具有口碑效能急剧放大的"聚变效应"，无限的虚拟空间扩大了消费者口碑的传播速度和影响范围。网络口碑对消费者信息搜寻、购买决策、态度的形成和变化都具有更强的影响力和传播放大效应。

首先，网络口碑传播突破了信息传播的时空局限。面对面的线下口碑只发生在朋友、亲人或同事间等有限的社会网络关系中，传播效果很有限，在传播理论中被视为"非正式传播渠道"。而网络口碑的传播者和接受者都可以不受时空限制，而且是在群体层面上传播公开信息，传播速度快、传播效率高，容易产生更大的"涟漪效应"。

其次，在所传递的信息内容或表现形式上，网络口碑超越了原先的口头模式，文字、图像、视频、音频和动画等都可以通过网络口碑的途径来传播。这些信息形式具有可存储性与易加工性，容易被引用、复制和转载，可以强化网络口碑的持续影响力，有利于提高网络口碑信息的扩散速度和传播范围。

最后，网络口碑产生的平台主要是社会化媒体和自媒体平台，如论坛、微博、微信等，其既是平台，又是社区。而且相对于传统平台而言，社会化媒体平台更强调开放性、交互性和共享性。一个成员关于购物和消费的看法既直接影响与之交流的成员，也可能对整个社群全体成员的消费行为产生影响。

显然，网络社群成员对产品的态度会受到网络口碑的很大影响，尤其是在强关系的成员之间。当好的网络口碑不断出现时，消费者心里的消费冲动会不断被强化；当差的网络口碑出现时，消费者的消费冲动就会被削弱。

 案例链接　　　　　凡客诚品的网络病毒营销

凡客诚品（VANCL）这个轰动一时的案例已经有些久远了，但确实是经典，那就是 2010 年凡客诚品邀请作家韩寒、演员王珞丹出任其形象代言人。韩寒版广告语为"爱网络，爱自由，爱晚起，爱夜间大排档，爱赛车，也爱 29 块的 T-shirt，我不是什么旗手，不是谁的代言，我是韩寒，我只代表我自己。我和你一样，我是凡客"。王珞丹版广告语为"爱表演，不爱扮演；爱奋斗，也爱享受；爱漂亮衣服，更爱打折标签。我不是米莱，不是钱小样，

不是大明星，我是王珞丹。我没有什么特别，我很特别，我和别人不一样，我和你一样，我是凡客"。这样个性鲜明的"凡客体"在豆瓣网、开心网等 SNS 网站上掀起了山寨狂潮，各路明星被恶搞，至今令人印象深刻的是郭德纲老师的纪梵希版及唐僧版，太"喜感"了。据不完全统计，当时有 2000 多张"凡客体"图片在微博、开心网、QQ 群以及各大论坛上被疯狂转载。此外，还有不少网友个人和企业自娱自乐制作了"凡客体"。

凡客这次在网络营销上的成功得益于 UGC 的病毒式传播。现在，在社交媒体上的网络推广，一定要留给粉丝、用户充分的参与空间，要和用户充分互动，这样才能通过用户的参与将话题或产品病毒似的传播扩散。

资料来源：成功的网络广告案例分析（2）[EB/OL]. (2012-03-15). https://wenku.baidu.com/view/0e4b4a22dd80d4d8d15abe-23482fb4daa58d1d6d?fr=sogou.

6. 购买行为理性化

网络消费者群体通常不满足于从企业广告宣传和促销活动中得到的信息，不轻易接受企业单向传播的信息，理性主导着他们的购买行为。网络社群为信息搜集和意见征询提供了便利。他们把网络社群当作搜寻产品和品牌相关信息的重要渠道。据调查，有 61.7%的社群成员在购买商品时会首先考虑其他成员的意见，超过八成的网民在购买商品前通过网络社群来查阅信息。他们会根据其他成员的建议和看法，综合权衡利弊，决定是否购买产品、向哪个厂商购买以及购买何种品牌，以确保购买决策的正确性，减少购物风险。

7. 信任关系的重要性

网络社群对消费者的影响作用在很大程度上取决于信任关系的强度，包括认知信任和情感信任两个方面。因而，网络社群的信任机制的建立是十分重要的，社群成员间的信任会使消费者更愿意去接受其他成员的口碑推荐，尤其是某种消费品的意见领袖应当得到成员的信任，才能发挥应有的作用。

8. 交往关系建立的多样性

网络社群关系的多样性主要体现在建立途径的多样性、关系类型的多样性上。比如，在建立途径上，人们可以根据自己的需求自由选择即时通信、论坛、社交网站等网络应用平台。

线上关系的类型可以区分为"强关系"和"弱关系"两种。前者指的是可以给个体提供情感支持且一般由线下关系发展而来的在线关系形式，如微信朋友圈；后者则指的是可以给个体提供信息支持且一般在网络平台中培养起来的在线关系形式，如微博、陌陌、微信公众号等。总体上看，网络社群在打破时空限制的同时，也限制了感情的交流，因此网络交往主体之间的沟通联系通常较弱。这种交往行为的随意性和缺乏责任性，会使网上交往行为肤浅化，不利于建立稳固的线上关系。

从营销来说，企业应当利用网络社群加强与消费者的信息沟通，培养社群成员对企业品牌的忠诚度，甚至可以直接促进企业产品的销售。例如，格力有一个"全员销售"模式，每位员工都要通过各自的朋友圈转发促销信息，用户可以通过朋友圈的员工专属二维码扫码下单，价格要比市面上的同类产品便宜 100 多元，员工负责对圈内用户进行产品咨询、售后协调等服务工作，并获得佣金奖励。格力董事长董明珠的个人网店在开业不到一个月的时间里，销售额就突破了 200 万元。

在网络购买中，消费者要想了解关于更详细的商品信息或获得良好的服务，就需要与厂商联系，企业可以利用网络社群加强与消费者的互动。例如，奇瑞汽车充分利用新浪汽车等汽车专业论坛，与消费者进行互动、沟通，使奇瑞品牌的特性、优点在与消费者探讨和交流中得到认知、认同，甚至达到共鸣。在这种以消费者为主的互动联系方式下，消费者与企业双方的沟通方式十分个性化，将有助于增强网络广告信息与消费者的相关性，提高广告的效果。华为有一个"花粉俱乐部"，倡导理性社群主义，而不是小米的狂热粉丝做法。在华为的官方网站上专门为"花粉"建立了一个二级网站——花粉俱乐部，经常举办各种活动，比如全民拍猫大赛、"花粉"招募、全民推荐"花粉"女生、申请"花粉"达人等。

第三节　情境与消费心理

在消费者的消费过程中，消费心理与行为也受到情境的影响。面对同样的营销刺激，如同样的产品、服务及同样的广告，同一个消费者在不同的情境下将会做出不同的反应。例如，在电影院里，如果没有可乐和爆米花，看电影就会少很多乐趣，而且禁止外带食物的规定也会提高休息区商品的价值。可见，环境改变了消费者消费的愿望，也就改变了商品的价值。因此，研究消费心理不能忽视情境的影响。

一、消费者情境的含义

情境是指消费或购买活动发生时，那些独立于单个消费者和刺激消费者的单个客体（商品、广告等）之外，能够在某一具体时间和地点影响消费者行为的一系列暂时的环境因素。如购物时的天气、购物场所的拥挤程度、消费者的心情、时间压力等。

情境对消费者的影响既不同于个性、态度等个体和心理因素的影响，也不同于文化等宏观环境因素的影响，因为这两方面的影响具有持久性和广泛性。情境因素能够影响消费者的购买，但没有产品等营销因素对其的影响那么直接，而且也不是所有时候都起作用。例如，当消费者的忠诚度很好、消费者的卷入度很高以及产品有多重用途时，情境因素的影响就会减弱。

关于消费情景对消费心理影响的研究主要有 3 种观点：一是消费情景会影响消费者的情绪；二是消费情景会直接影响消费者的认知；三是消费情景可以为消费者直接提供一种价值，进而影响消费者的购物行为。

二、情境因素的构成

在实际的消费活动中，消费情境的构成往往比较复杂。贝克（Bellk）认为，情境因素主要由物质情境、社会情境、时间、任务和先前状态等要素构成。Nicholson（2002）等人认为有 5 种情境因素会影响顾客的渠道选择：物理条件（如天气、交通拥挤）、社会条件（如与友人陪伴购物）、时间条件（如假期、时段、紧迫程度）、任务（如购买目的或品类）、状态（如心情）。

（一）物质情境

物质情境是指消费者活动和行为周围的实体及空间环境，例如，地理位置、气味、背景音乐、灯光、商店的标识、天气、商品周围的物质等。某些物质情境因素是营销人员所不能控制的因素，如交通路况和气候变化等。物质情境通过视觉、听觉、嗅觉以及触觉来影响消费者的感知，对消费者的情绪、感受具有重要影响。

1. 天气

天气情况对消费者行为影响很大，人们根据天气情况来决定购买的衣服、食物、饮品等。日本的研究表明：当气温达到22℃时，啤酒开始畅销；达到24℃时，泳装开始走俏；气温一超过30℃，冰激凌的销量就会下降，而爽口的清凉饮料则会增加。西方的气象公司还研制出了形形色色的气象指数。如德国商人发现，夏季气温每上升1℃，就会新增230万瓶的啤酒销量，气象公司便开发出啤酒指数，供啤酒商参照。日本则开发出空调指数，因为他们发现在夏季30℃以上的气温每多一天，空调销量即增加4万台。此外，还有天气与客流量分析的乘车指数、冰激凌指数、泳装指数、食品霉变指数等各种指数，用来帮助企业预测并提前确定生产和营销计划。

2015年4月，阿里妈妈与中国气象局达成官方合作，将天气变化数据接入其开发的帮助商家精准营销的营销平台——达摩盘，达摩盘因此新增了气象指数标签的功能，该标签覆盖了全国315个城市、2171个县气象局的天气数据，按照温度、天气现象、湿度、舒适度、空气质量、PM$_{2.5}$指数等6个天气要素作为营销推广参考。这样，当北京雾霾严重的时候，北京的用户会在淘宝平台上看到口罩的营销信息；当南方一场大雪降临的时候，南方的用户会在淘宝平台上看到有关保暖外衣的促销信息。借助气象指数标签，商家可以提前预知天气变化，以便知道自己的产品什么时候最好卖。

2015年年初，美国纽约政府错误预报超强暴风雪来袭，许多地铁、航班关闭。但因为很多消费者不愿出门，经营鲜果、蔬菜、食品的电商企业因此得益。同时，由于无法出门，不少人干脆在家与伴侣共享美好时光，结果网购平台上的奢侈内衣的浏览量和购买量都剧增。Wal-Mart则通过大数据分析，得出飓风与蛋挞、草莓果酱馅饼的相关关系，因此在每次飓风来临前，都对蛋挞、草莓果酱馅饼进行大量备货，并将其销售位置移到飓风物品销售区域旁边。

2. 颜色

色彩在现代商业空间起着传达信息、烘托气氛的作用。通过色彩设计，可以创造一个亲切、和谐、鲜明、舒适的购物环境。在商店环境设计中，色彩可以用于创造特定的气氛，它既可以帮助顾客认识商店形象，也能使顾客产生良好的联想和心理感受。

无印良品的
陈列和氛围

在店内环境色彩的设计中应综合考虑季节因素、商品因素和顾客特征。例如，麦当劳快餐店的内部整体环境设计就是以暖色为主，它能创造出活跃、温暖、热烈的心理感受，这主要是基于吸引快餐店的主要顾客——儿童、少年而考虑的。商家还应当注意运用色彩变化及顾客视觉反应的一般规律。比如，红色有助于吸引消费者的注意和兴趣，然

色彩心理学

而在有些情况下它也令人感到紧张和反感；较柔和的颜色如蓝色，虽然具有较少吸引力和刺激性，但被认为能使人平静、凉爽并给人正面的感觉。另外，在不同的季节和不同的地区，要恰当使用不同的颜色。比如，在炎热的夏季，商店的色调应以淡蓝色、淡绿色为主；在冬季，应以暖色调为主。

3. 灯光

一家商店里的良好灯光设计，涉及的不仅仅是简单的照亮空间。灯光可以用来照亮商品、营造购物环境和氛围，是商店装饰和美化的重要手段。现代化的商业企业越来越重视商店的采光和照明装饰。照明设计的主要心理功能有：显著改变商店的装饰气氛和格调，如使商店形成柔和、愉快的气氛，或使商店变得五光十色、光彩夺目，并给人以空间整体美感；烘托、渲染重点商品，从而产生引人入胜的效果；吸引消费者入店浏览；激发消费者购买欲望等。

4. 声音

利用声音为受众带来美好的听觉享受，这就是所谓的"ASMR（颅内高潮）"。凉茶品牌和其正的《最美和声致夏至》广告片采集了自然界夏日的风雨雷声、蟋蟀蝉鸣等各种声音，让人们用耳朵感受夏天热闹非凡的氛围。宜家的一则ASMR广告片以冬日居家日常生活为背景，打造了四种不同场景下的声音片段：在毯子上打滚的狗狗，火锅开锅时的咕噜冒泡声，冬日午后泡杯暖心茶，夜晚窝在被窝里舒服地躺着。在对这四种声音的细微刻画中，品牌唤起了受众的听觉刺激，并将这种刺激与幸福舒适的感受相连，从而激发用户的购买欲望。肯德基推出了一支别出心裁的ASMR广告，它通过雨打树叶和炸鸡的画面切换将雨声与炸鸡声交融，让受众在舒适的状态下激发对二者之间的自然联想，不经意间为受众扩展了食用炸鸡的多重场景。

音乐能够影响消费者的情绪，而情绪又会影响其消费行为。除了可以掩盖嘈杂声，在购物环境中播放适当的背景音乐可以调节顾客的情绪，活跃购物气氛，缓解顾客排队等待的急躁心情。

一项美国研究发现：古典乐明显增加顾客购买欲，小夜曲鼓励男性为恋人购买礼品，轻音乐让顾客倾向购买便宜货，摇滚乐则可能抑制顾客的购物欲。还有人以无速、慢速及快速3种背景音乐为独立变数，在中型超市调查发现：慢节奏背景音乐会使顾客在店内放慢步伐，在货架前停留的时间更长，花的钱更多；而播放快节奏音乐相比无音乐时的销售量不但不会增加，有时反而会下降。一般来说，在商场最重要的返券打折时段，播放的都是节奏感非常强的音乐，而在周一到周五的上午，可以播放比较舒缓的音乐，因为这个时间段的客流量比较少。

5. 气味

气味营销

清新宜人的气味和适中的温度、湿度通常会对人体生理产生积极的影响。有的企业采用"商品气味推销法"，将仿造的果蔬气味加在各种商品上，通过刺激消费者的感官来促进销售。例如，伦敦一家超级市场，通过释放一种人造的草莓清香味，把消费者吸引到食品部，结果很快连橱窗里的草莓也被抢购一空；一些面包房通过鼓风机将烤面包的香味吹出去，以激发过往行人的购买欲望，因为食物的香味会刺激人体各种消化酶的分泌，消费者即使不饿，也会在不知不觉中增加食品的购买量。

（二）人际情境

很多消费者在购物的同时，也体验到各种人际情境，周围人会对消费者的消费行为产生一些影响。人际情境就是指购买过程中对消费者购买行为产生影响的其他人，包括其他消费者、同伴和营业员，如朋友的意见、在线评价、孩子的期望、营业员的热情态度等。一般来说，购物可以为消费者提供一种家庭之外的社会体验。同时，有些人在购物中可以体验到一种权威感和受尊重感，因为服务员的工作就是为客人提供服务。

人在社会情境下所接受的宣传影响和消费行为与在个人情境下有明显的差别。在社会情境或网络社群环境下，人们总是会相互模仿、相互参考、相互感染，其消费心理带有明显的从众性。尤其是亲友、KOL、KOC、网络口碑和其他专业人士的意见，对消费者影响很大。

1. 服务员的影响

服务员（或客服、销售人员）对消费者的影响是最能体现市场软环境灵活性的动态因素。与一般的人与人之间的交际不同，服务员与顾客之间的交际关系是卖方与买方的关系，交际的范围比较窄，程序比较简单，时间也比较短。因此，服务员应当具备较高的交际能力与技巧，尽快得到顾客的信任与好感，提供有效服务，并使其爱屋及乌地购买某商品。如果消费者觉得服务员的态度、专业性或信任感等方面差，可能会放弃购买；反之，消费者会加大购买的意向。同时，服务员的销售技巧对消费者，特别是缺乏经验的消费者，具有很大的影响。美国著名的大型折扣连锁店 Kmart 为了节约人工成本，聘用店员很少，消费者感受不到店员的关心和服务，于是在消费者心中就产生了美中不足的遗憾。而宜家家居的服务人员不会主动进行商品推销，主要工作是回答顾客问题并提供帮助，这是为了塑造一种自主、宽松的购买社会环境，与其经营思想是相一致的。

毋庸置疑，服务员的服务态度对消费者行为有着重要的影响。热忱的服务员会给消费者带来温暖、尊重、体贴和愉悦，而冷漠的服务员则会给消费者带来不安全、不舒服感。此外，服务员的衣着、打扮、言谈举止也会直接影响消费者对服务和企业的评价。

2. 消费者（同伴等）的影响

消费场所中出现的人，除了服务人员，往往还有同伴或其他消费者，这些其他消费者的表现都会对消费者的决策、预期及体验产生影响。例如，酒店谢绝"衣冠不整"的消费者进入以避免"体面"消费者的负面感受。

购物过程以及很多在公众场合使用的商品或品牌是高度可见的，因而不可避免地受到包括购买同伴在内的社会环境的制约。对于某种消费来说，同伴的影响起着更大的作用。比如，在就餐的情况下，如果是你请客，你就必须考虑同伴的口味、特点以及食品的档次等。同伴对商品的评价也会影响消费者对商品的看法与购买情绪，营销人员应当善于利用消费者之间的互动关系或影响作用，促进产品的销售。

3. 拥挤状态

造成拥挤可能是因为在单位时间内到店消费的顾客太多，也可能是由空间狭窄所致，还可能是两者兼而有之造成的。一般而言，当消费者进入某个人满为患或店铺空间被货物挤满的营业场所，消费者会体验到一种压抑感，他们也许会减少待在商店内的时间，同时买得更少、决策更快或减少与店员的情感交流。其后果是消费者满意度降低，产生不愉快的购买体验，并对商场产生负面情感，减少再次光顾的可能性。另一方面，适度的拥挤会形成热烈的购物气氛，并带给顾客安全感和购买冲动。而且，在某些情况下人员稠密是有益的，如人们在酒吧或比赛现场寻求体验时，众多的参与者往往可以提高感染力，而观众稀少的球赛或空荡荡的酒吧则会使人兴趣索然；拥挤的银行会使消费者不快，而在酒吧可能就没有这样的感觉或至少感觉没有那么强烈。可见，拥挤状态对消费心理的影响可能是非线性的。

据媒体报道，日本免税保健品商店通常要求导游在上午 10 点前后带中国旅游团队抵达商店购物，这样店里就会同时聚集两三百人，造成火爆抢购的假象，诱发消费者从众心理。而团体游客多数行程安排紧、缺乏事前调查又过度迷信"日本制造"，就很容易被忽悠。

（三）时间

时间是指消费者可支配时间的充裕程度，或活动或事件发生的时机，以及消费者消费服务前需要等待的时间长短。不同的时间环境会对消费者心理产生不同的影响。

1. 特殊时间

时间的特殊性指某些特殊时间或活动发生的时机对消费行为产生的影响。这些特殊时间由社会原因或自然原因而形成。在传统购物中，一天中的不同时段、一周中的不同日子、一个月中的不同日期、一年中的不同季节以及不同的节日都可能会对消费者行为产生影响。例如，消费者通常期望日场的电影票更便宜，因为这时候去看电影的人往往较少；"黄金周"是消费者安排旅游的时间；长辈们喜欢在春节期间为小朋友购买烟花，而在平时往往会以安全为由拒绝小朋友的要求。美国的火鸡业者试图拉开火鸡与感恩节的强烈联结，希望将其变为一般的日常食品，而不只是节日的应时食品。中国粽子、月饼也是节日食品，而元宵已经转变为日常食品了。米克劳啤酒原本的广告语是"节假日（festival and holiday）最适合喝米克劳啤酒"，后来调整为"周末最适合喝米克劳啤酒"之后，销量大大提高，因为"周末"是比"节日"频率更高的诱因。而春、夏、秋、冬四季，商品销售的品种与销售量显著不同，这些特殊时间则是由自然原因形成的。

很多产品的消费具有季节和节日的特点，如六一儿童节前后是儿童玩具和儿童服装的消费高峰，中秋节前是月饼销售的黄金时段。销售商可以利用这些销售的"黄金时间"进行"时间情景营销"或"借势营销"。例如，麦当劳在 5 月 20 日推出晒情侣照 H5 活动，消费者只要上传头像生成情侣证，就可以凭证用 13.14 元去线下门店换到两个小红莓冰激凌。

2. 时间压力

消费者购买时可支配时间的充裕程度或时间压力对消费者购买决策具有重要影响，表现在以下方面。① 不同的购买有紧迫程度上的差异。如果家里的洗衣机坏了且无法修复，那么购买一台新洗衣机就非常紧迫，而如果仅仅是家里的洗衣机用的时间长了还可以凑合着用，那么购买的紧迫程度相对就要低。② 时间压力会导致消费者在决策过程中更多地依赖现有知识和经验，而不是更多地搜集外部信息。③ 时间压力会导致非计划性购买的减少和买不到原先准备购买的产品。但是，优惠促销的时间限制常常会引发冲动性购买行为，例如，网络直播或限时促销就容易引发消费者的冲动性购买行为。④ 时间压力可能使消费者根据不充分的信息做出决定，购买时就会很仓促，或降低标准，或按直觉思维决策，由此增加了次优甚至糟糕的购买决策的风险。消费者在紧急状况下还会出现非理性的消费行为。例如，不少旅游者在外地旅游时，尽管知道导游介绍的购物点存在价格虚高的情况，但由于没有更多的时间和精力来进行商品搜寻，出于方便的考虑，他们也会接受导游的购物要求。⑤ 时间压力会导致所考虑的备选产品数量减少，那些消极不利的信息在购买决策中会占有更大的权重，消费者会倾向于选择知名品牌、习惯品牌或熟悉的商品，以此减少风险感。⑥ 时间压力影响对购物方式或店铺的选择，消费者可能更倾向于网络购物方式，或选择 7-Eleven 连锁店以及其他服务时间长的商店。⑦ 时间压力的增大还会导致对易准备食品及其他节约时间产品的大量需求。例如，具有同步多任务特性的商品，如蓝牙耳机、有电视屏幕的跑步机等，就是为了适应消费者使用商品的时间情境。

实验表明：有时间压力的消费者往往未能买到中意的商品，导致购买总量减少。这是由于消费者焦急、紧张而无法理智地选购商品，同时还会怀疑在这种时间压力下所做购买决策的正确性。这种怀疑的结果便是：对于不熟悉的商品，他们更多倾向于放弃购买；对于熟悉的商品，他们则会购买那些用惯了的品牌，从而保持较高的品牌忠诚度。

3. 等待时间

每个消费者都经历过等待，如在医院、银行往往要排队，在餐厅要等上菜。等待时间长不是令人愉快的事情，营销部门应尽可能减少消费者的等待时间或对等待时间的心理感受。

消费者对时间的知觉存在主观性，也就是所谓"心理时间"。例如，消费者实际花在等待的时间比其心理上所感受到的等待时间要短。为了减少人们感知的心理时间，在一些排队比较久的地方，如游乐场，排队的方式会呈现出蛇形而非直线形，排队的实际时间并没有缩短，但人们的感知是不同的。许多物流公司会及时跟踪并向网购者提供商品到达节点的时间信息，这在一定程度上可以缩短消费者等待的心理时间或焦虑情绪，并降低消费者的网购风险。因为人们对未知的时间进程会抱有焦虑的情绪，提供明确的最后时间或进度能缓解这种情绪。例如，百度云盘在上传或下载时采用时间提示和进度条的形式，让用户了解等待需要的时间、当前进度以及预期剩余时间。

H.Maister 认为，当消费者认为等待符合他们的预期时，消费者会忍受等待。他还将消费者在排队过程中的心理感受进行了总结归纳：有事可干的等待感觉比无聊的等待时间短，轻松愉快的等待感觉比焦虑痛苦的等待时间短，确定长度的等待感觉比不确定长度的等待时间短，了解原因的等待感觉比不了解原因的等待时间短，合理的等待感觉比不合理的等待时间短，集体等待感觉比孤独等待时间短，公平的等待感觉比不公平的等待时间短。

营销人员可以采取多种方式和策略（如提供电视、电脑、免费 Wi-Fi、报纸杂志、游戏、小吃等）来充实消费者的等待时间，降低消费者对于等待时间的主观知觉，当然，许多消费者也经常通过玩手机来消磨时间。但不同填补方式对心理时间的影响并不一样。简单的填补机制会使消费者的时间知觉变短，而复杂的填补机制则导致消费者的时间知觉变长；文字型填补机制会使消费者的时间知觉变长，而游戏型填补机制则造成消费者的时间知觉变短。另外，有趣的填补机制可以提高消费者的正面情绪与降低其主观的时间知觉，而枯燥的填补机制则会使消费者产生较差的情绪反应与较长的主观时间知觉。对此，Roger 研究了 A 和 B 两种性格类型的人①、高收入与低收入的人对于排队等待的容忍程度，发现 A 型人格和高收入的消费者对于等待的容忍程度相对偏低。一些更早期的研究表明，人们对于等待的容忍程度还受到国家人口、文化差异、心理的影响。

❓ **思考一下**：如何缩短消费者的心理等待时间？请举例说明。

（四）任务

购买任务通常是指消费者具体的购买原因或目的，此外，产品的可能使用情境也是一项重要的任务变量。消费者购买商品的用途大致可分为自用、家人使用和送人。例如，消费者在不同购买用途和使用情境的影响下购买葡萄酒，对于选购何种档次和价位、何种品牌的葡萄酒就会有差异。

赠送礼品对送礼者和接受礼品者均带来某些不安，因而购买一件礼物很可能比为自己购买某件产品更用心。因为当消费者赠送礼物时，赠送的不仅仅是产品实体，还包含了重要的象征性信息。礼品本身通常有标价或大家熟知的价格，这可作为送礼者对受礼者尊重程度或受礼者对送礼者的重要程度的衡量。礼品的形象与功能隐含着送礼者对受礼者形象和个性的印象。礼品的性质表明送礼者希望与接受礼品者建立的关系类型。因此，消费者经常在选择礼物时花费比为自己购买更多的时间，使用不同的评估品牌标准，并且选择不同的品牌。

另外，礼品的馈赠在某种程度上反映了馈赠人、接受者之间的相互关系与地位。不同的馈赠场合对礼品会有不同的要求，消费者在购买过程中的参与和重视程度也不一样。例如，年轻人在给自己的恋人购买生日礼物时，要比给普通朋友买礼品更加投入，更注重礼物的样式和品位。同样，公司职员在给自己的上司送礼时也会选择那些高质高价的商品，而给自己家人的礼物则往往追求经济实惠。

有研究发现，消费者购物送礼会表现出某些独特行为。例如，消费者往往会对礼品制定一个价格上限，同时关注店内的信息（如店员的建议）多于店外的信息（如广告）；消费者为送礼会倾向于到高级商店选购以及购买知名品牌，同时也会很在乎商店的退换货办法，也就是万一买错是否可以轻易退换；消费者对于非例行性及重要事件的送礼场合（如结婚），相对于例行性及较不重要事件的送礼场合（如生日），通常比较愿意花费较多的时间和精力来进行产品相关信息的搜寻，同时也比较愿意购买较高价位与较高品质的礼品；从性别差异来看，女性往往对送礼的卷入程度高于男性，对于选购礼物更为关切，也会较早地去选购礼品，不过男性花在礼品上的金额通常比女性要高。

❓ **思考一下**：在生活中，你是如何根据送礼对象与礼品的象征意义去选购礼品的？

与购买任务相关的一个概念是使用场合。使用场合规定了商品的使用方式，并且对被消费的商品应具有的特性或特点提出了要求。例如，在家用餐与外出野炊，在食材、炊具的使用上会有很大的差别。对于同类商品不同购买目的和使用情境的研究，有助于产品的市场细分。

---

① A 型人格者属于较具进取心、侵略性、自信心、成就感，并且容易紧张；B 型人格者则属于较松散、与世无争，对任何事皆处之泰然。

当产品和某一使用情境或目的相结合后，或许可在该情境上取得较大的竞争优势，但也可能使其局限在该使用情境中。例如，我国消费者通常把牛奶定位于一种适合早餐饮用的营养饮料，因而通常不会因为解渴而去喝牛奶，其市场亦因此而受限。事实上，某种产品适合于某一使用场合并不是绝对固定的。很多情况下，"适合"或"适用"只是一种心理感受，或称之为观念上的认知。对于这种认知，企业可以去适应它，也可以去改变它。例如，许多人认为只有在参加体育活动时才需要运动鞋和运动服，但由于一些公司的大力宣传和产品样式的改变，穿运动鞋和运动服现在已逐渐成为不少人在休闲场合的标准装束。

（五）先前状态

先前状态是指消费者带入消费情境中的暂时性的心理状态（如焦虑、兴奋、高兴等）、生理状态（如精力、疲劳、疾病、饥饿、寒冷等）或物质条件（如收入变化、信用卡的透支额度等）。消费者在购买时以上的这些状况可能会影响其购买决策。例如，在情绪激动时，消费者往往无法集中精神在购买决策上；良好的情绪状态会导致个体对刺激物的好感或正面态度。至于消费者本身的身体状况，也会影响其购买决策。例如，身体疲倦时往往容易做出错误的决策。

1. 心理状态

心境（或称心情）是一种平静、微弱而持续一定时间的情绪体验，它具有弥散性的特点。如高兴、平静、悲哀、忧伤、压抑等。正如第 3 章所言，正面、积极的心境与积极性购买、冲动性购买和"举债消费"相联系。当然，负面的心境也会增加某些类型消费者的冲动性购买。另外，心境还影响对服务和等待时间的感知。一般情况下，心境好的时候对质量一般的服务也能接受，而且排队等待的时候也不会觉得时间过得太慢从而倍感烦躁。

除了心境，热情通常也会提高消费者的购买积极性；激情容易使消费者出现冲动性购买，这时消费者往往无法集中精神在购买决策上。

2. 生理状态

生理状态包括精力、疲劳、疾病、寒冷等。例如，身体疲倦时往往容易做出错误的决策，而压力也会减弱消费者的信息处理与问题解决的能力。

3. 经济状态

暂时性的经济状态指消费者在购物之前物质条件暂时性地发生了变化。比如，购物之前意外得到一笔奖金或损失了一笔钱、用掉了一笔钱。这里的经济条件变化是短暂的，不是长期存在的。暂时缺钱的人和长期经济拮据的人购买行为是有显著差别的。

三、消费者情境的类型

根据消费者消费行为过程的不同阶段，可以将一般的消费情境归纳为沟通（信息的获取）、购买、使用、处置 4 种情境类型。

（一）沟通情境

沟通情境是指消费者接受人员或非人员营销信息时所处的具体环境或背景，可以分为信息展露情境、信息表达情境、信息接受情境。沟通情境将影响消费者注意、理解和记忆信息的程度。

1. 信息展露情境

信息展露情境指信息展露的位置和方式，如信息展露的媒介及信息的醒目性。它决定了消费者是否愿意或能够接触到营销信息。

在不同情景下，人们的信息接受状态也是不同的。例如，消费者在地铁站、公交站、电梯口、电梯内等场景下是等待状态，愿意接受信息，从而导致对信息的关注。而在看网剧、综艺时，消费者的目标是看节目，主要精力放在节目上，而对广告有排斥心理，对15 s的贴片广告也会非常不耐烦。楼宇广告就是利用了人们在乘电梯或等电梯时的无聊时间，而消费者在无所事事的封闭空间内也容易接触到广告信息。铂爵旅拍、BOSS 直聘、妙可蓝多等都利用梯媒广告取得了良好的知名度。与此类似，地铁、公交车、候车亭、院线映前时间、体育赛事等沟通情境也都适合广告传送。现在"低头族"随处可见，人们大都喜欢利用碎片化时间或垃圾时间来浏览手机信息，可以建立手机微信公众号、手机客户端等，以有利于消费者在方便的时候进行访问。

YouTube 是世界上最大的视频网站，但其所有视频内容的贴片广告在播放5 s后均可点击跳过。而5 s的短广告通常不容易引发观众的厌恶感，同时由于消费者知道 YouTube 的广告在5 s后即可点击关闭，因此在这5 s之内通常会聚精会神地盯着广告看（广告触达率极高），一经结束马上点击关闭。这样，YouTube 通过一个简单的跳过按钮去获取观众5 s内的全部注意力，牺牲广告时长换取广告效率，在机制上有效提升了广告真实曝光度。另外，由于广告曝光时间极短，也会倒逼广告主不断去优化广告质量。

据统计，商品零售中约有 2/3 的购买决定是消费者到商店后才做出的，因此，营销人员应尽可能地营造便于消费者接触各种信息的情境。在传统购物环境下，营销人员可以控制某些信息展露情境，比如，POP 广告、商品陈列方式、人员销售、促销活动等。有些因素则是营销人员难以控制的，比如，信息的口碑传播方式。而在网络环境下，消费者更多地通过主动方式（如搜索）获取信息。

凭借现代科技，营销人员还可以将信息传递给特定的目标市场。例如，许多百货商场、超市有与收款台电子扫描器相连的电子赠券发布系统，借助这些系统，商店可以向购买不同商品的消费者提供不同的赠券和令其感兴趣的商品信息。

2. 信息表达情境

信息表达情境指表述信息的时间或场合。合适的机会或场所有利于消费者对营销信息的理解和接受。节日营销在某些具有特别意义的节日时传递营销信息，消费者往往乐于接受。M. Goldberg 在一项中间插播商业广告的电视节目类型研究中发现，插播于"欢快"节目中的广告与插播于"悲伤"节目中的广告相比，前者使消费者产生更加积极的思维和更高水平的回忆。台湾地区的一项研究也发现，消费者在较舒适的环境下观看广告，会产生较多的认知反应、较高的愉悦度、较佳的广告态度、较多正面的想法，以及较少负面的想法。还有研究表明，将复杂的广告插播在认知度较高的节目中，会给观众留下深刻的印象。然而，将大家已经耳熟能详的广告放在收视率很高的节目中，效果并不理想。

信息内容最好与消费者的实际场景相似，例如，美国大片《速度与激情》的片头广告选用红牛（强调血气方刚）肯定比选用唯怡豆奶（强调唯美舒适）更有效；在体育馆附近的公交站台投放运动器械、运动服饰、运动饮料的广告就比投放休闲食品的广告效果好。

3. 信息接受情境

信息接受情境主要是指消费者接受信息时的主观状态，如心情、疲劳、卷入度、脑中的杂念、精神状态、身体状况等。而信息表达情境则与消费者接受信息时的客观情境有关。一般来讲，消费者心情好的时候更愿意看各类广告，同时观众的心情也会影响其对广告的解读、评价和印象深刻程度。还有研究发现，对某款产品卷入度低的消费者，更希望该产品的广告与投放的背景风格一致（比如，在喜剧类节目中穿插幽默广告）。然而，对某款产品卷入度高的消费者，更希望广告的风格与投放的背景风格形成鲜明的对比（比如，将广告插播在不含感情色彩的节目中，如纪录片）。

一些客观因素虽然很难直接影响和控制消费者的主观状态，但在一定程度上仍能对消费者的主观状态产生影响。如欢快的广告音乐可能使消费者心情更好。

另外，消费者获取信息过程中的具体情境因素可分为以下3种。

（1）信息的数量。当被选产品或品牌很多，同时要评价的属性也很多时，环境中的信息量就会增加，消费者搜集的信息也会相应增加。信息量的增加通常有助于提高决策质量，但当增加量超过一定水平时会出现信息超载，此时反而可能降低决策质量。

（2）信息的形式。信息的呈现形式与传播方式如果便于消费者处理，则可以增加信息的搜集和使用。比如，商家往往把与质量有关的产品参数以数字方式呈现，而网络口碑主要以语意方式（如最好、很好、一般）呈现。用数字方式呈现信息，消费者更容易对不同产品做出评价，消费者也更倾向于以产品属性为基础对不同品牌进行比较。

（3）可用时间。没有时间约束的消费者有更多的机会搜集信息，时间压力增大时会减少从不同来源获得信息的时间。

（二）购买情境

购买情境是指消费者在购买过程中接触到的各种物理的、社会的以及其他各方面的环境。不同的购买情境会影响消费者的消费内容和形式。比如，与孩子一起购物时，就比没有孩子在场时的购买决策更易受到孩子的影响；看到商场的收款处排着长龙，有的消费者可能会放弃购物；营业员良好的服务可能刺激消费者的冲动性购买。

购买情境有两个主要方面：商店接触和商品接触。

1. 商店接触

消费者商店接触的具体行为环节包括：找到商场、前往商场、进入商场。对商家而言，商店接触的核心问题是如何将消费者吸引到商店里来。这一方面涉及商场的位置，另一方面涉及消费者对商店形象和商店品牌的认知。

店面选址

商店位置涉及商店坐落于哪个区段、商圈特点、交通是否便利等因素。在其他条件差不多的情况下，消费者一般会选择离家较近的、交通比较便利的商店。

所谓商店形象，是指消费者对商店所有特点的整体印象。这些特点包括商店所能提供的商品质量、价格、品种、服务（如营业员的态度、售后服务）、硬件设施（如自动扶梯、卫生间、停车场、建筑与门面特征）、业态类型、促销手段、商店气氛（温馨、兴趣、舒适）以及商店声誉等。如同产品一样，商店也可被认为是具有"个性"

移动超市
Robomart

的。有的商店具有鲜明特色的个性形象，而另一些商店的形象则趋于大众化。

随着移动互联网与定位系统（如 GPS）的应用，消费者可以利用 LBS（基于位置的服务）在任何地点即时搜寻到周围的相关服务网点，并通过网购获得商品或服务。这时，商场与服务网点的位置及其与居所的距离不再那么重要。而无人驾驶智能移动零售车可实现召唤式、响应式的服务，重构"人货场"的关系，由"人找场"变为"场找人"，人与场实现互动。

为什么你一进超市就会买一大堆东西？

2. 商品接触

购物场所合理的内部设计能为消费者提供便利的购物条件和环境，使其达到一种愉悦、兴奋、满意的购物心理状态，从而促成购买行为。一般来说，商场的内部设计包括商品陈列、音响设计、照明设计和色彩设计等。

商品陈列技巧

商店内的商品陈列及商店氛围对消费者的商品接触有较大的影响。商品陈列是指柜台及货架上商品摆放的位置、搭配及整体表现形式。商店氛围主要指商店的物理环境，如设施、颜色、气味、声音、人流、POP 广告等，它可以使消费者很乐意在商店中逗留，也可以使消费者觉得郁闷。一项研究表明，当背景音乐节奏舒缓时，消费者就会在商店里多逗留一些时间。美国有资料显示，合适的购物点刺激（POP）至少能使冲动性购买上升 10%。

超市卖场的五个磁石点

其中，商品陈列是商场内部设计的核心内容，是直接刺激消费者产生购买行为的重要因素。简单地说，商品陈列应遵循"三易原则"：易看、易摸、易选。

在商店经营中，应当注意把重点商品（如新商品、高利润商品、流行商品、应季商品、促销商品等）以及一些冲动性购买商品摆放在商店主要通道两侧、出入口附近、临街窗口等位置，摆放高度应大体与消费者视线平行，或者扩大这类商品的陈列空间。选购品、搜寻性商品或消费者必须购买的商品应置于商店靠里的位置。如表 7-4 所示，为各类商品及其消费者购买习惯。

表 7-4　各类商品及其消费者购买习惯

商品类型	解　释	举　例	购买心理	商品陈列位置
低值易耗商品	在日常生活中消耗量较大、需求价格弹性小、价格较低、消费层次不明显的商品	饮料、糖果、瓜果蔬菜、清洁用品、油盐酱醋	这类商品使用频繁，人们希望购买方便、交易快捷	最明显、易于速购的地方，如商店底层、过道和出入口
衣着出行用品	人们日常生活中用于穿着打扮或出行的物品，可以显示一个人的气质、审美和消费层次	时装、皮鞋、手提包	这类商品的款式和价格差异较大，因此人们在购买时会进行仔细比较，综合思考后再做决定	空间宽敞、光线充足的地方，便于消费者接触商品，以进行比较和分析，从容决策
家用贵重商品	这类商品是人们居家使用的高档生活用品，体积较大，使用寿命长	电视机、电冰箱、空调、音响设备、高档家具	这类商品各品牌的性能、价格和质量差异较大，且价格高昂、使用周期长、售后服务要求高，人们在购买时要进行周密的思考和比较	选择店内比较深入、僻静和优雅的场所，设立专门区域提供咨询服务，使消费者谨慎决策、放心购买

 **案例链接** 　　　 堂吉诃德折扣店的 "探宝式体验" 商品陈列

堂吉诃德折扣店是日本收入排名第四的零售企业。其运营策略的关键就是其店内无限循环的主题曲中唱到的 "探宝式体验"。所谓 "探宝式体验"，其本质是基于对消费者心理的精准把握而设计出精细化的陈列、动线及互动。

宜家家居
的内部环境设计

1. 密集陈列：用海量的商品选择和信息轰炸消费者，弱化其购物时的理性思考

调查发现，大部分消费者是先逛后买，离开店铺时会拎着自己原本没有计划购买的东西。因此，堂吉诃德选择用大场地、海量的商品陈列，给消费者提供了广阔的 "探宝" 空间，消费者被淹没在物质之海中，以至于忘记自己原本的购物目的。

除此之外，商品密集陈列还会让消费者产生选择疲劳，并减弱商品选购的逻辑性思考。相比于理性谨慎地比价和选品，消费者会更倾向做 "快思考"，选择一些快乐属性的产品。例如，高卡路里的零食、设计可爱有趣的包装等。

2. 动线规划：延长停留时间，高低毛利穿插陈列，强化低价印象

堂吉诃德的卖场看似 "杂乱无章" 且不符合零售标准，但实际上并没有违背动线规划的法则。

商店 1 层面积约 1500 m²，主要销售食品生鲜、日用品杂货、季节性推销品等中高频消费的品类。从动线顺序来看，进入商场 1 层后消费者依次看到：超低价格锚定品（家清品类为主）→季节属性高毛利产品（如泳衣、水枪、游泳圈等）→中频生活消耗品（如餐具）→个护化妆→家庭用品→食品生鲜→酒水→米纸等大包装必购品。

高毛利低频消费品补贴低毛利高频消费品的混合毛利模式是大店业态的基本销售方法。堂吉诃德通过超低价格锚定产品，给消费者带来渠道很便宜的印象，但在动线中穿插着陈列中高毛利的商品刺激额外消费。比如季节属性的产品，设法唤起人们对夏天出游野营、赶海场景的向往，消费者对这类产品的价格敏感度往往不高，在强情绪导向下容易产生冲动消费，而这些 "不经意间" 的购买恰恰为堂吉诃德带来了高毛利。

消费者目的性购买的食品、酒类等品类则是放在了动线后半部分。往往最需要购买的大米等必需品类则是放到了收银台附近，推着手推车的消费者在最后才能看到。食品品类具有一定的引流作用，但业务整体的毛利贡献还是需要依靠食品之外的品类（如家电、日杂、体育用品、服装等）。

3. 人群细分：通过品类陈列区隔人群，引导去往 "定制化" 动线，提升引起人群兴趣的商品密度

商店 2 层主要销售化妆品、体育用品、服装、箱包等非食品类的产品。其入口处的两边货架陈列品类具有强引导性，自动划分了人群，让消费者在每条动线上都以更高的概率看到可能会感兴趣的产品。例如，男性用户和单身人群会倾向于向左面走，这条动线上依次陈列着体育健康、DIY 文具、旅行箱包、小家电、汽车用品、手表奢侈品、服装、收银台。女性消费者和家庭消费者会更倾向于向右转，这条动线上依次陈列着个人洗护和化妆品、美容小家电、儿童玩具、服装和鞋子、手表奢侈品、收银台。

有时通道会故意把路用小货架封住一侧，或者故意让消费者绕弯路，带来一种探宝式的体验，引起消费者的好奇心。

4. 感性互动：用生动的文案标签唤醒消费者对商品价值的认知，像直播一样积极和消费者沟通

堂吉诃德的内部有一句口号："进货便宜的，往高价卖；进货贵的，往低价卖。"也就是说，价值被广泛认可的产品，要卖得比别人便宜。价值没有被广泛认可的产品，要挖掘出更高的价值传达给消费者。而琳琅满目的生动标签就是堂吉诃德实现与消费者强互动的手段之一，相对于机械地显示商品名称和价格，堂吉诃德的标签宛如弹幕一样五花八门。例如，在通道的各处贴上标语"贵一块钱就退钱"和"绝对保证低价"等标语，突出商品的低价；在生鲜等质量优先的品类上，为了消除消费者对低价商品的疑虑，以诚恳的姿态介绍商品低价的理由。

5. 爆款思维：直观呈现商品之间的比价比量，引导消费者的选择，从而打造爆品

爆品的出现对渠道和品牌来讲毋庸置疑是增长加速器。渠道获得更大的采购议价权，获得更高毛利。而对于消费者，好的产品会给他们来店复购的理由，这也长期成为渠道的稳定客流。例如，雀巢速溶咖啡售价约45元/180g，而进口白牌咖啡为13元/100g。相比雀巢咖啡，进口白牌咖啡的性价比显而易见。这个白牌咖啡可能就是堂吉诃德渠道最想销售的高毛利产品。这个产品可能是大量采购的尾货，也可能是自己找到供应链代加工的 PB 产品（但不贴堂吉诃德的名称）。

资料来源：堂吉诃德启示录：利用 5 个运营法则，抓住消费者[EB/OL].（2021-08-03）. https://www.36kr.com/p/1337519681356164.

（三）使用（消费）情境

使用情境指消费者使用（消费）商品或服务时的情境因素，包括时间、地点、方式、场合、周围场景等。许多产品的购买场合与使用场合是同一场合。比如饭店的食物，消费者在饭店购买，也在饭店消费。

1. 使用情境对消费行为的影响

王老吉
新品黑凉茶

消费者在购买决策过程中通常会考虑商品的使用情境，构成使用情境的各种因素，如时间、社会环境等均会对消费心理及行为产生重要影响。比如，将某名牌香水用于社交场合，而将另一普通品牌用于日常化妆；某种品牌的葡萄酒适合休闲时饮用，而另外一种品牌则适合正式场合饮用。

在不同的使用情境下，消费者对同一种产品的选择标准和购买决策可能存在较大差异。原因有如下 4 点。第一，不同的消费情境会激发人们产生不同的消费体验。比如，在一个服务周到、整洁幽雅的快餐店里就餐，人们会变得很愉快。第二，不同的产品在不同的情境下消费会产生不同的意义。比如，进口红酒更多地用在公共场所，而国产红酒更多地被带回家饮用；消费者在家里和在社交场合穿的服装会有较大差别；消费者自己吃饭和请领导吃饭会去不同档次的饭店。第三，针对不同的使用目的与场景，消费者对同类产品会产生不同的品质要求。例如，建华香油针对不同使用场景将产品细分为"炒菜真香"

"鲜汤真香""凉拌真香""面条真香""火锅真香""月子真香"等品类。第四，对于有些产品而言，消费者购买的主要产品和服务就是消费环境本身，如酒吧、夜总会、主题乐园（如迪士尼乐园）等服务性产品，其消费环境对于消费者的满足感是至关重要的。

有些消费情境是营销人员可以直接控制的，如服务业、旅游业等，营销人员应当设计令消费者感受方便和舒适的使用情境，比如，改善咖啡厅的装修、布局、营业员的服务态度与技能等。戴威如果把 ofo 共享单车的使用情境始终限定在大学校园，就不至于最后落得一地鸡毛收场。当然，有些产品的使用情境是营销人员无法控制的，比如电器、汽车、家具、服装、蔬菜、鱼肉等，营销人员应当理解或引导消费者的使用情境，据此传递产品使用情境信息。比如，花店可以宣传什么花赠送给什么对象；保健品公司可以宣传什么保健品适合送给什么体质的人使用；葡萄酒公司可以宣传什么样的葡萄酒适合在什么场合饮用；等等。

❓ **思考一下**：共享单车的使用情境有何特点？

对于像快餐店这类服务性企业，还应考虑消费情境的舒适度对周转率的影响。例如，舒适和优雅的环境会让客人待在餐厅内的时间更长，有可能会使客人消费更多的餐点和饮料。但若在高峰时间则会使晚来的客人因等待过久而离去，导致顾客周转率太低。因此，对于强调低毛利率与高周转率的餐厅，提供过度舒适的座椅可能并不恰当。例如，麦当劳摆放的座椅与星巴克的舒适度是不同的。

2. 使用情境与产品定位

营销者需要了解他们的产品适合或可能适合哪些使用情境。市场定位和产品细分均可能涉及产品的使用情境，而且，推出适合不同情境使用的商品，吸引同一消费者在不同时间前来购买，还可以提高商品的销量。例如，生产服装的企业可以根据着装场合而对市场进行细分，如在正式场合穿、运动时穿还是休闲时穿。显然，针对上述不同的细分市场，服装产品及其营销策略应有所不同。星巴克没有把咖啡馆开在星级酒店、小区里，而是开在市区、机场、商务中心，因为这些地方都没有消费者自己的空间，星巴克就让人们在没有自己空间的地方突然感到原来有一个自己的空间——一个熟悉的咖啡味道，一个人与人之间能轻松交往的地方。有时，产品的使用情境会被消费者过于狭窄地界定，此时需要企业做出努力改变消费者的认知。比如，"冬天喝热露露"的广告就是这方面的尝试。

Chillmore 有两款的香氛沐浴露——"溪畔听风"和"西泠松舍"，其目标用户到底是都市白领，是学生，还是小镇青年？其实选哪个并不重要，因为从目标情景来切入，要比找到这些人更加高效：在散步逛街、周末骑行、探店觅食、日常约会时，人们都希望保持淡淡体香，有一个轻松美好的心情和状态。

电商平台，也可以根据使用情境进行产品分类。美团的美食搜索页面中，分类筛选的依据主要是区域、菜系、口味、价格、评分高低等，还可以增加"情境"分类，如按适合宝宝、适合宴请、适合约会、适合团聚等，从而让用户快速锁定目标做出决策。南瓜电影也按情境因素对电影进行了分类，如七夕节的"七夕专区-唯美爱情电影"、情绪不佳时的"治愈人心系列电影"、宅男们的"男人们无法征服的美女电影"、一家人一起看的"阖家欢乐的动画电影"……这样，消费者点进去就能很快找到符合当前情境的电影。

 思考一下：有形产品与无形产品（如服务）相比，其购买情境与消费情境的关系有什么区别？

（四）处置情境

处置情境是指影响消费者在产品使用前或使用后如何处理产品或产品包装的情境。比如，有的消费者重视生态环境保护，只购买易于回收的物品；有的消费者食用食品之后，会拿着食品包装找垃圾桶，但超过一定距离，消费者就可能将空盒随地丢弃。

处置情境与某些行业高度相关，如二手车市场的价格会影响新车的购买行为。在网络信息时代，二手货有了更方便的出售或交换渠道，如转转、闲鱼、拍拍二手、旧爱勾搭、58 同城，以及有路网、瓜子二手车等专业网络平台。淘身边 App 是一款基于淘宝 API（应用程序接口）开发的二手商品移动交易平台，该平台打通了线上与线下之间的通道，买方和卖方均可自由选择支付宝在线支付或者当面交易。淘身边 App 通过 LBS 为用户提供面交的便利，改变了 C2C 二手市场交易双方信息不对称、交易信任缺失的弊端；同时，基于 LBS 的周边二手物品推荐也方便用户遴选更为便利的交易方和交付方式。而且，还可以一键拨打卖家提供的联系电话，内置地图还提供了从当前位置去往面交地址的公交路线信息。又如，有闲网 App 类似"垂直闲置物品交易话题的微博＋朋友圈"，也可以基于 LBS 查看附近的人在出售什么闲置物品。因为有闲网发现，52% 的闲置物品交易发生在熟人之间，22% 的交易发生在本地的地理位置相近的人之间，所以有闲网只为熟人或邻里牵线，如小区业主、单位同事、学校学生，不做完全陌生人之间的交易。

在人们的环保意识日益增强的现代社会，产品与包装的处置越来越受到关注。应该把握消费者的环保意识，提供更为方便的回收与处理渠道，满足消费者对环保和绿色产品的需求。

洞察消费场景，
开拓营销思路

 ## 本章思考题

1. 根据你的切身感受，谈谈文化差异对消费心理的影响。
2. 在不同文化背景的市场环境中进行营销活动时，应当考虑哪些社会因素的影响？
3. 举例说明如何在实际营销活动中通过参照群体的影响作用来开展市场营销工作。
4. 消费者情境的构成因素与类型可以分为哪几个方面？
5. 商店选址时，应当考虑哪些因素？
6. 如何根据消费者的购买心理特点进行商品陈列？

本章典型案例　　　　Lululemon"新社群"破局之道

2020 年，Lululemon（露露柠檬）成为继耐克、阿迪达斯之后全球第三大运动服饰品牌，更为重要的是，Lululemon 俨然是时尚的代名词，被称为"瑜伽界的 LV"。无论是大牌明星还是普通女孩，一条 Lululemon 瑜伽裤是身份地位和品味生活方式的标志，并拥有一批狂热信徒，加拿大主流媒体曾将这一现象比喻为"邪"式热爱（cult-like）。Lululemon 的成功要素很多，其中"社群"是其最独特、最具研究价值的破局逻辑和商业模式。

Lululemon 成立之后，既没有像传统品牌一样"定位"并以广告抢占心智，也没有如巨头阿迪达斯、耐克一样创造爆款潮流+明星代言人的营销策略去破局，而是通过"线下社群+社群沟通"来创造一种新连接：让用户逐步产生情感归属，从而愿意持续、高溢价地消费产品，并自愿分享给朋友。

毋庸置疑，这就是今天火热的"社群营销"和"私域"，说它是社群营销的鼻祖亦毫不夸张。

1. 专注新兴小众+细分垂直场景=折叠人群

创始人 Chip Wilson 是男性中少有的瑜伽爱好者，他认为瑜伽会给予灵感、爱与平静，进而"以瑜伽为灵感的品牌"切入瑜伽运动领域，专注这个极其小众的细分市场。

Wilson 将北美新兴的新中产高知独立女性群体称为"Super Girls"。Wilson 注意到，"Super Girls"时尚、精致、有消费欲望和能力，她们中很多人喜欢瑜伽，瑜伽正在成为一种新的运动社交风潮。由于瑜伽运动的专业性，大部分爱好者会选择在瑜伽中心和健身房展开活动，这很容易形成一个个线下交流空间和线上的小众圈层。

但是无论耐克、阿迪达斯也好，还是瑜伽服、舞蹈服、运动服，既无法满足对瑜伽功能的需要，也无法满足对时尚的需求。其实，连 Super Girls 都不知道自己想要什么。Wilson 却敏锐地把握到了运动和休闲结合的趋势即将到来——"athleisure 运动休闲"（此概念为单词 athletics 与 leisure 的合成词，在 2014 年才被纽约时尚媒体提出）。

调查发现，Lululemon 的购买者中，仅 25%的人群是特意为瑜伽运动购买的，而剩余的购买者看中的是产品的时尚性，可用于平日的穿着搭配。因此在产品设计中，Lululemon 区别于其他传统运动服饰品牌，希望通过时尚与运动的结合与碰撞给消费者带来新的价值。

Lululemon 希望它成为女性想要从健身房穿到大街上的衣服、出现在聚会的服装，甚至可以出现在办公室中。

"科技可以被定价、被模仿，时尚却是无价的"，这最终形成了 Lululemon 真正的核心竞争力。

2. 造有渗透力的社群——有"实体"的"新社群"

Lululemon 社群是从 2000 年加拿大一个实体店开始，并由此成为品牌价值的重要抓手。

在连体验店都凤毛麟角的年代，Wilson 创造了一个领先了 20 年的概念——"互动设计实验室"，实验室不但展示产品各个环节的工艺，设计师也在店里工作，直接了解和收集用户对设计的反馈，并根据不同体形特点进行改良。这种符合品牌价值的仪式感的体验，让高品质一次性深度渗透到用户心智中，而不需要像定位和广告那样持续高成本的投入。

Wilson 与他的瑜伽课老师 Fiona 合作，将 Lululemon 的门店改造成可以练瑜伽的场地，并在此开展瑜伽教学。就这样，第一家店成为瑜伽爱好者的聚会场所，特别是朋友间的口碑传播，带来了极为精准的客流，用现代语言就是高价值有效拉新。

这家店的成功打开了 Lululemon 的视野，奠定了品牌发力方向和社群的基因，比如 In-Store Yoga 新场景，瑜伽老师成为意见领袖，自线下创建社群等。到了现在，Lululemon 以线下空间的新生活意义场景为中心，融入数据驱动、体验感、参与度和社交化，"新社群"的各种"新价值"正在源源不断被创造出来。

Lululemon 还开创了从卖产品、卖体验、卖理念，到卖关系和生活方式的营销模式。Lululemon 实体店除了销售产品，还会定期举办免费的瑜伽、普拉提、SALSA 舞蹈等多种运动课程；或是举办社群分享会，让用户分享自己最近的生活以及各种能够为心灵带来成长的活动。有的实体店不仅有销售区，还开设了瑜伽工作室、HIIT（高强度间歇训练）、私教空间、冥想室和健康餐厅。Lululemon 希望创造更多生活方式的调性，成为一个以健身为主题的生活方式集合店。这样，以"线下空间"组建"线下社群"成为 Lululemon 独一无二的模式，它让用户和用户、用户和意见领袖、用户和品牌建立起平等的伙伴关系，从而潜移默化地传递了品牌理念。品牌与顾客之间不再是简单的买卖关系，而是更为亲密的朋友伙伴关系。

而且，Lululemon 每到一地都会免费开展各类瑜伽课，并举办大型瑜伽主题活动，比如，加拿大半程马拉松、曼哈顿的 Bryant 公园、伦敦的热汗节、北京天坛的朝圣等，让参与者得到一种前所未有的宗教式的体验，并快速积累大量有价值用户，创造专属品牌垂直的社交空间，营造独特的社群文化。

3. 以"人"激活社群的动能——有连接的"新社群"

社群的基本属性是"连接"，特别是人与人的连接。围绕"连接"，Lululemon 重新定义了"人"在社群中的生态作用，以"人"激活社群的凝聚力和势能。

Lululemon 的社群有三个重要角色，分别是"门店教育家"、"品牌大使"和"超级用户"，这些角色共同构成了"新社群"的生态体系。"门店教育家"是 Wilson 雇用的高素质的 Super Girl 店员，以 Super Girl 来服务好 Super Girl。各地最红的瑜伽教练则可能成为"品牌大使"，Lululemon 给他们提供免费的服装并邀请他们进行瑜伽教学，并在门店内挂上他们的海报，帮助这些教练接触更多潜在客户。而"品牌大使"们的社交圈层和影响力又让 Lululemon 找到了一个极为低成本和有效的社群破局方式。但要真正让一个社群"活"起来，还必须要让一些受人喜爱的运动明星、网络"大V"等作为超级用户（KOC）参与进来。

在常规的社群营销和用户运营模型中，"拉新"是核心和发力的主要环节。但是，在 Lululemon 营销模式中，拉新并不是重要的一环，他们更注重的是用户留存——让用户喜欢上品牌倡导的生活方式——这种用户自然会转变为品牌的超级用户（愿意主动传播品牌的用户），新用户自然而来。

4. 以"生活方式"定义社群的价值——有意义的"新社群"

Lululemon 的用户不仅为好产品和体验买单，更愿意为它所传达的价值理念买单。Lululemon 最初给产品赋予了前沿和独立的标签，后来将其所表达的沉思、自律、投入和热爱的价值观不只停留在瑜伽垫上，而是渗透到人们生活的方方面面。在中国，这种价值观也可表达为"活出可能"。Lululemon 也在传达一种积极、阳光的状态和热爱生活的生活方式，这被称为"sweat life"（热汗生活），并将此贯穿于长期的社群和品牌建设中。Lululemon 从"以瑜伽为灵感的运动服饰品牌"进化为"以健康生活方式为灵感的运动品牌"，这意味着生活方式成为 Lululemon 的终极归宿。

资料来源：折叠人群——Lululemon（露露柠檬）"新社群"破局之道[EB/OL]. (2021-11-01). http://www.woshipm.com/marketing/5191469.html.

本章案例讨论

1．Lululemon 的社群营销有什么特点？
2．根据本案例，谈谈 KOL、KOC 的影响作用。

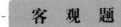

第八章 影响消费心理的产品因素

学习目标

- 熟悉 FCB 网格模型。
- 熟悉消费者对产品属性的基本要求。
- 了解消费者品牌心理层次。
- 理解 CBBE 模型。
- 了解品牌个性的含义、来源和维度。
- 熟悉消费者对价格的认识与选择心理。
- 掌握消费者如何感受商品价格的高低。

导引案例　　　　　喜诗空气清新剂赋活"纯净"之道

所有突破性创新都代表这样一种品质——像激光一样聚焦于消费者的真正需求，即便是这样，做需要采取完全不同于预想的道路。

喜诗团队从一个合乎逻辑的假定出发：消费者购买空气清新剂是为了罩住异味，所以留香时间长的产品，其市场空间更大。他们围绕着"香味寿命"这个想法开发了一个概念以及能够带来这种利益的更聚焦的产品。但是，当他们开始做消费者测试时才发现，这样做无法满足上市的基本要求。

该团队并没有被坏消息吓退，他们深入挖掘，发现了令人惊讶的事情：消费者看中产品所提供的具体利益点，但这并不是要留香长久，消费者看中的利益点完全被该团队忽视了。结果是，消费者喜欢的产品利益点是不弄湿各种表面。这一"特性"其实是该产品配方开发过程的副产品。不额外加水，因此该产品立即消散在空气中，不会落在家具、衣服和皮肤上。这一利益点通过提供"香味而不留坠尘"解决了消费者生活中一个关键问题。

该团队知道该产品能够说到做到。尽管如此，它还是没有通过测试，高层利益相关者需要关于推进该计划的合理依据。该团队明确地认识到他们的价值主张有问题，因而把定位与新发现的利益点关联起来。他们选择了"Pure（纯净）"作为名字，昭示该产品让消费者只享受香味，而没有水渍的烦恼。高层管理者相信新的定位具有巨大的市场潜力，因而决定继续推进，决定在法国、比利时、荷兰和卢森堡市场进行测试。

接下来，该团队通过包装设计来赋活"纯净"这个概念。设计得干干净净的瓶子传递一个简单的宣言：没有湿喷头的气雾剂。为了确保包装在货架上能够脱颖而出，他们选择了有活力的颜色——每一种香味都配一个不同的颜色，并把"喜诗"的标志放得特别醒目。

零售商立即看出了"Pure"的价值。这一概念简洁而又优雅，而且产品言出必行。另外，Pure 的价格能够比竞争产品高出 20%。

在广告公司的帮助下，该团队明确了这样的讯息：既不试图建立情感连接，也不强调香味品质，而是聚焦于 Pure 为消费者解决的烦恼。Pure 的电视广告里有一个演示：两款产品——一款是 Pure，另一款是传统的"湿"的空气清新剂——喷在一张画的笑脸上，但是只有传统的气雾剂弄坏了画面。这种比较很简单，也很有效，该团队在店内展示中也使用了同样的形象。

为了配合上述努力，喜诗团队还开展了促销活动，直至试用量上来了，他们才开始主动减少促销力度。值得注意的是，虽然很少打折扣，但是 Pure 的市场份额并未下滑，这说明该产品在消费者的生活中承担起一个独特的任务。

事实证明，Pure 计划带来了很大的增量，第一年该品类就增长了 6.8%。为了维持第 2 年的势能，喜事保持了与第 1 年持平的媒介花费。他们还上市推出了 3 种新的香味。令人印象深刻的是，Pure 第 2 年的销售比第 1 年增长了 20%。

喜诗团队的旅程验证了顾客需求洞察驱动的创新，而且提醒人们，旗开得胜的事情并不普遍。突破性创新者都知道，路障并非末路，它带来的是学习的机会。

资料来源：王苗. 全球化妆品品牌基于洞察的产品创新案例分析[J]. 日用化学品科学，2022（2）：52-57.

问题：
1. Pure 产品及营销成功的原因是什么？
2. 怎样认识营销与产品的关系？

产品是市场营销活动的物质基础，是消费者的购买对象，是影响消费心理与行为的最主要的外在因素。近年来新消费品盛行，只要能满足消费者某种生理或心理需要，就有可能走红。例如，自嗨锅紧抓火锅消费群体，解决了一个人吃火锅的尴尬；五菱汽车推出定位为"人民的代步车"的宏光 MINI EV，上市后迅速成为爆品。不少营销实践也表明，产品做得不好，营销做得再好，也终将被市场所抛弃。例如，快速爆红且快速衰落的黄太吉煎饼、答案茶、雕爷牛腩等网红餐饮就是很好的例证。

第一节　产品与消费心理

消费品是人们用来使用或消费，以满足某种欲望和需要的产品。在日常生活中，消费品的花色品种繁多，我们必须根据不同标准对消费品进行分类，才能有效地研究它们各自的不同特征及其对消费者需求和购买心理的影响。

一、产品类别与消费心理

（一）以产品形态分类

依据形态产品可以划分为物质产品与服务产品。广义的消费对象并不只是汽车、饮料等有形产品，还包括服务、活动、体验和观点等多种形态。例如，理发、看病、美容、参加音乐节、接受培训、参加健身班、旅游等。除此以外，消费者还会做出有关人的决策，如观看特定明星出演的电影及参加所喜爱乐队演出的音乐会。

也就是说，消费活动不仅表现在物质产品消费方面，还包括精神产品以及各种以劳务或设施的形式直接向人们提供的、能满足人们某种需要的服务消费。随着社会经济的发展和人们消费水平的提高，人们对这类服务消费的需要也会越来越多。而且，消费者对服务会有很强烈的选择意向。美国一项研究表明，现代消费者越来越倾向于把钱花在体验而不是实物上，能带来快乐的消费类别是休闲、度假、娱乐、体育，以及类似高尔夫球杆和钓鱼竿这类的器材。

在网购时代，由于市场的充分竞争和价格的透明化，网购价格呈现"没有最低，只有更低"的态势，厂商在商品市场已很难赚取较高利润。即使采用网红直播带货等新型营销方式，也无法改变网购商品低价化的趋势。所以有人说，淘宝革了实体店的命，拼多多革了实体工厂的命。但另一方面，消费者对无形的服务需求却愿意花费更多的金钱。例如，美容产品的利润越来越小，但是美容过程的利润越来越高；汽车的利润越来越小，但汽车的售后服务利润越来越高。尤其是那些缺乏竞争又没有网络评价监督的小型服务性实体店，往往能够获得较高的利润率。

产品是一种物品，是消费者可以摸到或看见的实物；而服务本身是一种行为、态度或努力，是无形的。然而，由于购买有形产品时要伴随某些辅助性服务（如安装），在购买服务时通常也包括辅助产品（如餐厅的食物）。因此，对产品和服务加以严格区分是困难的，每次购买也都会包含不同比例的产品和服务。

Lynn Shostack 提出了一个区别产品与服务的有趣方法，她把产品与服务沿着一个从有形主导到无形主导的系列进行排序，如图 8-1 所示。

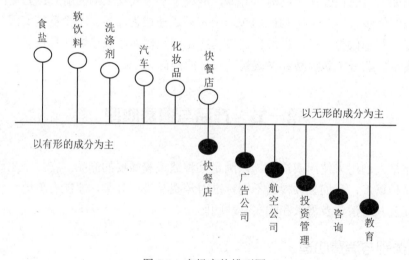

图 8-1　市场实体排列图

资料来源：SHOSTACK G L. Breaking Free from Product Marketing[J]. Journal of Malketing，1977，41（2）：73-80.

Lusch 等人认为服务与产品有 4 种特性上的区别：服务是无形的，具有非实体性；服务在产生和消费时是不可分离的（服务的提供过程就是服务的消费过程、消费者参与服务产品的生产过程）；服务具有异质性（不同的人、不同的时间、不同的地点提供的服务质量是不同的，很难标准化）；服务是无法存储的。另外，在服务消费中，服务过程是提供者与消费者互动的过程，人是服务的一部分（如漂亮的空姐会带给消费者美好的体验，客户的配合会使服务更加完美）；消费者对服务的评价更为主观；服务或体验过程不涉及所有权的转移。如果从经济依据上看，判断一个产品属于有形产品还是服务，是看其一半以上的价值是否来自服务要素。表 8-1 比较全面地反映了二者的区别。

表 8-1　服务产品与有形产品的区别

有形产品的特性	服务产品的特性
实体	非实体
形式相似	形式相异
生产、分销不与消费同时发生	生产、分销与消费同时发生
一种物品	一种行为或过程
核心价值在工厂里被生产出来	核心价值在买卖双方接触中产生
顾客一般不参与生产过程	顾客参与生产过程
可以储存	不可以储存
有所有权转让	无所有权转让

资料来源：叶万春. 服务营销学[M]. 2 版. 北京：高等教育出版社，2007.

服务消费中的
"感性消费"

　　　　商品是人们用来使用或消费，以满足某种欲望和需要的物质产品。消费者对不同类别的商品有着不同的消费心理与行为，同时不同类别的商品也具有不同的营销特点。传统的分类方法是按照商品的自然、物理属性或具体功能对商品分类，也有一些从用户角度出发的分类，如把商品分为享乐型产品（情感满足）和功能型产品（实用）。下面我们着重介绍对商品的分类。

（二）以购买方式分类

这种分类方法在传统购物环境中应用最为广泛，其分类原则是基于消费者的购买习惯，以及搜索产品时所付出的努力程度。

1. 便利品

便利品又被称为"快消品"或"快销品"（fast moving consumer goods，FMCG）。一般指售价低、使用周期短、不需要挑选、能迅速购买的商品，主要包括日用品、冲动型商品和应急商品。消费者购买此类商品主要讲求方便、快速、实惠，在营销上主要采取广泛的分销策略。在网络购买冲击下，许多大型实体店纷纷倒闭，但对一些经营食品饮料、烟酒、生鲜肉类、水果蔬菜、个人日常护理品等快速消费品的小区便利店却影响较小。另外，绝大多数的"网红品牌"也诞生在这一领域。如喜茶、三只松鼠、江小白等。

但是，小罐茶的定位很有特色，小罐茶将多种名茶组合包装，定位于高端快消品，区别于那种用于礼尚往来而被束之高阁的"茶叶"，同时也改变了国内经营茶叶的传统思路。

2. 选购品

选购品一般指消费者需要经过仔细的挑选比较后才购买的商品和服务，主要是一些价格较高、使用周期长的耐用消费品，如服装、家具、家用电器等。消费者在购买选购品时较为谨慎，一般要对几种品牌进行款式、适用性、价格、售后服务与其生活方式的协调性的比较，愿意花费一些精力以取得自己期望的利益。除了选购品的功能、质量属性，其品牌的象征意义也对消费者的品牌选择具有较大的影响，企业应当树立良好的品牌形象。

3. 特殊品

特殊品是指那些消费者感觉不能被其他商品替代的商品，如奢侈品、收藏品、"老字号"、特殊纪念品等。特殊品的经销商们经常用突出地位感的精选广告保持其商品的特有形象，也经常被限定在某一地区的一个或很少几个销售商店里。

4. 非寻求品

非寻求品是指不为其潜在的消费者所了解或虽然了解也并不积极问津，但必要时又十分需要的商品。新产品在通过广告和分销增加其知名度以前都属于非寻求品。

一些商品永远都是非寻求品，特别是我们不愿意想起或不喜欢为它们花钱的商品。保险、丧葬用品、百科全书等物品都是传统的非寻求品，都需要有鼓动性强的人员销售和有说服力的广告。对于非寻求品，消费者在感情上一般持对立态度或表现冷淡，但当有需要时购买指向却十分明确。销售人员总是尽力地接近那些潜在的消费者，因为消费者大多不会主动去寻找这类产品。

不同种类商品与消费者购买习惯的关系及营销特点如表8-2所示。

表8-2　商品与消费者购买习惯的关系

购买习惯	商品类型			
	便利品	选购品	特殊品	非寻求品
购买次数	多	稍少	少	少
购买中努力程度	无须努力	比较努力	相当努力	低，抵制
主要选择标准	实用、方便	效用、美观、价格	品牌、独特	有效
价格考虑	便宜	稍高或高	较高或高	不同价格
质量要求	过得去	高	最高的	很高
购买距离	近或附近	稍远或近	不考虑	不考虑
对商店期望	清洁、愉快、来去方便	安静、宽敞、选择余地大	高级感、专业化	不同价格、广告和人员推销
举例	牙膏、杂志、香皂、清洁剂	家具、电器、服装、女子医美	钻石、高档服装、名车、土特产、特殊入场券	人寿保险、献血、殡葬用品

📋 **资料链接**　　　　　　什么产品适合直播带货

1. 低卷入度

消费者不需要收集大量信息就能做决策，不需要投入大把时间和精力去做研究，仅凭冲动就能购买，这就是低卷入度产品，比如零食、水果生鲜、日用品等。而高卷入度产品在直播短暂而嘈杂的环境下是没法快速决策下单的。

2. 低决策风险

如果消费者对所购产品的品质、品牌存在较多疑虑和不确定性，或者所购产品代表着消费者的身份形象、社会地位，那么消费者在购买前就会认真评估风险，以规避损失。在这种情况下，消费者就不会在直播中冲动下单。

3. 低客单价

一方面是因为价格高了，消费者的决策风险就高；另一方面也是因为高收入人群不会为了买一个产品去花几小时看直播。

所以，直播电商的在售产品大都以食品、日用、美妆、服装为主，客单价在百元以内。对于这些产品，消费者往往依靠的是直觉、印象、好感或信任。而家电、家居、汽车、白酒、奶粉等产品则很难靠直播来带货。李湘直播卖貂皮大衣，130 万人观看，到直播结束也没有卖掉一件。那不是因为李湘业务能力差，而是产品价格太高，消费者不会冲动购买。

资料来源：直播不是未来，打造新营销价值链才是[EB/OL].（2020-08-28）. http://feng.ifeng.com/c/7zItTnJe8hz.

（三）以信息认知程度分类

1. 搜索产品

搜索产品是指消费者在购买前就能够对质量和适用性有所了解的产品，它往往是一些具有标准化特性的产品，如书籍、电器、电子产品、化妆品等。搜索产品更适宜网络销售。

2. 体验产品

体验产品是指消费者在购买前对产品的主要属性没有直接体验的产品，如服装；或对产品主要属性的相关信息的搜索成本很高或很难的产品，如香水。对于这类商品，消费者必须亲自体验，才能对商品是否满足个人需要有一个准确的判断。

3. 信任产品

信任产品是指普通消费者无法验证某种品牌的产品所具有某种特性的质量如何，即使使用后很长时间也不易判断质量，通常只能给予信任的产品，如保健品等。

这种分类方法在网络购物环境中应用最为广泛。消费者在购买搜寻产品时，零售商及制造商的网页被认为很有用。在购买体验产品时，消费者会更多地使用他人的推荐或网络口碑，如淘宝中的产品评价、大众点评网的评价。网络购物降低了搜寻特定产品和产品相关信息的成本，消费者能够利用网络获得他人对于产品的相关感受和经验，能够收集到在传统购物渠道中难以得到的产品相关信息，不仅能够查询到产品的搜寻属性，而且能够获得产品的体验属性，颠覆了在传统购物方式中搜寻产品和体验产品的分类标准。也就是说，无论是搜寻产品还是体验产品，消费者都可以在购买之前就了解到产品的主要属性和质量。如今，搜寻产品和体验产品的真正区别不在于消费者在购买前后对产品相关属性和质量的了解程度和了解方式，而在于购买产品过程中所搜寻的信息类型和对信息的处理模式。消费者在购买搜寻产品时会更加注重搜索的广度，浏览更多的网页来了解产品的主要属性；在购买体验产品时则更加注重搜索的深度，以期获得产品的体验属性。VR、AR 等虚拟现实技术也能帮助消费者在购买前体验产品特性。

如图 8-2 所示，结合消费者对产品的认知高低和消费频率的高低，将产品分为了 4 类。

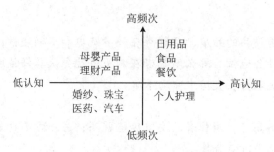

图 8-2　认知和消费频率的产品分类

其中，高频次高认知产品主要是一些日常会使用到的标品，如餐饮、日用品、食品、饮料，营销策略主要是提醒式触达；低频次低认知产品，如保险、奢侈品、珠宝、婚纱、汽车、房产、在线教育等，营销策略主要是深度的服务与沟通；高频次低认知产品，如母婴产品、膳食保健类的产品，可以通过社群营销来影响消费者；低频次高认知产品，如个人护理、家电，营销上可多做活动促销。

（四）以卷入程度分类

FCB广告公司职员Vaughn依据消费者的卷入程度（高或低）以及他们加工广告信息的特点（感性或理性），提出了FCB方格模型（FCB grid）。他用矩阵对商品和相应的购买者特征进行了 4 个象限分类，即纵轴表示卷入度（高卷入和低卷入）、横轴表示思考方式（思考型和情感型），如图 8-3 所示。每一个方格内的产品有着不同的特征及相应的购买决策模式，广告应该对不同方格的消费者采取不同的诉求方式。

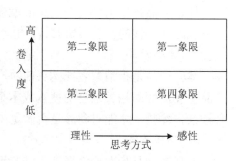

图 8-3　FCB 模式基本构架

1. 高卷入/感性（第一象限）

当面临珠宝首饰、服饰购买或者挑选礼物等消费情境时，因为产品与个人形象、品位以及对他人的尊重程度相关，消费者是"感觉者"。消费者对购买高卷入而感性，他们会因为广告中体现出来的美好、爱、幽默、酷、炫产生愉悦、亲近、开心、向往的感觉和购买的冲动。针对这一象限的特点，FCB方格模型建议运用情感策略设计该类商品广告。

2. 高卷入/理性（第二象限）

这一象限是指投资较大、风险高的商品（如房产、汽车、大型家具等），消费者对此类商品极为重视，并且在购买决策中需要参考诸如价格、属性、功能、实用性等大量信息。消费者对于此类产品的功能、价格及效益会相当重视，因此可称这类消费者为"理智者"。FCB 方格模型指出，为这类商品所做的广告可遵循信息策略，即广告中尽可能提供详细而精确的信息和示范，采用理性诉求方式。

3. 低卷入/理性（第三象限）

当面临日用品购买或去食堂就餐等消费情境时，消费者是"行动者"。消费者在购买此类产品时的卷入程度较低，且消费者倾向于习惯性、方便为主的购买行为。此时，相关信息所扮演的角色只是提供产品之间的差异而已，无须对信息进行深度加工。多数的消费者会经由习惯发展出忠诚度，但是其可接受的品牌可能有数个，而非仅单一品牌。因此，广告创意在于如何提醒受众，以便使之形成习惯性消费，即习惯形成策略。

4. 低卷入/感性（第四象限）

这主要是指那些满足个人嗜好的商品，如香烟、饮料、甜品、电影等。这类商品往往不涉及功能、属性等的差异，更多的是一种自我体验、自我满足。当消费者见到广告中对产品美好感觉和体验的渲染，就容易产生购买欲，可称此类消费者为"反应者"。因此，设计该类商品广告可运用自我满足策略。

（五）以风险程度和购买目的分类

与 FCB 方格模型类似，Weinberger 等人提出了一个所谓的产品彩色矩阵（product color matrix，PCM）的产品分类框架，如表 8-3 所示。该矩阵根据产品风险的高低和消费者的目的将产品分为 4 个类别，并分别给它们起一个形象的名称。第一类叫作白色商品或大工具，如小汽车、卡车、房子、冰箱、洗衣机、商业设备、保险和机动车轮胎、蓄电池等。第二类叫作红色商品或大玩具，包括流行服装及其配件、染发剂、摩托车、赛车、旅行包、珠宝等。第三类叫作蓝色商品或小工具，包括洗涤剂、家用清洁器、OTC 药品、汽油、非糕点食品等。第四类叫作黄色商品或小玩意，包括小吃、零食、酒、香烟等。

表 8-3　商品彩色矩阵（PCM）

分　类	功能性工具	炫耀性玩具
高风险	第一类：白色商品或大工具	第二类：红色商品或大玩具
低风险	第三类：蓝色商品或小工具	第四类：黄色商品或小玩意

（1）白色商品

通常是耐用品或昂贵品，资金风险比较高。消费者看重的是产品的功能，加工信息的动机比较强，常常要考虑产品的价格，进行理性的比较和选择。所以，在广告上应着重采用理性诉求或信息性诉求，并利用示范或比较的表现方式。

（2）红色商品

一般是奢侈品，人们为了炫耀而购买。它也是高风险产品，但其风险不仅包括资金风险，还包括社会风险。消费者加工信息的动机比较强，决策考虑比较全面。

（3）蓝色商品

一般是非耐用品或原材料，购买风险比较低。消费者为了其功能而购买，其加工信息的动机不强也不弱，决策是启发式的，靠灵感。

（4）黄色商品

一般是非耐用品，购买动机是"感觉好"或"引人注目"。消费者信息加工的动机比较弱，购买行为具有冲动性特点。

（六）以理性和感性信息分类

台湾学者吕玉华按广告中感性信息和理性信息的高低将产品或服务划分为 4 种类型：

"奢侈品"和"高档品"的区别是什么

第一种类型是高理性高感性信息，包括轿车、音响、电视机、住房、手表；第二种类型是高理性低感性信息，包括个人电脑、电话机、电话答录机、录像机、洗衣机、微波炉、医疗就诊、存款项目、保险、考试补习班、旅行社、证券商、航空公司、汽车租赁等；第三种类型是低理性高感性信息，包括内衣、保养化妆品、电视节目、电影、色彩化妆品、弹簧床垫、灯饰、香水、皮包、外出服饰、洗发精、理洗烫发、居家服饰、自行车、巧克力、香槟、床罩、品茗茶具、宴请外膳等；第四种类型是低理性低感性信息，如大米、口香糖、啤酒、研磨咖啡豆、报纸、矿泉水、卫生纸等。

类似的，Chernatony 和 McDonald（1998）根据产品满足生理性需求的功能性利益和满足心理性需求的表现性利益的大小，将产品分为高功能高表现型（如豪华轿车）、高功能低表现型（如电冰箱）、低功能高表现型（如服装）、低功能低表现型（如锁具）共 4 种类型。对于不同类型的产品在设计和市场营销方面都应当有不同的侧重点。

当然，以用途为标准进行的产品分类是最常见的，如食品、汽车、保健品、家用电器、化妆品等。另外，还有很多其他形式的产品分类方法，如高触觉产品与低触觉产品、高区别产品与低区别产品、热门商品和非寻求产品（如保险、丧葬用品、百科全书）、享乐型产品（情感满足）和实用型产品（功能满足）等。其中，实用型产品通常被定义为消费目的是认知驱动的、应用性或工具性的、目标导向的、以完成一项任务为最终消费目的的产品，而享乐型产品则被定义为消费目的主要是情感上或感官上对美的经历以及感官上的愉悦和享受。

Phau 和 Poon 在比较消费者对不同类别的产品的网上购物意愿时发现，与低区别产品相比，消费者更愿意购买高区别产品；与高价格低购买频率的产品相比，消费者更愿意购买低价格高购买频率的产品；与有形产品相比，消费者更愿意购买无形产品。因为许多网上销售的无形产品是标准化的产品，如上网卡、银行服务、软件等，无论网上网下购买，其产品质量并无差异，而网络具有价低、方便、快捷、即时服务的优势。

构筑产品
攻防体系

二、产品属性与消费心理

产品属性应当充分满足消费者的各种主观需要，而不仅仅是质量、性能等技术性指标方面，正如所谓"质量检验合格的产品不是合格的产品，消费者满意的产品才是合格的产品"（海尔）。

1. 使用价值

这是指产品的基本功能或有用性。产品的基本功能或有用性是产品被生产和销售的基本条件，也是消费者购买商品时最基本的出发点。无论产品分成多少个层次，其中的核心都是核心产品，它为消费者提供最基本的效用和利益。在进行购买决策时，消费者都会把产品的有用性放在第一位，而后再考虑如品牌、价格、质量、款式、外形、色泽等因素。若冰箱不具备制冷功能，就失去了产品的使用价值，消费者自然不会购买。

在品牌的需求定位上，应当占领品类需求中的核心（或最大）需求，以获取最大的市场份额。例如，香皂最大的需求是杀菌，舒肤佳几乎垄断香皂市场几十年；插座最大的需求是安全，公牛插座占据了插座市场的半壁江山。相比之下，OPPO 手机只能从音乐和修图两个次要需求收割学生市场；力士从"滋养皮肤"的次要需求满足极小的一部分女性，市场空间就较小。

当然，消费者也会关心核心功能以外的附加功能（或称附加产品），尤其是在核心功能缺乏差异性的情况下。但这些附加功能应当是重要且能被消费者所感知的。联通公司曾把其手机网络的 USP（即"独特的销售主张"）定位于"无辐射、防窃听"，但消费者对"无辐射、防窃听"根本无法判断、无从感知，也无法验证，这一营销策略以失败告终。

通常，只有在核心功能做得不错的前提下，企业才可以去延续其他附加功能，而且这些新增的功能是以不影响核心功能为前提的。微信的核心功能就是社交，其设计功能除直接体现在与好友的一对一即时文字、图片和视频聊天之外，还体现在"朋友圈"这一选项中。消费者在点开"发现"菜单后，会发现里面有很多功能选项，如"购物""游戏"等，但点击最多的往往还是"朋友圈"。

2. 质量可靠

质量性能是消费者对产品基本功能达到满意或完善程度的要求，通常以一定的技术性能指标来反映。例如，安克（Anker）首创性地将氮化镓引入充电领域，以超极快充技术成为全球第一的数码充电品牌。而电动汽车的安全性、续航性始终影响着消费者的购买信心。

松下电池：
小机器人用一节电池爬高楼

当然，就消费需要而言，商品质量不完全是一个绝对的概念，而是具有相对性的，即商品的质量优劣是在一定价格水平下，相对于其实用程度所达到的技术性能标准。与此相适应，消费者对商品质量的需要也是相对的，一方面，消费者要求商品的质量与其价格水平相符，即不同质量有不同的价格，一定的价格水平必须有与其相称的质量；另一方面，消费者往往根据其实用性来确定对质量性能的要求和评价。某些质量中等甚至低档的商品，因达到消费者的质量要求，通常也会为消费者所接受。从商品类型来看，消费者对大件耐用消费品（如高档家具、大件家用电器、高级乐器等）的质量要求较高，但对某些商品（如日用杂品、化妆品、服装、鞋帽等），不要求使用期限越长越好，只要求价格与质量、耐用性之间的合理比较，即性价比。

3. 方便省力

产品在安装和使用过程中是否便捷，操作是否简单，是否便于携带或搬动，保养或维修是否方便等因素，是消费者在选购产品过程中经常考虑到的使用和售后服务问题。在高速运转的现代社会中，"怕麻烦"是消费者对待日常生活的普遍心态，因此，商品中的任何"不便"都可能导致消费者放弃购买，而省时、省力、易学、易用、易修或自动化、智能化的产品，常常受到消费者的欢迎。例如，Airpods 无线耳机从盖子中取出时，就已经连接上了手机，后续只需要戴上耳机，自动就能连上蓝牙。当用户用完以后收好耳机，这时系统就会自动断开蓝牙。更贴心的是，在播放音乐的时候，如果摘下一只耳机，它就会暂停播放，当再次戴上时，它又会自动续播。在网络时代，"研制智能化，使用傻瓜化"已成为企业研发制造产品的重要趋势。

锁功能的进化

4. 美观情趣

商品的商标、色彩、造型、式样、整体风格是否美观悦目、新颖独特，是否产生令人兴奋的情绪感受，日益成为影响消费者选购商品的重要因素。产品外观及包装的工艺化、个性化、趣味化已成为重要的设计趋势。因此，在产品外观、商标、包装和广告设计上，要注意针对目标消费者不同的审美情趣，设计出既具有使用价值，又具有一定欣赏价值和情感价值的产品，使其升华为一种有美感、有情感、有灵性的"活物"。2019年走红的星巴克"猫爪杯"就是如此。

 案例链接 　　　　　　　　**猫爪杯的市场定位与营销术**

星巴克推出的"2019星巴克樱花杯"春季版中，一款自带萌属性的"猫爪杯"迅速走红，不仅百度指数和微信指数直线上升，还引发"抢杯大战"（见图8-4）。

猫爪杯的火爆应当归功于星巴克的市场定位与营销策略。

首先，猫爪杯把握住了主流人群的兴趣喜好，粉嫩且肉嘟嘟的猫爪杯设计自带萌点，切中了大量女孩的情感需求。"猫爪杯"是双层杯体，中间是一只猫爪造型，杯体上点缀着几朵樱花，牛奶倒进去之后，会有粉粉的视觉效果，这完全抓住了喵星人（对猫的一种称呼）卖萌的少女心。从网络热议高频词来看，在杯子首发宣传后，网友对杯子最满意的就是"颜值"。猫爪造型、樱花粉对年轻女性充满吸引力，"造型好看"和"呆萌可爱"的猫爪杯击中了其内心情感，让众多网友声称"星爸爸又出来抢钱"的同时，仍然忍不住要买的冲动，甚至成为男朋友给女朋友送惊喜的方式。

图8-4　猫爪杯

其次，善用社交媒体进行前期造势。猫爪杯的初期推广其实是在小红书上，而小红书的用户以女性居多，并且具有一定的消费能力，又对生活品质有一定的追求。正好是这款粉粉嫩嫩，价格在一两百元的产品最佳的目标流量池。然后，借助"双微一抖"（微信、微博和抖音）做预热，将星巴克猫爪杯发售消息、杯身独特设计等相关消息传播出去。在抖音上，猫爪杯在发售前就已成为追捧的"网红款"。随即带货能力超强的网红在自己的平台进行推广，通过KOL"种草"引爆产品热点。主要的文案内容就是非常可爱、非常萌、非常少女心。

正式销售时，星巴克则采用饥饿营销进一步刺激消费。比如，"每个门店限量一到两个"和"猫爪杯限量发售"，不断推高"猫爪杯"的稀有度与关注度，激发消费者的好奇、炫耀和从众等心理。

资料来源：出自网络，并经作者加工整理。

5. 使用舒适

在产品设计上应注意适应消费者的生理特点、使用要求、动作习惯以及心理要求，使消费者在使用商品时感到舒适、愉快。

例如，将计算机的键盘和鼠标制作成适宜录入人员操作的款式，使之更加符合手掌的自然运动状态，减少操作的疲劳感；女性朋友穿高跟鞋容易被磨破脚，屈臣氏设计的脚掌贴和脚后跟贴就解决了这一问题；一些手机具有快速充电和无线充电的功能，满足了消费者的心理需求。

6. 新颖时髦

这类消费者往往具有求新、求美、求异、求变和追求时尚、顺应时代的心理需要，表现在消费欲求上，就是喜欢追求新颖别致、合乎时尚的商品。所以，企业在设计产品的功能、款式、包装时，要善于研究和迎合消费者追求时尚的心理，紧跟社会消费趋向，创造出新颖独特、顺应时代潮流的产品。例如，ZARA 是"快时尚"的典型代表，它紧跟瞬息万变的设计趋势，能够把最新款式在一两周内推入市场。正是这种不断更新的款式诱使消费者更频繁地光顾 ZARA，西方媒体经常用"新鲜出炉的衣服"来形容 ZARA。

再如，麦当劳为满足年轻人的求新心理，每隔一段时间就会推出不同口味的冰激凌，同时保留了经典的鸡翅、薯条、汉堡。喜茶经常会推出各类时令的新品，如春天的"爆汁大橘"、夏天清爽的"海盐菠萝"、秋天的"糖炒栗子糯糯茶"、冬天的各种经典"莓莓"；万圣节的"捣蛋南瓜波波"、中秋节的"流心奶黄波波"、清明时节的"青团"……即使是可以"经典流传"的经典产品，如可口可乐，也会通过推出新口味、推出特色款/本土款的外包装等方式，持续提供新鲜感给消费者。

eats 耳机——潮人标配

7. 协调配套

每件商品独立看都有其使用价值，但在实际消费过程中，往往要加入到多样的"消费系统"中，因而产品设计要考虑与使用环境的协调、与消费习惯的适应、与相关配套产品的兼容等。例如，随着物联网、云服务的发展，各种家用电器也开始上网，从而实现远程控制，但不同品牌之间能否实现接口开放、API 统一，却影响着消费者对智能家电的接受程度。

小米先后推出了许多家用电器，如手机、路由器、智能音箱、电视、冰箱、厨房用品等，在 Wi-Fi 环境下，这些产品很容易形成一个完整的使用场景。例如，用小米路由器将小米电视无线连接；用小米手机控制小米电视，并直接将视频、图片投放于电视屏幕；用小米手机或智能音箱控制所有关联的家用电器；用电视或智能视频音箱上的摄像头在离家时对家里情况进行远程监控等，从而形成一套智慧家庭生活系统。小米的人工智能产品"小爱同学"还上线了"传声"功能，能够实现手机、音箱、电视和笔记本多端实时对讲。例如，妻子提醒丈夫开会、儿子提醒父亲吃药、母亲告知孩子水壶放在哪里。

华为自主研发的操作系统"鸿蒙"可应用于多种设备，比安卓系统反应更快，但如果没有谷歌的授权，就不能够使用谷歌任何的生态系统。而海外消费者严重依赖基于谷歌服务框架的 Google Play Store、Gmail、YouTube、Google Earth Maps、FCM 等一系列谷歌服务，海外用户很难接受缺乏其熟悉的 App 应用软件体验的手机。

 案例链接　　　　　　　　传音手机的本土化

传音手机是当之无愧的中国非洲手机之王。传音打开非洲市场的利器是贴近本地消费者需求，根据非洲的特点提升、改进了部分功能。区别于在国内和国外市场发展多年的手机巨头，从诞生伊始就一直深耕非洲市场的传音，本土化是自然而又理性的选择。传音针对非洲市场的需求，进行了极致的本土化创新，"智能美黑""四卡四待""手机低音炮"……正是这一个个深植非洲用户需求的本土化创新，成为传音的杀手锏。

当手机有了摄像头后，自拍便成为全球人民的钟爱，但一般的手机自拍对于黑肤色的非洲人却不太友好。为此，传音手机结合深肤色影像引擎技术，定制Camera硬件，专门研发了基于眼睛和牙齿来定位的拍照技术，并加强曝光，加上"智能美黑"黑科技，让更多非洲人拍出了满意的自拍照，甚至晚上也能自拍，一下子就俘获了众多非洲用户的心。

相较于国内的统一市场以及移动、联通、电信三家主流运营商，非洲大陆有着为数众多的运营商，而且不同运营商之间的通话资费很贵，一个非洲当地人兜里装着三四张电话卡是较为普遍的现象。为了解决非洲用户的这个痛点，传音先是将国内特有的"双卡双待"机型引入非洲，此后更是破天荒地开发了"四卡四待"机型，即一个手机配备4个卡槽，可以放4张电话卡，再次获得了非洲用户的青睐。

针对非洲人民热爱音乐和跳舞，传音就专门开发了"Boom J8"等机型，把手机音响变成低音炮，即使在很嘈杂的大街上，也能让他们随着手机的歌曲起舞，传音还贴心地为手机配备了头戴式耳机。据悉，该款手机发布的时候，尼日利亚的18位巨星一起为其站台，创造了巨大的轰动效应和万人空巷的奇效。

针对非洲部分地区经常停电、早晚温差大、天气普遍炎热等问题，传音还专门开发了低成本高压快充技术、超长待机、耐磨耐手汗陶瓷新材料和防汗液USB端口等。

手机好不好用，硬件是一方面，软件的功能适配及生态也很重要。在非洲市场收获众多用户和流量的基础上，传音也把中国当下火热的软件应用引入非洲，并针对非洲市场和用户的特点进行了开发。例如，Boomplay类似于国内的网易云音乐，Scooper类似于国内的今日头条，Palmpay类似于国内的支付宝，Vskit则类似于国内的抖音，相当于传音把在国内经过市场验证的软件应用带到了非洲市场上，并进行了针对当地特点和需求的适应性开发。

对于非洲这个新兴手机市场而言，功能机和中低端智能机仍是市场主流。硬件配置和软件应用是选购的重要前提，高性价比和实惠才是选购的"临门一脚"。好用还便宜，成为传音手机突出重围的"关键一招"。

资料来源：吴清. 传音手机：一年一亿部称雄非洲的背后[N].中国经营报，2022-01-10（c07）.

8. 经济合算

经济性是消费者认知商品的基础之一，但标准大相径庭，主要包括：从价格来直接判定是否经济；从性价（价格/性能）比来判定是否经济；从使用时间上判定是否经济；从方便舒适上判定是否经济；从社会性来判定是否经济等（如价格/品牌比等）。对于某些产品，消费者不仅要考虑一次性购买支付的费用，还会关心其使用成本。热泵（空气能）热水器在早期

推广时，拿出了安全性高、容量大、工作原理先进等很多"卖点"，但难以打动普通消费者。后来美的用一句话打开了僵局："一度电，在家泡温泉"，突出了产品性价比高的特点。

9. 商品质感

消费者对商品的基本功能的信任往往源于商品有形的表现形态，即所谓商品的"质感"。例如，无泡沫洗衣粉曾一度在市场上遭冷遇，是因为消费者使用时见不到泡沫，就怀疑它是否具有去污能力；有的商品在革新了制造原料后，本来意在减轻消费者的搬运负担，却不曾料到有的消费者竟因为商品手感变轻而怀疑商品质量变了；而在牙膏中加点蓝莓味、绿茶味，有种凉丝丝的口感，消费者就觉得牙齿刷干净了；在洗发液中略加一些薄荷类药物，使消费者洗头时头皮有清凉之感，减少油腻感，商品就会赢得赞誉。

10. 安全环保

绿色消费涉及的领域有哪些？

它要求产品在流通和使用过程中安全卫生、无毒无害，不损害人身安全，不污染周围环境，以及具有保健功能（不仅局限于卫生、无害，还进一步上升为有益于促进健康）。涉及的商品主要有食品、药品、电器、化妆品、洗涤用品、卫生品等。绿色消费、天然食品的兴起，反映出消费者对环境保护、商品安全性问题的日益关注。例如，"怕上火，喝王老吉"的王老吉、"添加剂，我不爱"的宝宝馋了、"0糖0脂0卡"的元气森林、"其他都没了"的简爱酸奶等产品都适应了消费者对健康环保的关切。

📋 **资料链接**　　　　万里顺定位鞋，用高科技让家人不失联

"如果能够给家里容易走丢的老人或者儿童身上放置一个追踪器，那多好啊，那样就可以随时知道他们去哪儿了。"现在这样的想法，已经由万里顺定位鞋帮你实现了。

万里顺智能定位鞋支持实时定位、随时看护、历史轨迹、一键导航等儿童安全功能。它通过鞋里内置的智能芯片，可以同时互联6个亲人的电脑、手机，进行高精度实时定位。家长带着小孩出门的时候，能够对常用地址设置一个合理的安全"地理围栏"，如果孩子不小心与家长走散，超出了所设定的安全范围，那么鞋子里的芯片就会发挥作用，向手机或电脑App提示信息，起到增加安全的作用。

鞋子中的智能芯片还会记录日常生活的出行路线，能够很快速地识别陌生道路，穿鞋者一旦偏离了预设的目的地，那么鞋子就会发出预警声音。他们自己只要跺一跺左脚，就可以找到回家的路，而且鞋子前边的箭头可以指引方向，同时LED显示灯还有显示距离远近的功能。在智能定位充电孔的边上，还有一个圆形的小按钮。穿鞋者在遇到危险或者紧急情况的时候，可立马按下此按钮，鞋子就会立即发出定位呼叫，确保穿鞋者可以更加及时地得到安全保护。

资料来源：万里顺儿童定位鞋将最安全、最贴心的保护送给您[EB/OL]. (2014-12-09). http://www.sjfzxm.com/xieye/201412-09-421567.html.

11. 多能多效

对于某些商品，消费者已经不满足于它所具备的某一单一效用，而要求多种功能集于一身，一物多用，给生活带来更多的方便和快乐。比如，现代智能手机在互联网条件下，

正具有越来越多的功能，新增功能也将不断促进手机的更新换代。许多企业在设计功能类产品时，除了要保证基本效能，还比较注意增加产品的附属效用。但有些产品的附加功能在实际使用过程中可能很少用到，例如，高档电视机的语音控制、体感控制以及摄像头功能。

12. 象征个性

消费者往往从个人的角度去评价或购买商品，对商品的选择心理往往融入个人的某种生活追求，不同个性特点的消费者对同一商品会产生不同的心理反应。消费者注意和偏爱某种商品，主要就是由商品具有符合其个性需要的特点所造成的。因而，产品的设计也要有"个性"，并与目标市场的那部分消费者的个性需要相适应。

从需要上看，大多数人有扩大自身影响、提高声望和社会地位的需要，有得到社会承认、受人尊敬、增强自尊心与自信心的要求。而对产品社会象征性的需要，是高层次社会性需要在消费活动中的体现。如用价格昂贵、款式豪华的商品来显示身份高贵、地位显赫，用新潮、时髦、活泼、别致来表现青春与活力，用色调高雅、细致精巧来表现女性的温柔等。某些产品由于价格昂贵、数量稀少、制作难度大、不易购买、适用范围狭窄等，其消费受到极大限制，只有少数特定身份、地位或阶层的消费者才有条件拥有和购买，所以，这些商品便成为一定社会地位、身份的象征物。例如，8848 钛金手机每年仍有高达 10 万部的出货量，因为它象征着土豪们的财富地位。又如，现在手表的计时准确的功能已不是消费者最关注的方面，消费者更希望手表能体现个人的社会身份或显示富有、成熟，所以价格高昂的劳力士等名表会受到许多银行人士、经理阶层的青睐。

因此，在设计产品时，产品的用途可以相同，但在款式、造型、色彩等方面应有不同的特色，使之具有不同的象征意义，以适应不同性别、年龄、地位、爱好、性格、气质或自我概念的消费者的个性心理需要。

13. 服务良好

在对商品实体形成多方面需要的同时，消费者还要求在购买和使用商品的全过程中享受良好、完善的服务，使消费者获得尊重、情感交流、个人价值认定等多方面的心理满足。例如，在竞争激烈的火锅行业中，海底捞给消费者最大的优势是"服务"，有时甚至被消费者认为是"过度服务"。

❓ **思考一下**：你看好谷歌眼镜（电子穿戴设备）的市场前景吗？为什么？

第二节　产品品牌与消费心理

在商品流通过程中，商品的品牌往往是消费者识别商品的标志。国外的奢侈品品牌收获了巨额的品牌溢价，可见，品牌意味着巨大财富。有人形象地说，不创建品牌就是"脚踩西瓜皮，滑到哪里算哪里"。美国语言学家 G. K. 齐夫发现了齐夫定律，即对于常见单词

智能家电成为消费潮流

网红水果翻车？牛油果资本如何收割产智商税

消费者在什么情况下更容易接受新产品

而言，第 n 常见的频率大约是最常见频率出现次数的 $1/n$。消费市场也有类似的情形，例如，以前的市场经验显示，一个行业内，消费者最多只能记住 7 个品牌，而排名第一的品牌利润是第 7 名的 7 倍。

　　但在网络时代，消费者获取商品信息更为便捷，途径很多，品牌、广告等商家信息渠道的作用在下降。而一旦消费者对品牌的依赖性减弱，更看重"绝对质量"，那么品牌或品牌延伸战略的优势就不明显了。可见，市场似乎又回到了"好酒不怕巷子深"的时代。在这种形势下，企业要做的就是真正把自己的产品或者服务做好。当然，对于奢侈品或者表现性、象征性商品而言，消费者看重的仍然是品牌。

一、基于消费者的品牌资产

（一）品牌资产的含义

1. 品牌的含义

品牌，简单地讲，是指消费者对产品及产品系列的认知程度。品牌是一种能给拥有者带来溢价、产生增值的无形资产，它的载体是用于和其他竞争者的产品或劳务相区分的名称、符号、象征、设计及其组合，增值的源泉来自消费者心目中形成的关于其载体的印象。品牌代表着产品的特性和一定的可预见性，尤其是当消费者对产品不熟悉的时候。

菲利普·科特勒从以下 6 个方面阐述了品牌的含义。

（1）属性：品牌代表着特定商品的属性，这是品牌最基本的含义。

（2）利益：品牌不仅代表着一系列属性，属性要转化为功能性和情感性的利益，并给消费者带来某种满足。

（3）价值：即该品牌的使用价值和价值感。如奔驰牌代表着高效率、安全、声望。

（4）文化：品牌还附着特定的文化。

（5）个性：品牌也反映一定的个性。

（6）用户：品牌还体现了购买或使用产品的消费者类型。

基于上述 6 个层次的品牌含义，营销企业必须洞悉品牌特性的深度层次。

> 📋 **资料链接**　　为什么天天用你的产品，却不曾在意你的品牌
>
> 有些产品就像水、电和煤气一样，大家都在用，也确实离不开，但就是丝毫不关心品牌。消费者对它们仅仅有"产品忠诚"（替代品太少、迁移成本太高、使用新品牌风险太大等原因），而没有"品牌忠诚"。那么，如何让你的产品在用户眼中不仅仅是个工具，而是拉近品牌与消费者心理距离，进而获得品牌忠诚呢？关键是要让你的品牌本身和产品一样，能够给用户提供某种额外价值。
>
> **1. 提供购买动机**
>
> 实际上，在戴·比尔斯告诉我们"A diamond is forever"（钻石是永恒的）之前，没人会想到"结婚时需要一个信物"的需求，以及被一枚钻石来满足这个需求会合适。当品牌没有提供购买动机，或者提供的购买动机和用户使用产品的真实动机不一致时，用户就不

再关心该品牌。如果要拉近品牌与用户的距离，就应当让品牌为用户提供合适的购买动机，帮助用户想起"我为什么要买这个品牌"。比如，香飘飘奶茶以前暗含的动机是"冬季暖饮"，后来暖冬越来越多，冬天保暖也越来越好，这个购买动机有所下降。然后随着生活节奏加快，工作变忙，出现了另一个动机——"轻度劳累解乏"。所以后来香飘飘主打"小困小饿，喝点香飘飘"，成功激活市场。

2. 帮助用户简化决策

品牌所代表的产品特点能够帮助用户简化决策。例如，买电子产品，只要看到小米的品牌，就意味着一定是高性价比，就不用再仔细思考它到底是不是暴利商品了。

3. 帮助用户塑造社会形象

产品品牌可以帮助用户进行"无声的自我介绍"，帮助用户在别人面前展示其身份。例如，保时捷跑车可能让某些男性用户获得"向异性证明我有吸引异性的资产并且喜欢花费"的形象。

4. 帮助用户强化自我认知

用户不仅仅是想向周围人证明自己是谁，同时也想向自己证明自己是谁。比如，健身爱好者的手机上装着 Keep 的健身 App，因为单纯装这个 App 的行为就暗示着"我是一个经常健身"的人。如果卸载了这个 App，无疑是向自己宣告：我已经放弃健身了。

5. 帮助用户增加正面情感

常见的正面情感有自我效能感（自信）、快乐感、崇拜感、控制感、怀旧感、共鸣感等。例如，Adidas 宣称的"没有不可能"就能给人以力量，增加正面情感；NIKE 广告语"发现你的伟大"，提高了人们继续坚持下去的自我效能感。

6. 帮助用户减少负面情感

常见的负面情感有恐惧、愤怒、厌恶、悲伤、失控、尴尬等。比如，"学钢琴的孩子不会太坏"，帮助很多父母减少了对孩子将来变坏的潜在恐惧感（虽然理智一想就知道，学钢琴对这个帮助可能并不大），从而拉近用户与品牌的心理距离——如果说他们的产品提供了"学钢琴"服务，那么他们的品牌实际上就提供了"减少对孩子变坏的恐惧感"服务。

资料来源：世界上最遥远的距离，是我天天用你的产品，却不曾在意你的品牌[EB/OL]. (2016-08-29). https://www.sohu.com/a/112580391_355059.

2. 品牌资产的含义

所谓品牌资产，就是消费者关于品牌的知识。它是有关品牌的所有营销活动给消费者造成的心理事实。这个定义表明品牌资产具有 4 个特点：品牌资产是无形的；品牌资产是以品牌名字为核心；品牌资产会影响消费者的购买行为以及对营销活动的反应；品牌资产依附于消费者，而非依附于产品。

从这个定义可以进一步做出以下几个推断。

（1）品牌资产因市场而变化。不同的国家或地区，营销宣传或营销活动的投入不同，消费者对品牌的了解也不同。

（2）品牌资产有正资产，也有负资产。如果消费者记忆中关于品牌的知识是对品牌的不利描述，那么这种资产就是负资产。反之，有利的描述是正资产。例如，一个品牌给消费者留下的记忆是质量差,那么这种知识就会阻止消费者购买、使用该品牌。

(3)品牌资产的维持或提升,需要营销宣传或营销活动的支持。根据记忆规律,储存在记忆中的信息如果长期没有得到重复、提取使用,就会被遗忘。所以,将营销投入特别是广告投入作为品牌资产来计算,是有一定道理的。

(4)品牌资产会因消费者的品牌经验而变化。因为消费者品牌购买、使用本身就是获得品牌知识的一种重要途径。

相反,如果消费者品牌资产模糊,就会降低消费者对品牌的认同,甚至会影响到品牌带来的身份认同感。例如,澳大利亚为了鼓励烟民减少吸烟,规定所有香烟都改成统一包装,而且要求品牌名称最小化,不仔细看的话,很难辨别香烟品牌。结果,抽烟人数明显降低,原因就在于消费者失去了品牌认知。原先,香烟品牌是与身份相匹配的,富人抽的烟和穷人是不同的。但是统一包装后,就再也不能从外观区分香烟品牌了。而且包装实在太丑,对烟民的吸引力也大大降低。更有趣的是,烟厂虽然没有降低品质,但不少人都觉得香烟口感变差了,这也是受到了包装形象的影响。

📋 资料链接　　　　　这届新消费为何这么贵

如果以本行业的历史为坐标系,一杯喜茶、奈雪的茶,价格远远超过了1994年成立的头部品牌一点点;一盒拉面说的价格可以超过20元,是传统方便面价格的4倍;美妆品牌花西子的一款产品,则可能与兰蔻、YSL等海外大牌比肩;Blueglass一杯酸奶卖出45元,被称为"酸奶中的爱马仕",刷新着酸奶的价格上限。

以此对照,新消费品牌确实贵了不少。但与此同时,它们也捕获了不少消费者。

花西子、元气森林、钟薛高等各个行业的新消费品牌,崛起的方式如出一辙:通过产品设计打造一个符合年轻人审美的品牌,同时定位于高端,再利用社交营销推广打造爆品,以此方式短时间内得到快速成长。但与此同时,它们也面临着相似的质疑,"新消费太贵"无疑是最具争议的话题之一。当部分消费者尝新后,好奇心被满足,很难将这些价格不菲的产品当作日常消费品频繁复购。同时他们了解到,新消费品牌将大量资金投入宣传推广中,这让他们思考,自己是否在为营销买单。

新消费品牌为何这么贵?相比低利润、粗放式的低端品牌,高端产品拼的是创新能力与品牌价值,这能给其带来更大的溢价空间。

在创新能力上,最表层的便是品牌对包装、使用感的革新。在美妆领域,在过去数十年间,国货往往代表着高仿、廉价,在包装上便给人并不太好的初印象。而崛起的新消费品牌大多不再简单复制海外品牌的风格。完美日记产品的最早出圈,依靠的是独树一帜的动物元素。花西子则更偏向于中国风,一直在包装上强调"东方彩妆"的风格。

无钢圈内衣的走红,则是在使用感创新方面最具代表性的案例。一直以来,中国女性都在购买太大尺码、有钢圈束缚的传统内衣,而内外、蕉内等新兴内衣品牌便是瞄准这一痛点,定位于无钢圈、无尺码以及更舒适的面料。

除此之外,还有三顿半的"3秒超即溶"、喜茶对水果茶的挖掘、小仙炖的"鲜"和"即食"等,它们都在旧行业中讲出了新故事。

新消费品牌为了提供更好的体验，也因此付出了更多成本，比如，钟薛高宣称原材料成本昂贵，奈雪的茶的财报中，2020 年材料成本占到总成本的 37.9%。但这些不足以支撑其溢价。在许多媒体的报道中都提到，钟薛高、奈雪的茶等品牌的原材料成本并不足以支撑当前较高的定价。

一方面，新消费品牌的创新能力，依靠的是在产品研发上持续下功夫，但不可忽略的是，由于许多产品的创新门槛不高，可能导致产品高度同质化，而无法建立忠诚度，留住消费者，这无疑是品牌面临的挑战。另一方面，在产品体验、包装设计等方面获得消费者认同，仅仅是高端化的开始。新消费品牌想要卖得贵，需要依靠品牌价值。

品牌价值代表着什么？一般指产品功用之外的价值。鲍德里亚的名作《消费社会》中有一段可以作为参照的论述：消费行为从物向符号的转变，即消费行为不再是对物的功用或使用价值的需求，而是对商品背后所代表的含义（以及含义的差异）所产生的需求。

可以比照的是，消费者明白奢侈品品牌除去成本后依然有着最惊人的溢价，但是仍然愿意为之买单，因为奢侈品品牌意味着地位、品位，代表着更精致、更优雅的生活。在新消费领域也有成功的案例，比如，星巴克一直强调自己卖的是空间和生活方式，喝星巴克咖啡意味着一种生活态度，而很少有人会在意一杯星巴克咖啡的成本是多少。

在瞄准健康需求上，新消费品牌都是个中好手。拉面说在宣传上屡屡与传统方便面对比，在方便面不健康的大众观念中，拉面说强调其高端健康的品牌定位，声称选用半干生鲜面，只需稍微烹煮便能更健康地食用，配料中的汤底也不添加防腐剂。元气森林的崛起便是依靠"0 糖 0 脂 0 卡"的宣传，早期吸引的第一波消费者便是对健康、减脂等有需求的人群。

"生活方式"和"文化符号"等也都是装载品牌故事的好"容器"。奈雪的茶瞄准星巴克的"第三空间"，希望为年轻人提供适合聚会的场所的同时，也构建起围绕茶饮的生活方式；花西子则通过设立"文化传播官"、在产品外观上复刻"古方"等，紧密地与民族文化绑定，在这一代年轻人有着前所未有的文化自信这一背景下，花西子的文化故事讲得恰是时候。

在越卖越贵的新消费趋势下，品牌卖的不再是产品，而是以产品为载体的更多附加价值。

资料来源：这届新消费，为何这么贵？[EB/OL]．（2021-07-13）．https://www.woshipm.com/it/4860280.html.

（二）Aaker 品牌资产模型

著名品牌专家 Aaker 于 1991 年提炼出品牌资产的"五星"概念模型，即认为品牌资产由品牌知名度、品牌认知度、品牌联想度、品牌忠诚度和品牌其他专有资产5 部分组成。Aaker 认为品牌资产的 5 项内涵中，品牌认知度、品牌知名度、品牌联想度、品牌其他专有资产有助于品牌忠诚度的建立。根据这一理论，我们把在消费者心目中留下的品牌印记深刻程度由浅至深依次分为知名、认知、联想、美誉和忠诚 5 个层次。

什么是
品牌资产？

1. 品牌知名度

品牌知名度是指消费者提到某类产品时能够想到该品牌的程度。品牌知名度只是反映消费者对品牌名称的熟悉程度，但可能对品牌并没有更多的认识。例如，提到"白沙"和

"大红鹰"，很多人都听说过，却不知道它们的产品有何特色；西贝莜面利用"I love you"澄清了"莜"这个生僻字的读音，还搞出了亲嘴打折节，其知名度很高，但不少消费者还是不清楚它究竟是什么样的"面"。

2. 品牌认知度

品牌认知度指消费者对某一品牌的整体印象，包括产品、标识、广告、可信赖度、服务等诸多方面。此时消费者对该品牌有一定的认识，并形成对该品牌的认知。比如，关于海尔品牌，大多数消费者知道它是国内知名的家电企业、可爱的海尔兄弟商标、海尔空调、海尔冰箱、海尔"真诚到永远"、海尔开拓国际市场等信息，这些都是消费者对海尔这个品牌的认知。对品牌知道得越多，品牌的认知度就越高。但是，在新产品不断涌现，消费者信息来源更广的网络时代，要保持住消费者的品牌认知度也不容易。例如，沃尔沃长期以来以安全性著称，但消费者现在发现，其实其他不少汽车的安全性能也差不了多少。

品牌认知度的形成涉及消费者的需要、期望、注意、感知和记忆等心理活动（见图 8-5）。

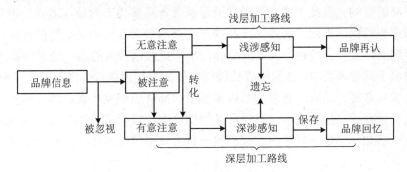

图 8-5　品牌认知度形成机制

资料来源：所罗门，卢泰宏，杨晓燕. 消费者行为学（第 10 版）[M]. 杨晓燕，郝佳，胡晓红，等译. 北京：中国人民大学出版社，2014.

产品如果具有独到的特色，往往会给消费者留下深刻印象，从而提高品牌认知度。例如，在口红产品中，古风绿色包装的花西子、子弹头黑色包装的 MAC。

3. 品牌联想度

当提到某一品牌时，消费者会产生许多与该品牌相关的情感、印象、画面和思考，这就是品牌联想。对这些联想进行有意义的组合之后，就构成品牌印象。Schick 公司在调查消费者对竞争对手 Gillette 剃须刀的看法时发现，Gillette 剃须刀以在野外环境中的脸上布满皱纹的男人为特征形象，使人们联想到他们更像是"孤独的狼"，而不是人们所愿意触摸的。因此，Schick 公司为自己的剃须刀策划了一个不同的广告，广告中一名妇女温柔地轻抚一位男士脸庞，结果获得成功。正面的品牌联想易使品牌形成差异化，为消费者购买提供理由，并创造正面的态度及情感。而且，品牌的正向联想还可以为品牌的延伸提供重要依据。例如，"双星"鞋名扬天下，并为广大消费者所接受。提到"双星"，就想到"潇洒走世界"。双星集团巧妙地利用品牌的核心印象，把产品延伸到"双星轮胎"，使用双星轮胎也同样可以"潇洒走世界"。

4. 品牌美誉度

品牌美誉度指消费者心目中品牌美好形象的程度，主要源于消费自身的感觉。消费者是评议品牌的最高权威。品牌的美誉度不是通过广告吹嘘出来的，也不是用大力度的广告说服所能得到的，它是经过认知度、知名度等层层阶梯逐步累积而成的。所以，当品牌拥有很高的美誉度时，可以说它在消费者中已经拥有较好的口碑。例如，20世纪的人们一提到国产红旗轿车，就会产生一种亲切感、自豪感和荣誉感。它的名贵、高档和公认的社会象征意义已经有口皆碑，加上普遍的民族意识和爱国情感，会促使消费者对红旗轿车产生好感和喜欢，并责无旁贷地维护红旗轿车的声誉。因此，维护并提高品牌的美誉度，是提升品牌价值、赢得消费者忠诚的重要基础。

5. 品牌忠诚度

品牌忠诚度指消费者因对品牌的偏好而形成的重复购买倾向。它是品牌资产中最重要的组成部分，也是以上各层次的最终体现。消费者的品牌忠诚一旦形成，就很难受到其他竞争品牌产品的影响。因此，建立品牌忠诚是消费者品牌心理的最高境界，也是企业实施品牌营销的理想目标。为此，必须提高品牌在大众消费者心目中受欢迎的程度，积极建立符合消费者利益、欲望、情趣、爱好的品牌，牢牢抓住消费者的心，培养品牌的忠诚度。

品牌植根于消费者心中，品牌的成长过程就是品牌与消费者关系的发展过程。如图8-6所示，以品牌知名度、品牌联想度、品牌美誉度和品牌忠诚度代表品牌价值的层级，以及消费者对品牌偏好的层级和程度。消费者品牌偏好的心理形成机制大致可以概括为：品牌信息→注意→感知→记忆→联想→购买动机→试用→评价→态度→口碑→信任→强化→情感共鸣（忠诚）。

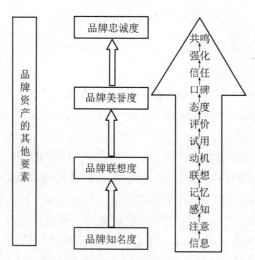

图8-6 品牌偏好的心理形成机制

资料来源：所罗门，卢泰宏，杨晓艳. 消费者行为学（第10版）[M]. 杨晓燕，郝佳，胡晓红，等译. 北京：中国人民大学出版社，2014.

但是，在网络信息时代，品牌资产的影响力将随着人们日渐依赖更准确的质量信息而减弱，其中，品牌认知度、品牌忠诚度受到的冲击最大。当消费者能更多地获取网络口碑及其他公共信息服务时，他们就不会因为品牌忠诚而固执己见。Aaker 本人也曾写了一篇短文——《我为何要买一台组装公司的非品牌电脑》，描述了其因信息渠道的变化而购买非品牌电脑的心路历程。同时，这也给一些新兴品牌创造了机会，新品牌成为行业第一的速度加快，比如：可口可乐用了 134 年，元气森林只用了 5 年；雀巢用了 153 年，三顿半只用了 5 年；欧莱雅用了 113 年，完美日记只用了 3 年；哈根达斯用了 99 年，钟薛高只用了 2 年。可见，"这是新品牌最好的时代，也是老品牌最坏的时代"。

在传统的营销手法中，由知名度入手，继而打造美誉度，最终确立忠诚度是最常见的手段和方式，而互联网企业受体验经济和双向传播的影响，往往是先在小众范围内打造品牌的美誉度（或忠诚度），进而通过网络的快速扩散，扩大知名度，最终收获更多消费者的忠诚度，即"美誉度→知名度→忠诚度"的方式。例如，令全球无数女性喜爱的 Lululemon 以瑜伽运动这一细分小众市场为切入点，先找一小部分领袖人群（如瑜伽教练）培养初步忠诚度，再通过腰部 KOL 的辐射形成品牌美誉度，最后扩大品牌知名度。Lululemon 不打广告，不找明星代言，依靠素人传播，通过大型瑜伽集体体验活动来营造社区文化，实现了从小众走向大众、从简单的商品销售到生活方式的灌输。其品牌建设思路是"小众忠诚度初显→美誉度加持→知名度扩大"。又如，小米手机"入行"较晚，再加上品牌定位的特殊化（做互联网手机），所以，在品牌营销的手法上也采取了"先做忠诚度，让忠诚的粉丝帮忙做品牌知名度"的方式。在网络时代，通过加强与粉丝的情感联系，利用粉丝的示范效应来宣传品牌形象，品牌建设"粉丝化"已成为潮流。比如，"花粉""果粉""米粉"对手机产品的推广有着巨大的影响作用。

品牌的框架效应

（三）CBBE 模型

Keller 于 1993 年提出了 CBBE 模型（customer-based brand equity），即基于消费者的品牌资产模型。如图 8-7 所示。

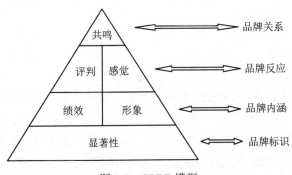

图 8-7　CBBE 模型

CBBE 模型认为品牌资产由 4 个不同层面构成，即品牌标识（你是谁）、品牌内涵（你能为我做什么）、品牌反应（我为什么要选择你）、品牌关系（你和我关系怎样）。这 4 个层面具有逻辑和时间上的先后关系：先建立品牌识别，然后创建品牌内涵，接着引导正确的品牌反应，最后缔造品牌与消费者关系。同时，上述 4 个步骤又依赖于构建品牌的 6 个维度：显著性、绩效、形象、评判、感觉、共鸣。其中，品牌特征（显著性）对应品牌标识；

品牌绩效与品牌形象对应品牌内涵；消费者评判和感觉对应品牌反应；消费者共鸣对应品牌关系。

品牌创建从品牌显著性开始，有两条路径——功效和判断的理性路径、形象和感受的感性路径，直到实现品牌共鸣。

（1）品牌显著性

指品牌认知的广度和深度，通俗地说便是消费者在更多的品类、场景下（广度）第一个想起你的品牌（深度）。

（2）品牌功效

指的是品牌在物质层面的功能。

（3）品牌形象

品牌形象由四个要素构成：用户形象、购买及使用情境、品牌个性及价值、品牌历史传承及体验。

（4）品牌判断

指消费者对品牌的评估及个人喜好，主要判断品牌的质量、信誉、优势以及是否考虑该品牌。

（5）品牌感觉

品牌关系始于品牌感觉，主要有六大品牌感觉：温暖感、乐趣感、兴奋感、安全感、社会认同感、自尊感。

（6）品牌共鸣

品牌共鸣是顾客与品牌的终极关系和认可水平，有四个方面：行为忠诚、态度依恋、社群归属感、主动融入。

📋 资料链接　　　　　　8 个套路 =1 个"网红"品牌

2021 年，"新消费"概念席卷互联网行业和品牌圈，也受到资本的热捧。这些新消费品牌有些什么特征呢？

1. 切入细分赛道

在选择创业赛道上，绝大多数新消费品牌有着同样的决定——从细分赛道切入。根据2021 年天猫"6·18"销售额统计，共有459 个新品牌拿下细分类目TOP1。不管是定位为精品速溶咖啡的三顿半，还是大码内衣奶糖派，又是果酒品牌 Miss Berry……它们都是找到具有市场空白且具备发展潜力的细分领域，通过研发出市场上没有，或者具有差异化的新产品，切入市场。

2. 聆听用户声音

除此之外，善于聆听用户声音，是新品牌很重要的一个特征。这些品牌在产品研发过程中会发起用户产品体验，以及在内容和服务层面了解最真实的用户需求。例如，三顿半有一项"领航员计划"，按照官方介绍，领航员是给产品指明道路和方向的人，也就是所谓的"产品测评官"，只要有几十个领航员提出同一个建议，三顿半就会对产品进行改变。米客米酒旗下大米汽酒系列的产品包装设计，是品牌与用户共同决定的。米客米酒会针对一些问题，给出不同的图片让用户选择，收集用户反馈。花西子表示："早在花西子面市前，我们就开始了'用户共创'项目，邀请用户成为产品体验官，参与测评。"婴童食品品牌小鹿蓝蓝CEO说道："我们在品牌和用户沟通环节加入了注册营养师在线咨询，通过与用户在线一对一地交流，让品牌和用户之间能够有更深层次的除产品和销售以外的其他经验分享。这也是小鹿蓝蓝上线后，能够更快速、更广泛被大家认识和接受的重要原因。"

这些新品牌不仅仅希望用户参与产品研发、优化迭代的过程，在服务与内容中也同样如此。总而言之，这些品牌希望通过聆听用户的声音，做能够与用户共同成长的品牌。

3. 打造超级单品

基于用户反馈，这些品牌推出的单品也往往更受目标人群的喜爱。

在此基础上，新消费品牌打造"单品"还有一个明显特征，就是实现品类创新。品类创新主要有两种：一是市场空白或未被挖掘，比如，元气森林的气泡水，王饱饱的烘焙燕麦片；二是思考更便利的使用场景，比如，原来泡方便面还需要烧热水，现在都不需要了，买个自嗨锅直接倒入冷水，等几分钟就能食用了。

目前看，这些超级单品撑起了新品牌大部分的销量。比如，元气森林现在的SKU（保存库存控制的最小可用单位）在9个左右，更多的还是依靠爆款单品为主。虽然爆款单品的流水高、销量大，但其他产品售卖量极低，一旦被市场同类产品取缔，销量下滑将十分严重。如果赛道过小，也容易见到天花板。

面对这个问题，有两个解决案例可以参考。

其一，逸仙电商，在完美日记快速打响品牌知名度后，通过投资、并购的方式，买下一些化妆品品牌，同时内部孵化新的子品牌。借完美日记火热之势，快速推进其他子品牌线，为自己准备多个plan B。

其二，参半，扩大赛道，再打造爆品。品牌发展之初，参半的爆款单品是以鱼子酱、燕窝等为原材料的"网红牙膏"，现在则是主推"漱口水"，聚焦口腔赛道。参半不断寻找口腔市场未被挖掘的新品类，从而扩大销量。

此外，蕉内也是采用同样方式，扩大赛道，从原来将宣传重点放在"体感科技"上，到现在强调"基本款"。趁着爆款单品的热度，这些新消费品牌从更细分的赛道到更大的领域，以扩充SKU。

4. 抓住颜值经济

随着消费升级，大众审美变迁，为迎合受众需求，与众不同的高颜值外包装已经成为提升产品附加值和市场竞争力的一大利器。Quest Mobile发布的《Z世代洞察报告》中就曾提到注重"颜值"成为Z世代的典型特质，因此这也为以"颜值"为切入点的商业模式带来更多市场。比如，迷你"咖啡杯"包装的三顿半、飞碟包装的永璞咖啡、瓦片造型的钟薛高、花西子的浮雕口红……这些产品都在产品颜值层面花费了一定的时间与精力，去突破和打破市场中传统的包装类型。这些与众不同且高颜值的包装设计，形成了品牌独有的专属造型符号，让品牌更有标识度的同时，也更受消费者追捧。

5. 前期流量思维

与此同时，初入市场的新品牌们因为资金有限，初期会以流量思维进行品牌投放。

受限于细分场景，新品牌找第一批种子用户会更加有策略性。大多都是先圈定一部分人群，开始做忠实用户，不断做大这个基础盘。比如，小鹿蓝蓝在天猫站内聚焦平台核心母婴人群，随后扩大这个品类最能够产生购买和转化的人群……

有了基础用户后，新消费品牌开始扩圈，吸引更多的人，到最后才落到品牌影响力、品牌建设上，做IP联名、综艺投放、明星代言人等。比如，蕉内、内外等在品牌建设上做一些"有内核价值"的活动，同时签约明星代言人扩大品牌影响力。

6. 专注网红营销

新品牌一边要维护好用户，另一边要十分善用网红营销。KOL推荐是它们"品牌宣传"和"品牌营销"的重要手段。那么，它们是如何做的？

第一，打爆单一渠道；第二，将网红直播视频作为宣传广告，大量投放。就渠道而言，品牌集中于小红书、抖音、快手、知乎等资源，将传播重点聚焦到1~2个核心媒介。确定流量渠道后，投放几个头部KOL为点，再投放上百或者上千个腰部、尾部KOL为辅，进行饱和式打法，在一定时间内频繁出现于核心媒介中，达到高覆盖。

除此之外，新消费品牌还可以利用头部网红的覆盖能力和自身所具备的社会公信力，来吸引更多新流量或铺设更多广告。比如，很多品牌与李佳琦合作后，再截取李佳琦直播讲解的视频作为宣传广告，这些视频会出现在新流量平台中，并打上"李佳琦推荐"等标签，尽力将网红直播视频发挥到最大价值。在抖音中，用户常常能够刷到此类广告。

除了头部KOL，再投放大量腰部网红的直播视频，一时之间营造出"这个品牌频繁出现在不同媒介"当中的氛围，最终形成一种"潮流"。

7. 善用品牌跨界

除了网红营销，新品牌通常会利用品牌联名的方式互相引流——"你帮我，我帮你"。例如，永璞咖啡通过与咖啡馆、小红书、日食记、小满手工粉、QQ音乐、凡·高、《奇葩说》《新周刊》《记忆大师》《少年的你》《刺杀小说家》等不同IP合作的方式获取流量。在奈雪的茶、王饱饱、茶里、Miss Berry等品牌的官方微博上，也会看到较多品牌联合活动。如联合发布产品礼盒套装，通过多个品牌的产品，挑选获奖锦鲤；也可以集合两个品牌特色，推出联名礼盒等。

8. 成为生活谈资

让产品成为消费者生活中的分享或聊天的话题是新消费品牌的一个重要特征。目前来看，新品牌能够成为一些消费者的生活谈资有两个原因，具体如下。

其一，新品牌在产品包装或者产品回收上花费更多的心思。首先，产品颜值高、价格高，就会形成一种这款比其他同质化产品更"高端"的格调，给消费者提供了值得发朋友圈、值得炫耀的初始条件。其次，品牌重点宣扬爱护环境，聚焦产品包装回收，推出定期回收活动，消费者就能够获得福利，这既给消费者提供了可"发圈"的社会价值——"我是一个爱护环境的人"，又能获得额外的福利。再加上新品牌惯用网红营销套路，使得品牌自带"网红"属性，于是乎，购买网红产品成为一种潮流，自然而然就会有更多的消费者跟风。比如，去到长沙你会去排队打卡"茶颜悦色"，走向"超级文和友"。

其二，有些新消费品牌在诞生之初就被赋予了自身品牌价值与文化。比如，金饰品牌YIN，品牌价值主打"悦己"，送给自己的礼物；健身食品品牌ffit8讲述健康的生活方式；内衣品牌内外鼓励女性身心自在等。消费者在认同品牌价值与文化后，通常会愿意去购买其产品，甚至推荐给身边的好友，传达这些品牌的价值观。

一般而言，品牌讲好了"生活方式"，往往能够让消费者对其有更高的认同感，从而给品牌带来更多的溢价空间。毕竟，相比上一代，这新一代消费者有着更强的消费能力，且愿意接受更多附加值产品。

资料来源：Rita Zeng. 8 个套路＝1 个"网红"品牌[EB/OL]. (2021-07-06). https://www.sohu.com/a/475860459_114819.

二、品牌个性

人们对品牌的认知最初着眼于影响品牌的各种外在因素，如品牌属性、名称、标志、包装、价格及声誉等。随着消费者心理活动不断积淀与扩散，品牌就像人一样具有独特的个性形象。这种个性形象不单是由产品的实质性内容确定的，还包括其他一些联想、创造的成分。品牌个性一旦形成，就具有不可模仿性和持续性。在品牌的构成要素中，无论是品牌标志，还是作为物质载体的产品功能属性，都是可以被模仿的，但对于体现品牌独特内涵的、无形的品牌个性，则如同人的个性一样难以模仿，故而我们所看到的哈雷摩托、茅台酒等著名品牌的个性都是独一无二的。

（一）品牌个性的含义

所谓"品牌个性"，就是一个特定品牌所拥有的一系列人格化特征，是消费者将品牌比作人进行描述的方式。Aaker 认为品牌个性是指与品牌相连的一整套人格化特征。如品牌可以像人一样被称为"潮""土""酷"或"充满男子气概的"。消费者在选择产品的时候会考虑产品品牌的形象是否与自己相匹配，因此，营销者在创建和发展品牌时会考虑赋予品牌一定的人格特质。

品牌个性是将心理学中的个性概念移植到品牌领域后产生的术语，是消费者将品牌进行拟人化处理后的结果。但品牌个性并非人类个性的简单复制，如神经质就不适合于描述品牌；同时，品牌个性应包含诸如能力、社会地位、性别、外表、价值观等其他人类特征。例如，卫龙、泡泡玛特就是品牌年轻化的典范。

许多消费品都拥有品牌个性，品牌个性是品牌形象的一部分，是一个品牌与另一个品牌相区别的重要因素。有个性的商品往往具有一定的象征性意义，消费者可以通过使用这样的商品向他人展现真实自我或理想自我。同时，不同品牌个性的产品所针对的目标消费者是不同的，消费者的产品选择往往也与产品品牌个性存在联系。一项英国的调研显示，相比于年长者，年轻人更容易受到品牌个性的影响。"消费者购买和消费情景是消费者个性的反映和延伸"，消费者倾向于购买那些与他们自己具有相似个性的产品或那些使他们感到能让自己的某些个性弱点得到弥补的产品。从消费者的外貌和所有物，如他们的穿着打扮、选择使用的产品，即可判断出他们的个性大体是怎样的。例如，喜爱耐克品牌的消费者希望向他人展现其坚韧、自信、热爱运动的个性；年轻女性希望通过 LV 品牌向他人展现自己高档、优雅、时尚的形象；而事业有成的中年男性喜爱奔驰汽车，通过拥有奔驰，让自己显得更为成功、富有、自信。显然，产品和品牌有助于消费者表达他们的个性。当某个品牌的个性和消费者的个性保持一致时，这个品牌将会更受欢迎。例如，某品牌的香水可能表现出青春、性感和冒险，它更受性格外向的小姐喜欢；而另一个品牌的香水可能显得庄重、保守和高贵典雅，易受性格内向的女士喜欢。具有不同个性的香水，会被不同类型的消费者购买或在不同的场合使用。

既然个性会影响产品和品牌的选择，营销实践中，企业的产品和品牌自然就不可避免地要迎合消费者个性的状况，体现出其个性与特质。而各类商业广告在创造品牌"个性"以便吸引具有类似个性的消费者前去购买等方面功不可没。

（二）品牌个性的来源

在消费活动中，消费者会赋予品牌某些"个性"特征，即使品牌本身并没有被特意塑造成这种"个性"，或者那些"个性"特征并非营销者所期望的。但在多数情况下，品牌个性是由产品自身特性和广告宣传所赋予，并在此基础上消费者对这些特性进行感知。

何佳讯从品牌个性的来源上来解释品牌个性。他认为品牌个性来自两大类因素：一是与产品相关的因素，如产品类别、包装、价格和产品属性；二是与产品无关的因素，如使用者形象、公共关系、象征符号、上市时间长短、广告风格、生产国、公司形象、创始人、总裁特质和名人背书等。他还用类比的方法指出品牌的"包装"、"广告"和"公共关系"分别相当于品牌的"穿着打扮"、"言"和"行"三个方面。

通常情况下，可从以下几个主要方面分析品牌个性的来源。

1. 产品本身

产品是形成品牌个性的主导力量。产品本身所包含的功能、名称、外观和价格等都会对品牌个性产生一定的影响。

（1）功能。产品功能是品牌吸引消费者的基础，产品只有具备了最基本的物质功能才能称其为产品。失去了产品功能上的特性，再好的品牌也是虚无缥缈的。例如，英特尔的CPU产品以极快的速度推陈出新，该公司的创新品质形成了英特尔最重要的品牌个性。

（2）名称。产品名称是产品各项特征的高度凝缩，也是各项特征在消费者心目中的索引，可以很好地表现品牌的个性。例如，力士是畅销全球的知名品牌，在消费者心目中具有非常高贵的品质形象，这种形象的树立与其产品名称就有很大的关系。因为"力士"（LUX）来自古瑞典语言"LUXE"，本身就含有典雅、高贵之意，这与其塑造的品牌个性非常一致，消费者看到这个名字就会联想到其品牌个性。

（3）外观。产品的外形、包装和品牌logo是消费者接触的最直接部分。它可以直接展示品牌的个性与品牌形象。消费者还会将产品的颜色与品牌个性联系起来。例如，可口可乐的标志色是红色，代表着活力、信心、进取、刺激；ofo小黄车也是一个暖色，意为积极、阳光、乐观、快乐；摩拜单车选用的是橙色，体现乐观、活力、创造力和健康，但一些奢侈品或具有严重传统性质的品牌则应该避免使用橙色；黑色显得成熟稳重、正式庄严，一直被很多男士所喜欢，联想电脑等科技产品常常以黑色为主色；灰色则有一种低调、极简、品位、沉稳的气质，容易让人联想到无印良品；伊利主打绿色，这是一种令人感到安全和舒适的颜色，也是清新、健康的代名词；粉红色、紫色最适用于女性消费者群体，但从来没有紫色电动工具，因为这是男人的工具。许多快餐店都以亮色作为路边标志和室内装潢的主色调，如红、黄、蓝，因为这些颜色让人联想到快速服务和廉价食物。相反，高档餐厅倾向于采用深色系，如灰、白、淡棕色或其他柔和、暗淡的颜色来表现优质的服务和闲适的氛围。

（4）价格。价格是消费者最敏感的产品特性之一，不同价位的产品会带给消费者不同的品质形象，从而形成差异化的品牌个性。高价位的品牌可能会被认为是富有的、奢华的、有实力的、上层社会的，例如，奔驰、劳斯莱斯、路易十三极品葡萄酒等；低价位的品牌会被认为是朴实的、节俭的、平民化的、低档的，例如，小米手机、大宝化妆品等。

2. 品牌使用者

品牌个性的形成在某种程度上与特定的品牌使用者密不可分。一方面，品牌个性是使用者认可的品牌特质，通常，不同个性的品牌会吸引不同类型的使用者；另一方面，当某一有相似背景的使用者常被某一品牌所吸引时，这类使用者共有的个性也会逐渐被附着在该品牌上，进一步强化品牌个性。摩托罗拉是中国手机市场的开拓者，一开始有能力购买手机的消费者大多为成功的商务人士，因此摩托罗拉的使用者集中在商务人士。渐渐地，商务人士共同的行为特征就凝聚在摩托罗拉手机上，从而形成了摩托罗拉成功、自信、注重效率的个性。

巴宝莉与
迪奥广告

3. 广告及其代言人

广告有助于塑造品牌形象、显示品牌个性，不同的广告主题、语言、创意和风格会赋予品牌不同的个性形象。例如，同样是香水，Burberry 的广告表现的是传统、尊贵、理性的品牌个性，而 Dior 广告塑造的是优雅、浪漫、诱惑的品牌个性。美特斯•邦威的目标消费者是以 16～25 岁为主的年轻人，他们开始有自己独立的思想、有积极独立的生活主张和生活态度，他们不愿随波逐流，渴望证明自己。因此，美特斯•邦威以当时年轻人心目中的绝对天王周杰伦作为广告代言人，其广告语是"不走寻常路"和"每个人都有自己的舞台"，并由此形成独特的品牌个性，将年轻人的这种心理特征描绘得淋漓尽致，很快就从众多休闲服品牌中脱颖而出。当年美特斯•邦威店铺最大的特点就是一边循环播放周杰伦的歌曲，一边大幅张贴着周杰伦的美特斯•邦威海报，从而吸引了大量的年轻人趋之若鹜。但是，随着周杰伦的成熟，他已经难以再吸引消费者的目光，产品品牌个性也已经淡化。因为听周杰伦歌曲的人都已经变老了，而美特斯•邦威的用户群却还是 16～25 岁的年轻人，只是这些年轻人已经不再追逐周杰伦了。美特斯•邦威的品牌塑造体系没能与时俱进，缺乏足够的流量明星加持，必然会导致流量的衰竭，最终的结果也就是大家都不再购买美特斯•邦威的系列产品。

在广告的各组成部分中，广告代言人往往成为广告中品牌个性的重要来源。如今，凡是具有鲜明个性的品牌，无不寻找适合表达其品牌个性的代言人。例如，谷爱凌所体现的Z 世代的积极向上、勇于挑战的精神就与安踏所崇尚的体育精神不谋而合；关晓彤的"国民女孩"形象与安踏"国货之光"的头衔相契合。相反，太太口服液以中年妇女为目标消费群体，却曾选择"超级女声"亚军周笔畅作为形象代言人，显然，小女生喜爱的明星与太太口服液的品牌形象大相径庭。

4. 品牌创始人

无论是企业的发展还是品牌的塑造，都不可避免地要受到其创始人的影响。在潜移默化中，品牌创始人的一些个人魅力往往被浇铸在品牌个性之中。综观国内国外，人们在提到很多品牌时很容易想到其品牌创始人，如微软和比尔·盖茨、苹果和乔布斯。有一点年纪的消费者都知道李宁是一位获得过 106 块金牌的传奇体操运动员，他用自己的名字创立了李宁运动品牌。李宁公司早期在品牌个性的诊断调查中发现，原来在消费者眼中，李宁品牌的定位并不是"时尚、年轻"，而是与"民族、亲和、体育、荣誉"紧密联系在一起，大多数人购买李宁产品时，不仅因为它过硬的质量，更多的是一种崇拜情结。在品牌中融入民族情感和体育精神，这就是李宁品牌早期获得成功的原因。当然，随着熟悉李宁的消费者逐渐年长，李宁公司又以传统文化"悟道"和"藏易"为主题，并用"中国李宁"和"中国风"做主要元素，改变了其在年轻消费者心中的刻板印象，成为"国潮"的优质代表。

品牌创始人对品牌的影响力和 IP 价值有时会超过企业本身，如阿里的马云、京东的刘强东、小米的雷军、格力的董明珠。有人曾做了一个实验，同样一篇文章，标题写"马云"比写"阿里巴巴"的点击率更高。但企业家的人设应当与企业用户的定位相协调。例如，刘强东塑造的人设是白手起家、草根逆袭、有情有义、关爱下属的领导，但这种形象并不契合京东的定位。目前京东的主要用户群体是城市的白领阶层和公司职员，刘强东也强调其服务对象是"五环内"的中产阶层。但京东的客户群体对刘强东的这种人设并不感兴趣，他们没有草根逆袭的经历和渴望，崇尚规则而不是情义，因此，这种人设定位和京东用户群体在一定程度上存在错配问题。

Dior 的年轻化
之路

（三）品牌个性的维度

从营销上看，品牌个性是以品牌定位为基础的，是对品牌定位的战略延伸，而品牌定位需要考虑消费者的年龄、性别、教育、职业、社会阶层等人口统计特征。因而，品牌个性也应当包括其所体现的人口统计特征，这与心理学意义上的个性含义是不同的。例如，"苹果"被认为是年轻的，而 IBM 被认为是年长的。

品牌个性是人类个性特征投射到品牌的结果，同时，消费者的情感因素在品牌个性形成中也有着重要作用。关于品牌个性维度的研究有很多，但基于个性特质论的品牌个性维度研究已经成为研究主流。

1. 基于个性特质论的 Aaker 品牌个性维度

艾克（Aaker，1997）根据西方人格理论的"大五"模型，以西方著名品牌为研究对象，采用归纳法研究发展了一个系统的品牌个性维度量表（brand personality dimensions，BDS）。在 BDS 量表中，品牌个性被分为真诚、激情、能力、教养和强韧 5 个维度，并包括 15 个层面（如务实、勇敢、可靠、迷人和强壮）以及其中的 42 个品牌人格特性。如图 8-8 所示。在 5 个维度中，真诚、激情和能力实际上与"大五"模型（big five model）中的和悦性、外向性和责任性这 3 个维度具有一一对应的关系，这也说明品牌个性与消费者个性之间存在相关关系。如果仔细回顾品牌的各个维度和方面，可以发现图 8-8 中所呈现的品牌个性正是许多消费品品牌所追求的。

2. 基于个性类型论的 Heylen 品牌个性维度

Heylen（1995）综合精神分析学、人格心理学的相关成果，在 Censydiam 消费动机分析模型的基础上，构建了一个品牌个性二维模型（简称 Heylen 模型），如图 8-9 所示。该模型指出任何品牌的品牌个性都可能位于这幅两维图中的某个位置，这一模型是对人的个性、品牌个性维度以及品牌个性与消费者需求的关系理解的突破。

Margaret Mark 根据 Heylen 模型，在《很久很久以前：以神话原型打造深植人心的品牌》一书中提出了 12 个典型的品牌个性原型，如探险家、统治者、情人、英雄……例如，同样是卷烟品牌，"方寸之间，宽窄自如"（宽窄）是个"凡夫俗子"；"鹤舞白沙，我心飞翔"（白沙）是个"纯真者"；"大红鹰，胜利之鹰"（大红鹰）无疑是"英雄"的原型；而"一品黄山，天高云淡"（黄山）则是享乐主义的"娱乐者"。

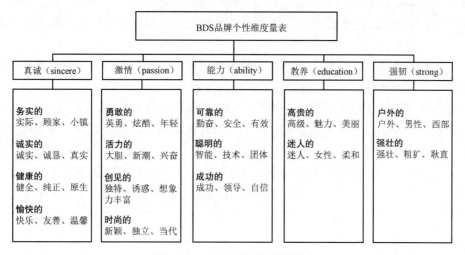

图 8-8　Aaker 品牌个性结构图

资料来源：AAKER J L. Dimensions of Brand Personality[J]. Journal of Marketing Research, 1997, 34(3):347-356.

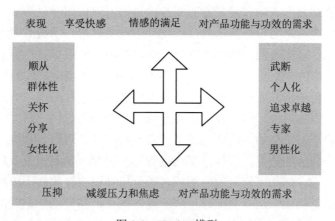

图 8-9　Heylen 模型

向忠宏发现，中国大部分白酒品牌在品牌定位上思路不清晰，品牌建设欠缺系统性，甚至出现品牌个性矛盾的情况。而国外一些著名品牌往往有较鲜明的个性特征，例如，保时捷以"刺激"的个性，给人以大胆、有朝气、最新潮、富有想象的感受；IBM 以"称职"的个性，给人们以可信赖的、成功的、聪明的感受；奔驰和雷克萨斯以"教养"的个性给人以上层阶层的、迷人的感受；万宝路和耐克则以"强壮"的个性给人以户外的、强韧的感受；等等。

价格与客户的心理感受

第三节　产品价格与消费心理

影响消费者购买心理的商品因素中，价格和质量当首推前列。价格是所谓"性价比"的分母，是消费者购买商品支付的主要成本。商品价格直接关系着消费者的切身利益，是市场交易中消费者十分敏感的因素。不同的价格或价格变化，会引起消费者不同的价格心理反应，从而起到刺激或抑制消费者购买动机和购买行为的作用。所以，研究消费者的价格心理，探讨如何制定符合消费者心理要求的价格策略，对于促进销售有着十分重要的现实意义。

在市场经济条件下，商品的价格高低受多种因素的影响，消费者对商品价格的接受性也受到许多主观因素的影响。消费心理学强调价格是消费者心理上所愿意接受的货币形式。只要目标消费者愿意支付的价格大于或等于营销者愿意出售的价格，市场交易就可以实现。当然，商品价格应当以反映商品的实际价值、反映供求关系、适应竞争需要和保护消费者利益为前提。

消费者的价格心理是消费者认识商品价格时的心理活动。它是影响消费者接受商品价格的重要因素。下面就消费者认识价格时的比较稳定或带有规律性的几种价格心理进行介绍。

一、价格习惯心理

消费者对价格的习惯性是由于消费者在长期的、多次的消费实践活动中，通过对某些商品价格的反复感知而形成的。消费者对商品价格的习惯认识一旦形成，就不易改变，并以此来作为衡量同类商品的价格高低或合理程度的重要标准。消费者对不同商品的价格习惯性程度并不一样，对生疏的新产品就缺乏价格习惯性。一般来说，消费者对满足自然需要的商品价格有较强的定型，而对满足心理需要商品的价格定型则较为模糊。

消费者内部参考价格或心理价格主要是基于过去遇到的价格或对价格的习惯而形成的内心价格标准，从根本上讲，内部参考价格起到一个向导的作用，帮助消费者估算该标价是否可以接受。除了对价格的习惯认识，消费者对商品的心理需要程度、消费者个人的特点、促销的频率、商店的特点、价格的变化趋势等，也会影响到消费者对市场价格的认知以致心理价格的形成。例如，价格敏感的顾客的价格知识要比价格不敏感的顾客准确；经常购物的消费者的价格知识也要更准确一些；对同质化产品价格知识的准确程度就要高于异质化产品；对强势品牌产品的市场价格较清楚；对经常购买的产品价格知识的准确程度就要高于不常购买的产品；价格经常发生变化或市场上价格越不一致的商品，消费者的价格知识就越不准确。另外，市场上的价格信息可得性也会影响到顾客的价格知识，如零售商在网络平台或媒体上公布他们的商品售价、权威机构公布他们对市场上价格的调查比较结果会使消费者对价格更加敏感，价格知识也会更加准确。

消费者也会根据心理价格去联想和比较价格的高低涨落和商品质量的优劣差异。同时，消费者对许多商品价格的习惯性认识往往也是一个有着上、下限的价格范围（或称"价格阈限"）。如果商品价格超过上限，就认为太贵或价格上涨了；如果价格低于下限，则会对商品的质量产生怀疑；如果价格符合消费者的习惯认识，则产生信任和认同。尤其是对于购买频率高的日用生活必需品，消费者心目中的习惯价格十分清晰，对价格存在相对固定的认识，即形成一个相对较窄的价格阈限，如果商品定价偏离习惯价格，消费者往往一时难以接受。

价格歧视

因此，对于习惯性价格的调整一定要慎重，价格变化的幅度不宜过大，速度不宜过快，一般不要超过这种习惯心理的变动范围。同时，做好宣传解释工作，如价格高于习惯认识上限，应使消费者了解商品新的优良品质或性能，使消费者心理上形成新的价格阈限；如价格低于习惯认识下限，应明确是由于销售原因而非质量原因等，以获得消费者的理解。

价格的习惯性认识形成后是相对稳定的。但当商品价格变化时，在新价格的冲击下，消费者也会逐渐适应和习惯，形成新的习惯价格。从总体上看，由于经济发展和人民收入与生活水平的提高，再加上通货膨胀因素的作用，商品价格容易呈现稳步上升的趋势，消费者心中的价格阈限也是一个稳步向上攀升的变量。

二、价格敏感心理

价格敏感心理主要是指消费者对商品价格高低及变动的反应程度。由于价格的高低及其变动关系着消费者的切身利益，所以消费者对价格一般是很敏感的，并反映到消费需求量的增减上。当消费者对特定商品的价格敏感度相对较低时，消费行为的稳定性便会比较强，而当这种价格敏感度相对较高时，消费者寻求替代商品的意愿就会变得比较强烈，而其消费行为的稳定性也会大大减弱。

这种价格敏感心理的影响因素主要有以下几方面。

1. 商品类型

由于消费者在想象中对不同类型商品的价格标准不一等原因，人们对不同类型商品价格高低的敏感性是不同的。对于想象中价格标准低、价格习惯程度高、价格的习惯性认识上下限范围小、使用普遍、购买频率高或质量易被体验的商品，如主要副食品或主要日用工业品，其敏感性就高；而对于奢侈品、高档耐用品、工艺美术品等商品，人们往往认为价格越高，其质量就越好，价格的习惯性认识上下限范围也大，对价格的敏感性就低。比如，有的消费者对蔬菜每斤贵了几角钱而大为不满，而当他购买高级家具或电器时，即使比购买其他同类商品多花几百元也心安理得。价格敏感性的高低也与原价格的高低有直接的关系。价值越大、价格越高的商品，要使消费者对其价格变化产生反应的价格差异量就越大；反之，就越小。广告、信息媒体能经常提供某一商品价格对比的信息，也可以提高消费者对其价格变动的敏感性。

从需要类型上看，衣、食、住、行等基本生活商品主要满足人的自然需要，对于这一类需要，消费者大多只重视商品的使用价值，而较少考虑这种需要的社会意义，商品的性价比容易衡量，因此价格的敏感性就高。由此看出，针对日用消费品采取薄利多销的策略，保持商品价格相对稳定是符合消费者的价格心理的。相反，用于满足心理需要的商品，消费者一般是以一定范围内的社会环境为基础，较多地考虑在购买和使用中的社会意义，消费者在购买和使用中会注入较多的个人情感，对商品性价比的衡量主观性强，价格高低的敏感性就低。因此，对于心理需要类商品的定价策略选择，应特别关注一定时期内消费者的心理动向，把握消费者对价格的一般心理反映。

2. 商品的需求价格弹性

需求价格弹性主要用来衡量商品需求量对于价格变动做出反应的敏感程度。电力、医疗、生活必需品的价格即使产生大幅度变化，消费者的需求量也不会出现太大变化，说明这些商品的需求价格弹性很小，消费者对价格变动的反应不敏感；而非生活必需品、娱乐、旅游等，即使价格产生很小幅度的变化，也可能会使需求量出现大幅度变化，这说明这些商品的需求价格弹性很大，即消费者对价格变动的反应较敏感。

影响需求价格弹性的因素主要包括4个方面，如表8-4所示。

表 8-4　影响需求价格弹性的因素

影响需求价格弹性的因素	具 体 说 明
商品的可替代性	商品的可替代品越多，相近程度越高，其需求价格弹性就越大，反之则越小
商品用途的广泛性	商品的用途越广泛，需求价格弹性就越大，反之则越小。如果某种商品的用途广泛，当其价格上涨时，消费者只购买少量该商品用于其主要用途；而在价格下降时，才会增加购买量，以用于多种用途
商品对消费者生活的重要程度	生活必需品的需求价格弹性较小，非生活必需品的需求价格弹性较大，如粮食和食盐的需求价格弹性较小，而电影票的需求价格弹性较大
商品的消费支出占预算总支出的比重	比重越大，需求价格弹性就越大，反之则越小

另外，当目标消费者不同时，同样的商品或服务也会具有不同的需求价格弹性。如航空服务业，对于出门旅游的人来说，机票有较大的需求价格弹性；而对于出差的商务人员来说，其需求价格弹性较小。

3. 个体特征

价格敏感性与消费者的收入水平、个性特点等有关，例如：低收入阶层敏感性高，而高收入阶层敏感性低；消费者对产品信息的掌握程度直接影响到对购物价格的敏感性，二者呈正向关系。

我们可以把消费者分为价格敏感型和价格不敏感型两类。价格敏感型顾客对价格敏感，价格高低直接决定他们买不买，他们经常是冲着折扣而来的。大减价、优惠券等促销手段对这类顾客是必要的。价格不敏感型顾客对价格不敏感，想买就买，有没有折扣对他们的购物行为影响不大。向这类顾客提供这些优惠只会让商家白白损失利润。对于商家来说，最理想的做法就是：对价格敏感的顾客提供折扣或优惠券，通过促销吸引其购买；对价格不敏感的顾客则不用打折。

但很多消费者并非简单地对所有产品一概价格敏感或不敏感，而是对某些产品价格敏感，对另一些产品价格又不敏感。譬如，一个球迷，他可能对服装价格敏感，只买很便宜的衣服穿，却不惜一掷千金去看一场球赛或者买球队的纪念品。对于企业而言，认识不同消费者对商品价格的不同敏感性，进行差异化定价可以实现利润最大化，而网络时代的大数据营销为差异化定价提供了可能。

❓ **思考一下**：你认为自己对哪些商品价格较敏感？而对哪些商品又不太在意商品的价格高低？

4. 市场因素

商店的经常性促销会增加消费者的价格敏感性；当商品存在一种或多种替代商品时，消费者对特定商品价格变动的敏感度会变高。而产品的质量越好、种类越丰富、认可度越高，消费者对于该产品的价格敏感度就会变得越低（纵翠丽，2016）。

Alexandru 和 Arvind（2000）在对品牌知名度、价格和其他可搜寻属性进行研究的过程中有如下发现。首先，对于无差别的产品，消费者在做购买决策时拥有越多的价格信息会增加其价格敏感性；相反，对于差异化产品，消费者拥有越多的非价格信息会减弱其价格敏感性。同时，一些容易得到的有关产品的方便属性也会转移消费者的注意力，从而减弱其价格敏感性。其次，如果产品的非感觉属性的搜寻成本过高时，价格和品牌知名度在消费者购买决策中的重要性就会大大提高；在购买环境中某类产品的总体信息缺乏时，品牌知名度将会极大地影响消费者的选择。Joffre Swait（2002）也认为：在商品属性不确定的背景下，品牌信任会极大地降低消费者的价格敏感性。

另外，情境因素对价格敏感性也有影响。例如，积极的消费情绪一般会降低消费者的价格敏感度；而当消费者的情绪较为消极时，其对产品的挑剔程度便会提升，而对价格的敏感度也会随之而提升（骆紫薇，2016）。情境还会影响消费者的支付意愿，比如，在小卖店、景区、五星级酒店的酒吧，消费者对啤酒的心理价格是不同的。

一般地，在计划体制下或长期僵化的价格体系内，消费者的价格阈限较窄，表现为对价格调整的不适应。例如，消费者对政府实行计划价格的汽油、燃气等商品价格的变动十分敏感。而在市场经济体制下或在开放的价格体系中，消费者的价格阈限较宽，而且有较好的韧性，表现为对价格调整的平稳反应。

如何涨价
才能不翻车

日本学者曾研究认为，价格上涨后，消费者会在一段时间内减少对这种商品的购买，但以后又会恢复到正常的水平，这个"恢复期"一般在半年至一年之间。降价也是这样，在价格刚刚降低时，销售量会有所上升，但随着时间推移或者降价结束，销售量又会回落到正常水平。

三、价格逆反心理

价格逆反心理是指消费者在某些特定情况下对商品价格的反向表现。消费者在进行消费活动时，不断接受来自商品本身、广告宣传及厂商各种各样的消费刺激，倘若某种刺激持续的时间过长、刺激量过大，超过了消费者所能承受的限度，就会引起相反的心理体验，从而使消费者产生逆反心理及其相应行为。正常情况下，消费者总希望买到物美价廉的商品，对于同等质量的商品总是希望其价格更低。但是在某些特定情况下，商品的畅销性与其价格呈反向表现，即并非价格越低越畅销，这是由消费者对价格的逆反心理造成的。

商品的主观价格是依据其客观价格形成的，但是主观价格与客观价格经常会出现不一致甚至背离的情况。主观价格是商品形象的一个组成部分。对于一个有较高自我比拟意识的人来说，购买一件他认为价格偏低的商品会感觉有失身份。

价格具有刺激和抑制消费需求的心理功能，当某种商品价格上涨，则消费需求量会减少；当价格下降时，则消费需求量会增加。但有的时候，消费者也会产生"买涨不买跌"或"持币待购"的逆反心理。这种价格逆反心理主要是由对价格变化的理解而产生的紧张心理或期待心理所致。当价格上涨，消费者可能认为价格还会上涨，或联想到这种商品可能要短缺，或联想到商品是热门货，结果价格上涨反而刺激了消费需求和购买动机。我国曾出现商品房价格不断攀升的现象，一方面是因为住房具有投资性质，更主要的是消费者对住房价格上涨的预期心理。因而，商品房价格越涨越"抢"，进而又可能造成市场供应的短缺，从而还会造成价格的进一步上升。而当某种商品价格下跌时，人们又可能会期待价格还会继续下跌而持币观望，或对商品的品质和销售等情况产生怀疑，或猜测可能有新的替代品或竞争品出现，结果价格下跌并未导致需求量的上升，反而抑制了购买行为。这类似于股票交易市场中不少股民的"追涨杀跌"心理。

有的商品存在价格弹性较大而且弹性系数为正值的情况，即随着价格的提高，需求量不仅不降，反而会逆势而上。而如果降价，就不仅会在短期销售业绩的表现上弄巧成拙，更有可能损害相关品牌在目标消费者心目中的形象，尤其当品牌提供或代表的是高品位、高质量和值得信赖的产品或服务时。20世纪80年代以前，在全球的威士忌酒行业中，苏格兰威士忌以悠久的历史和精湛的工艺著称于世。到了20世纪80年代的初、中期，威士忌酒市场供大于求，整个行业出现过量库存，造成产品积压。由于各公司向市场以低价倾销过剩的威士忌，造成大量的廉价二等品和"等外品"充斥市场，夺走了已有品牌的份额，并严重降低了苏格兰威士忌酒的形象品位。此外，苏格兰威士忌酒行业还犯了一个更加严重的错误——由于错误地认为降价可以刺激消费，生产者降低了正常品牌产品的价格，从而降低了该酒的地位。同一时期，上等法国白兰地的形象持续提高，苏格兰威士忌迅速降格为一般商品。相反，我国的茅台酒长期处于价格上升过程，却牢牢巩固了其国酒地位，成为公款或商务宴请不可缺少的主角。

通常在具有投资价值的、价格昂贵的稀缺品牌上容易出现因价格上涨反而导致需求增加的现象，具有这种特性的商品叫作凡勃伦商品（Veblen goods）。相反，价格下降时需求也下降的商品称为吉芬商品（Giffen goods）。

四、价格倾向心理

价格倾向心理是指消费者在购买过程中对商品价格进行选择的倾向。对于各方面没有明显差别的同类商品，消费者当然倾向于购买价格比较低的商品。而对于不同档次的商品，不同的消费者出于不同的价格心理，对商品的价格档次、质量和品牌的选择会表现出不同的选择倾向。但是，在网络时代，商品的特性与价值比较透明，消费者越来越趋向于理性判断商品的性价比。同时，在我国消费升级的大背景下，对高品质生活的追求使得很多消费者越来越看重产品的价值而非价格，中国消费者已成为全球高档奢侈品的主要市场。

影响消费者价格倾向性的主要因素有以下几个方面。

1. 商品类型

一般而言，对于日常生活用品、实用性商品、使用期短的时令商品，消费者倾向于价格较低的商品。例如，对于三轮车、塑料袋、玉米油等实用性商品，消费者强调的是性价比，如果走高端路线，都不会被市场认可。火爆的蜜雪冰城也是靠走低端下沉市场，用高端营销反而会成为笑柄。

而对于高档耐用消费品、炫耀性商品、威望类商品、高级奢侈品（如化妆品、首饰等）、礼品、享乐性商品、具备社交价值的商品、高科技商品、流行时髦商品、特殊商品（如文物、工艺品、嗜好品等），以及那些质量难以判断且又非常重要的产品（如医疗、子女教育）等，消费者可能在求质、求名、求荣等心理因素或"一次到位"及保值的消费观念的支配下，倾向于选择价格较高的商品，消费者对这些商品在质量、功能、款式等方面的追求往往强于对价格的要求。例如，不少消费者会花很大力气到境外去购买昂贵的婴儿奶粉，而不愿意在国内购买便宜或打折的奶粉；价格高昂的小罐茶如果定位于日常生活用品，不会有多少人愿意买，但如果定位于商务礼品，是送领导、送客户的，就会受到追捧，因为这种产品"有面子"。另外，对于具有投资性质的稀缺消费品，如商品房、古玩、名人字画等，消费者也愿意给予较高的溢价。

这种价格倾向性还会形成消费者的主观偏误，如对满足心理需要的商品，特别是情趣类、社交类、荣誉类商品，一般表现为对价格超高认定的正向主观偏误；如化妆品、奢侈品、名牌商品等价格偏低，反而会引起消费者对商品质量、性能等方面的疑虑，而价格稍高却能符合一般人的心理愿望。因为价格具有衡量商品质量和自我意识比拟的功能。因此，以成本为基础的求实定价，反而不能起到促销的作用。钻石小鸟创始人就曾说："钻石销售这种行业，别说低价了，就连性价比都不能提。一旦说到性价比，消费者都不会买。即便我们的性价比很高，也不能这么宣传。"因为低价带来的认知联想是负面的。但是，对于大多数普通日用消费品，即满足自然需要的商品，消费者多表现为偏低价格认定的负向主观偏误。可想而知，那些收"智商税"的高价商品往往都是具有价格正向主观偏误的商品，如奢侈品、时装等。

对于不同类型产品的折扣形式，消费者的倾向也有所不同：当产品属性为享乐性时，消费者更倾向于比例折扣；当产品属性为实用性时，消费者更倾向于金额折扣（徐岚，2012）。

 案例链接　　　　名媛也吃不起钟薛高的水饺

2020 年 11 月，冰激凌潮牌"钟薛高"推出水饺品牌"理象国"，名字起的是毫无关联，但钟薛高一支雪糕定价 14～20 元，理象国一袋水饺卖出 42～98 元，娘胎里带出的高价基因一脉相承。

此前，钟薛高凭借一款售价 66 元的"厄瓜多尔粉钻"雪糕一炮而红。这款雪糕以稀缺的天然粉色可可、昂贵的日本柚子为原料，再用以秸秆制作的环保棒签，仅生产成本就要40 元。

比较一下，堂吃一颗哈根达斯单球 40 元，网购一支和路雪可爱多约 4.5 元，钟薛高的高价程度大概就是，咬一口"厄瓜多尔粉钻"雪糕约等于吃一支可爱多。然而，"厄瓜多尔粉钻"刚推出不到十个小时，两万支就全部售罄。其后在 2018 年"双十一"当天，"厄瓜多尔粉钻"带动了 400 万销量；到 2020 年，钟薛高半年就卖出过亿的雪糕，在"6·18"和"双十一"都是冰激凌行业销量第一名。

仿佛卖雪糕还不过瘾，钟薛高又琢磨起了卖水饺。

1. 冰激凌：贵的才有活路

一句话总结冰激凌的消费属性，就是固态的快乐肥宅水。

从消费频次来讲，没人会把冰激凌当饭吃，也不会做饭加点冰激凌调味，再叠加"热了想多吃、冷了就不想吃"的季节属性，冰激凌的消费频次只能是低频的。从消费目的来讲，有人吃冰激凌是为了寻儿时回忆，有人是想吃甜找快乐，有人是想解暑爽一下，还有人因为"爱她就得带她去吃哈根达斯"。消费者对冰激凌的心理和社交需求让他们对冰激凌的价格较为脱敏，毕竟生存有明码标价，而快乐却至高无价。在冰激凌行业，消费者还曾求着品牌涨价。例如，光明牌冷饮因坚持走中低端路线，17 年不涨价，渠道受阻正面临断供危机，急得消费者立即求涨价。

从冰激凌的消费频次和目的来看，都决定了它很难靠量推高规模。而快乐肥宅水的消费属性却给予了冰激凌一定溢价空间。英敏特发布的《2017 中国冰激凌报告》显示，分别有 85%、76% 和 65% 的受访消费者愿意为冰激凌的健康、品质和商品体验升级买单。从市场上看，高端冰激凌品牌（如哈根达斯、钟薛高、马迭尔、中街 1946）都比中低端品牌活得更滋润。

2. 速冻水饺：煮出来都一样

高价卖水饺能不能走通，要先看懂速冻水饺是一个怎样的消费品类，它与冰激凌有何不同。

从消费目的来看，高价冰激凌拥有一定的社交属性。小红书上晒钟薛高的日记上万篇，水果、牛奶、可可、抹茶的排列组合是天然的上镜好手。再看水饺，松茸、黑猪肉、海鲜，多高端的食材剁碎了都叫馅。

你什么时候看过社交名媛的聚会是吃饺子的？

真要晒饺子，那也不是在小红书，而是在下厨房 App 上，而且人晒的不是饺子，而是包饺子的厨艺。

很好理解，吃速冻水饺的理由就是填饱肚子。相比吃外卖，速冻水饺还能给年轻人一些心理安慰：自己煮的总比外卖更健康，煮速冻的总比临时现做的更快速。因此，饱腹的生存需求、健康下厨的意愿、"996"工作时长的现实叠加作用，决定了速冻水饺是一款高频消费品，且频次可能随着打工人越来越忙而变得更高。

换句话说，锦上添花的冰激凌高价卖，消费者越吃越晒，越晒越买；填饱肚子的水饺高价卖，消费者只能越吃越穷，还是不吃最划算。

高频消费品是不是一定不能卖高价？当然不是，但高频又高价这样的好生意往往具有成瘾性，如医美和赌场。可有谁见过吃速冻饺子上瘾的？

尽管人民的腰包这些年鼓了，但速冻饺子作为临时饱腹的用途根本没变。吃一口松茸，咬一口黑猪肉，并不会让租来的自如房间高端起来。

3. 钟薛高卖高价水饺没前途

尽管在营销出身的钟薛高团队看来，"卖袜子和卖冰激凌没有什么区别"，然而，卖水饺与卖冰激凌的确是完全不同的两门生意。

水饺高频消费，饱腹之用，做生意靠降本增效；冰激凌低频消费，社交属性，做生意靠品牌溢价。想用钟薛高的成功复刻一个理象国，摸错了水饺的生意门道。

钟薛高企图用"高价"的差异化路线杀入这片市场，但最后消费者已经用脚投了票——天猫店铺里销量最高的一款水饺，正是理象国水饺最便宜的那款，"只"卖 1.85 元/只的"家常甄选系列"。

资料来源：微信公众号：有数 DataVision（ID: ycsypl），作者：余佩颖。

2. 个体特征

消费者价格倾向性心理的形成，主要与消费者的收入水平、社会地位、文化水平、个性心理、购买动机、消费方式以及对价格的知觉理解有关。比如，有的消费者认为价格和品牌是质量好坏的主要标志，高价意味着高质量，在"要买就买好的"这种求质、求名心理支配下，对高价品或名牌品有明显的倾向性；而有的消费者认为不同价格档次的商品在质量和使用价值上相差不大，品牌的社会意义和实际意义也不大，就倾向于购买价格低廉、经济实惠的商品，甚至不太理想也无所谓。在我国目前的经济条件下，工薪阶层的消费者比较倾向于选择那些价格适中、具有一定实用功能的比较实惠的商品。

拼多多的主要消费者都来自哪里？

同时，这种倾向性还要受消费者个人的价值观、需要程度、主观愿望以及价格的自我意识比拟功能的影响。比如，经济状况较好，有求名及炫耀动机的消费者倾向于选择高价商品；有的妇女购买高级时装或化妆品时追求高档，而购买蔬菜时却挑三拣四；有的人觉得花很多钱去高档饭店吃顿饭简直是傻瓜，而对具有社会价值或使用时间长的服装等商品却舍得花钱。

营销策略、广告宣传也可以影响消费者的价格倾向性心理。例如，台湾全联超市主打经济实惠，但是，对很多人来说，省点小钱也会觉得没面子。全联超市的广告语说："长得漂亮是本钱，把钱花得漂亮是本事"，也就是说，来全联不是为了省钱而是证明你会花钱，这就把原本在人们心中对于省钱是斤斤计较的看法转变为一种非常酷的态度。

心理账户

3. 心理账户理论

美国芝加哥大学的 Thaler 最早提出的"心理账户"概念可解释消费者的非理性消费行为。与传统的金钱概念不同，心理账户最本质的特征是"非替代性"，也就是不同账户的金钱不能完全替代，由此使人们产生"此钱非彼钱"的认知错觉，导致一系列的非理性经济决策行为。也就是说，人们根据财富来源、支出及存储方式可划分成不同性质的多个分账户，每个分账户有单独的预算和支配规则，金钱并不能容易地从一个账户转移到另一个账户，不同的心理账户购买商品时会表现出不同的价格倾向性。由于心理账户的存在，使人们在行为决策时常常偏离基本的"经济人"理性原则。

"一块钱"和"一块钱"一样吗？

心理账户有三大特征，具体如下所述。

（1）不同的收入来源之间有非替代性。从财富来源上看，人们一般舍不得花辛苦挣来的钱，而如果是一笔意外之财，可能很快就花掉。李爱梅和凌文辁（2006）进一步研究表明：不同来源的财富有不同的消费结构和资金支配方向。奖金收入最主要的支配方向排序依次为储蓄、人情花费、家庭建设与发展开支，彩票收入最主要的支配方向排序为人情花费、储蓄、享乐休闲开支，正常工资收入最主要的支配方向排序为日常必需开支、储蓄、家庭建设与发展开支。

（2）不同的消费项目之间有非替代性。通常，与情感相关的心理账户一般是高价值的，如爱情账户、孝心账户、学习成就账户、女性的美丽账户等。例如，从不同消费项目上看，名烟名酒等奢侈品是"买的人不用，用的人不买"，说明作为日常生活开支，这些商品都太贵了；而作为礼物送给朋友或公司同事，属于情感开支，能满足社会性需要，就舍得花钱。因此，人们欣然接受昂贵的礼品却未必自己去买昂贵的物品。同样，男性往往不能理解女性为什么愿意买很贵的化妆品、衣服，因为男性把买衣服这种衣、食、住、行的支出算在预算有限的"生活账户"里面，而女性是归在不设预算的"形象账户"里面。

在营销中，可以引导消费者将某产品放入高预算、高价值的心理账户，从而刺激其消费水平。例如，脑白金从普通的保健品变为人际送礼；"钻石恒久远，一颗永流传"的广告将钻石装饰品变成爱情信物，从奢侈品的心理账户"转移"到求婚必备的情感账户。另一种方式是降低价格感知，将花费的钱从非必要账户里支取。例如，学习职场新技能属于个人发展的高价值账户，如果将培训的钱从非必要的休闲享乐（吃一顿海底捞，看一部垃圾电影）中获取，消费者会觉得这笔钱很容易拿出，也值得更高的价值（个人发展）。

消费者还有为不同的消费支出账户设置心理预算的倾向，并且严格控制该项目支出不超过合适的预算，而不愿意由于临时开支挪用别的账户。例如，每个月的娱乐支出 300 元，每个月的日常餐饮消费 1000 元等。如果一段时间购买同一支出项目的总消费额超过了预算，人们会停止购买该类产品。即使在同一个消费项目中，不同的消费也会有不同的预算标准，同是娱乐消费，看电影的消费是 200 元人民币，买一本武侠小说的消费是 50 元人民币。一般来说，人们当前在某一类项目的消费支出会减少他们未来在同一类项目的支出，而对其他项目的支出几乎没有影响。这是心理账户通过心理预算调节着人们的消费行为，但这种心理预算通常会低估或者高估购买特定商品的价格，从而出现消费不足和过度消费的消费误区。

切换消费者的
"心理账户"

（3）用不同的态度来对待不同数量的收入。举个简单的例子，如果月末得了 500 元的奖金，我们可能拿出 400 元去买心仪已久的领带，把剩下的 100 元作为零用钱。但是如果获得了 5000 元，反而没有动力去买 400 元的领带，也许会将 5000 元直接存入银行。

Soster 等人（2014）还发现了有趣的"最后 1 元钱效应"。该效应认为，我们的支付痛苦与预算的减少呈正相关。兜里的钱越少，花的时候越痛苦。这个效应会影响消费者的支付意愿和购买满意度。消费者往往在预算较多的时候更容易买东西，也更愿意享受。因此，折扣（或者与价格相关的促销）可能在月底的时候收效最佳。因为此时消费者的预算紧张，急需省钱。而诸如免费试用这样的活动可以多在月初实行，原因在于这时候消费者的预算比较宽裕，如果试用时获得了良好的体验，将有较大的可能性下单购买。

4. 前景理论

Kahneman 的前景理论（见图 8-10）提出的主要观点有如下 3 方面。第一，得与失是一个相对概念，而不是绝对概念，人们对某一价值主观判断是相对于某个参考点而言的，高于预期参考点视为得，低于预期参考点视为失。第二，得与失都表现出敏感性递减的规律。在离参考点比较近的地方，效用的变化较快；而到了离参考点比较远的位置，效用的变化较慢。第三，损失曲线的斜率比获得曲线的斜率要更大。因此，对于同样的利益，得到的快乐远远小于失去的痛苦。由此可见：设计不同的参考点，可以改变人们对于结果的认知；同样差额在不同的原始价格下，影响作用是不同的；相同的决策结果，表述为损失还是获益会改变人们的风险偏好。损失厌恶、框架效应、禀赋效应、锚定效应都是前景理论的延伸应用。

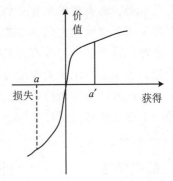

图 8-10　前景理论价值函数图

❓ 思考一下：如果商家向你推荐一款价格 3000 元的具有隔热、防紫外线功能的贴膜，下面哪种情况下你更容易接受？为什么？

（1）你刚购买了一辆价格 15 万元的新车。

（2）你有一辆开了 5 年的长安汽车。

📋 资料链接　　　　　　　损失厌恶心理

"损失厌恶"就是指人们在面对同等程度的收益和损失时，损失带来的痛苦感要高于收益带来的幸福感。损失厌恶反映了人们的风险偏好并不是一致的，当涉及的是收益时，人们表现为风险厌恶或规避；当涉及的是损失时，人们则表现为风险寻求或偏爱。炒股的人经常会有这种体验：赚钱的时候很容易做到见好就收，但是一旦亏损就迟迟不愿退出，最后导致自己被股市深度"套牢"。这种非理性行为的背后其实是"损失厌恶"心理在作祟。

利用消费者的损失厌恶心理，可以提高其对产品或机会的珍惜程度。所谓"棘轮效应"，描述的就是这种"害怕失去已得到的"心理。"棘轮效应"是指人的消费习惯形成之后有不可逆性，即易于向上调整，而难于向下调整。也是我们常说的"由俭入奢易，由奢入俭难"。在营销中，如果先免费或者以低廉的价格让用户使用，当用户习惯了这个产品之后，就会很难再向下调整，因为用户会感知到从拥有到失去的巨大心理落差。例如，通过化妆品试用、微整形、打玻尿酸针，让女性感受到自己的"美"之后，女性往往是很难容忍其往下调整的，因而医美行业十分火爆。通过让普通用户体验高级别服务来引导用户升级的方式，是会员付费模式最常用的营销手法。例如，使用迅雷下载时，普通用户下载限速很严重，本身还是能忍的。但得到免费体验 VIP 极速后，下载速度猛然从拖拉机变成了法拉利。当充分体会了迅雷 VIP 极速下载的舒爽感，就再也忍不了各种限速，于是就一咬牙去开了会员。又如，王者荣耀经常会给玩家奖励一些免费体验卡，玩家可以用这些体验卡兑换游戏角色和皮肤，但这些体验角色和皮肤都是限时的，如玩家只能使用3天。超过3天以后，体验角色和皮肤就会失效，营造了一种损失厌恶的场景。此时活动一旦到期失效，大多数玩家就只能付费才能继续玩这些游戏角色，否则就只能忍受着"损失厌恶"带来的痛苦感受。

还可以制造损失感。例如，驾校广告强调"优惠价最后一天"能激起用户担心错失报名的损失厌恶，而强调"考不过退费"则是规避用户担心学费打水漂的损失厌恶。无论激起还是规避，都会促进消费者的支付意愿。以旧换新、淘宝包邮、7天无理由退货等也都是利用了消费者的损失规避心理。

另外，消费者会担心有可能的失去，而放弃更大可能的收获。主要表现为安于现状，怕麻烦，甚至出现温水煮青蛙的现象。安于现状的本质是确保自己现有的东西不受损失，甚至会为此放弃很多新的尝试，哪怕看上去更好的尝试。这也是维持老用户忠诚度很重要的一个理论依据。

资料链接　　　　　　　细数"双十一"的9个消费心理学套路

1. 心理账户

我们心里有很多账户，比如，生活必需账户、家庭建设账户、个人发展账户、情感维系账户、享乐休闲账户等。给自己买，花的是享乐休闲账户，不舍得掏钱。给女朋友买，花的是情感维系账户，贵点也愿意。

"双十一"活动上，常见的一个促销方式是把商品包装成礼物、爱心，促使你给爱人、家人、子女买东西。目的是把商品转移到你更愿掏钱的账户，让你找个理由买更多东西。

2. 沉没成本

交50元定金，到时使用时可抵100元甚至更多，也即定金翻倍，但定金默认不退。即使找到了更合适、更实惠的商品，消费者也会因为担心损失定金，还是会回来买这家的东西。因为人做决定的时候总会惦记自己付出了多少，这些付出的、不可回收的东西就叫沉没成本。

3. 比例偏见

1000元的东西与100元的东西，同样是降价50元，前者就不如后者让人感觉实惠。因为消费者心里有个小算盘：不喜欢算数值，更喜欢算比例。这就是比例偏见。一旦把数字换算成比例，就发现5折比9折划得来。因而"双十一"活动上，针对低价品标折扣，针对高价品标降价，这两种策略都是为了让你觉得划算。

4. 价格锚点

大家购物时一般会先找差不多的货比一比，一般不会选高价和低价，而是选中间价，这就是价格锚点理论。高价或低价有时不是用来卖的，是用来让你做对比的！目的是把价格适中的卖出去。当然，如果用户买了高价或低价商品，商家也不亏。

5. 损失规避

"双十一"活动上，7天无理由退货、送运费险（退货时返还运费），基本已成了电商平台标配。这会大大增加消费者下单的概率。

用户拿到商品后，因为这本来就是自己精心挑选的东西，所以只要商品没质量问题，实际上退货的人比较少。从心理上讲，我们得到一件东西会开心，失去会难过，但这种难过是开心的很多倍，这就是损失规避理论。简单来说就是比起得到，大家更怕失去。

6. 从众效应

看到别人做什么，自己也会去做，这就是从众效应。从众大大降低了消费者的决策成本，节省了时间和心力。所以，电商平台常见的营销策略有"月销×××"，"×××在 2 秒前下单了""×××获得了×××元现金"，以及各种热卖排行榜……

7. 鸡蛋理论

鸡蛋理论也叫宜家效应。宜家的家居商品很多是模块化的东西，需要你动手组装，让你参与商品的生产。这让很多人迷恋上了宜家的东西，也让宜家获得更高的溢价收入。

人们倾向于高度评价他们参与创造的产品，消费者对于一个物品付出的劳动（情感）越多，就越容易高估该物品的价值，这就是鸡蛋理论。现在的电商平台，特别是食品、家居类，很多售卖半成品，完成 80% 的工作，剩下的简单的 20% 让你完成。让你付出劳动，让你有参与感，让你觉得自己做的东西更值钱，也让你更愿意为之掏钱。

8. 跨期偏好

相对于延迟满足，大部分人有对即时满足的偏好，这就是跨期偏好。

以前，"双十一"活动只在 11 月 11 日当天进行降价促销。现在，"双十一"活动从 10 月底就开始了，一直持续到 11 月中旬。因为大家都不想等到"双十一"那天来"剁手"，想提前享受"双十一"的优惠价格。

9. 迷恋小概率事件

我们都很乐意参与这样活动：今天消费满 99 元的用户可参与抽免单活动，活动结束后抽出 3 名用户。我们总期望这个幸运能降临在自己头上，期待自己能中大奖，这就是迷恋小概率事件。最典型的促销活动是支付宝的"中国锦鲤全球免单大礼包活动"，这个活动的幸运者可以获得全球免单。

资料来源：细数"双十一"的 9 个消费心理学套路[EB/OL]. (2021-11-13). https://www.sohu.com/a/500857580_114819.

五、价格感受心理

Thaler 提出的"交易效用"理论认为，消费者购买一件商品时，会同时获得两种效用：获得效用和交易效用。其中，获得效用取决于该商品对消费者的价值以及消费者购买它所付出的价格，如商品的性价比，类似于经济学理论中的消费者剩余。而交易效用则取决于消费者购买该商品所付出的价格与该商品的参考价格之间的差别，即与参考价格相比，该交易是否划算或获得了优惠。交易效用理论涉及消费者对价格高低的主观判断。

价格感受性是指消费者对价格高低的感觉和知觉程度，这种感受往往带有浓厚的主观色彩。消费者通常对价格相对差异较敏感，而对商品的绝对价值不敏感，或者说，消费者实际上看不清一件商品到底值多少钱。因此，商家就有了价格营销的机会。

一般而言，消费者对商品价格高低的认识或感受主要受以下因素的影响。

1. 性价比

性价比是收益与成本的比较，类似于"获得效用"的概念。唯品会的广告语"都

名创优品
什么值得买

是傲娇的品牌，只卖呆萌的价格"，其实也就是物美价廉、高性价比的意思。对于我国大多数家庭而言，其物质财富还不足以支撑过于"高大上"的消费需求，追求高性价比才是其消费行为的常态。即便商品再有品质和调性，消费体验再震撼、再新奇，他们也不想花更多钱来购买，他们既不会被高昂的价格绑架，也不愿为商品多出来的溢价支付额外的"智商税"。拼多多的迅速崛起，关键就在于敏锐地抓住了那些"低净值"的"长尾用户"的需求，这些消费者收入水平相对有限，他们更倾向于追求价格实惠的商品。但由于这类消费者数量众多，最终也能获得较高的市场盈利水平。

小米——追求性价比，给消费者更美好的体验

小米集团副总裁曾经这样说："性价比就是同等性能价格最低，同等价格性能最好。"当然，这只是性价比的一种极致状态。从消费者的决策逻辑上看，高性价比的决策可分为在低价中选优质（低价-优质）、在优质中选低价（优质-低价）两种，它们也分别代表了两种不同的消费需求，拼多多和Costco分别是这两种决策逻辑的典型代表。

从性价比出发，消费者对于非常喜爱和需要的商品，即使价格较贵，也乐于接受；而对于不需要的商品，即使再便宜，买了也不觉得划算。同时，价格高的商品一般也容易被消费者认为是质量、档次也相对较高的商品。例如，高端品牌戴森"曲高"却不"和寡"，在天猫、京东常年盘踞同品类销量前列。因而，在商品介绍中，应当努力将消费者的注意力引向这种"相对价格"，强调商品能带给消费者的好处。宝沃汽车"好·贵"广告语："贵才能好，好才能贵"，意思就是说：好产品就该贵。

当然，当商品的特性明确或相同时，消费者对价格就很重视了。例如，小米手机将竞争型号手机的配置拆解，以"几乎相同的配置，几乎一半的价格"突出小米手机的高性价比。小米还率先把PC时代的跑分测评机制引入手机行业，以简单直接、通俗易懂的性能分数，帮助消费者进行质量判断和比较。名创优品有一个售价仅为29.9元的洁面仪，相比市面上动辄售价过千元的洁面仪，这个价格让人"尖叫"。洁面仪的功能就是通过震动把脸"洗"干净，名创优品保留产品核心功能，简化一切不必要的功能与包装，节约一切不必要的费用，结果做成了爆款。

但是，如果消费者觉得商品特性相同，而某品牌价格偏高，肯定就会觉得价格贵了。例如，恒大集团为了迎合消费升级的趋势，推出了高级饮用水恒大冰泉，最初的价格比其他饮用水高很多，但恒大冰泉的包装看上去就是把农夫山泉的红色包装换成浅蓝色，其他的外观设计基本没什么区别。因此，消费者很难接受：换个马甲的东西凭什么卖贵几倍？而真正成功的世界高档水的包装设计都是超凡脱俗、与众不同的，从而使消费者意识到其价值非凡。

2. 价格比较

苹果公司的创始人乔布斯曾说："消费者不是喜欢便宜货，而是喜欢占便宜。"而价格比较能给消费者"占便宜"的感觉，就可以刺激其购买意愿。价格比较类似于Thaler所说的"交易效用"。

价格锚点

参考价格是指消费者在比较价格时所使用的任何基础价格（包括心理价格）。参考价格可以帮助消费者估算商品标价是否合理。因为在购买行为中，消费者与商家之间始终存在一种信息不对称的状态：消费者往往很难知道在售的某件产品的实际成本。因此，消费者根据商品价值或成本来判断商品的绝对价格究竟是高还是低，在很多情况下

是非常模糊的，通常就会依赖某个参照点（参考价格），即所谓的"锚"来降低模糊性。

参考价格有外部的，也有内部的。一般来说，营销者会借用一个较高的外部参考价格（如原价为多少，或别的地方卖价为多少）作为参考价格来衬托商品的廉价，说服消费者这是很合算的交易。而内部参考价格指的是消费者对价格的习惯性认识，它也会影响外在参考价格的可信度。

锚定效应

有时，企业也会以个别高质高价的产品来拔高品牌调性和品牌价值，如波司登的万元羽绒服、钟薛高近百元的"雪糕刺客"、蔚来 120 万美元的电动超跑 EP9 等，但真正走量的主打产品往往还是那些价格不高的大众化产品。

（1）内部参考价格比较。内部参考价格和实际价格的差异是影响消费者交易效用感知的主要因素，但不是唯一的因素。

消费者在评价某一商品的价格吸引力时，并不仅仅依据该商品的绝对价格，而是将商品的实际售价与参考价格（不一定是一个明确的价格点，往往只是一个可接受的价格范围）进行比较。如果售价高于这一参考价格标准，消费者会觉得这个价位太高；反之，则会觉得比较便宜。而感知价格的高低决定着商品在消费者心目中的价格吸引力，如图 8-11 所示。

图 8-11　参考价格的作用过程

消费者的内部参考价格包括对价格的习惯性认识、价格心理预期、心目中的公平价格等。另外，消费者对高档商品、时令商品、名牌商品的价格通常会有较高的价格心理定位。

许多电商在进入市场初期，常常会采用某种补贴或免单的"烧钱模式"，以获取用户或流量，培养消费习惯。例如，拼多多以远低于消费者心理预期的拼单价格，如"首单免费""1 分钱两个石榴全国包邮""1 分钱多芬男士护理套装全国包邮"……使消费者丧失理性与冷静，使拼多多购物链接在微信中得以大肆免费地传播，一方面不断获取新用户，一方面不断提高交易量。

（2）外部参考价格比较。与市场上同类商品的价格进行比较，是最简单明了且被普遍使用的一种判断商品价格高低的方法，可以促使消费者立即决定购买或者放弃。在现实生活中，有很多与交易相关的价格可以成为外部参考价格，比如，上次购买时产品的价格、商品的原价、类似商品的价格、同类产品的最高价、同类产品的最低价等。这种比较也可以来自不同场合，例如，在日本东京乘坐地铁的费用折合成人民币约 30 元，而在北京乘坐地铁只需要 3～7 元，从东京回到北京乘坐地铁的人自然会感觉非常便宜。

电商价格大战无法比对的全网最低价

在价格放开的情况下，消费者购买价值较大的商品时往往会"价比三家"。但商家有时会刻意减少消费者的比较机会。例如，一些电商平台在促销期间宣称自己是"全网最低价"，但消费者很难找到具体的产品来进行比对，如一些外观和性能都相似的空调、热水器产品却显示为不同的型号，由于消费者不能明确产品是同一产品，其所谓"全网最低价"也就只是个忽悠消费者的"噱头"。许多"剁手党"花时间蹲直播间，为的就是全网最低价，李佳琦等头部主播能签订产品最低价合同，消费者通常会信任其"全网最低"的说辞，但主播直播低价"翻车"的案例也不在少数。例如，李佳琦直播间宣称售卖的 GUESS 服装是"最低价没有之一"，但之后 GUESS 旗舰店又出现了价格更低的情况。

不少研究发现，以"外部参照价格+销售价格"形式表述的价格促销广告对消费者价格感知的影响最大，但价格促销主要是通过影响顾客的内部参考价格而起作用的，如图 8-12 所示。

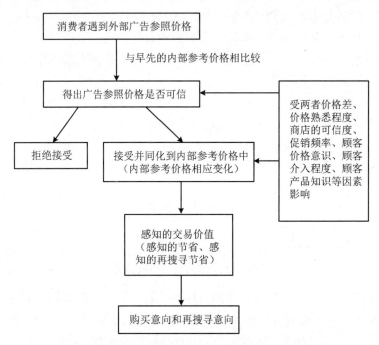

图 8-12　价格促销对顾客价格感知和行为意向的影响

另外，厂商制定的"建议零售价""原价""市场价"等外部参考价格也会对消费者的价格感知产生影响。但很多消费者也发现，实际零售价基本上远比建议零售价小。这些外部参考价格在一定程度上影响消费者的价格感知，进而影响其感知到的交易效用和最终的购买决定。例如，优衣库在打折或限时优惠的时候，打折价格旁边一定会清楚标注出初上市价格，而时装的初上市价格肯定是比较高的。又如，星巴克的陈列柜里常常摆放着依云矿泉水，几乎卖不出去，却始终不会撤下。其实，依云矿泉水根本不是拿来卖的，而是给顾客看的。依云矿泉水在星巴克一般标价 20 元人民币，而星巴克的咖啡价格在 20~30 元。所以，依云矿泉水只是一个陪衬，在于向顾客暗示：一瓶水都卖 20 元，20~30 元的咖啡太划算了。再如，维密每年都会推出一款天价内衣，很多消费者会怀疑到底谁会花那么多的钱去买一件镶满钻石的内衣。而维密的秘密就在于形成对比效应，当消费者看完价值 340 万元的内衣后，自然就会觉得 500 元的维密内衣也没有那么贵了。

（3）不同类型商品价格比较。与其他不同类型商品或服务消费进行价格比较，也是消费者进行价格判断的一种方法。例如，罗永浩"一块钱能买什么"的广告，巧妙地将 1 元钱只能买不起眼的物品，与获得八次听课学习的机会相比。

看懂 Costco：传统实体店如何让会员忠诚

咖啡杯里的锚定效应

（4）不同时间价格比较。比如，去年猪肉每 500 克是 15 元，今年却是 30 元，就会让人感到很贵。但这种价格比较常限于在短期内进行，随着时间的推移，人们也会逐渐适应和习惯。还有的商品在旺季和淡季时的价格差别较大，如机票、旅游、酒店的价格会随着时间而发生变化。

3. 价格策略

商家采用不同的价格呈现方式、比较方式或定价方法，也会影响消费者对价格高低的感知。从本质上看，商家也是试图通过参考价格影响消费者的价格感知。

资料链接　　　　　　　9 种"占便宜"的营销策略方案

顾客是不是有"便宜的获得感"，往往决定了顾客是不是愿意掏钱。让顾客占便宜，就会激发其购买冲动。那让顾客占便宜，就一定得拼命降价吗？不是。消费者不是想买到便宜的商品，而是想买到占便宜的商品。便宜不重要，让消费者感觉占便宜才重要。那除了降价打折，还有没有其他方式可以让顾客有"便宜的获得感"，从而产生购买动力呢？

1. 提升产品价值，变相提升性价比

一般来说，消费者买了性价比高的商品，就会觉得占了便宜。性价比决定于两个方面：一个是提升价值，一个是降低价格。降低价格虽然有效，但空间有限，而且会有损品牌和形象。最好的方法，就是用产品之外的品牌附加值来提升产品的价值。比如，提升科技含量、服务品质、产品声誉等。

2. 买东西抹零，让顾客在心理上得到安慰

如果确实是大牌，而且一分钱不降，消费者也能接受，反而觉得大品牌有傲骄的资本。但大多数品牌是二线品牌，顾客往往对价值没有确切的定位，心中总会有怕吃亏上当的感觉，而商家把零头抹去，虽然并没有便宜多少，却给了消费者一点心理上的安慰。

而且，结账时抹零，符合"峰终定律"，也就是在最终结账时让消费者获得一点点实惠，往往会给消费者留下比较深刻的印象。这种实惠的印象，往往会得到放大。比如，106 元的商品，售货员抹去 6 元；10.3 元的产品，售货员抹去 0.3 元。

3. 买加赠，更多销量、更多利润

比如买一送一、买二赠一等，这种促销方式往往比单纯降价要好。既增加了销量，还减少了降价的幅度，而且这是一种直击潜意识的销售方式。单纯给产品打五折，一般只能卖一件产品。而如果买一赠一，同样打五折，就至少卖两件产品。

而且，买一赠一让消费者有更大的获得感，东西更多，优惠更大。"赠送"是一个明显让人占便宜的词，感觉不用自己买就到手了，消费者从潜意识里会产生获得感。

4. 第二份半价，让消费者购买更多

第二份半价，也就是说第一份全价，一点折都不打。但消费者在买第二份产品时，会把注意力集中到第二份产品的半价上，感觉得到了实惠，却往往忽视了第一份产品是全价的事实。

5. 加 1 元换购，巨"狡猾"的销售技巧

比如，定价 1288 元的豆浆机，消费者只要加 1 元即可换购一把 58 元的勺子。这种技巧"狡猾"在哪里呢？

其一，这种勺子绝对不会有58元，赠品勺子往往价高而质低，能值个20元、30元就不错了。但是，消费者会感觉只花1元就能获得这么高价的勺子，非常划算。

其二，只需加1元，而且前面产品价格达千元以上，1元的占比显得非常低。消费者感觉这种占比越低，决策所需的意志力越少，越容易做出购买的选择。

其三，只加1元，可以获得大实惠，让消费者忽略了前面产品的价格，或者缓解了对前面产品高价格的焦虑，这让成交变得更加容易。

其四，如果消费者冲着豆浆机去购买的，那么加1元得优惠，可以推动消费者做出最后决定。如果消费者冲着1元换购得实惠去的，那么就必须先买前面的产品。无论冲着哪个去，成交的可能性都大大增加。

6. 还差几元就满足优惠条件

有的商品被商家设计了一个优惠底线，比如商家设计了"满30元，返12元"的促销活动，消费者本来只想买20元的东西，但为了得到优惠，就又买了10元产品，从而使商家增加了销售。比如"满20元起送""满30元包邮""还差2元获5元优惠"等促销活动，都是利用了消费者贪占便宜的心理，从而扩大了商家的销售额。

7. 好评返现，既得名又得利

比如一家店的网卡卖349元，而另一家店的网卡卖399元并规定好评返现50元。两家的优惠幅度其实是一样的。哪个更好呢？

其一，不是所有消费者都喜欢比价，因为比价要消耗消费者的手机流量，也消耗他们的时间、精力和意志力，太费神、太费事，容易给消费者带来困扰。

其二，就算是比价，后者和前者也是一样的。

其三，对于那些不是特别喜欢比价的消费者来说，后者更具有吸引力，因为后者能给消费者施加占便宜的心理暗示。

其四，后者还能获得好评。好评进一步提升了商家和产品的价值和品牌，从长远来看更利于良性循环。

8. 高附加值产品大打折，低附加值产品少打折

高附加值产品，具有较强的品牌效应和良好的口碑，定价高一些，消费者也能接受。由于这些产品利润高，所以打折空间比较大。而且这种高附加值产品大打折，容易给消费者更多占便宜的感觉，从而刺激消费冲动。这种高质而低价的产品，能够吸引客流，从而为其他长尾产品提供客源。比如，海尔搞空调大降价活动，能吸引消费者到商场购物，消费者很可能不仅买空调，在东逛逛西逛逛的过程中，很可能又买了其他的东西顺便带上，这就促进了整体销售。

9. 低价与高价商品绑定，让消费者感觉占便宜更多

下面两个促销套餐，你会选择哪一个？

A套餐：卫衣+裤子=688元；

B套餐：卫衣+裤子+头巾+毛巾+护腕+口罩=699元。

套餐B显然带给消费者有更多占便宜的感觉，占便宜不仅源于价格低，还有数量多。商家多赠送一些价格低的小商品，会让消费者感觉占了大便宜。

（1）价格背景。同一商品的价格，如果分别摆放在高价系列和低价系列的营业柜台里，由于周围陪衬的各类价格不同，消费者会产生不同的价格感受。如果某商品处于高价系列中，其价格会显得低而畅销；而在低价系列中，其价格会显得高而滞销。这种价格感受性主要是由系列刺激产生的价格对比和价格"心理锚定"所致。

研究表明，如果将产品按照价格降序排列展示，消费者可能会受其影响而选择一个相对较贵的产品。原因在于，当消费者需要对一系列商品进行估价的时候，他们会以见到的第一个价格作为参考价格。当按照价格降序排列或展示产品时，消费者首先感受到的是较贵的产品，他们对价格就会产生较高的认知。如果消费者以这个较高的价格作为参考价格，其他相对便宜的选择就会看起来更加划算。所以，服装店的营业人员往往会先向女顾客推荐较高档的时装。

（2）价格诱饵。诱饵效应是指人们对两个不相上下的选项进行选择时，因为第三个新选项（诱饵）的加入，会使某个旧选项显得更有吸引力。被"诱饵"帮助的选项通常称为"目标"，而另一选项则被称为"竞争者"。

美国麻省理工学院的斯隆管理学院做过一个著名的"诱饵效应"实验，让一些大学生从两种征订套餐中选择订阅《经济学人》杂志，实验情况如图 8-13 所示。

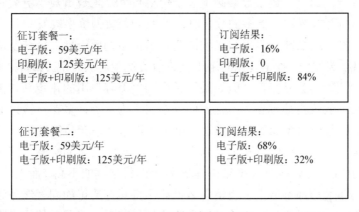

图 8-13　"诱饵效应"实验

在这个案例中，只是增加了一个看上去毫无优势的选项（单订印刷版），结果却产生了巨大差别。"单订印刷版"这个选项其实只是一个"诱饵"，它会引导学生在价格比较中订阅"印刷版+电子版"。其实，学生们并不是真的偏爱"印刷版+电子版"选项（理性思考一下，同时拥有电子版和纸质版其实是很浪费的），造成他们选择改变的关键因素就在于"单订印刷版"这一陷阱选项。

"诱饵效应"主要利用的是消费者乐于"对比"来找到更实惠商品的心理。在比原来选项稍差几分的诱饵选项出现之后，"明眼人"一加辨别就会发现之前选项的绝对优势，在物美、价廉或者两者兼而有之的认知之下，快速选择了刚刚还在犹豫的目标选项。

在市场营销中，类似的诱饵效应也广泛存在。例如，有一个大型商场，货架上的商品品种齐全，每类都有一些价格相当昂贵的商品摆放了很久，一件都没卖掉，却一直占据着一块销售区域。有人可能会认为是售货员偷懒，没有及时撤掉滞销的商品。事实上，这些商品是有意保留的，目的是利用人们购买产品时的对比心理：当发现一种商品比另一种商品更贵时，通常会下意识地选择价格便宜的。这样上面提到的昂贵商品就无形中起到促进商品销售的作用。不少奢侈品牌店都会配一两款超级贵的高价货作为陪衬价格，同一个设计师出品，一款鳄鱼皮包就要几十万，但是鸵鸟皮包只要十几万，消费者通常会去买十几万的那种。Prada 经常在很贵的奢侈品旁摆上各种小物件，这些几百上千的小首饰才是丰厚利润的来源。

（3）产品与价格的呈现顺序。Karmarkar 等人（2015）的实验研究表明，产品和价格出现的先后顺序影响消费者做出购买决策的标准。具体来说，如果产品先出现，消费者会把产品质量作为购买决定的标准。而当价格先出现时，消费者就会更加看重价格。可见，如果销售奢侈品，商家希望消费者更多地看重产品质量而不是价格，就应当选择先展示产品再出现价格的策略。而对于走优惠、实惠路线的日常用品来说，则应该先显示价格。

进一步讲，当销售包含多件产品的组合时，应当怎么设计价格和数量的先后顺序呢？假设现在有一个产品套装要出售，呈现方式分别如下：①29 元 70 个；②70 个 29 元。研究发现，后者更加有效，即把价格放在较大数量的右边（Bagchi 和 Davis，2012）。不过需要注意，这一结论存在两个先决条件：第一，产品单价的计算必须是复杂的，这样消费者很难算出精确的单价；第二，数量数字必须大于价格数字，当数量数字更大时，锚定效应将发挥作用。当消费者被锚定在更多的数量时，他们会误认为价格较低。

（4）商品归类。商品的归类也会影响消费者对价格的感受性，这涉及消费者对不同产品的价格倾向性。例如，一种十几元的用于化妆前后洗脸用的香皂，如将之归为只用于"清洁"的日用品，其价格就显得贵；但如果将它作为"美容"用的化妆品，价格就不觉得贵了，因为化妆品一般价格都较高，而且人们也存在"为了美，多花点钱也值"的心理，因而将这种香皂放在经营化妆品的商店或柜台出售，价格就不会显得贵。

（5）销售氛围。对价格的判断也受到出售场地、现场气氛的影响。繁华地段、豪华商店、豪华娱乐场所的商品价格往往较高，但消费者的价格判断不高，而支付意愿相对较高。优衣库在各地的旗舰店都不惜重金邀请著名设计师将其打造得如同奢侈品店一样，背后的技巧也是锚定效应。如果购物现场的气氛十分热烈、踊跃，消费者的价格判断也会趋低。例如，一瓶啤酒在小卖店卖 3 元，在大排档可以卖 5 元，在酒店可以卖 8 元，在酒吧可以卖到 20 元。

另一方面，当高档、贵重商品混放在一般商品中，或在日杂小店以及低价柜台中出售，不仅会使价格显得贵，还会降低商品的形象、地位及特殊性，使质量、品位等被"稀释"，消费者也缺乏信任心理，并由此影响销售。因为消费者往往还会通过销售环境来理解产品。当一个品牌出现在高级奢侈品商店时，它所传达的信息就与摆在沃尔玛、家乐福这样的平价商店里所传达的信息有很大的不同。特别是那些代表身份地位的商品，如劳力士手表，如果摆在平价商店里，就会与它的品牌定位和价格信息发生矛盾。

（6）定价方式。采用分部定价方式也容易使消费者产生比总体定价便宜的感觉。旅行社经常把出境游价格分为团费、杂费（或签证费、小费），广告图片突出的是团费价格，以显得团费很便宜。实际上，如果再加上自费旅游项目，总体旅游花费实际很高。零售商家也采用一种拆零定价方法，以小分量包装的"低"价格吸引消费者，实际上并不便宜。例如，商家自产的凉拌小菜 7 元/袋，或者标注的单位价格是 4 元/200 g，消费者觉得便宜，但如果知道它是 10 元/500 g，就会觉得它贵了。类似的，良品铺子以"两"而不是"斤"为单位进行标价；某电信公司将 90 元的月套餐宣传为 3 元/天；蚂蚁花呗向用户展示日利率而不是年利率，都是这个道理。

尾数
定价策略

给商品定一个带有零头数结尾的非整数价格，是一种被普遍运用的心理定价方法。非整数价格使人觉得这个价格是经过仔细核算成本和差率等费用而制定的，是比较精确合理的，从而产生一种信任感而乐于接受。相反，整数价格易让消费者认为是粗糙、概算的价格，从而产生疑虑或讨价还价的心理。而且，当一种商品价格靠近某一整数线以下，精准定价会以更小的量级作为消费者价格感知的引导，进而让消费者感觉价格更低。例如，97 元的商品给人的感觉是"100 元以下的商品"，而 101 元的商品则给人的感觉是"100 多元的东西"的概念，感觉上的心理差距比实际差距更大。如果非整数价格的数字系列是趋小的，还可以使消费者无意识中产生价格下降的心理错觉。

但是，从感知角度而言，整数价格（如 100 元）比看着不那么整齐的非整数价格（如100.55 元）认知起来更加流畅。Wadhwa 和 Zhang（2015）在研究中发现，因为认知过程更为流畅，所以整数价格在冲动消费中更有效。当消费者可以更顺畅地认知一个价格的时候，他也会认为这个价格更好。对于名牌品、稀罕品、时尚品、礼品等有感性消费需求的产品，整数价格较为适宜。相反，如果购买情境是理性的，加个零头得到非整数价格更有效。

打包定价策略是将消费者需要多次购买的产品与服务标注打包价格，让消费者一次付清，如健身中心推出年卡、电信公司的宽带包月收费。打包定价策略往往给出了相对优惠的价格，并且免除了消费者多次付款的烦恼，消费者会觉得很实惠。有些大件耐用消费品不仅其价格昂贵，而且搬运、安装、调试、维修等售后问题也会影响消费者的购买欲望，成为其购买时的心理障碍。如分体式空调器的安装问题是一般消费者难于解决的。因此，可以实行一次收费而一条龙服务的打包定价法，包括送货上门、代为安装和调试、附送易耗零配件、保修期免费维修等服务。前景理论认为，在不同情况下，人们在面临得与失的时候，其分开估价和整合估价将发生有规则的变化，例如，人们倾向于"分离收益、整合损失"。这一规律可以解释生活中的很多现象：假如想送朋友两件礼物——一套衣服和一个健身器，最好分两次送，两次分别送一件礼物所带来的心理体验和比一次送两件礼物的心理体验高，这是"分离收益"规则。"整合损失"是说个体对负的收益偏好于整合价值。例如，开会收取会务费时，应当一次收齐并留有余地，若有额外开支一次次增收，虽然数量不多，会员仍会牢骚满腹。网购消费者对产品不包邮很反感，产品包邮哪怕是总价提高，也好过"产品收费+物流收费"。因为"邮费另算"引发了消费者二次"厌恶损失"，换句话说，就是付了两次钱，让消费者觉得这下亏大了。

老梁：无现金
时代非常容易
冲动消费

❓ **思考一下**：在你的印象中，有哪些新产品的定价策略较为成功？成功的原因是什么？

（7）付款方式。在购买情境中，消费者需要付出金钱，尽管能够获得产品或者服务，但是损失带来的痛苦往往要比获得伴随的收益更为强烈。这种付钱时"肉疼"的感觉自然会降低消费者在交易中的愉悦感。例如，人们选择 Uber 的原因之一是其付款的方式让他们感觉不那么痛苦。在出租车上，乘客盯着滴答作响的计价器，这时刻提醒着他们支付的痛苦，然后必须在乘车结束时支付。而 Uber 没有明显的计价器，在乘车结束后也没有明显的交易。

因此，为了提高消费者的感知交易价值，商家应当尽量降低付款所带来的心理疼痛与纠结，一种简单的方式就是避免消费者意识到他们需要付钱或者即时付钱。电子支付、信用卡、花呗、借呗、储值卡、预付费、分期付款或利用销售方的欠款购物等付款方式，都有助于降低消费者的花钱意识，缓解消费者支付痛苦，也容易使消费者接受较高的商品价格。例如，电子游乐场或赌场通过代币使得玩家或赌徒在支付时感觉不那么心疼，从而刺激其消费数量。

操弄人心的
能力：产品定
价心理学

Shah 等人（2015）的实验也表明，尽管消费者知道他们在消费，但如果没有直接目睹钱从手中流失的过程，其痛苦感会有所减轻。实验参与者被要求购买一个马克杯，原价为 6.95 美元，无论是现金或刷卡都可以优惠 2 美元。购买后 2 小时，参与者被要求将该马克杯重新出售，价格自定。结果发现，尽管参与者购入的价格相同、拥有马克杯的时间也相同，但用现金支付的参与者给出的价格比刷卡的人高出近 3 美元。用现金支付的参与者还表示，他们对马克杯有更深的感情。正是由于现金交易带来的支付痛苦是最高的，所以这组消费者需要以更高的售价来弥补其支付时的痛苦。

4. 个体特征

（1）经济收入。这是影响消费者判断价格的主要个体因素。比如，对于同样一双 400 元的皮鞋，月薪 30000 元的消费者和月薪 5000 元的消费者对价格的感受是不同的。

（2）需求强度与紧迫程度。"获得效用"（类似于经济学家马歇尔所说的"消费者剩余"）的大小不仅与价格有关，更与消费者对商品的主观价值认知有关。所以，消费者最终购物时乐于支付的价格，很大程度上受着对商品的需求强度或价值认知的影响。例如，消费者在外出旅行、重要庆典、与恋人约会等情况时，就不大在乎花费是否太高。对于具有节日意义的情感性、象征性商品，消费者即使要承受比平时高许多的价格也可接受。例如，情人节购买鲜花的年轻人大多并不在乎红玫瑰的价格，售价 10 元/枝的红玫瑰有时比 5 元/枝的红玫瑰卖得还快。情人节一些高档电影院的电影票比平时高出两倍，但还是看者如潮，因为浪漫情怀中的消费者是不问价的。

免费营销的
心理效应

消费者的需求紧迫程度也会影响其对商品价格高低的看法。例如，照片冲印店对要求快速得到照片的消费者收取加急费，即使比平常冲印贵出 20%以上，急等照片的消费者仍然可以接受。当消费者急需某种商品而又不易求购，或没有时间搜寻选择，或面临市场垄断时，往往容易接受较高的价格。旅游景区、机场的商品往往较贵，就有这方面的原因。

❓ **思考一下**：你是否有过因商品价格较高而放弃购买的经历？你当时是怎样判断其商品价格高低的？

本章思考题

1. 请举例说明商品的不同类型对消费者心理会产生怎样的影响。
2. 简述 FCB 网格模型及其应用价值。
3. 消费者对产品属性有何心理需求？怎样才能更好地满足消费者的这些需求？请举例说明。
4. 简述 Aaker 品牌资产模型和 CBBE 模型。
5. 影响消费者价格感受的因素有哪些？
6. 影响消费者价格倾向性的因素有哪些？

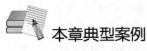 **本章典型案例**　　　　**小天才手表网住了孩子和家长**

小天才儿童电话手表多年来牢牢坐着儿童手表第一把交椅，销量一度超过苹果的 Apple Watch。

第一层网：社交

"班上的同学都用这个"，这是很多小朋友要求家长购买小天才电话手表的说辞。确实，有了小天才，小朋友才能融入好友圈。不能小瞧孩子对社交的渴望，尤其是在有了电话手表之后，孩子的这个需求被无限放大了。孩子的世界大都比较简单，玩到一起往往基于很明显的共同点，就比如都拥有小天才手表，只要相互碰一碰就能加上好友。

不仅如此，在成人世界里，搭建积分体系是公认的增加用户黏性的办法。坐飞机会有积分，刷信用卡会有积分，充电话费也会有积分。这一套玩法也被复制到了小天才手表体系之中，身份与荣誉体系常与积分相伴而生。在小天才手表上，买炫酷的表盘背景图需要积分，使用七彩昵称也需要积分，想快速提升手表账号等级同样需要积分。小天才手表的账号等级没有上限，对积分的渴求也没有尽头。为了攒更多的积分，拥有更高的等级，小朋友们不会错过任何一个签到、每天五次的免费摇一摇以及开宝箱获取积分的机会。

第二层网：营销

事实上，这正是小米、360 的儿童手表做不过小天才的原因，尽管它们有的布局儿童手表比小天才更早，互联网思维也用得更熟练，但它们只专注于成年人的世界。它们想的只是从家长的需求出发，主打儿童安全、定位，因为给孩子买手表的肯定是家长。

"网"的搭建源自一种蹲下来做产品的态度。如果只以成年人的视角，看到的只有安全、控制、命令，恨不能一个电话就把孩子传送到自己身边。但如果蹲下来，以孩子的视角，会看到孩子们也有通信的需要，也有积分和游戏的需要。

在众多品牌的儿童手表中，小天才是唯一把"make friends"刻在手表表盘上的品牌，这是孩子的核心诉求。借着交朋友，小天才一步一步铺开了这张网。他们没有止步于安全，因为安全的需要不足以承载这张大网。

2015 年 6 月，小天才第一款 Y01 型号手表一经推出，行业里的玩家都傻眼了。"GPS定位只是个小功能，小天才还加入了微聊、社交、摇一摇等功能，这哪是手表啊，这简直就是个儿童版的微信啊。"

"魔性洗脑"的小天才电话手表广告用的是蓝精灵动画片的曲子，洗脑的广告词不断循环："无论你在哪里一通电话马上能找到你，马上能找到你……"

第三层网：利益共同体

小天才的网络不光网住了孩子们，还网住了一大批跟小天才有关联的利益共同体。

中国联通格外重视小天才。因为在 2017 年做了用户画像分析之后发现，当时中国联通网内的电话手表用户中，小天才一家独大，占据 76%份额。小天才用的大都是副卡，孩子们每天平均使用时间达到 39 min，每个月话费 20 元左右。这些小孩子现在虽然是联通副卡用户，长大之后极有可能转化为真正的联通用户。

逐渐平台化的小天才，还汇聚了一大批第三方应用。这些应用也加入编织这个网的过程。成人世界里的软件，有不少能在小天才的软件商城找到儿童版本，比如，网易云音乐、全民 K 歌、支付宝等。

如今，小天才已经发展到第 6 代，价格越卖越贵，功能也越来越多。这块手表几乎满足了一个儿童能想到的所有需求。孩子老喜欢问这是什么，可以用拍照识物功能；想听故事，手表里有各种故事 App；要学英语，手表里可以买英语课；遇到不懂的单词，手表里还有字典。这一切的便利性，都让人心甘情愿为小天才买单。

资料来源：易方兴. 儿童社交功能闭环，营销模式洗脑，小天才手表网住了孩子和家长[EB/OL]. (2020-07-24). https://baijiahao.baidu.com/s?id=1673076023276559033.

本章案例讨论

1．小天才手表取得成功的原因有哪些？

2．从消费者的角度出发，谈谈开发新产品时应当考虑哪些方面的问题，请举例说明。

客 观 题

第九章　消费者的购买决策

学习目标

- 了解消费决策的基本过程。
- 熟悉消费决策的主要内容与影响因素。
- 掌握购买决策类型的区别及相应的营销策略。
- 了解消费者信息来源及特点。
- 掌握感知价值理论。
- 理解并掌握"手段–目的链"理论的原理。
- 理解消费者对产品进行比较评价的方法与选择规则。

导引案例　　　　　中国消费者为什么选择"海淘"

"海淘"这两个字对人们来说并不陌生。所谓海淘，就是通过互联网检索海外商品信息，并通过电子订单发出购物请求，由海外购物网站通过国际快递发货，或是由转运公司代收货物再转寄给国内消费者。

中国消费者为什么热衷于海淘？安全、便捷和正品保障是中国消费者选择海淘的主要原因。调查显示，中国消费者之所以选择在海外网站购物，最主要的两个因素是安全的支付方式和商品的正品保障，因为这两大因素而选择海淘的人数比例分别为 49% 和 45%。

美国、日本和韩国网站最受中国海淘消费者的欢迎。参与调查的中国消费者表示，选择这些国家的网站进行购物的主要原因是能够发现更多价格优惠的高质量正品和未在国内销售的新奇产品。

当被问及如何选择海淘网站时，熟悉度和优惠信息成为影响中国海淘消费者的两大主要因素。大多数海淘消费者会选择直接去他们曾经使用过或知道网址的网站购物，而 43% 的消费者表示他们会在获得促销信息后搜寻相关的海外网站。

尽管跨境网购规模在不断增长，但中国海淘消费者在购买更多海外商品或结账时依旧会面临阻碍。超过 1/3 的中国海淘消费者表示，购买海外商品时他们最担心的问题是烦琐的退货流程以及遇到问题时不能得到充分的帮助。

高额的运输费用和漫长的配送时间也是导致中国消费者放弃海淘的两大主要原因。其他影响因素还包括关税、消费税或海关费用，以及退货所可能产生的高额费用。

案例来源：王玉凤. PayPal 报告解密中国消费者为什么热衷海淘[EB/OL]. (2016-02-02). http://tech.china.com.cn/internet/jjds/20160202/218326.shtml.

问题：

1. 为什么中国的消费者选择"海淘"？它能给消费者带来哪些价值？
2. 中国消费者"海淘"的主要商品是什么？这些商品有何特点？

从一定意义上讲，购买行为的全过程实际上就是消费者不断进行决策的过程。决策在消费者购买行为中占据重要地位，在购买行为中起着支配和决定其他要素的关键作用。首先，决策的进行与否决定着购买行为的发生与否。当消费者经过认定需要、选择商品而做出购买的具体决定时，一次购买行为才实际发生。其次，决策的内容规定着购买行为的发生方式。经决策确定的具体商品、购买地点及购买数量等决定着消费者何时、何地、以何种方式进行购买。最后，决策的质量决定着购买行为的效用大小。正确的决策可以促成消费者以较少的成本买到质价相符、称心如意的商品，最大限度地满足特定的消费需要。反之，错误的决策不但使消费者的所费超过所得，需要无法得到全部满足，而且可能导致不同程度的经济、时间的浪费与损失，进而对以后的购买行为产生不利影响。

第一节 消费决策的内容与类型

一、消费决策的含义

消费决策或称消费者购买决策，它是指消费者为了满足某种需求，在一定的购买动机的支配下，在相关信息基础上，经过比较、分析、判断后做出选择或决定的一系列活动。

消费者购买决策过程

消费决策的主要目的是希望用最少的付出获得能满足某一特定需要的商品或服务，实现购买价值最大化。购买决策过程一般会经历以下几个阶段：确定问题（认识需要）、形成信息（搜集信息）、分析（考虑各种可能性）、综合（形成购买选项或方案）、评估（对选项进行比较和排列）、决定（选择其一方案）。但这一决策链路并不是单向的，当消费者发现后一环节不能顺利进行时，就可能重新回到前一环节。如图 9-1 所示。

图 9-1 消费者的决策过程

❓ **思考一下**：当你分别购买牙膏、电脑和服装时，你的购买决策过程有区别吗？如何解释这种区别？

影响消费决策的主要因素

由于消费决策在购买行为中的核心地位，影响消费心理和行为的因素往往也是影响消费者决策的因素，如消费者个人因素、消费者所处环境以及商品刺激因素等。

在第一章中，我们讲述了消费者的主要决策内容——6W2H 模式，包括：为什么买（why）、买什么（what）、买哪种（which）、买多少（how much）、在哪里买（where）、何时买（when）、如何买（how）、承担什么消费角色（who）等方面。如表 9-1 所示，将消费者决策过程与决策内容结合起来，营销者应当注意把握各阶段所提示的问题。

表 9-1　消费者决策过程诊断

阶　　段	问　　题
动机与欲望的认识	1. 产品的购买与使用可以满足哪些需求或动机（就是说消费者追求哪些利益）？ 2. 消费者的这些需求是潜在的需求还是激活的需求？或者潜在顾客目前是否感知到这些需求？ 3. 目标市场的消费者以何种程度卷入产品？
搜寻信息	1. 消费者记忆中的产品或品牌信息是什么？ 2. 消费者是否具有搜寻外部信息的动机或意图？ 3. 消费者搜寻有关购买信息时利用哪些信息来源？ 4. 在信息搜寻过程中，产品的哪些特点和属性是消费者关注的重点？
方案评价	1. 消费者评价或比较购买方案的努力程度如何？ 2. 在消费者评价对象中包括哪些产品和品牌？ 3. 消费者为评价方案利用哪些评价标准（产品属性）？ （1）哪些评价标准最突出？ （2）利用单一属性还是利用复合属性？ 4. 采用何种类型的决定方法或决策规则来选择最佳方案？ （1）在评价项目中哪些项目最突出？ （2）评价的复杂程度如何？ 5. 对各方案的评估结果如何？ （1）是否相信各方案的特征或特性是事实？ （2）对各方案的主要特性的认知程度如何？ （3）对各方案的购买或使用持哪种态度？ （4）购买意向如何？这些购买意向能否变成现实？
购买	1. 消费者为了得到满意产品，是否愿意花费更长时间和付出更多精力？ 2. 有没有额外的影响因素导致追加决策？ 3. 消费者喜爱的购物模式是什么（比如，零售商店、网购、直播带货或其他方式）？
使用	1. 安装商品有何困难？ 2. 使用方式如何？使用中有何问题？能否顺利使用？是否有创新性使用方式？ 3. 使用时是否存在安全隐患？有无产品设计时没有考虑到的问题？ 4. 能否排除故障或进行简单修理？ 5. 要与什么产品配套使用？ 6. 何时使用？什么场合使用？使用数量多少？正常使用频率和使用期限是什么？ 7. 产品不用时存放在哪里？ 8. 家庭成员、同伴和其他人在消费时的卷入程度如何？

续表

阶　　段	问　　题
购买后结果	1．消费者对产品或服务方案的满意度如何？ 2．有没有满意或不满意的特殊理由？ 3．其他消费者是否也感觉到类似的满意或不满意？ 4．消费者如何缓和或解决不满意？ （1）不满意的原因是什么？ （2）消费者是否将对产品的满意或不满意告诉其他人来帮助他们做出购买决策？ （3）消费者在感到不满意后，是否会要求提供重新解决问题的方案？ 5．有没有再购买意向？ （1）如果没有，其理由是什么？ （2）如果有，那么这些购买意向是否反映品牌的忠诚度或习惯？ 6．如何分享信息？ （1）线上评论、转发、参与活动？ （2）购物网站、微博、微信朋友圈、论坛……？
处置	1．消费者什么时候处置产品？ （1）当产品全部使用或消费完时？ （2）当消费者对产品感到厌倦时？ （3）当消费者发现了另外一个更好的选择方案时？ 2．当商品过时、淘汰或不再需要时，消费者如何处置产品？ （1）是闲置、保存，还是丢弃？ （2）消费者是在家里，还是其他地方丢弃产品？ （3）消费者是否回收、易物交换、以旧换新或出租、出借？ （4）消费者会将产品捐赠给非营利组织，还是送给朋友？ （5）产品是否会有新用途？ 3．消费者如何处置产品的包装？ 4．在选择处置方案时，环保因素会发挥什么样的作用？

 资料链接　　　　微信群：如何"种草"①一款产品

一次完整的"种草"，需要完成三个目标：刺激需求、提供信息和打消疑虑。

（1）为什么有的产品社群响应很好，但转化很低？因为用户心有顾虑，而你却不知。

（2）为什么有的产品明明卖得很好，但种草时反响一般？因为你在刺激需求时没有抓住用户的恐惧和欲望。

（3）为什么有的产品，用户总有各种各样的问题，让人难以招架？因为你提供的信息不全，无法帮助用户做出购买决策。

如何解决这些问题呢？主要方法如下：利用场景描述+视觉呈现，激发用户的恐惧或欲望；提供产品卖点、产品背书和价格活动等信息，辅助决策；用权威机构的证书、用户的反馈、核心卖点、竞对比价和活动促销等，打消用户心中的疑虑，促进下单。

---

① 网络流行语，指专门给别人推荐以诱人购买的行为。——编者注

1. 刺激需求

刺激需求就是让用户意识到他需要这个产品。怎么刺激需求呢？通过场景描绘+视觉刺激。

1）场景描述

场景描述的核心是让用户产生画面感，调动起用户对"痛点"的痛苦记忆，从而激发解决"痛点"的欲望。比如，你经常失眠吗？数完1000只羊，还是大眼圆睁，睡不着？你有头屑吗？一挠头，白花花一片；一甩头，桌上、肩上全是头屑？

2）视觉刺激

视觉刺激是通过图片、视频，直观地将问题或场景呈现给用户，形成视觉冲击，让用户对某种问题产生恐惧或美好的想象。比如，呈现头屑问题，用文字描述时，配上一张头上、肩上和桌上落满头屑的场景图，可以调动起用户因头屑而导致的尴尬或不堪的记忆，激发其对头屑的恐惧，从而产生去除头屑的欲望。又如，推广减肥产品时，放一张腰上布满赘肉的肥胖女孩与前凸后翘、曲线玲珑的美女的对比图，可以激发用户对肥胖的恐惧和对美好身材的想象，从而刺激她的减肥欲望。

2. 提供信息

通过场景描述和视觉刺激，用户的需求已经被激发出来，接下来就要趁热打铁，介绍产品。那么如何介绍自己的产品呢？

1）介绍卖点信息

卖点信息包括哪些？主要有功效、成分、核心卖点和周边痒点。

● 功效：功效是对需求的回应，所以需要放在开头，直接明了地告诉用户，我的产品能解决你的问题或满足你的期待。

● 成分：介绍产品的成分和功效原理，让你的产品功效有理有据，打消用户的疑虑。

● 核心卖点：核心卖点是你认为用户会为之付费的那个点。比如一条内裤，它的卖点是什么？可能是舒适，可能是速干，可能是透气，总之要突出其中一个作为核心卖点。如果你有10个核心卖点，那说明没找到真正的卖点。

● 周边痒点：用户为核心卖点付费，为周边痒点买单。

核心卖点满足的是刚需；而痒点是在解决刚需后，增加的优化体验。比如一个打火机，它的核心功能是点烟，而防风功能就是产品的痒点。一个产品除了突出它的核心卖点，还要有两三个痒点来提升产品的价值感。

2）介绍产品背书

产品背书就是借用第三方的信誉和影响力，对产品做出再一次的确认和肯定，提高用户对产品的信任度。产品背书的形式有很多，包括工厂背书、成分背书、专家背书、权威检测机构背书、专利背书和明星背书等。比如，"种草"防脱洗发水时，你可以说："我们使用和卡诗洗发水相同的防脱成分——二氨基嘧啶氧化物"，这是品牌背书，借用卡诗的品牌影响力，提升用户对产品质量和功效的信任。又如，"种草"精华液时，你可以说："我们的生产工厂是雅诗兰黛、海蓝之谜等国际大牌在中国的长期代工厂，具有30余年的美妆生产、研发经验。"这是工厂背书，暗示用户我们和国际大牌护肤品具有相同的生产工艺和质量。

除此之外，明星代言、美妆博主推荐等都是常用的背书手段。

3）介绍价格

菲利普·科特勒曾说，产品是让价格显得合理的工具。也就是说，不论是介绍卖点信息，还是产品背书，最终目的只有一个：让用户感觉很值，性价比很高。

价格如此重要，那我们应该提供哪些和价格有关的信息呢？

（1）产品销售价格。对于社群运营的同学来说，我们没有定价权，无法更改价格。所以，让产品配得上价格，就是我们要解决的问题。如何解决呢？找准核心卖点，突出独特价值。

① 找准核心卖点。找准核心卖点，就是要想清楚，用户为了什么而付费。如何判断是否找对核心卖点呢？问自己这个问题：对于目标用户而言，花这么多钱解决这个问题值不值？例如，剪指甲时，指甲飞溅令人苦恼；你们公司出了一款防飞溅指甲刀，定价100元。这个时候你需要考虑，有多少人愿意花100元解决指甲飞溅的烦恼。如果很少人愿意，那么你需要重新定义你的指甲刀核心卖点，如迪士尼联名限量款。这时你的"种草"重心就应该从防飞溅转向迪士尼联名限量款。

② 突出价值感。花这么多钱解决这个问题是值得的，但是你的产品值不值这个价格呢？比如，冬天干燥，花159元买一台加湿器增加室内湿度是值得的。但你如何证明你的加湿器价值159元而不是99元？你可以和99元的加湿器对比，突出你的加湿器的净水功能，让用户觉得，你的产品就是值159元，而不是99元。

（2）竞对比价。利用竞品价格作为锚点，烘托产品性价比，是一种常用的手段。这种手段有如下两种用法。

① 与差的比：比他好，还比他便宜。好处是能突出产品质量和价格的双重优势，性价比更明显；缺点是会降低产品的调性和档次。你和谁比，你就和谁一个档次、一个水平。

② 与大牌比：质量和大牌差不多，但价格便宜很多。好处是，通过与大牌的关联，提高自身档次，突出由价格形成的性价比；缺点是让用户相信你的产品和大牌的产品质量差距很小甚至一样是很难的。

（3）促销活动。促销活动的本质是通过限时或限量活动，创造价格稀缺，营造紧张的抢货氛围，迫使用户快速做出购买决策。所以，在"种草"结束后，一定要强调本次的促销活动，引导购买。

3. 打消疑虑

"王婆卖瓜，自卖自夸"，这是用户对商家根深蒂固的心理认知。要让用户掏钱成交，就需要翻越这堵"信任之墙"。商家的信任危机来源于用户的三个疑虑：安全疑虑、效果疑虑和性价比疑虑。

（1）安全疑虑。越是可能造成人体伤害的产品，用户的戒备心越强。比如，婴幼儿的奶粉、女性的私护产品和孕妇人群使用的产品等，用户购买时都会非常谨慎。

打消安全疑虑最好的方法是提供权威机构的检测证书。比如，提供FDA检测报告、有国家药监局备案、有消字号或者械字号备案、婴幼儿食品配方备案等。

（2）效果疑虑。"种草"产品的时候，我们会和王婆遇到一样的问题：用户怎么知道这瓜甜不甜？王婆的解决办法是试吃。但社群卖货，用户来自天南地北，每个人都试吃，肯定不靠谱。怎么办？上用户反馈。你没吃过我家的瓜？没关系，你家隔壁的王大娘、楼上的老李头、楼下的小张都吃过我家的瓜，都说好吃。不信，我截屏给你看。

好评反馈是打消用户效果疑虑的最佳方案，因为这不再是"王婆卖瓜，自卖自夸"，而是大家都夸。用户不相信你，但会相信你的其他用户。这就是为什么有的淘宝商家冒着封店的风险也要刷评。

（3）性价比疑虑。用户对价格的疑虑主要来自 3 点：花这么多钱解决这个问题值不值？你的产品值不值这个价？现在在你这里买是不是最划算的？

这 3 个疑虑对应的解决方案，就是我们要给用户提供的核心卖点、竞对比价和促销活动这 3 个信息。

资料来源：微信群：如何种草一款产品？[EB/OL]. (2022-05-10). https://new.qq.com/rain/a/20220510A03UDT00.

二、消费决策的类型

依据不同的划分标准，消费决策可分为很多类型。比如，根据卷入程度，可把消费决策分为深涉决策和浅涉决策；根据复杂与习惯程度，可把消费决策分为程序化决策（即惯性）和非程序化决策，后者又包括有限型问题决策、扩展型问题决策及冲动型购买决策。

不同消费决策过程的复杂程度不同，究其原因，是受诸多因素影响，其中最主要的因素是卷入程度和品牌差异大小。同类产品不同品牌之间的差异越大，产品价格越昂贵，消费者越是缺乏产品知识和购买经验，感受到的风险越大，购买过程就越复杂。根据购买者的卷入程度和产品品牌差异程度可以区分出 4 种购买类型（见表 9-2）。

表 9-2 消费决策类型

品牌差异	卷入程度	
	高度卷入	低度卷入
品牌差异大	复杂型购买决策	多变型购买决策
品牌差异小	和谐型购买决策	习惯型购买决策

（一）复杂型购买决策

如果消费者属于高度卷入，同类产品不同品牌之间具有显著差异，则会产生复杂型决策。复杂型决策指消费者需要经历大量的信息收集、全面的产品评估、慎重的购买决定和认真的购后评价才能做出的决策。一般来讲，消费者对于购买不熟悉、价格比较高、风险比较大、质量的可靠性较重要的商品，如商品房、高档耐用消费品、奢侈品、礼品、服装等，都采取复杂型购买决策。例如，消费者准备购买一辆新出产的汽车，就需要通过广告、产品说明书、别人介绍等，力求搞清楚该产品的性能、质量、功能设计、操作特点以及维修保养等问题，比较该品牌与其他品牌的优劣，最后决定购买目标。

从广告媒体上看，印刷品和网络广告是高卷入的媒体，消费者可以主动介入信息的处理，从而获得更多的信息，甚至可能触发一种"叙事转移"现象（类似于"流畅体验"），也就是沉浸于广告情节之中的情况。

（二）习惯型购买决策

习惯型购买决策是指消费者在卷入度低且品牌差异小的情况下所做出的购买决策。在这种情况下，消费者会购买价格低廉、购买频率高、同质化严重的产品，如油、盐、酱、醋以及日常使用的便利品等。消费者购买这类商品时，不用深入收集信息并评估品牌，行动迅速，并且经常重复购买。习惯性购买决策又可分为品牌忠诚型购买和无所谓状态下的重复型购买，前者的卷入度稍高，而后者容易在其他品牌的促销活动下转换品牌。

对于消费者的这种购买决策，企业要力求在消费者心中留下深刻的印象，可以采用价格优惠和广告促销手段，在广告中强调产品的主要特点，突出其视觉标志与形象，并多次重复广告信息，以加深消费者对产品的熟悉程度。

消费决策类型是可以相互转化的，而复杂型决策和习惯型决策位于连续统一体的两端。表 9-3 是对复杂型决策和习惯型决策的比较。

表 9-3　复杂型决策和习惯型决策的比较

复杂型决策	习惯型决策
广泛的信息处理	很少或没有信息处理
不经常购买的产品	经常购买的产品
高价位产品	低价位产品
消费者高度卷入的产品	消费者低度卷入的产品
补偿性决策准则	非补偿性决策准则
有选择的分销	广泛的分销
经常需要服务	几乎不需要服务
人员推销不重要	人员推销重要
促销不重要	促销重要
使用广告是为了提供信息	使用广告是为了提醒
较弱的价格敏感性	较强的价格敏感性

（三）多变型购买决策

多变型购买决策是指消费者在卷入度低且品牌差异大的情况下所做出的购买决策。如果消费者购买的产品品牌有很大的差异，但价格都很低，而且消费者可以选择的品牌非常多，他们就不会花太多的时间选择品牌，或专注于某一类产品，而是经常变换产品。消费者变换品牌或产品品种，并非出于对产品或品牌不满意，而是喜欢尝鲜。大多数小包装食品、文具、餐饮等购买决策属于多变型购买决策。女装也是一个典型的消费者寻求多样化的行业，女生总觉得自己的衣柜中缺一件衣物，想尝试不同的穿搭、风格、品牌；所以女装销售额很容易做到 1 亿～3 亿元，但是做到 10 亿元以上就寥寥无几，女装注定了是一堆品牌共同成功的市场；而男装则较为标准化，因为男装寻求多样化的需求远低于女装，男装一家海澜之家销售额就超过了 200 亿元。

为什么消费者追求多样性？主要有两个原因：一是饱和感，一是厌倦感。Jeuland 认为，对一个品牌的先前的消费经验减少了消费者对这个品牌的效用。Brickman 认为，消费者长期暴露在一个特定的刺激下会产生厌倦心理，并以"消费者厌倦"来解释求变行为。Faison 认为，消费者选择多样化的产品或服务是为了寻求刺激。Ratneretal 指出，消费者从不同喜欢程度的产品当中转变以寻求变化，即消费者总是会不断地从不同的产品当中寻找一些主观满意度，来尝试一些不同的东西。另外，Brickman 也提出，消费者寻求多样化的产品或者服务是为了解决面对诸多产品或服务不知如何选择的问题。

求变分为主动求变和由外部刺激引起的被动求变。从个体特征来看，年龄、性别、教育程度、收入水平等会对消费者的求变行为产生影响。朱瑞庭认为，年轻的消费者通常比年老的消费者有更多的求变倾向；男性消费者会比女性消费者更频繁地寻求变化；收入越高，购买行为的求变倾向越强；较高的受教育程度的消费者具有较高的求变倾向；性格外向、乐于冒险、容易受外部刺激影响的冲动性消费者具有较高的求变行为。Kim 和 Drolet 观察到文化可以影响多样化寻求行为，西方的消费者比东方的消费者具有更多的多样化寻求行为。从产品类别和消费行为特征上看，如果产品的挑选范围大、产品之间的区别小、卷入程度浅、购买风险小、消费频次高、对产品的忠诚度低，那么消费者的求变欲望就越强，消费者就越会改变原有的购买行为。比如购买饼干，他们上次购买的是巧克力夹心，这次就可能购买的是奶油夹心。另外，Rainer 和 Kahn（2002）发现，印象管理可以影响多样化寻求行为，当消费者意识到自己的消费行为会受到别人关注的时候，他们会增加多样化寻求行为。

对于多变型决策，市场领导者和挑战者的营销策略是不同的。市场领导者力图通过占有货架、避免脱销和提醒购买的广告来鼓励消费者形成习惯性购买行为。而挑战者则以较低的价格、折扣、赠券、免费赠送样品和宣传新产品特色的广告等营销措施来吸引消费者的注意力，刺激消费者更换品牌。

（四）和谐型购买决策

和谐型购买行为是指品牌差异小、消费者卷入程度高的购买行为。消费者购买一些品牌差异不大但购买价格高的商品时，虽然他们对购买行为持谨慎的态度，但注意力更多地集中在品牌价格是否优惠及购买时间、地点是否便利上，而不是花很多精力去收集不同品牌的信息并进行比较，而且从产生购买动机到决定购买之间的时间较短。所以，定价、品牌形象、店址、售后服务会对消费者选择品牌产品产生重要影响。

决策模式的影响
因素与决策分类

第二节　消费决策的过程

一、确定备选方案

消费者在购买动机的驱使下，认识到问题的存在，并开始寻找可以满足自己需求的购买对象，在评价标准、态度、购买意向的支持下，初步确定购买的若干备选方案。

（一）信息搜寻

消费者一旦对所需要解决的问题进行了确认，便会着手进行信息搜寻。信息搜寻就是寻找与满足需要有关的商品或服务的资料。消费者搜寻的信息有：问题解决方案的评价指标与标准、各种备选方案、每个备选方案在各评价指标上的表现或特征。在个人来源中，网络口碑正显示出越来越大的影响作用。网络口碑可以突破时空限制，帮助消费者从大量素不相识的消费者那里获取他们的消费体验，在降低信息成本的同时，信息的丰富性和可信性也大大提高。网络口碑也导致商业来源的作用大为降低。网络口碑对高卷入产品、大众化产品、性能变化快的产品（如电子产品）有更高的重要性。但对那些个性化产品，如服装、啤酒，他人观点的参考价值就会减小。

图 9-2 显示的是消费者购买决策的信息搜寻过程。

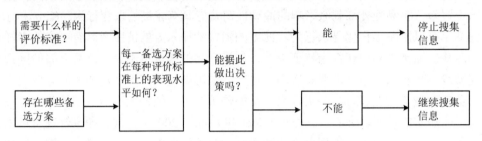

图 9-2   消费决策的信息搜寻过程

思考一下：请使用互联网，为后面所列产品找到有关合适的评价标准、备选方案、表现特征方面的信息。① SUV 汽车；② 便携式电脑；③ 减肥食品；④ 旅游胜地。

体验来源

信息搜寻可以从内部、外部进行或内外部同时进行。在一般情况下，消费者的信息搜寻首先从内部搜寻先开始，也就是说，先从记忆里提取相关信息，这些信息是以前收集的或通过个人经验主动获得的，也可能是经低卷入度学习而被动获得的。当此类信息比较充分时，消费者就不再搜寻信息。但是，如果记忆里的信息不充分时，消费者就会从外界搜寻相关信息。外部信息来源包括：① 个人来源，如家庭、朋友、邻居、熟人、网络社群；② 商业来源，如广告、推销员、说明书、包装；③ 公共来源，如新闻报道、小红书、消费者组织、政府机构、在线评价；④ 体验来源，即产品的检查、比较和使用。消费者的信息来源如图 9-3 所示。

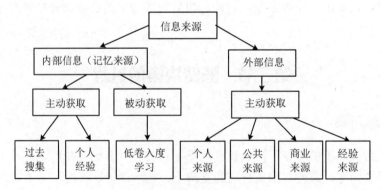

图 9-3   消费者的信息来源

由于信息搜寻的目的是降低不确定性，满足信息需求，所以一般情况下，信息需求量大，则信息搜寻量也大。但是如果信息需求量太大，超出了消费者的认知处理能力或所能负担的成本（如时间、精力），则消费者可能放弃（完全）满足信息需求。即便消费者能够坚持下来，由于"认知过载"问题的存在，消费者的信息搜寻处理能力也会大大下降，而信息搜寻处理能力与搜寻程度之间存在正相关关系，所以最终的结果是个体会放弃外部信息搜寻，或只进行少量的外部信息搜寻。因此，信息需求量非常大时实际发生的外部信息搜寻量可能相对较小。可见，信息需求量与信息搜寻量之间可能存在倒"U"形的关系。

在实际的购买活动中，大量的信息从不同的角度影响着消费者，其中有正确的，也有错误的。而消费者的时间、精力以及识别和评估信息的能力有限，因此，消费者往往不想知道有关商品的所有信息，也越来越无暇顾及和比较产品的细小差别，而只需要可信的、简明扼要的信息，并依靠这些信息决定自己将购买什么样的产品。这时，消费决策的对象就容易从产品变成品牌。品牌的导入可使整个消费决策过程简化。在消费者心目中，品牌不仅代表着产品的品质，还可以是一种偶像、一种社会地位。品牌帮助消费者处理产品信息，降低购物风险，使消费决策更容易，也更满意。

（二）形成备选品牌激活域

消费者一般会结合消费需要与动机对各种信息进行筛选、分析，形成若干合理的备选方案。在这一过程中，消费者首先会形成包含一定品牌数量的意识域，接下来，意识域中能够被列入进一步比较范畴的品牌形成激活域，消费者认为完全不值得进一步考虑的品牌则构成排除域，意识域中还有一些消费者既无恶意也无好感的品牌，则被称为惰性域。如图 9-4 所示。

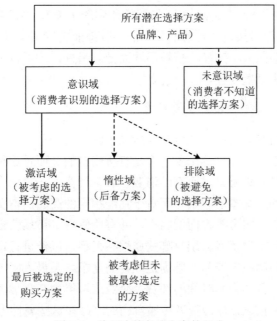

图 9-4　购买决策备选方案的形成

消费者较满意的主要备选方案都在激活域里，激活域里的品牌可多可少。消费者将对激活域里的品牌需要采用一定的标准进行评价，以决定它们在多大程度上能解决消费者所面临的问题，并从中选出最合适的品牌。显然，品牌进入激活域特别重要，否则被选择的可能性很小。应当注意的是，在所有情况下，激活域都远远小于意识域。由于消费者通常是从激活域中选择最终品牌，因此，营销战略仅仅以提高品牌知名度为目标是不够的。营销者必须努力使自己产品进入消费者选择的激活域，即能够被消费者很快联想并作为重点考虑对象。

二、评价备选方案

消费者得到的各种有关信息可能是重复的，甚至是互相矛盾的，因此还要进行整理、分析、评估、比较和选择，最终锁定购买目标，这是决策过程中的决定性环节。各种牌号的商品也各有利弊，消费者要权衡利弊后方能做出购买决定。这个阶段的消费决策会受到产品特征、消费者支付能力、参照群体等因素的影响。

消费者通过收集到的信息对各种商品的评价，主要从以下几个方面进行。

（一）确定评价指标与标准

首先，需要确定消费者采用的评价指标，这一过程实际上是消费者在选择备选品时所考虑的产品属性。这些属性与消费者在购买中所追求的利益、所付出的代价直接相关。

同时，消费者还要根据本人的实际需要，明确相应的评价标准，即对商品在这些指标方面应达到的水平。如有的老年人对手机的音量和字体大小有较高的要求。大多数消费者的评价标准是其心目中理想或合适产品的大致形象。也就是说，消费者会根据购买动机等设想出一种"理想产品"标准（各属性、指标应达到的水平），然后拿"实际产品"与这种"理想产品"相比较，而最接近"理想产品"的品牌最能实现消费者的期望满足目的。

评价指标与标准会因人、产品、情境不同而异。另外，购买情境也会影响评价指标的数量和各评价指标的相对重要性。

（二）确定各评价指标的相对重要程度

相对重要程度指消费者对商品评价指标所赋予的不同的重要性权数。消费者不一定对所有感兴趣的商品属性都视为同等重要，而是有所侧重的。而且这种权重的确定也是因人而异的，如有的消费者看重质量，而有的消费者看重价格。一般而言，商品的功能是影响消费者是否决定购买的最基本的因素。而对于功能相同的商品，消费者就会考虑质量、外观、包装、商标、价格、服务等方面的因素，并有所侧重。市场营销人员应更多地关心属性权重，分析不同类型的消费者分别对哪些属性感兴趣，以便进行市场细分，对不同需求的消费者提供具有不同属性的产品，既满足顾客的需求，又最大限度地减少因生产不必要的属性所造成的资金、劳动力和时间的耗费。企业应该努力在目标消费者认为最为重要的方面超过竞争对手，并且应该向消费者传递自己的产品在这些属性方面拥有很强的优势。

❓ **思考一下**：请思考一下，当你购买（或租用）以下物品时所使用的评价标准及每一标准的重要程度：① 一次周末旅行；② 太阳镜；③ 一间公寓；④ 一只手表；⑤ 一份快餐；⑥ 一份父亲节礼物；⑦ 一台手提电脑。

另外，消费者评估所使用的属性可以分为显著性属性与决定性属性。显著性属性是指消费者会注意到并且认为重要的属性。但真正的关键属性是决定性属性，即那些真正决定消费者要选择哪一个品牌的属性，也就是那些在竞争品牌间具有明显差异的重要属性。例如，安全性是消费者乘坐飞机时的显著性属性，但并不是决定性属性，机票价格、航班时间反而是更有决定意义的属性，因为各航空公司的安全性差别并不大。

（三）评价备选商品属性好坏

消费者根据各评价指标及其相对重要程度，对备选商品的属性进行主观评价，从而建立起对各个品牌的不同信念。比如，确认哪种品牌在哪一属性上占优势、哪一属性相对较差、其各方面性能表现如何。消费者还会把这些零散的评价归类为某一范畴。例如，判断一款产品的时候，把这款产品归类为"价格贵"或"高档"等范畴之中。最后达成一个整体的认知。

这里，消费者还必须具备一定的购买经验和具体商品的信息，才能有效对商品进行评价。对于某些难以直接观察的属性（如汽车的耐用性），普通消费者在进行比较、选择时，可能并不具备判断、评价的技能和知识。此时，消费者可能会借助制造商的声望、品牌、汽车坐垫的舒适程度进行推断。这种可被消费者察觉且能指示或判断另一类不易观察属性的属性，称为替代指标。商品的内在属性和外在属性都可能成为指示另一种属性的替代指标，但外在线索更为常见。产品的内部替代指标（内在线索）是指与产品的使用价值相联系的内在属性。例如，根据面包的柔软程度来判断面包的新鲜度；根据香水瓶子的颜色、形状和材质来判断其质量档次。而常用的外部替代指标（外部线索）有价格、品牌、保证、消费者口碑、原产地等。

如果产品信息缺乏或无法提供时，消费者还会进行缺失信息推论，从产品或服务的已知属性来推论未知属性。消费者在漏失信息的推论上，可以采取下列策略。

1. 属性间的推论

根据某一相关属性的数值来推论漏失信息属性的数值。例如，根据产品的保质期来推论产品的耐用程度，当厂商所提供的产品保质期愈长，则推论该产品的耐用程度可能愈高。例如，手机企业强调保修期限比其他企业更久，可能表示该企业对自家手机的品质很有信心。

2. 评估上的一致性

产品属性往往会和整体评估具有一致性，当消费者认为整体上来看该产品相当不错，则该漏失信息的属性也比较偏向理应表现不差。例如，某件衣服的价位很高，消费者可能认为这件衣服的品质应该也不错。

3. 其他品牌的平均值

对于漏失信息属性的推定值，通常以其他同类产品的平均值来代表。例如，在百货公司发现没有见过的服装品牌，消费者可能会推估该品牌的品质与同层楼的其他品牌品质相去不远。

4. 负面的线索

当存在着产品的漏失信息时，代表着厂商可能在此漏失信息的属性上表现不佳，因此才会没有提供相关的信息。所以，有些消费者会将此漏失信息的属性视为一种负面的线索，此时比较保险的做法是给予这个漏失信息属性一个较低的数值。例如，快餐店不敢提供食品相关的营养信息，此时消费者可能会推估其所提供的食品并不健康。

三、做出购买决定

消费者在评价、选择的基础上做出购买决策，形成购买（或不购买）意愿。

（一）购买意愿

1. 购买意愿的内涵

意愿是个人从事某种特定行为的主观可能性。购买意愿是指消费者愿意做出某种购买行为的可能性或主观概率。因此，购买意愿可视为消费者选择特定产品的主观倾向，购买意愿与购买行为的关系也被多数学者所肯定，普遍认为购买意愿可作为预测购买行为的重要指标。

当然，购买意愿并非一定会导致购买行为。一般情况下，消费者一旦选择买哪个品牌，他就会执行这个决策并真正地购买。但在消费者即将采购时，有时还需要做出额外的决策，如购买时间、方式等。而且，在传统购买（店铺购买）或复杂决策活动（如购买汽车、住房）中，从购买意愿到实际购买还容易出现"时滞"现象。在这期间，他人的态度、价格预期的改变以及其他一些意外情况的出现，都可能会导致延迟或终止购买。在市场营销中，常常以限时+限量的优惠方式促使消费者尽早完成购买，比如，"截止日期""数量有限""仅限""前500名""秒杀"等。直播带货除了主播的感召力，所谓"全网最低价"以及火热、紧迫的抢购氛围，也是促成用户最终下单的重要因素。

2. 感知价值理论

新体验价值的五种武器

Zeithaml在1988年首先从顾客角度提出了顾客感知价值理论。她将顾客感知价值定义为：顾客所能感知到的利得与其在获取产品或服务中所付出的成本进行权衡后对产品或服务效用的整体评价。其中，感知利得主要由功能收益和心理收益两方面构成；而感知成本包括货币成本、时间成本、心理成本、精力成本等。感知价值是影响消费者购买意愿的首要因素。消费者之所以决定购买某种产品，是因为他相信该产品比其他竞争品牌能给他带来更大的感知价值。增加消费者感知利得与减少消费者感知利失都能增加消费者感知价值，从而提高购买意愿。但增加消费者感知利得与减少消费者感知利失之间并不是截然分开的，如"好货不便宜"。

Wood和Scheer（1996）将感知风险视为为获得某产品所必须付出的成本（或利失）之一，认为感知利得、感知成本及感知风险会通过交易的整体评估来影响购买意愿，其中感知风险与购买意愿呈负向关系。其模式如图9-5所示。

在这一模式中，交易的整体评估是对所获得的利得和付出的成本加以权衡（类似于感知价值的概念）。货币成本是立即确定的支出，而风险则代表一种未来且不确定的可能花费或遭遇，风险成本对购买行为的影响更显著。感知风险是购买产品时所必须承担的精神成本，除了直接影响购买意愿，也透过感知价值间接影响购买意愿，而且消费者对某产品的感知风险越高，则对该产品的感知价值越低。

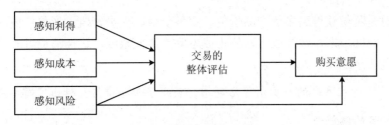

图 9-5 购买意愿的形成模式

显然，要使消费者产生购买意愿，必须使消费者的感知利得大于感知利失。而且感知风险必须降低到消费者可以接受的程度时，消费者才会决定购买。如果产品在某个因素上对感知价值产生了阻碍，就会降低消费者的购买意愿。例如，以前修图软件主要是 Photoshop（PS），但 PS 学习成本太高，普通用户很难掌握。于是出现了各种美图 App，降低了学习、使用的精力、成本。

当然，消费者对感知利得、感知利失、感知风险的评估都是主观的，不同的消费者也会有不同的侧重。例如，小米手机定位于年轻粉丝群体，这个群体对金钱的感知较敏感，而时间和精力对他们来说并不太重要。对此，小米首先针对价格，做出了高性价比的承诺，然后通过饥饿营销带来的稀缺感提升了自己的价值；最终买到小米手机的用户，往往不会意识到自己蹲在电脑前抢购所耗费的精力和时间，而只会感觉到用相对低价格买到了好产品。这样，小米就用非敏感的感知成本扩大了消费者的感知价值。

与 Zeithaml 的感知价值理论相似，Kotler 提出了"顾客让渡价值"的概念（见图 9-6）。顾客让渡价值是消费者获得的总价值（包括产品价值、服务价值、人员价值、形象价值等）与消费者在评估、获得、使用以及维修商品时所付出的总成本（包括货币成本、时间成本、精神成本、体力成本等）之间的差异。只有顾客总成本低于顾客总价值，消费者才会感到满意。例如，消费者打算去西餐厅就餐，虽然价格不到百元，但开车到店所花的时间、交通拥堵引发的烦躁情绪，可能还有因为没有做顿像样的饭菜给孩子吃而受到的良心谴责等，都可能打消消费者前往消费的念头。

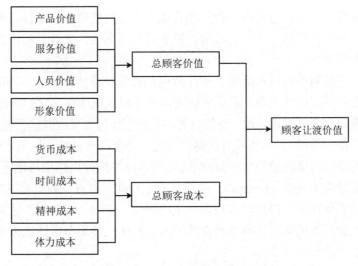

图 9-6 顾客让渡价值及其构成要素

消费者总是希望获得最多的产品价值、服务价值、人员价值、形象价值，同时又希望把货币成本、时间成本、精神成本、体力成本降到最低限度，这样消费者的感知价值就会极大提高，购买意愿就会大大增强。

❓ **思考一下**：你在最近的一次消费活动中，获得了哪些价值？付出了哪些成本？

3. 手段-目的链理论

Gutman 提出了手段-目的链理论（means-end chain theory，MEC）。该理论认为消费者通常将产品或服务的属性视为手段，通过属性产生的利益来实现其消费的最终目的。MEC 由 3 个不同抽象水平的等级层次组成：产品属性（attributes）、由产品属性所带来的消费结果（consequences）、这些结果所强化或满足的最终价值（values）。三者简称 ACV，表示个人采取行为达成目的时的三个层级目标。

手段-目的链理论综合考虑了产品属性、产品利益及价值，可以有效地帮助我们了解消费者行为。消费者将产品属性看作达成目的的手段，其购买目的反映了消费者的价值取向，并通过产品利益把产品属性和价值连接起来。这 3 个层次间是相互关联的（见图 9-7）。属性层是实现利益层的手段，通过利益层帮助顾客实现其价值层，属性和利益间存在一对一、多对一的对应关系。层次越高，抽象程度就越高。在这三者中，价值的表述最抽象，属性层的定义最具体。层次越高，稳定性就越强。产品属性是最不稳定的，属性或属性组合在不断地发生变化，而个人价值观的变化是最缓慢的，它最稳定。

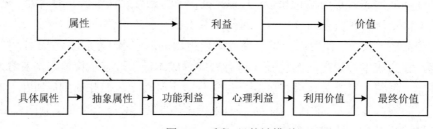

图 9-7　手段-目的链模型

（1）产品属性。消费者会将每一种产品看成一些属性的集合。属性是产品相对具体的特性，不仅包括包装、色彩、价格、质量、服务等具体属性，而且包括销售者的声誉、品牌等抽象或无形的属性。

一般来讲，产品属性包括产品所有外在和内在的各种特征与性质。消费者总是习惯于用属性来描述他们所期望的产品，企业一般也习惯于根据属性定义它们所做的事情。

若企业的眼光仅局限于属性层，而没有考虑价值层，势必导致其经营面临较大的风险。

（2）产品利益（结果）。产品利益描述的是消费者使用产品时或使用后的体会或感受，是消费者对产品使用结果的较为主观的判断。当顾客感知的使用结果与他所期望的一致时，通常把这样的结果称为利益（benefit），利益具有主观性的特点。利益与属性是有区别的，不管产品有怎样的属性，人们均可以获得一定的利益。宝洁公司的广告通常很少只强调具体的产品属性，而是重视强调带给消费者的利益。例如，使用帮宝适纸尿布能够促进母婴之间的亲密关系。

利益可以分为直接利益和间接利益，可以分为生理利益（如饥饿、口渴或其他的生理需求）、心理利益（如自尊、更美好的将来）或社会利益（如提高地位），还可分为功能性利益和社会心理性利益（Haley）。功能性利益对消费者来说是较为具体或直接的经验（如省钱、舒适）；而社会心理性利益是比较抽象的，主要指消费者心理上的认知（如健康、可信）。此外，有些利益在消费行为发生时可立即产生（如止渴），有些则滞后发生（如保健食品与体质改善）。

奥迪汽车
广告

（3）产品价值。价值比利益更为抽象。价值是对特定行为或生活的终极状态的一种持续性信念，会影响个人的行为方式或生活目标。消费者购买产品是因为相信通过产品的使用，可以获取他们想要的价值。价值层是消费者追求的最终目的，体现了消费者的核心价值、意图和目标，是消费者最基本的驱动力，会有意识地影响消费者的购买行为。MEC 模型按照 Rokeach 的价值观分类，将价值分为两类：目的（最终）性价值和工具（利用）性价值。目的性价值与存在的目的有关（如愉快、安全），工具性价值与行为模式有关（如诚实、心胸宽广）。工具性价值是实现目的性价值的桥梁。

MEC 模型的关注点在于产品的属性、使用结果和价值三者之间的联系。其中，价值赋予结果以相应的重要性。对个人来说，与重要价值观联系的结果比与次要价值观联系的结果更为重要，因此"价值–结果"联系成为 MEC 模型的一个关键联系。而消费者为了选择合适的产品来获得利益，则必须去学习和掌握产品包含的哪些属性能导致期望的结果，因此，模型中另一重要联系是"结果–产品属性"联系。Gutman 把价值观影响消费者行为的作用形容为一条手段–目的链，消费者价值的实现是消费的目标，产品属性（attribute）是取得价值（value）的手段，而消费结果（consequence）是联系这两者的中间环节，三者将构成等级结构的手段目标链（即 A-C-V）。例如，一个期望美好世界（终极价值观）的消费者偏爱具有诸如具有可生物分解属性的产品，因为购买和消费这种产品的结果有助于保护环境。导致购买该商品的手段–目的链：产品属性（可生物分解性）→消费结果（有助于保护环境）→价值观（美好世界）。正如不同的消费者拥有不同的价值观一样，不同的消费者对同种产品的 MEC 也不相同，一种产品的 MEC 结构图是由众多消费者不同的 MEC 合并而成的等级结构。

在营销方面，MEC 理论被广泛地应用于品牌评估和定位、消费者满意度分析、市场细分、新产品开发、消费者行为分析等方面的研究。营销人员可以通过手段–目的链分析来识别与某种价值观相一致的产品属性，并进行市场细分与定位。例如，消费者普遍认为赛车很昂贵且不舒适，而且拥有赛车会被贴上"傲慢自大、炫富招风"的标签。因此，为了与现今的价值观更一致，汽车制造商开始提供定位成适合"社交型人士"且舒适度更高的汽车。

手段–目的链模型在制定广告策略方面也十分有效。由于了解了消费者认为哪些属性重要，以及哪些价值观与这些属性相关，广告人员可以设计出迎合这些价值观并强调相关属性的广告。同时，根据实际需要，选择属性、使用效果或价值体验作为广告的重点。当然，最好能让品牌在消费者心中留下深刻印象的同时，又让产品有直观的效果展示，实现"品效合一"。

"广告策略的手段–目的概念化模型"（means-end conceptualization of components of advertising strategy，MECCAS）是根据 MEC 理论发展出的一种可以具体实践的理论架构。这种方法主要是先在产品与价值之间绘制一张如图 9-8 所示的关系图（以快递服务为例），然后营销人员根据这张关系图来发展广告策略。其所发展的广告策略包括广告信息内容（所要提及的特定产品属性或特征）、消费者利益（使用该产品可以产生何种利益）、执行架构（整个广告应该表现出的风格与格调）、着力点（信息如何借由与特定属性的联结来引发某种价值）以及驱力（广告所针对的终极价值）。

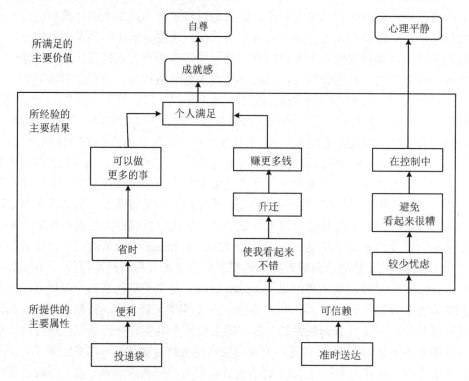

图 9-8　快递服务的 A-C-V 模型

资料来源：REYNOLDS T J，CRADDOCK A B. The Application of the MECCAS Model to the Development and Assessment of Advertising Strategy: A Case Study[J]. Journal of Advertising Research，1998，28（2）：43-54.

Woodruff 根据"手段-目的链"模型，认为顾客感知价值是顾客感知到的对产品属性、属性偏好以及由使用而产生的可能对顾客的目标或目的的实现起阻碍或促进作用的结果的评价，并构建了由属性到功效再到核心价值的消费者价值层级，如图 9-9 所示。

从下往上看，属性是达到功效的手段，功效是达到核心价值的手段。由此可见，感知质量只是感知利得的一个基本层次，并不能完整反映消费者的感知利得。

（二）购买选择与购买决定

1. 购买选择的特点

理性选择理论认为消费者的购买主要是为了追求功效价值，消费者会最大限度地收集信息，全面细致地比较各种产品特征、性能、特色、价格等，最终做出理性的决定。例如，当人们收入有限时，消费者就会精打细算。理性选择理论依赖于以下几个假设。

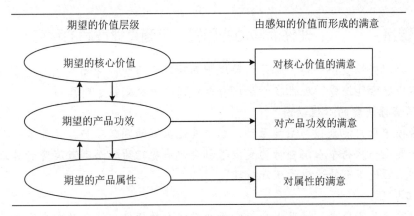

图 9-9 Woodruff 的感知价值层级模型

（1）消费者是理性的，能够完全客观地进行逻辑推理，准确地预测出每一个方案在不同的客观条件下所能产生的结果。

（2）消费者面临的问题清晰且明确。

（3）消费者能够获得所有的备选方案与全部信息。

（4）没有时间和费用的限制。

（5）消费者的偏好明确，即决策标准和备选方案的权重可以量化。

（6）消费者的偏好稳定，即决策标准及其权重分配是稳定不变的。

（7）消费者寻找问题的最优解决方案，并据此做出选择，即选择评估分数最高的方案。

但实际上，这些假设往往并不正确。消费者在购买时并不能够完全理性地对待，他们往往并不愿意仔细考虑决策的各个方面，而且也很难做到。例如，消费者并不总是有最优品牌的目标，对于许多低卷入度购买，消费者倾向于最小化决策努力。同时，消费者通常也没有能力或动机去参与寻找最优解决方案的高要求任务。而且，消费者的偏好也可能会随着情境的不同而不同。

所以，虽然消费者具有理性和"经济人"的特征，但是由于其信息加工能力的有限性以及时间和资金等资源的有限性，在实际的决策活动中，消费者只能在有限理性的范围内活动。消费者选择的特点如图 9-10 所示。

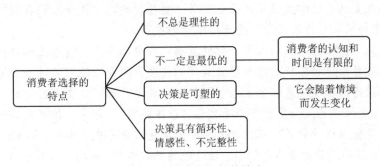

图 9-10 消费者选择的特点

📋 **资料链接** 　　　　理性而冲动的消费，电商直播背后的秘密

电商直播同秀场直播一样，都是引导理性而冲动的消费：冲动在于通过直播场景的引导让用户不假思索地消费，理性在于让消费者感到这一次交易是划算的。

1. 电商直播消费的心理动因

电商直播中用户能直接与主播互动，感受其他买家的踊跃参与，让原本一个人逛街变成一群人一起逛街，将个人消费行为变成了社会化消费行为。而刺激消费者真正付钱的心理是"在利益驱使下有紧迫感的从众心理"。

1）从众心理

在用户对商品不熟悉的情况下会倾向于参考他人的评价，综合考虑专家和普通用户的评价可以让消费决策更有把握。另外，人们希望他人接纳而非排斥自己，所以期待得到积极评价，即让自己显得更"合群"。所以，有时候虽然自己认为某个商品体验不好，但是如果多数人说它好，自己的内心也会动摇，怀疑自己是不是有问题，或者运气不好。

直播中更真实的商品展示和其他用户及时的评价能给予用户购买决策信心；其他买家（主播的粉丝甚至可能是"托"）积极地响应甚至抢购能让观众"服从"，自动内化为群体成员，显著促进从众消费行为。

2）紧迫感和利益驱使

直播是实时转瞬即逝的，本身就带有很强的紧迫感。为了加剧用户的紧迫感，商家还会使用很多策略：设置较小的库存限制，让消费者感到机不可失；及时播报销售进展，营造抢购的紧张气氛；设置倒计时，仿佛差一秒就买不到了；让用户购买记录滚动播放，仿佛用户正在疯狂抢购；等等。这种紧迫感进一步放大了用户的冲动和信心，再提供看似很有价值的赠品或优惠，形成利益驱使，促成消费也就显得不那么难了。

2. 有个性的主播

1）简单、专业、可依赖的人设

简单、专业、可依赖的人设可以拉近与消费者的距离，获取消费者的信任。而太过于高高在上的形象反而不容易做好导购的工作。淘宝某直播女王的人设就是一个时尚宝妈，这样的设定让用户觉得普通且真实，不容易产生反感。一个精打细算的时尚家庭主妇谁不爱？该女主播在直播中经常会提及产品也都是"自己用的"、"我女儿也在用"或"我老公也在用"，自己和家人用的东西肯定是值得信赖的东西。

李佳琦则是"美妆达人"的人设，他的直播以在自己手上、嘴唇上试口红色闻名。据说他曾经因为过量涂抹和擦拭嘴唇而导致唇部的皮肤出问题。他以男性专业美妆师的视角客观地评价每款产品，即使是"金主爸爸"的也不放过。如"这支颜色一般，普通女生不一定适合""这支很常见，如果有类似的颜色可以不买它"，等等。推荐产品的时候，他会再根据试色结果优选少量款式，不但使自己的形象显得更客观、专业，也让消费者的选择更简单，往往推荐的产品都变成了爆款。经过他的苦心经营，成功变成广大女性眼中的"精致男闺密"。

2）以人为主的私域流量

头部主播积累了大量可变现的粉丝，形成了庞大的私域流量。所谓私域流量，简单来

说，就是指不用付费，可以在任意时间、任意频次直接触达用户的渠道。最直观的私域流量就是粉丝。忠实的粉丝会跟着主播在不同平台上流动，这也是主播 IP 最大的价值之一。以李佳琦为例，他在抖音、淘宝和小红书上都开过直播，都有很高的观看量和订单量。很大一部分观众跟着他在各个平台间游走。

3. 有激情的体验

所谓有激情的体验，就是通过营造真实的购物体验让消费者持续处于冲动且亢奋的状态，为达成交易做好铺垫。

1）直播前的心理预期

在直播前给用户心理预期就能让对相关商品感兴趣的消费者做好准备，消费者可能会提前参考资料以便直播时更稳妥地决策，或者分享告知亲朋好友中有同样需求的用户。常见的通知消费者的方式是直播预告。

2）直播时的真实交互

正式直播的重点是打造"真实"的购物体验，其中最大的挑战就是充分利用好直播的实时交互性。连麦、主播 PK、抽奖都可以提高消费者的购物体验。平台还可以提供更多交互方式和更直观的体验，如更有趣的评论互动方式、更显眼的商品展示形式、更多优惠方式等。

3）直播后的深度交流

电商直播关键是营造主播和用户之间的信任关系，直播的时间有限，只有做好售后环节，才能跟用户构建深度信任关系。用户对商品有什么疑问和意见、选品怎么选、对于直播的过程有什么意见和建议等都是很好的交互话题。出错了没问题，但是一定要主动去沟通，直播后的交流是路转粉、黑转粉的契机，但是做不好也有可能是粉转黑的深坑。

4. 真正实惠的体验

如果电商直播只是为了一时的收割而没有给消费者带来真正的价值，定然不会长远。让消费者感到实惠主要有 3 点：一是提供更实惠的价格，价格是销量的催化剂；二是出售独家垄断的商品，只要产品足够优秀，消费者就愿意买单；三是价格上虽然没优惠，但是这里有更多赠品、更好的服务或者更升级的产品，这同样能使消费者感到实惠。对品牌方而言，在直播间指定款式薄利多销，收入也非常可观。

资料来源：理性而冲动的消费，电商直播背后的秘密[EB/OL]. (2020-05-25). https://www.sohu.com/a/397504212_114819.

传统观念认为备选商品越多越有利于消费做出购买选择，因为他们更容易找到称心如意的商品。但 Bergre 等人通过研究指出，随着备选规模不断增大，消费者可能会招架不住，甚至可能放弃选择，这一效应被称为"选择过载"或"决策瘫痪"。Lyengar 和 Lepper 设计了一个有趣的实地研究。两位实验人员打扮成促销人员去超市轮流促销 6 种果酱和 24 种果酱，每小时轮换一次。结果发现，尽管展示 24 种果酱比展示 6 种果酱更能吸引顾客在展台停留，但展示 6 种果酱的情况更能促使顾客购买。这说明选项太多带来了副作用。进一步的实验研究还发现，在传统的店铺购买活动中，可供选择的产品和服务数量的增加将促使消费者做出明智选择，因为消费者更容易区分出哪些是放纵欲望的选择。或者说"较大的商品备选规模可能会促使消费者挑选比较容易证明有意义的选项"，举例来说，当你在一家餐厅为点一份健康的沙拉还是一份可能对血管有危害的香喷喷汉堡包而举棋不定时，也许正是冗长的菜单促使你最后选择了沙拉。

虽然，网络时代能提供充分的信息，方便消费者对商品进行比较和选择，但消费者在购买到满意的商品后仍然会成为回头客。原因之一就是消费者想减少自己花在选择上的时间，其实回头客并不追求"最优决策"，满意就行。

2. 购买选择类型

消费者的决策模式可分为理性模式和感性（情感）模式两种。一般认为，具有理性模式的消费者在做出决策时较少带有强烈的情感因素，取而代之的是他们会专注于品牌产品的信息，如销售商介绍的价格和功能等；而具有感性（情感）模式的消费者在做出决策时会带着强烈的（品牌）主观感觉。基于属性的选择属于理性决策模式，而基于感性的选择和基于态度的选择都属于感性（情感）决策模式。

"希克定律"－选择越多，越难做出选择

（1）基于感性的选择。在本质上强调整体，品牌并没有被分解为明显的不同部分加以分别评价，一般集中在使用时所引起的消费感受上。评价本身很大程度上取决于评价者对产品或服务的即刻情感反应。消费者通常采用"我感觉他怎么样"的决策标准，想象使用产品或服务时的情景或画面，并对使用该产品或服务将产生的感觉进行评价。营销人员应该设计带来正面体验的产品和服务，帮助消费者想象在消费中的愉快感觉。

亚马逊的虚拟试衣镜

（2）基于态度的选择。包括运用一般态度、总体印象、直觉和启发线索等。在选择时不用根据属性对不同品牌进行比较。消费者在购买时，如果对产品信息了解不多，往往会基于态度做出决策，尤其是对品牌的印象和态度。

（3）基于属性的选择。通常发生在高卷入的购买行为中，它要求在选择时具备产品的特定属性的知识，并在不同品牌之间对其属性进行比较。对每个备选品牌的各种属性进行比较，比基于态度的选择更费时、费力，也更接近优化决策。

"双十一"缘何"剁手"

动机、信息可获性和情境因素的交互作用，决定了做出基于属性选择的可能性。获得品牌属性的信息越容易，就越可能基于产品属性做出选择。比如，通过广告便可知道苹果手机拥有 ios 系统，手机运行速度快且稳定，消费者基于这一特点选择了苹果智能手机。

基于属性的选择，消费者通常会在评价指标、指标重要性和所考虑的备案三方面影响下，基于评价指标对每一备选产品进行评价和选择。

在实际选择过程中，也可能是基于属性和态度的综合运用。一种常见的结合方式是先基于态度形成激活域（即考虑域），然后对各品牌的属性进行比较，以得出最终选择。

3. 确定选择模式

消费者对备选商品的属性进行评价后，还需要确定选择模式，才能最终选出符合其要求的具体商品。消费者的选择模式很多，有的非常简单、迅速，有的则需要大量的精力和认知。

（1）简单选择模式。简单的品牌选择通常涉及消费者熟悉的、价格低廉的日常用品，与低风险性的品牌购买有关，消费者在品牌选择时不会做太多的考虑。对于习惯型、情感型商品的购买，消费者往往也不需要理性的评价模式。例如，消费者购买流行时装时，消费者的评价常全部或主要基于对产品或服务的即时情感反应。

消费者采用简单选择模式，或因为产品的外观造型漂亮，或因为许多人都在购买使用，或因为自己曾经使用过，或因为自己经常听说或看过，或本来就对某品牌具有品牌忠诚而选择某一品牌。也就是说，他们的品牌选择依据是产品的外观、品牌的知名度、别人是否使用以及自己的消费习惯等，这样就无须费太多心思。随着社会经济的发展，采用这种品牌选择策略的消费者越来越多。梯媒的洗脑式广告、POP 广告主要针对的就是这种简单的品牌选择策略。

消费者也可能采用较为复杂的品牌选择规则。一种产品往往有许多属性或特点，如质量、性能、用途、价格、包装造型、知名度等。复杂的品牌选择模式要求消费者对这些属性进行比较和权衡，然后从中选择一种自己满意的品牌。这时，消费者需要考虑或评价的两个重要变量如下：各种属性的表现优劣、各种属性的相对重要性。

（2）理想点模式。消费者经常会根据购买目的等设想出一种"理想产品"（各属性应达到的水平），然后拿"实际产品"与这种"理想产品"相比较，最接近"理想产品"的品牌就是消费者要选择的。因而，理想点模式认为消费者将选择各个属性最接近理想点的品牌。例如，在商品房的面积上，消费者可能希望某一适当的大小，如 150 m^2，太大或太小，他们都会觉得不合适。

从营销策略上看，可以想法改变消费者心目中的理想点，使之与你的产品情况尽可能接近，或者修正产品的某些属性，使之接近消费者理想的产品；增加与消费者理想点相接近的品牌属性的重要性权重，或降低与消费者理想点差距较大的品牌属性的重要性权重。

（3）补偿式模式。所谓补偿式模式，就是消费者在选择、评价商品信息时，把某商品所具有的非常好的与比较差的某些特征加以综合看待，以决定对该商品的偏爱程度。因此，补偿式选择模式也就是让各项评价指标同时起作用，从而为商品提供了弥补缺陷的机会。具体消费活动中存在两种补偿规则。

① 简单补偿。消费者选择那些具有最多积极属性的品牌。

② 加权补偿。消费者将属性的重要性和评价值综合考虑，采用加权求和的方法，计算每个品牌商品的得分，消费者将选择所有被选对象中分值最高的品牌商品。加权补偿的公式为

$$R_b = \sum_{i=1}^{n} W_i B_{ib}$$

式中：R_b—对方案 b 的总评价；

　　　W_i—评价指标 i 的重要性或权数；

　　　B_{ib}—以评价指标对方案 b 的评价；

　　　n—评价指标的个数。

所以，补偿式模式也被称为最高分入选法，它在各种评价指标的运用过程中，选择对有关的评价指标的判断所得的总分最高者。

而下面 4 种决策规则是非补偿策略，即消费者在选择、评价商品信息时，某一评价指标所具有的很好特征不能用来补偿另一评价指标所具有的很差特征。例如，有的消费者认为健康是无价的，因此一律不考虑卫生条件较差的餐厅，这时卫生条件就不能被低价格、味道好和其他好的属性所弥补。

（4）连接式模式。消费者为商品的每一个属性建立一个独立的最低可接受水平。在这种情况下，如果有商品在任何一个属性上不符合最低要求，即使其在某些属性上的评价值很高，该产品也将被排除在选择范围之外。连接式规则可以排除那些不符合最低标准的备选品牌，有助于减轻信息处理工作量，但也可能因为符合要求的选项太多，而需要结合其他规则辅助才能做出最终决策。例如，在购买房屋或租房的交易中，消费者对所有不符合其最低要求的价格范围、地理位置、面积大小、社区环境等重要特征的房子都将被排除在进一步信息调查的范围之外，对符合这些最低标准的选项则再采用其他规则来做出选择。

（5）分离式模式。只对一些较重要的属性建立一个最低可接受的表现水平（它通常比较高），只要替代方案通过了这些门槛，就可以被选择。也就是说，"我将考虑所有（或首先购买）在任何一个我认为重要的属性上表现确实好的品牌"。如在购房时，只要房子总价和地理位置符合最低要求，便是可以接受的方案。这一模式同样可能导致满足最低标准的商品选项过多（如这种房子有很多），需要结合其他规则辅助做出最终决策。

（6）按序排除式模式。将商品的各个属性按重要程度排序，并对每一属性或指标设立最低标准。从最重要的属性开始考察，将低于最低要求的商品排除在考虑范围之外。如果有不止一个品牌超出最低标准，考察过程将根据第二重要的指标重复进行，这将持续到仅剩一个品牌为止。

（7）编纂式模式。消费者先将商品属性按重要程度排序，然后选择最重要属性中表现最好的品牌（不设定门槛，直接比较重要属性），如果有两个等序，则在次重要属性中选择表现最好的。如此继续下去，直至找到唯一剩下的那个品牌。因此，必须保证产品在最重要的属性上的表现等同于或超过其他任何竞争品牌，否则，如果不能在最重要的属性上具有竞争力，那么次重要属性上再好的表现也无关紧要。

以上几种选择模式都有各自的特点和适用范围，消费者运用不同的选择模式进行决策，会产生某种程度上的不同选择。其中，连接式模式和分离式模式可能产生几个可接受的选项，而其他模式通常只产生一个"最佳"选项。

消费者决定使用何种选择模式的因素主要有两个：需要性质和卷入程度。当消费者为功能性需要所驱动时，他们更可能使用补偿法。在评估汽车的经济性、可靠性或舒适性时，消费者可能会使用多重标准。在评估经济性时，合理的服务成本和较低的每公里油耗可能会抵消较高的品牌价格。而当消费者为享乐性需要所驱动时，他们会更倾向于非补偿性的选择规则。如果某一品牌汽车不能给消费者带来舒服愉悦的驾驶享受，消费者就不会再考虑这一品牌。另外，对于卷入程度低的产品，如牙膏、洗衣粉，消费者往往觉得不值得花时间和精力用补偿法来选择品牌。而高卷入的购买决策因为涉及相当高的知觉风险，人们会趋于更仔细的评价：不仅会应用更复杂的选择模式（补偿式模式），而且考虑决策的阶段性，即每一阶段中应用不同选择模式评价不同属性。Vayne等人认为，把补偿式选择模式和非补偿式选择模式混合使用，可以帮助消费者提高决策的效率和质量。首先，通过非补偿式模式将被选方案减少到3个或4个，然后，用补偿式模式再进行比较和选择。

上面我们主要探讨了消费者面对可比方案时，如何进行信息选择和方案比较，并最终做出购买决策。其实，在日常生活中，消费者也经常面对不可比方案的选择问题。比如，消费者不仅决定购买哪种品牌的相机，而且面临花3000元购买相机还是立体声音响，或是一把吉他的选择问题。这些物品之间除了价格几乎没有什么相同属性可以用上述模式来比较。此时，消费者会对它们的必需程度、时髦程度、创新性以及价格进行比较，或者单独比较自己对这些商品的总体印象。这种选择与消费者的生活形态密切相关，在经济条件受限时，消费者经常会面对这些不可比方案的选择。

内容型电商 vs
交易型电商，消费者行为的四大区别

4. 购买决定类型

在购买决定阶段，消费者对交易的整体评估大体上有 5 种价值判断：不满意（准备放弃）、基本满意（继续观望）、比较满意（犹豫不决）、非常满意（准备购买）和惊喜感（迫不及待的拥有欲望）。绝大多数品牌的产品处于第二、第三阶段，消费者容易在同质化的竞争中感到不安和犹豫。第四个阶段则是主流大牌常见的状态，基本能保持一定规模的竞争力。而第五个阶段就是新品牌在初入市场时或老品牌进行品牌升级时（如苹果的新品换代）必须达到的状态。

相对于消费者对产品的满意状态，购买决定可分为以下几种类型。

（1）确信购买。消费者认为商品质量、款式、价格等符合自己的要求和标准，决定立即购买。除了处于以上第四、第五阶段的消费者，品牌忠诚型或习惯购买、重复购买的消费者都容易产生确信购买。

但是，对于复杂决策而言，消费者在决定进行购买以后，还会在执行购买的问题上进行一些决策：到哪里去购买，购买多少，什么时候去购买，购买哪种款式、颜色和规格，选择何种支付方式等。例如，意欲购车的夫妇可能会继续考察一些市场，进行一些辅助性活动，选择经销商，确定购买时间，考虑支付方式，选择汽车内饰等。

（2）失调购买。在多数情况下，消费者做出购买决定时处于认知失调状态，表现为对产品的质量、性能及使用等方面还存在不放心、不踏实的认知，尤其是对于高卷入产品。同时，由于选择某一产品是以放弃对另外产品的选择或放弃其他产品所具有的诱人特点为代价，消费者可能对购买决定是不是最佳选择还存在疑虑。

（3）重新购买。消费者对商品是否能符合自己的需要还没有把握，这样就可能回到前几个阶段，重新认识需要、寻求商品信息、比较评价选择，以做出另外的决定。

（4）推迟购买。消费者认为商品的某些方面还不能完全令人满意而延期购买，如期待产品进一步完善或降价。

（5）终止购买。消费者认为商品功能等不能满足需要而决定不买。

消费者决策模型表明，消费者也可能做出推迟购买或不购买的决策。由于各种外部限制，决策过程在任何阶段都可能终止或推迟。例如，消费者看好的车型在当地的 4S 店无现车可提货，或者购置税可能下调，这些都会导致延迟或终止购买决策过程。

❓ **思考一下**：想想你的一次已形成购买意愿但最终未能购买的情形，分析其原因。

营销人员既要了解消费者购买商品的原因，也希望理解消费者不购买商品的原因，尤其是消费者已经进行过相关信息搜寻和评价。由于各种外部限制，决策过程在任何阶段都可能终止或推迟。终止或推迟的理由是多种多样的，例如：消费者可能怀疑他们能否有效应付或使用商品；技术的发展可能使这种产品很快过时；他们甚至可能认为一些企业将会破产，从而导致他们无法获得售后支持或服务；道德与伦理使一些消费者不想购买存在劳工问题或民族感情问题的企业所生产的产品，或不想看未经授权而下载、复制和分享的电影；营销或消费情境变化也会导致延迟或终止购买决策过程。例如，2019年，美国对华为公司进行封杀，国外消费者所习惯的谷歌 Android 应用服务可能终止，导致许多喜欢华为手机的海外消费者只好终止购买华为手机，华为手机的海外市场因此受到了较大的冲击。

 本章思考题

1. 消费者决策的主要内容包括哪些方面？这些决策会受到哪些因素的影响？
2. 针对不同的购买决策类型，可以采取哪些相应的营销措施？
3. 消费者的不同信息来源有何特点？
4. 消费者主要从哪几个方面评价备选方案？
5. 根据感知价值理论，对某一产品进行评价。
6. MEC 理论的基本原理是什么？如何根据此理论来进行产品设计或目标消费者定位？

 本章典型案例   **"双十一"的消费者心理与行为**

"双十一"期间，消费者面临着降价折扣、促销氛围、时间压力、繁杂信息的困扰，同时持币搜索、伺机秒杀，担心错过这种独特情景下的消费者行为，这和平时悠闲自得的购买行为有很大不同。

1. 送礼行为增加

"双十一"环境下，消费者的利他性购买需求会增加，也就是我们常说的送礼购买。为什么呢？因为"双十一"会支出很多人一大笔花销，从而产生负罪感，而利他行为可以减轻负罪感。

心理学家曾经做过这样一个实验：先拉一群人进行智力测试，得分高的人可以获得更多奖金，发现作弊率不高——绝大部分人保持着良好的道德水准。然后拉另一群人进行同样的测试，但奖励发生了变化：得分高的人，可以让一起来的伙伴获得更多奖金。结果，作弊率大量增加。这是因为，在后一组实验中，人通过"利他举动"减轻了自己负面行为的内疚感，更加容易合理化自己的行为。

同样，很多人在"双十一"会进行透支消费，或者买了平时根本不舍得消费的东西，这个时候会因过量购物而产生内疚感。而恰当的利他行为可以减少这种内疚感，所以很多消费者会在"双十一"增加送礼的利他行为。

2. 自制力释放

"双十一"之前，大部分人会刻意压制自己的购物需求，等到"双十一"期间再一起购买。而对需求的压制会消耗人的自制力，到了"双十一"那天，他们几乎无法抵抗诱惑，会进入"自制力释放"的状态——疯狂购物+疯狂娱乐。

3. 预期后悔式购买

"双十一"不断营造易逝感（限时）、稀缺感（限量），会让很多消费者进入"预期后悔"的心理状态。

预期后悔就是指我做这件事并不是因为我真正想做，而是担心我不做会后悔。应用于"双十一"的话就是："我买这些东西，是担心如果我不买而错过了就会后悔，将来买会更贵。"

4. 尝试新选择增加

"双十一"一般是"囤货式"购买——一次性买好未来好几个月的衣服、鞋子。而在这种情况下，消费者会比往常更加倾向于尝试新选择，而不是维持过去的购买习惯。

平时购物时，我们经常只买现在要用的东西，所以会更加倾向于延续消费习惯，比如，只盯着几个品牌的几类产品购买。而到了"双十一"，我们需要买未来很久要用的东西或者要穿的衣服，会更加倾向于多样化选择——如果让你每个月买一件，你可能会买类似的；但是如果在"双十一"期间把 6 个月的放进购物车，肯定不会放 6 件类似的东西进去。这就意味着很多新品类可能会在"双十一"面临机会。

5. 决策瘫痪

"双十一"给消费者提供了海量的选择，商品琳琅满目，给了消费者充分的选择。大部分人觉得"选择越多越好"，但是研究发现，过多的同质选择反而会让消费者进入"决策瘫痪"状态，最终放弃购买，或者选择单一化的商品。而"双十一"就是这样的情况：大量的商品、大量的同质化选择，消费者不知道到底要买哪个。这个时候，能够降低决策成本、帮助消费者迅速做决定的品牌或营销方式就会容易制胜。

6. 销量领先——更多使用"外周线索"

人在做决策的时候会收集信息，而这种信息来源主要是两种线索。

（1）中心线索：与目标直接有关的线索（一般是基于判断分析）。比如，你打算买一个手机，中心线索就是：CPU 主频、屏幕大小、轻薄程度、外观如何等。这些线索都是跟你买手机的目标（如玩游戏、打电话）直接有关的。

（2）外周线索：与目标无关，但是可能会带来间接证明的线索（一般是基于经验概括）。比如，你打算买一部手机，外周线索就是：哪个国家产的、什么牌子的、谁代言的、折扣情况如何、买的人多不多等。这些线索和你买手机的目标（如玩游戏、打电话）没有直接关系，但是可能会当作间接证明。

两种线索各有优劣：中心线索更加准确，决策质量更高，却更费脑力；外周线索非常省力，但同时决策质量会偏低，容易受到无关因素影响，容易产生偏见。

一般来说，人在做决策的时候，这两种线索会同时使用。而在"双十一"时，一个重要的特点就是：消费者会更多使用外周线索，大量降低中心线索。也就是说，消费者会更加容易受到品牌大不大、原产地在哪、谁代言谁背书、销量怎么样等信息影响，不容易受到具体性能如何、用的什么原料、技术怎么样等信息的影响。因为"双十一"大量的抢购、秒杀和紧张的气氛，给所有的参与者提供了"时间压力"，而"时间压力"大时，人的决策能力会降低，往往更加会通过肤浅、单一、从众的方式来决策，从而不得不更依赖"外周线索"做判断，也更加容易做出非理性决定。

7. 更容易接受单一信息

如上文叙述，"时间压力"之下，消费者决策能力下降，决策所需要的信息变少（不会考虑这么多了），所以会更加依赖单一信息做决策，而不是依靠综合信息做决策。比如，决策能力低下的人，在选择自己专业的问题上会仅仅考虑"专业是否热门"等单一信息，而不是像其他人一样综合考虑多种因素，收集多种信息（如擅长程度、就业率、兴趣程度等），再做决定。而"双十一"消费者的决策行为更像前者——在决策时往往只考虑单一信息。

8. 瞬间排除你——消费者使用非补偿性评估

消费者在商品评价阶段，一般有两种评估方式：① 补偿性评估，即商品的属性优势劣势可以相互补偿；② 非补偿性评估，即商品属性的优势劣势不能相互补偿。

在"双十一"存在大量秒杀、抢购、疯狂的信息量和选择的情况下，消费者的决策方式会倾向于非补偿性评估。这就意味着，只要是在消费者最关心的几个维度（如手机的折扣力度、系统流畅、品牌如何）不突出，那么不论其他地方的创新做多么好，可能都不会进入选择清单。双镜头设计、突破型功能、婴儿般握感——这些创新功能只有在消费者进行补偿性评估的时候才有用。

9. 稀缺性感知增强

全民哄抢、全民狂欢——这会导致消费者更加容易受到"稀缺性"的影响，而对稀缺性的感知增加时，人会增加冲动性购买行为。"双十一"本身就是营造稀缺的节日（限时+限量的折扣抢购），大家聚集在这一天，也是在消费"稀缺感"。这个时候，消费者会对任何稀缺的、稍纵即逝的信息更加敏感，如果能够营造这种感觉，就会比平时更能瞬间抓住他们的注意力。

资料来源：李靖. 最全清单："双十一"的消费者行为[EB/OL]. (2015-11-11). http://www.woshipm.com/it/233399.html.

本章案例讨论

1. 从案例上看，"双十一"期间消费者的购买选择主要属于哪种类型？
2. "双十一"期间，影响消费者购买决策的内外因素有哪些？

第十章 消费者的购后心理

🦋 学习目标

- 熟悉消费者购后行为模式。
- 熟悉消费者满意模型。
- 掌握消费者满意度的影响因素。
- 理解消费者重复购买与品牌忠诚的差别。
- 了解品牌忠诚的形成因素。
- 掌握消费者不满情绪的表达方式及企业应对消费者抱怨的反应。
- 理解消费者的投诉心理。

🔑 导引案例　　　　　对消费者不满和抱怨的反应

通用电气公司每年花 1000 万美元给它的"回复中心"，该中心每年处理 300 万个消费者的投诉。通用电气公司认为，"回复中心"的回报远高于公司对该中心的投入。

宝洁公司、可口可乐公司和英国航空公司等每年都要花费巨资努力处理消费者的抱怨，但仍然是国际上生意兴隆的公司。这些公司的经营诀窍之一就是，当遇到不满意的消费者时，即使做不到对他们有求必应，也要尽量向他们充分解释，使之释然于胸。

汉堡王（Burger King）每天在其 24 小时热线上接到 4000 通电话（65% 为抱怨），并在第一次电话后解决 95% 的问题。为确保消费者真正满意，公司还在一个月内对 25% 的抱怨者进行电话回访。

资料来源：陶国富. 消费行为心理学[M]. 上海：立信会计出版社，2003.

问题：

1. 你从上述案例中得到什么启示？
2. 在网络时代，企业应当如何应对消费者的抱怨行为？

消费者购后行为包括购后满足、商品使用及处置、后续购买、购后评价等方面。如图 10-1 所示，消费者购后行为既包括对销售者和其他对象的抱怨、口头传播、闲置、再购买等外显行为，又包括对购买目标的实现程度和最初的期望之间的比较、未实现最初的期望所产生的后悔情绪、满意的评价等内隐行为。

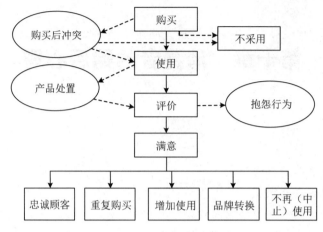

图 10-1 消费者购后行为

消费者获得产品后，有时还会产生不放心、不踏实的感觉，即产生所谓的购后冲突，这种现象发生在顾客对购买行为的明智性产生怀疑时。另外一些购买则伴随不采用现象，即顾客将产品退还或保存而不加使用。对于大多数购买来说，即使存在购后冲突或不和谐，仍会伴随产品使用。在使用过程中和使用后，顾客会对购买过程和产品进行评价。不满意的评价会使顾客产生抱怨心理，而厂商做出的合适反应会减少顾客的不满情绪。购后的满意与不满，要么导致顾客的重复购买与忠诚，要么导致转换品牌或不再使用此类产品。

消费者在购后阶段会根据使用产品所获效用大小决定自己的感受和下一步的行动。这个阶段比较隐蔽，不容易被企业所观察和检测，但是消费者态度的形成和对品牌的忠诚源于消费者购买产品后的使用过程，因而相比消费者购买前和购买中的行为，消费者购后行为的研究对于企业生产经营和市场营销活动理论的影响和意义要更加深远和重要。

第一节 购后心理冲突

每个消费者可能都有这样的体验：在做出某个重要的购买决定后，会特别在意别人如何看待自己的决定，关心该决定是否明智。

一、购后心理冲突的内涵

购后心理冲突（或称购后冲突、购后不和谐、认知失调、买方反悔）是消费者购买后对购买选择是不是最佳选择的怀疑和不安。比如，一个消费者做出了买房的决定，后来他发现除了已经购买的那套房子，还有很多其他好房子，于是消费者就会感到不安。在做出购买行为之后，消费者常常会对其决策有着挥之不去的疑惑感，这主要是对购买决策是否正确所产生的疑虑。当然，也不是所有的购买都会产生购后冲突，通常容易发生在购买汽车或住房等高卷入产品上面，这反映消费者对自己的决策仍缺乏信心。

购后冲突或不和谐之所以发生，是因为选择某一产品是以放弃对另外产品的选择或放弃其他产品所具有的诱人特点为代价。如果某位消费者的激活域里有 4 个咖啡品牌，他认为这几个品牌除了价格外其他属性都旗鼓相当，此时他会选择最便宜的品牌。这种购买一般不会带来购后冲突。但大多数购买卷入度高的决策涉及一个或多个引发购后冲突的因素，因此，这些决策常伴随购后冲突。

与购后冲突非常相似的一个概念是消费后悔。当消费者对商品感到失望时会产生负面的情绪，这时消费后悔就会发生。电商"七天无理由退货"的法律规定也会使后悔的消费者萌生退货的念头，这时，营销者往往会给予消费者红包作为补偿，或者说服消费者坚定消费信心。

二、购后心理冲突的影响因素

消费者产生购后冲突的可能性及其激烈程度，是由以下因素决定的。

（1）购买决定不可改变的程度。决定越不容易改变，消费者购后冲突的可能性越大。

（2）购买决定对消费者的重要程度。决定越重要，价格越高，风险越大，就越有可能产生购后冲突。

（3）在备选品中进行选择的难度。如果一个产品明显优于其他被选产品，则消费者不会存在购后冲突。相反，如果被选品牌较多，而且各品牌商品在整体评价上大体相当，在不同的属性上又各有千秋，这里就容易产生购后冲突。

（4）消费者发现很多其他商品拥有与已经购买的产品相媲美的价值，或者没有选择的产品恰好具有消费者自己更需要的属性，就容易产生购后冲突。

（5）消费者自信心以及体验焦虑的程度。消费者缺乏自信或更容易感到焦虑，就越可能产生购后冲突。

（6）消费者具有的选择自由。在没有选择余地的情况下做的购买决定，消费者不会有购后冲突。

三、购后心理冲突的减少

消费者在购买前可以采取诸如推迟购买决定，或者使用一个可以使遗憾最小化的决策来避免购后冲突。消费者还可以减少商品的选择，以避免权衡对比的痛苦过程。例如，大名鼎鼎的乔布斯和扎克伯格的穿着款式十年如一日，而他俩这么做的原因就是希望通过简化款式来避免每天做选择的时间成本。一些商家也不再追求大而全的产品策略，而是通过打造精而少的产品策略来减少用户的选择成本。例如，很多企业流行打造单品爆款，而不是多条产品线齐下，而拥有过多选择产品的麦当劳、肯德基则通过组合商品来简化用户的选择。

从心理学角度看，购后冲突是由于认知失调引起的。所谓认知失调，就是两个认知之间出现逻辑上的不一致，如明知过度沉溺网络会影响学业，但仍然不能自拔。这时，消费者通常会通过高度肯定自己的选项和贬低自己放弃的选项来缓解心理失调。

根据 Festinger 的认知失调理论，消费者常用的减少购后冲突的方法如下。

（1）增加对所购品牌的欲求感。

（2）减少对未选品的欲求感。

（3）降低购买决策的重要性。

（4）改变购买决策（在使用前退货）。

消费者还可以通过内心的再评价来减少购后冲突，例如，购车的夫妇购买了某一品牌的汽车，使用一段时间之后，发现该车型每百千米耗油量要比经销商和广告声称的高，但在诸如款式和舒适性能等方面达到了预期水平，那么他们会将注意力集中在良好的性能上，努力消除或合理解释汽车的不良表现。同时，搜集更多的外部信息或获取其他社会成员的支持来证实某个选择的明智性也是很普遍的方法。一些汽车车友常常组成 QQ 群相互交流使用经验与体会，这对消除其购后心理冲突与疑惑是很有益处的。

我们看到，几乎所有的电商平台都有确认收货后评价商品这一功能，很多淘宝商家还推出了"×天内确认收货，五星好评且晒图即可获得××"的活动，活动的主要目的是积累优质商品评价等，但不知不觉中也减少了已售出商品的退货率。根据"承诺一致原则"，一位顾客在对商品做出较好评价后，一般就不会再过多地对商品产生质疑甚至是退货行为。

禀赋效应

第二节　购后满意度

消费者在购买商品后，往往通过实际对商品的消费使用与体验，会对自己的选择是否明智进行检验和反省，形成购买后的评价及感受，包括购后冲突、消费者的购后满意度、重购意向、抱怨行为、品牌忠诚、口传行为等方面。其中，消费者满意度通常被认为是形成其他购后行为变量的中间变量。

一、消费者满意的含义

（一）含义

消费者满意（customer satisfaction，CS）是消费者对某一事项已满足其需求和期望的程度的感受或态度。一般而言，消费者满意是其消费后的一种心理体验，也是其对企业提供的产品和服务的直接性综合评价。

不同的购后满意度会大致形成以下几类消费者：极其满意的消费者会成为持续购买的忠诚型消费者，并成为正面信息的传播者；叛离型消费者是仅仅感到品牌表现尚可或中立的消费者，往往是出于习惯而重复购买，但很可能会停止与公司的交易；恐怖型消费者有着强烈的负面情绪与体验，会成为负面口碑的传播者；质押型消费者是仅因垄断环境而重复购买的消费者；唯利是图型消费者是很好满足的消费者，但他们对各种品牌没有忠诚可言，更低的价格就足以诱其背离品牌，他们的行为并不服从于满意——忠诚的基本原理（反复满意的消费者能够转化为品牌的忠诚消费者）。

消费者满意源于消费与使用而非购买。满意的消费者可能会将他们的消费感受通过口碑传播给其他的顾客，扩大产品的知名度，提高企业的形象。但顾客满意并不等于信任，更不等于"顾客忠诚"。美国贝恩公司的调查显示，声称对产品和企业满意甚至十分满意的顾客并不意味着"品牌忠诚"，其中65%～85%的顾客会转向其他产品。

（二）消费者满意模型

1. 四分图模型

四分图模型是一种对客户满意度进行分析的重要工具，又称重要因素推导模型。它通过调研和访谈列出影响消费者满意的所有绩效指标，对每个绩效指标设置重要度和满意度两个属性，由消费者对该绩效指标的重要程度及满意程度进行评判打分，最后将影响满意度的各因素归纳进4个象限：优势区（高重要性、高满意度）、改进区（高重要性、低满意度）、机会区（低重要性、低满意度）、维持区（低重要性、高满意度），从而确定消费者对不同因素的需求特点和企业改进的重点，提高企业营销服务的针对性。如图 10-2 所示。

2. RFM 模型

Hughes 提出的 RFM 模型以三个行为变量来描述和区分客户：R（recency）指上次购买至现在的时间间隔，F（frequency）指某一期间内购买的次数，M（monetary）指某一期间内购买的金额。基于这三个要素的评分方法模型称为 RFM 模型，如图 10-3 所示。该模型在客户关系管理领域中得到了广泛的应用，可用于评价客户的忠诚度、客户流失倾向，寻找最有价值客户（most valued customer，MVC），衡量客户生命周期值。

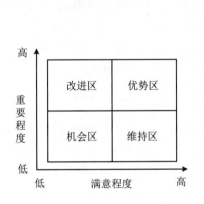

图 10-2 满意度四分图模型

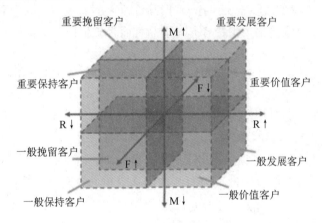

图 10-3 RFM 模型

3. FAST 模型

阿里提出过三大营销模型：AIPL 模型（实现品牌人群资产定量化、链路化运营）、FAST 模型（从数量和质量上衡量消费者运营健康度模型）、GROW 模型（指导大快消行业品类的增长模型）。其中，AIPL 可以帮助商家了解品牌人群资产总量，以及各链路人群的多少；而 FAST 就是在此基础上，又从数量和质量两个维度来衡量品牌在人群资产运营是否健康的模型，如图 10-4 所示。在数量指标层面，FAST 模型提供了全网消费人群总量和高价值人群（会员）总量；在质量指标层面，其又提供了人群转化率和会员活跃率。FAST 模型在一定程度上是以消费者满意度为基础的。

数量指标	质量指标
F 可运营人群 （AIPL总量）	A 人群转化率 （AIPL转化）
S 高价值人群总量 （会员总量）	T 高价值人群活跃率 （会员活跃率）

图 10-4　FAST 模型

（1）F（fertility）指可运营人群数量（活跃消费者）：该指标主要帮助品牌了解自身的可运营总量的情况，首先利用 GMV 预测算法，预估品牌消费者总量缺口，然后基于缺口情况优化营销预算投入，站内外多渠道"种草""拉新"，为品牌进行消费者资产扩充，并指导品牌进行未来的货品规划和市场拓展，多方位拓展消费者。

（2）A（advancing）指人群转化率：多场景提高消费者活跃度，促进人群链路正向流转，多渠道"种草"人群沉淀后，进一步筛选优质人群，对消费者进行分层运营、差异化营销，促进整体消费者的流转与转化。

（3）S（superiority）指高价值人群总量（会员总量）：会员/粉丝人群（高净值、高价值及高传播力消费者）对于品牌而言价值巨大，能够为品牌大促提供惊人的爆发力。

（4）T（thriving）指高价值人群活跃度（会员活跃率）：借助大促，提高会员/粉丝活跃度（如 180 天内有加购、收藏、领取权益或积分、互动等行为），激发会员/粉丝潜在价值，为品牌 GMV 目标完成提供助力，对会员/粉丝按照 RFM 指标进行分层运营，优化激活效率，公私域结合，赋能会员/粉丝运营。

4．GROW 模型

GROW 模型适用于母婴、食品、家清、美妆、医药保健和个护等几大一级类目的大快消行业增长分析。GROW 中的 4 个单词分别代表着影响品类增长的"决策因子"。

（1）渗透力（gain）：渗透提升（消费者拉新）带来的 GMV 增量，指消费者购买更多类型品类/产品对品牌总增长机会的贡献。

（2）复购力（retain）：消费频次增加带来的 GMV 增量，指消费者更频繁/重复购买产品对品牌总增长机会的贡献。

（3）价格力（boost）：购买价格升级带来的 GMV 增量，指消费者购买价格升级产品对品牌总增长机会的贡献。

（4）延展力（widen）：指通过提供现有品类外其他关联类型产品所贡献的品牌总增长机会。

对于不同的品类，拥有对应的 GROW 指数，可以指导对应品类在增长上的发力方向。比如，母婴行业的品类渗透力（G）明显高于其他因子；食品和家清行业的复购力（R）机会突出；美妆和医药保健行业的价格力（O）机会最大；个护行业各方面增长机会均匀，渗透力（G）的机会略高。

二、消费者满意的影响因素

王俊男提出了满意度影响因素模型（见图 10-5），包括个人因素（包括期望、感知价值、期望感知价值比、购买重要性）、产品因素（包括质量、价格、性价比、品牌形象）、环境因素（包括相关群体的评价、竞争产品性价比）三个方面。这些因素大都通过形成价值实现程度，进而影响消费者满意度并最终导致购后行为。另外，根据消费者购后行为的性质，可以将购后行为分为正向购后行为（包括重复购买、正向推荐、交叉购买）和负向购后行为（包括消费者退出、消费者抱怨、品牌转换）两类。

一般来说，影响消费者满意的因素主要有以下几方面。

（一）产品因素

1. 产品绩效

绩效是消费者对于一项产品/服务是否满足了其消费需要的衡量。这种衡量或评价既可以是客观的（基于实际的绩效，这种情况下不同消费者的评价基本相同），也可以是主观的（基于个人的感觉，此时不同消费者的感觉可能不同）。例如，对于一辆车而言，客观的绩效评价如车的运行状况、油耗等，而主观的绩效评价如这辆车有多么时髦等。

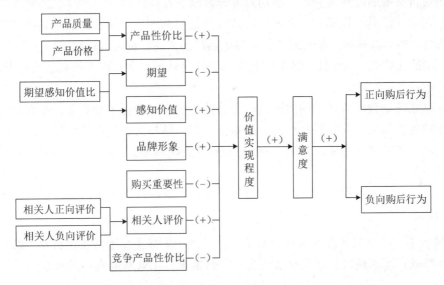

图 10-5　购后满意度影响因素模型

一般情况下，消费者对产品的认知总是以产品的实际品质为基础的。如果产品货真价实，那么不管原来预期如何，消费者迟早会调整其预期，逐步对产品产生满意感；相反，如果产品实际品质很差，即使原来对产品期望很低，消费者也会产生不满情绪。比如，不少消费者明明知道一些廉价集市上的产品质量不能保证，但一旦真正买到了质量很差的廉价品，仍会表达其抱怨和不满。

产品的属性为消费者带来的利益，即满足消费者需要的程度，直接影响消费者的满意水平。因此，产品绩效越高，消费者就越满意；反之，消费者则越不满意。例如，"小飞"是飞利浦与阿里合作推出的一款基于阿里智能系统的智能无线音箱。作为早期玩家，小飞智能音箱并不便宜，但随着叮咚、小度、小爱同学以及阿里的自主品牌天猫精灵陆续上市，阿里智能终止了与小飞的网络合作关系，小飞蜕变成了普通的蓝牙音箱，引起了小飞消费者的极大不满。

但并不是每个人都有相同的需要或欲望，而且，不同的消费者对相同的需要也有不同的需求强度。所以，产品的不同属性（如价格、质量、使用成本、牌号、性能、式样等）对消费者满意度的影响作用大小是不一样的，因为各种产品属性在消费者心目中的价值或重视程度不一样，消费者认为较重要的属性对满意度影响大，而有些属性可能被消费者认为无关紧要而影响不大。例如，多数消费者购车时重视汽车的价格、品牌、款式、配置等，但会忽视对环境造成的污染，并不在意汽车尾气的排放情况，而在要求减少汽车使用时又可能会以减少空气污染作为理由之一。因此，如果企业不去考察所提供的产品和服务是否真正符合消费者期望、要求，就对自己的产品、服务质量、服务态度、价格等指标是否优化做主观上的判断，这样很难形成消费者满意。

2. 功效性质

消费者对满意度的衡量是建立在与产品或服务相关的各个层面和因素上的。各种产品属性对消费者满意度的影响作用，不仅会有程度上的不同，同时也有性质上的差异。

为满足消费者的不同需要，产品功效可分为以下几种。

（1）功能（工具）性功效。功能性功效与产品的物理功能相关，通常其所产生的效益具有客观性。如对洗碗机、电脑或其他主要电器产品来说，正常运转和发挥作用至关重要。

（2）象征性功效。象征性功效与自我意识和社会认同有关，而有些商品具有表现自我、形象强化的作用。

（3）享乐性功效。享乐性功效则偏向经验性，能给消费者带来兴奋、惊喜与想象。它可能缘于功能性功效、象征性功性或产品本身。在产品与信息过剩的时代，营销活动应当充分满足消费者的情感需要，制造 wow moment（尖叫时刻），为用户创造意外和惊喜，并乐于分享与传播。

例如，运动衣的耐穿性是功能性功效，式样则是象征性功效，参加体育活动带来的欢乐是享乐性功效。

❓ **思考一下**：在下列产品或服务的属性中，区分一下哪些属于功能性功效、象征性功效和享乐性功效：①羽绒服；②火锅店就餐；③私家车；④电脑游戏；⑤酒店。

日本学者小岛外弘根据美国心理学家赫茨伯格（Frederick Herzberg）的双因素理论，在消费者行为学研究中提出了 MH 理论（类似于 KANO 模型）：M 是激励因素，是魅力条件；H 是保健因素，是必要条件。MH 理论认为：功能性功效的缺陷是导致消费者不满的主要原因；象征性（享乐性）功效的不足并不会使消费者感到强烈不满，而完全满意则同时需要象征性（享乐性）功效也达到或高于期望水平。如果一件产品不具备某些基本的功能价值，就会导致消费者的不满。比如，收音机杂音较大，电冰箱制冷效果差，洗衣粉去污力不行等，都会使消费者产生强烈的不满，并可能因此而采取不利于公司的行为（如把不满告诉其他消费者、转换品牌、向媒体或监管部门投诉等）。另一方面，产品具备了某些基本功能和价值，也不一定能保证消费者非常满意。要让消费者产生强烈好感，还需在基本功能或功能性价值之外，提供某些比竞争对手更优秀的东西，比如，某种产品特色更具个性化，或者更有内涵和象征价值的品牌形象等。但是，这种影响作用也存在个体差异：激进型消费者往往更喜欢产品的象征性（享乐性）价值，保守型消费者则往往更看中产品的功能性价值。

3. 性价比

性价比类似于感知价值的含义。购买产品的所得大于或等于付出时，消费者才会从一次购买中获得价值。如果消费者获得的产品价值与所付出的成本（如价格）差距越大，获得的价值就越大，消费者的满意度也越高。例如，号称"雪糕刺客"的钟薛高因"产品配不上高价格"，引发"是不是智商税"的争议，受到消费者质疑，而一些网友还在社交媒体上为号称"平价之光""雪糕卫士"的雪莲品牌发起了"保卫雪莲"活动。

4. 品牌形象

品牌形象只有符合消费者的价值观，才能够在精神层面满足消费者的深层次需求。与消费者个性特征相匹配的品牌形象能够提高消费者购后满意度。例如，欧派作为全屋高端定制的领导品牌，本身就具有高端、高雅、大气的品牌气质，选择某艺人作为新的形象代言人，除了该艺人爱家的形象与欧派的品牌核心价值"有家有爱有欧派"相匹配，其本身的个性也是优雅、端庄、大方，能够很好地承载和传承欧派的品牌个性。如果这种品牌形象与消费者内心的精神追求相一致，就能提高消费者的购后满意度。

（二）消费者因素

1. 期望

消费者期望是指消费者在购买、消费之前对感知价值，即产品价值、服务价值、人员价值、形象价值、货币成本、时间成本、精神成本、体力成本等方面的主观认识或期待。例如，消费者可能会期望日本轿车质量好且省油。

消费者选择某种商品、品牌或服务商是因为认为它在总体上比其他备选对象更好。无论是基于何种原因选择某一商品，消费者都会对其应当提供的表现或功效有一定的期望或要求。没有这些可能被满足的期望和愿望，消费者就不会产生购买行为。同时，期望也形成了一个可以对产品、服务进行比较、判断的参照点，期望的实现程度是消费者满意的关键因素。例如，消费者对装修高雅的高档酒店往往有较高的期待，很难容忍脏乱现象，而如果是在一家廉价宾馆，消费者可能对同一现象视而不见。

可见，消费者期望是一把"双刃剑"。一方面，它是吸引消费者的动力；另一方面，消费者期望的存在也给产品绩效建立了一个最低标准，如果企业达不到这个标准，消费者就会表现出不满意。在网络时代，很多消费者会先在网上查询其他消费者的评论，这样会比从官网上更能获得准确的信息，从而形成较客观的体验与期望值。这时，真实的体验与期望值之间的差距会变小，而满意度则未必会得到提升。

那么，影响消费者商品期望水平的因素有哪些呢？

（1）商品价格、包装、品类、品牌形象、外部特征等。消费者会凭借价格、包装、环境等看得见的有形展示线索来形成对产品或服务的预期。例如，某名牌商品较竞争商品价格高、包装精美，消费者就可能期待该商品有较高的功效与品质标准。

Parasuranman 等人按消费者期望水平的高低分为理想区域、合格区域和宽容区域（容忍域）。一般而言，消费者对其所认为的最重要的产品属性会有较高期望，与不太重要的产品属性相比，消费者更有可能强化对重要属性的期望，使最重要属性的容忍域缩小，使理想区域和合格区域的水平相应提高。消费者对不同重要性的产品的期望也是如此。例如，某款针对孩子学习的智能机器人产品，其广告定义为"孩子贴身全能老师"，显然会给家长很高的产品期望，但结果往往不尽如人意。扫地机器人也是如此。但索尼开发的机器狗宠物 AIBO 是一个例外，它在出现不稳定、出故障的情况时，消费者却觉得是 AIBO 不开心、发脾气了，觉得很好玩、很呆萌。可见，人们对智能机器人的性能、科技以及实用功能要求非常苛刻；而对自己的宠物却不会抱有那种高期望，对机器狗宠物会非常友爱和包容。索尼对 AIBO 的"宠物"品类定位策略降低了消费者对其性能的期望，因而取得了成功。

（2）企业的宣传与承诺。企业的宣传与承诺主要包括广告、产品外包装上的说明、员工的介绍和讲解等，根据这些，消费者会对企业的产品或服务在心中产生一个预期值。例如，药品的广告宣称"服用三天见效"，那么药品的服用者也就预期三天见效；如果广告宣称"服用三周见效"，那么药品的服用者也就预期三周见效。如果企业肆意地夸大宣传自己的产品或服务，会让消费者产生过高的预期值。而客观的宣传则会使消费者的预期比较理性。例如，如果企业预先提醒消费者可能需要等待，就会使消费者有一个心理准备，产生需要等待的预期。研究表明，那些预先获得通知需要等待的消费者会比那些没有获得通知需要等待的消费者更容易获得满意。

因此，对消费者的期望管理应当在期望与实际情况之间寻求一个平衡：企业建立的消费者期望，既要对消费者有充分的吸引力，又要保证企业能够实现，不仅如此，还要努力去超越这些期望值，使消费者成为忠诚顾客，从而实现企业的长期利益。

（3）消费者的价值观、需求、习惯、偏好。不同的消费者由于性别、年龄、身份及消费能力等的差异会产生不同的价值观、需求、习惯、偏好，进而面对同样的产品或服务会形成不同的预期。

一些消费者较另一些消费者对同一商品有更多的要求与期望，换句话说，有些消费者对产品较为挑剔，另一些消费者则较为宽容，那些期望较高的消费者在使用之后进行评价时更容易产生不满的情绪。例如，当出现航班延误时，那些对航班正点到达期望较高的乘客可能会情绪激动，表现出强烈的不满，甚至会采取投诉、索赔等手段来进行抗议；而那些期望较低的乘客可能会觉得这是一种正常现象，不足为奇。

（4）消费者以往的消费经历、消费经验、消费阅历。消费者在购买某种产品或服务之前往往会结合他以往的消费经历、消费经验，包括使用同类其他品牌产品的经验，对即将要购买的产品或服务产生一个心理预期值。例如，消费者以往打热线电话在 10 s 之内就能够接通，这一次超过 20 s 仍无人接听就会难以接受；反之，消费者以往热线电话很难打进去，现在 1 min 内被受理感觉就比较好。

此外，一般来说，新消费者与老消费者对同一产品或服务的预期往往不同，新消费者由于没有消费经历、消费经验而往往预期过高或过低，而老消费者由于有丰富的消费经历、消费经验而使预期比较合理。

（5）他人的介绍。他人尤其是亲戚朋友的介绍对消费者预期的影响也较大。如果消费者身边的人极力赞扬某企业，那么就容易让消费者对该企业的产品或服务产生较高的预期；相反，如果消费者身边的人对企业进行负面宣传，则会使消费者对该企业的产品或服务产生较低的预期。

亚马逊首席执行官贝佐斯说："用户的需求总是不断地提高，如果你今天给了用户一个非常了不起的产品，用户觉得很满意，超出他的期望，可是明天他重新使用这个服务的时候，你今天的超标准也就是明天的最低标准。"因此，随着消费者的需求不断提升，在供给端也必须不断提高产品与服务水平，才能让消费者不断获得新的满意体验。

2. "期望-绩效"的认知差距

Oliver 认为，消费者购买商品后的满意程度（S）是消费者对商品的期望功效（E）和商品使用中的实际功效（P）的函数，即 $S=f(E, P)$。这就是说，如果购后商品在实际消费中符合预期的效果，消费者就感到基本满意；如果购后商品实际使用的性能超过预期，消费者就感到很满意；如果购后实际使用中不如消费者预期的好，消费者则感到不满意或很不满意。实际获得的效用与期望的效果差距越大，不协调的程度也就越大。

图 10-6 所示的"期望-绩效"失验模型描述了消费者满意与不满意的大致形成过程，它表明期望的实现程度是消费者满意的关键因素。当我们对某一产品先前的期望与它的实际绩效（见图 10-6 中的粗箭头）产生了差异（正向或负向）时，失验也就产生了。超出预期的绩效会带来正面的失验，进而使人满意。如果绩效与期望的表现相同，此时只会发生简单确认，同样会让消费者满意。相比之下，如果绩效比人们的期望要差，负面的失验将会发生，这将导致人们的不满。

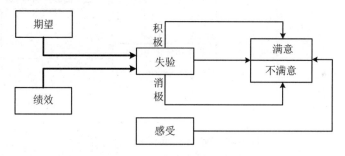

图 10-6 "期望-绩效"失验模型

但是，Churchill 发现，不同类别的产品对失验模型有不同的符合程度。例如，非耐用品较符合失验模型；而对耐用品来说，则存在两个显著的特点，即期望的影响变小，绩效的影响显著增大。还有学者研究发现，绩效的信息相对于期望越强、越清晰，则感知绩效对满意的正面影响就越大；相反，绩效的信息越弱、越含糊，则期望对满意的作用就会增大。例如，耐用品绩效的信息比其他产品更为强烈，因此绩效的作用也更强。一些研究还发现，负面的绩效水平（如让客户等待）比积极的绩效水平更能影响消费者的满意度，这意味着产品和服务都必须在最大化某些方面的功效前使所有的功效先达到消费者的最低期望值。

如图 10-6 所示，绩效、期望和感受也可以不通过失验而影响满意。仅产品绩效好这一事实就可以不受期望影响而对满意产生正面的影响。同样，仅仅是产品或服务的不好绩效就足以导致不满意。汪纯本等人的研究表明，与绩效和期望之差相比较，消费者需要满足程度对其满意程度的影响更大。期望主要影响消费者在购买时对产品或品牌的选择，而绩效对购后满意度的影响更大一些。

另外，这个模型只强调了认知因素（期望、绩效和两者之差）对消费者满意度的影响，忽略了情感等因素的作用。Oliver 后来也认为，消费者满意度是消费者对其消费经历的认知与情感反应的综合。

5GAP 模型是美国营销学家 Parasuraman、Zeithamal 和 Berry 等人提出的服务质量差距模型（service quality model），专门用来分析服务满意度问题，如图 10-7 所示。其中，顾客差距（差距 5）即顾客期望与顾客感知的服务之间的差距——这是差距模型的核心。要弥合这一差距，就要对以下 4 个差距进行弥合：差距 1——不了解顾客的期望；差距 2——未选择正确的服务设计和标准；差距 3——未按标准提供服务；差距 4——服务传递与对外承诺不相匹配。

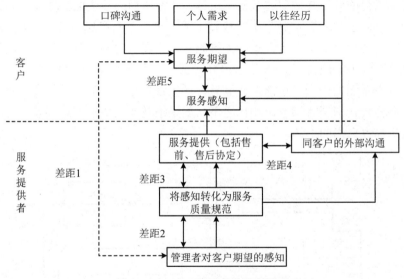

图 10-7　5GAP 服务质量差距模型

3. 购买的重要性

购买的重要性是指产品购买对消费者的重要程度。一般利用价值来衡量其重要程度。例如，电脑产品相对于洗发水产品价值较高，可以认为相对重要性程度高。又如，一位没有任何收入的学生与一位月收入在 10 000 元左右的白领人士相比，笔记本电脑相对于学生而言就会更重要。当产品出现失误时，产品的重要程度与消费者的不满程度成正比关系。例如，如果摄影师把消费者的婚纱照拍坏了，相较于家庭聚会的合照而言，消费者对摄影师的不满意或愤怒的情绪会较高。

4. 归因

归因就是指人们对自己或他人行为原因的认识。具体地说，就是观察者对他人的行为过程或结果所进行的因果解释和推理。根据事件的发生是源于外部刺激或内在自身因素，归因可分为外部归因与内部归因两种类型。

消费者在购买和使用产品过程中，会对企业的各种活动、其他消费者的行为以及产品品质的好坏做出归因。比如，当产品出现故障和问题时，消费者可能将其归因于生产或销售企业，也有可能将其归因于自己没有详读产品说明书而导致使用不当，或归因于运气不好，或归因于气候、环境等外部因素。当消费者将产品问题归因于供给的企业时，消费者将对产品产生不满，而在另外的归因情况下，消费者则可能采取较为宽容的态度。曾经有一个调查，询问乘客在航班误点时的反应，结果发现，消费者是否不满在很大程度上取决于归因类型。当将误点原因归咎于气候条件时，乘客反应比较和缓，对误点表示理解；如果将航班误点与航空公司可以控制的一些因素相联系，乘客的愤怒和不满情绪就比较大。企业应当引导消费者做出正确且有利于企业发展的归因。

在营销情景中，当产品或服务未能满足消费者的需求时，他们通常会从以下 3 个因素来寻求解释。

（1）稳定性：事件的原因是暂时的，还是持久的？

（2）焦点：问题是消费者或其他客观因素造成的，还是营销方造成的？

（3）可控性：事件是处于消费者的控制之下，还是处于营销人员的控制之下？

当问题的原因是持久的，是营销方造成的，且消费者无法控制或解决时，消费者更有可能会感到不满。例如，新车的挡风玻璃上出现了裂缝，如果消费者认为是在开车过程中被石头砸中所致，纯属意外或巧合，营销方没有过错，也不在营销方的控制范围之内，消费者也许不会对此感到不满。但是，如果很多消费者都遇到了同样的问题，也就是说问题是持久性的，是企业的产品质量出了问题，是企业应该解决的问题，那么消费者就很有可能会产生不满。

如果消费者自主选择了廉价品或处理品，当商品出现质量问题或售后服务得不到保障时，消费者至少会将部分负面结果归因于自己，而不会产生强烈的不满情绪。另外，企业的态度及处理方式也会在很大程度上影响消费者的满意度。当企业付出了额外的努力或真诚来为消费者服务时，哪怕是最终结果不尽如人意，消费者仍会感到满意。同时，如果营销人员以诚恳的态度积极解决出现的不良问题，也将容易得到消费者的谅解。

5. 对产品或品牌的态度和情感

消费者基于过去经验形成的态度和情感，对消费者评价产品有很大的影响。消费者对产品的评价并不完全以客观的认知因素为基础，而是带有一定的情感色彩。所谓"爱屋及乌"和"晕轮效应"等，都反映了态度因素对主体判断、评价和认识事物所产生的影响。

（三）环境因素

1. 相关群体的评价

相关群体的评价可能是积极的正面评价，也可能是消极的负面评价，这些评价会影响消费者的购后价值感知和购后满意度。

2. 竞争产品的性价比

竞争产品对消费者购后行为的影响体现在竞争产品的吸引力上，消费者在购买产品后的使用过程中，如果发现该产品不如竞争产品或者该产品的价值实现程度低于竞争产品，就会降低购后满意度，并导致品牌转换行为的发生。

（四）交易公平性

消费者满意不仅取决于期望与绩效之间的比较，还取决于消费者对交易是否公平合理的认知。公平性包括如下 3 类：结果公平性、程序公平性与互动公平性。

1. 结果（交换）公平性

这是指消费者对其在交易中的投入与所得是否相等的判断和感受。如果消费者用公平的价格买到了称心如意的商品，他们就会认为交换是公平的。如果消费者认为自己占到了便宜，他们的满意程度将会更高。很少有人会对开市客（Costco）的商品价格感到不满意，只不过购买商品少的消费者可能会对会员费略有微词。因为 Costco 的商业模式本质上是经营会员，而不是经营商品，其销售商品的纯利润几乎为 0，消费者购买商品越多，会员费带来的收益就越大。

2. 程序（过程）公平性

这是指交易过程与方法、规定的公平。例如，消费者受到了欺骗或服务项目没有明码标价就违反了程序公平性。企业有时会以"不符合公司规定"来搪塞消费者的合理要求，而不合理的规定本身就违背了程序公平性。"大数据杀熟"现象指利用大数据技术，在行为数据和消费者身份信息分析基础上，通过人工智能、个性化展示和消费能力预测，对消费者进行价格差异化对待（"价格歧视"），这侵害了消费者的自主选择权、公平交易权等基本权利，也违背了程序公平性。

大数据"杀熟"汇总

3. 互动（交互）公平性

这是指消费者如何被营销人员所对待或人际处理方式。例如，消费者认为花钱便应该享受店员的尊重、亲切服务，因此店员的冷淡态度代表了消费者受到不公平的待遇。当消费者遇到服务失误时，服务人员的态度对消费者的满意度会产生很大的影响，互动公平常常会占据主导地位，一定程度上支配着结果公平和程序公平。

当然，消费者对公平的感受是主观的，而且更倾向于以自我为中心，不会过多地考虑营销方的难处。

第三节　品牌忠诚与抱怨

一、消费者的品牌忠诚

2020 年
亚洲"国民品牌"忠诚度调

有人认为消费者满意了，消费者就会保留下来。但事实并非如此，不满意的顾客如果无法期望从其他企业获得更好的服务或存在市场垄断，或者认为重新寻找的预期利益低于预期成本，那么他们将被动地成为重复购买者。即使是满意的顾客，也会希望到其他企业能得到更满意的结果。从图 10-8 所示的忠诚顾客与购买者构成图上看，有些满意的消费者仍会转换品牌，但其中很多人会成为重复购买者；重复购买者对某一品牌也不一定具有情感上的偏爱或品牌忠诚；在满意和重复购买的消费者中，只有一部分人会对品牌产生忠诚。

图 10-8　忠诚顾客与购买者构成

（一）品牌忠诚的含义

所谓品牌忠诚，是指消费者对某品牌感到十分满意而产生的情感上的强烈认同与偏好，并试图重复购买该品牌产品的倾向。Diek 和 Basu 认为，只有当重复购买行为伴随着较高的态度取向时才产生真正的消费者忠诚。如果因垄断市场、增加转换成本而迫使消费者别无选择，只会赢得消费者迫于无奈的在重购行为维度上表现出来的虚假忠诚，无益于培养长期良好的消费者忠诚关系。Jones 把那种对企业没有满意感而又无法脱离该企业的顾客称作"人质型顾客"。表 10-1 把不同程度的态度取向和重复购买行为结合起来，将品牌忠诚情况具体细分为 4 种不同的状态。

表 10-1　品牌忠诚度的形态矩阵

态 度 取 向	重复购买行为	
	高	低
高	忠诚	潜在忠诚
低	虚假忠诚	不忠诚

当然，品牌忠诚也具有时效性，即某个消费者在生活的某一阶段可能具有强烈的品牌忠诚，而在生活的另一阶段，这种忠诚可以随着环境的改变、社会生活条件的变化、更优竞争品的出现而减弱甚至完全消失。例如，随着收入水平的提高和对生活品质的更高要求，人们可能对性价比不错而质量并非一流的小米手机不再持有品牌忠诚。

另一方面，愈来愈多的消费者觉得不同品牌之间并没有太大的不同，也就是存在着品牌等同度的现象。比如，不同品牌的纸巾、香皂、洗涤剂以及休闲食品其实是很类似的。品牌忠诚作用也在新产品不断涌现、品牌众多且相似、商品信息铺天盖地的网络时代受到了较大冲击，许多消费者已很难对某一品牌形成忠诚，而且对特定品牌的"黏性"也大大降低。消费者本来打算购买一款名牌产品，但他在网上浏览相关产品时，发现很多消费者对另一不知名的品牌评价很高，而且价格还很便宜。这时，消费者就可能不再根据其以前的消费经验和品牌认识去进行购买决策了。某一品牌的产品过去质量很好，但已不能成为评判它的其他产品或与别的品牌进行比较的依据了，此时专家和众多消费者的意见就成为决策的主要依据。当然，如果消费者难以准确了解产品或服务的质量，过去的满意度和忠诚度还是会有重要意义。比如，在卷入度低的浅涉购买中，消费者只想找捷径，并不愿意费力地评价各个选项，这时，品牌忠诚度就能发挥较大作用。

? **思考一下**：你喜欢下列商品中的哪些品牌？品牌忠诚度如何？

A. 饮料 B. 服装 C. 小食品 D. 手机 E. 化妆品 F. 洗发类产品 G. 网站 H. 电脑。

（二）品牌忠诚的分类

1. 品牌忠诚的程度分类

在竞争逐渐加剧、产品和服务日趋同质化的环境下，绝对选择一个品牌或店铺的专一消费者逐渐减少。品牌忠诚并不是指消费者忠诚于一个品牌，也可以是多个品牌，即具有品牌忠诚的消费者并不只是集中于某一特定品牌，他可以在两个或两个以上的品牌间做出选择。例如，很多人认为，在单反数码相机中，佳能和尼康都是可信任的品牌，在实际购买中主要根据具体型号的比较来决定品牌选择。当然，供选择的品牌越多，该消费者的品牌忠诚程度就越低。不同的消费者对品牌的忠诚程度可以用从连续的、专一的品牌忠诚至品牌中立的购买序列来表示（见表 10-2）。

表 10-2　以购买序列表示的品牌忠诚程度

购买类型分类	品牌购买顺序
专一的品牌忠诚	A A A A A A A A A A
偶然改变的品牌忠诚	A A A B A A C A A D
有改变的品牌忠诚	A A A A A B B B B B
分散的品牌忠诚	A A B A B B B A A B
品牌中立	A B C D E F G H I J

其中，专一的品牌忠诚是最理想的状态。更常见的是偶然改变的品牌忠诚，偶然转变的原因形形色色：惯用的品牌无货了；新品牌上市，尝试一下新品牌；一种竞争性品牌以特殊低价销售；在极偶然的情况下购买了其他品牌。这种消费行为在购买日常生活用品中较为普遍。分散的品牌忠诚（多品牌忠诚）是指对两种或两种以上品牌的轮流交替购买，例如，许多消费者喜欢交替选择不同品牌和药用功能的牙膏，以使牙齿得到多方面的保健和治疗作用。可见，为满足忠诚消费者"见异思迁"的需求，企业可以通过开发新的系列产品来迎合消费者。例如，宝洁公司设计并推出了 9 种不同品牌的洗衣粉来满足不同的顾客。其中，有些品牌强调洗涤和漂洗功能，有些品牌会使织物柔软，有些品牌具有气味芬芳、碱性温和的特点。

2. 品牌忠诚的层次分类

Oliver 把消费者品牌忠诚分为 4 个层次或阶段：认知忠诚、情感忠诚、意向忠诚和行为忠诚。消费者在前一阶段形成的某类忠诚感会影响他们在后一阶段的忠诚感。

（1）认知忠诚。认知忠诚是指通过产品或服务品质信息直接形成的，认为产品或服务优于其他产品而形成的忠诚，这是最浅层次的忠诚，也是最脆弱的忠诚阶段，只要其他品牌提供了更有吸引力的信息（如价格更低），消费者就可能发生品牌转换行为。对于同质性强的商品，消费者往往可能形成习惯性购买而并非品牌忠诚。

（2）情感忠诚。情感忠诚包含消费者对品牌的情感投入，是消费者在多次满意的消费活动的基础上形成的对品牌的偏爱和情感。品牌忠诚也可能源于认同，即消费者认为该品牌反映或强化了他的自我概念的某些方面。这种类型的忠诚在象征性商品如奢侈品、啤酒、汽车上最为普遍。我国许多车险公司的理赔政策并没多少区别，车主通常不会形成品牌忠诚。但如果车主遭遇过重大车祸，而保险公司又给予了大力和合理的赔付，车主往往会心存感恩而对保险公司产生品牌忠诚。

（3）意向忠诚。意向忠诚是指消费者向往再次购买某品牌，不时有重复购买的冲动，但是这种冲动还没有转化为实际购买行动。

（4）行为忠诚。行为忠诚是忠诚的最高阶段，是衡量消费者品牌忠诚的主要方面。这一阶段往往伴随着克服可能出现的障碍的强烈愿望，因此，实际购买行为的发生被认为是必然的结果。这种忠诚阶段已经可以不受竞争品牌营销活动的影响，因为消费者已不再对相关信息进行搜寻和评价，不再留意其他品牌的产品或服务。

在态度形成过程中，消费者会首先接受有关产品和服务的信息（认知）；消费者对这些零碎而复杂的信息进行重新整理、加工之后，会对产品和服务做出肯定或否定的综合评估（感情评估），并在这一综合评估的基础上产生某种行为意向。因此，西方学者奥立弗（1999）指出，消费者忠诚的形成过程是先有认知忠诚，其次是情感忠诚，再次是意向忠诚，最后是行为忠诚。行为忠诚不易受到外在因素的影响，是真正意义上的忠诚。

（三）品牌忠诚的行为表现

品牌忠诚是消费者的一种非随意性的购买行为反应，单纯口头上的偏好表示或偶然性地连续选择某一品牌并不能作为确定品牌忠诚的依据。消费者品牌忠诚所表现出的行为特征主要有以下几点。

（1）再次或大量或长期购买同一企业该品牌的产品或乐于接受其延伸产品。

（2）主动向亲朋好友和各种网络媒体推荐、好评该产品或服务。

（3）几乎没有选择其他品牌产品或服务的念头，能抵制其他品牌的促销诱惑。

（4）发现该品牌产品或服务的某些缺陷，能以谅解的心情主动向企业反馈信息，求得解决，而且不影响再次购买。

（5）购买该品牌时挑选时间少。

（6）对该品牌价格的敏感程度低。

忠诚的消费者在购买商品时不大可能考虑搜集额外信息。他们对竞争者的营销努力（如优惠券）采取漠视和抵制态度。忠诚的消费者即使因促销活动的吸引而购买了另外的品牌，他们通常在下次购买时又会选择原来喜爱的品牌。忠诚消费者对同一厂家提供的产品线延伸和其他新产品更乐于接受，容易接受其相关商品的交叉（配套）销售和追加销售而提高交易频度。而且，忠诚消费者极可能成为正面口传的来源。正是基于这些原因，很多营销者不仅试图创造满意消费者，而且致力于创造忠诚的消费者。

西方国家的销售学信奉"8∶2 法则"（帕累托法则），即企业 80% 的业务是由 20% 的顾客带来的。实行会员制或累积消费优惠等措施可强化消费者的重复购买与品牌忠诚，如某航空公司设计的"常客计划"：乘客在一年内乘机飞行的距离越长，获得的"积分"就越多，积分足够大时甚至可以获得一次免费乘机的优惠。

 资料链接　　　　　　　　**如何识别潜在超级用户**

主要有以下 4 个标准。

1. 复购频次

复购频次越高的用户就越容易进化成企业的超级用户。在利用复购频次筛选时，企业还需要考虑最近一次的购买时间。比如，用户 A 复购 5 次，但最近一次购买是一年前，而用户 B 同样复购了 5 次，最近一次消费是一个月前，那么毫无疑问，用户 B 成为超级用户的潜力更大。

2. 是否积极主动提出意见和建议

超级用户有一个明显特征，就是愿意给企业提出意见和反馈，因为他们的举动说明他们仍在关心产品，对企业有期待。

企业应该通过留言评论、营销活动、电话访谈等方式把这样的用户找出来，做好标记。找到这些用户后，企业就可以定向邀请他们加入企业的超级用户体系了。

3. 是否主动推荐和分享企业产品

企业可以在平常的营销活动中有意识地记录，或通过工具找到那些转发分享产品、商城链接的用户。

分享行为代表了他们对产品的认可，以及愿意用自身信誉为企业背书，这样的用户也是企业的潜在超级用户。

4. 是否有过系统购买动作

根据对系统购买动作的观察，企业可以看出一个用户是不是有过跨品牌或跨品类消费的客户。

所谓跨品牌或跨品类消费，是指用户除了购买企业 A 品牌（或品类）的产品，还购买了企业推出的 B、C 品牌（或品类）的产品。以瑞幸为例，他们的用户一开始只是喝瑞幸咖啡，而当瑞幸推出独立品牌小鹿茶时，他们也会买来喝，这就是系统购买。

资料来源：晏涛. 会员经济爆发，如何找到你的"超级用户"？[EB/OL]. (2021-12-06). https://www.36kr.com/p/1515657692452608.

（四）品牌忠诚的影响因素

影响品牌忠诚度的因素有很多，如消费者满意度、品牌声誉、转换成本、公司承诺等。产品和服务质量决定了消费者满意，但消费者满意不一定必然具备消费者忠诚。种类繁多的随机因素存在，无疑加大了产品服务提供者培养消费者忠诚的难度。

1. 消费者满意度

通过消费者忠诚的定义我们可以看出，消费者忠诚是在消费者满意基础上形成的。消费者完全满意是形成消费者忠诚的基础。在经历了几次满意的购买和使用之后，消费者的忠诚度往往就会随之提高。

然而，许多营销人员也发现，虽然企业提高了消费者的满意程度，却仍有不少消费者改购。实际上，消费者满意度与消费者忠诚的关系受行业竞争状况的影响很大。在高度竞争的行业中，消费者虽然比较满意，但如果企业不能提供独特的利益或有效的常客奖励计划，消费者仍然容易被竞争对手的促销措施所吸引。而在低度竞争情况下，消费者的重复购买行为又可能是由外界因素决定的，比如缺乏更好的选择，而一旦外界因素的影响减弱，消费者不忠诚的态度就会通过消费者选购其他产品表现出来。

消费者满意虽不是消费者忠诚的充分条件，却是必要条件，消费者满意一般被认为是消费者重复购买、口碑效应和品牌忠诚的先决因素。有时，消费者对产品的功能、特性、价格和服务等方面满意，但并不一定达到忠诚，只有消费者对品牌提供的产品或服务感到非常满意时，消费者才会有可能上升到对该品牌忠诚的层次。

从消费者满意度的产生来看，超出预期的绩效才会使消费者十分满意。如果企业提供给消费者的产品和服务超出了消费者的预期和想象，让消费者感到大喜过望，就会产生惊喜，也就容易使消费者产生品牌忠诚。消费者惊喜是消费者忠诚的重要因素。例如，一个消费者发现他的奔驰轿车的座椅加热功能竟能缓解他后背的慢性疾病，自然是喜出望外。

众多学者对消费者满意和消费者忠诚二者的关系进行了大量的研究，一些研究发现，在多数情况下，消费者满意和消费者忠诚并不是线性关系。例如，根据 Coyne 的研究，消费者满意度与消费者忠诚度的关系变化存在两个关键的阈值：在高端，当消费者满意度到达一定水平后，消费者忠诚度将急剧增加；而在低端，当消费者满意度下降到某点后，消费者忠诚度也会猛烈地下降。同样，McKinsey 发现，如果把满意程度分为不满意、满意和很满意三个区域，消费者忠诚度在不满意和很满意区域会随着满意度的改善而有不同程度的攀升，但在满意区域，消费者忠诚度保持不变。McKinsey 把消费者忠诚度不变的满意区域称为"无关紧要区域"，意思是企业在这个区域为满意而投资没有多大实际效果。Jones 和 Sasser 则认为，满意度和忠诚度关系在不同产业之间差异很大。他们认为在竞争激烈的行业，消费者只有在"高"满意区域才会产生较强的忠诚效应，而在"低"满意区域，满意度提高而忠诚度变化甚微。但在完全垄断的行业中，"低"满意区域甚至不满意的消费者都显得很"忠诚"，而一旦垄断被打破，这种关系将会发生剧烈的变化。Hartley 也认为，在垄断的行业里，满意度不起什么作用，顾客会保持很高的虚假忠诚度，除非满意度降到令其无法容忍的地步。而在高度竞争领域，导致消费者忠诚的消费者满意的基点较高，满意和比较满意难以有效地令消费者产生再购买，只有最高等级的满意度才能加强忠诚度，而且如果顾客的满意度略有下降，就会引起消费者忠诚度的急剧下降。

 案例链接　　　　**如何打造超预期用户体验**

我家附近有一个饭馆，装修不错，味道还行，所以我经常光顾，家人聚会、朋友宴请也常去那，算是老客户了。有次我去吃饭，刚点完菜，服务员就给我们上了一盘瓜子。来了这么多回，这是第一次。餐前大家边嗑瓜子边唠嗑，嗯，我觉得这个服务挺好，我挺满意的。换作是你，想必也觉得心满意足吧。但是，饭馆的这项服务，我只能用满意来形容，并不会让我有超预期的体验。因为吃饭前送一盘瓜子，我在别家餐厅体验过，并不稀奇。并且，有时候点完单，无聊的时候也想：这服务员怎么不提供一盘瓜子？所以你看，这个场景在我脑海里出现过。

但当我结完账，牵着孩子正准备离开时，一位服务员微笑着走过来，说："先生，感谢您来我们这里用餐，这是本店给您准备的一包精美的儿童零食，可以给小朋友路上吃。"这一下我就有超预期体验了。我相信如果是你，也会有种被超级服务的体验感。这就是创造满意和超预期体验的区别。

我相信生活中有很多这样的瞬间，比如，某某"女神"被男朋友求婚感动得哭了，你在某某平台购物被"巨坑"了，等等，有好的超预期，也有差的超预期。

可见，超预期一定不是增值服务的叠加，不是花钱越多就越好。它是润物细无声的，连续地满足了用户在特定场景下需求后的一种情绪或体验。当商家满足了消费者的显性需求，实现了用户的基础满意，并不等于超预期体验。只有商家满足了消费者并没有期待的隐性需求，创造了惊喜，才会产生超预期体验。例如：你在夏天办完离店手续，正准备出门时，酒店服务员微笑着送来手提袋，里面放着两瓶矿泉水，可以供你在路上喝；下雨天你在商店买完东西，服务员主动用透明薄膜将购物袋塑封起来，以防止雨水淋湿。这些打动人心的超预期体验，自然会增加消费者对品牌的好感度，容易形成品牌忠诚。

资料来源：如何打造超预期用户体验？[EB/OL]. https://www.yunyingpai.com/user/694612.html.

2. 消费者感知价值

消费者感知价值（或让渡价值）是消费者从产品或服务等感知到的收益，与消费者为此所付出的成本相权衡后的总体评价。它包含两层含义：首先，价值是个性化的，因人而异，不同的消费者对同一产品或服务所感知的价值并不相同；其次，价值代表着一种效用与成本间的权衡，消费者会根据自己感受到的价值做出购买决策或购后评价。品牌只有在能为消费者提供比竞争品牌更多消费者感知价值的时候，才能使消费者成为品牌的忠诚消费者。

3. 消费者信任度

由于消费者的购买存在一定的风险，因此，消费的安全感是消费者与企业建立忠诚关系的主要动力之一。消费者为了避免和减少购买过程中的风险，往往总是倾向于与自己信任的企业保持长期关系。良好的企业形象、品牌可预知性、消费者对品牌的喜爱、品牌竞争力、品牌声誉都可以增强消费者的信任感。但是，以财务回报或让利为内容的所谓"忠诚营销"活动（如消费积分、折扣、抽奖、赠送礼品等）虽然可以增进双方的情感，却并不会赢得消费者的信任，很多消费者认为这些活动只不过是一种促使顾客购买更多商品的手段。

4. 转换成本

转换成本是消费者重新选择一家新的产品和服务时所面临的障碍或一次性代价。转换成本不仅包括货币成本，还包括面对一个新的产品/服务提供者所导致的不确定性而引起的时间、精力、风险、情感等成本。转换成本的加大有利于消费者忠诚的维系。虽然消费者发现了更适合自己的产品，但由于诸如垄断、时间压力、地理位置等原因需要付出较高的转换成本，如果产品给消费者带来的新增价值不足以弥补，消费者就会放弃品牌转换。相反，当竞争强度大而转换成本低时，企业就要承担消费者即使满意也可能发生转换的风险。当有很多公司为争夺某一项业务而竞争时，消费者就比较容易发生转换行为。另外，特色产品和服务的不可替代性也能够大大地增强消费者的忠诚度。Andreasen 通过对医疗服务的实证研究发现，较高的感知转换成本造成了患者在心理上对私人医生的依恋和对更换医生的抵触，从而形成了医疗服务市场中的高顾客忠诚。一般情况下，服务的转换成本要高于产品的转换成本。

转换成本主要包括程序性转换成本、财务性转换成本和情感性转换成本。

（1）程序性转换成本。程序成本就是用户更换一个品牌或产品所需要的时间、精力或学习成本。比如，在"QWERT"排序的键盘普及之后，有人还发明了更好用的键盘，但依然取代不了"QWERT"排序的键盘。其中原因就是新的键盘学习成本过高，还有相关行业产品的更换，涉及的成本会更大。

消费者的手机更换新号码需要逐个通知好友，也提高了程序性转换成本。而且手机号码往往"捆绑"着许多日常使用的 App，还绑定了银行卡、网盘以及支付宝、微信等账号，一旦换了别的运营商手机号，将无法收到短信验证码。即使消费者换了手机号并重新注册，还必须同时解除以前所有的绑定信息，否则会带来隐私被窥探、银行卡遭盗刷等多重危害。可见，更换手机号码的程序性转换成本很高，转换障碍太大。

同样，如果你想让自己的产品快速获取新用户，就要降低产品的程序性转换成本。比如，很多 App 的界面设计和微信大同小异，就是降低人们的程序成本，可以快速熟悉上手。

（2）财务性转换成本。其包括利益损失成本、金钱损失成本等经济性成本。财务性就是继续使用原来产品或品牌的累积性利益、好处，转换品牌将放弃这些既得利益。如会员制、贵宾卡、积分、累积消费优惠等。

亚马逊网站、Costco 零售店等的会员比非会员可以享受到明显的优惠打折等好处。所以，很多成了这些平台会员的用户不会更换其他品牌或平台，因为会员或积分制度对用户就是一种绑定作用，提高了财务性的转换成本。

例如，某航空公司设计的"常客计划"：乘客在一年内乘机飞行的距离越长，获得的"积分"就越多，积分足够大时甚至可以获得一次免费乘机的优惠。小米公司不定期地举行"米粉节"或"答谢老用户"的有奖活动，以邀请发帖、赠送礼物等方式吸引老用户常"回家"看看。在每次"回归计划"举行期间，"老用户"只要连续 3 天登录小米论坛，并进行发言或回帖活动，便会获得小米论坛系统奖励的 500 积分，以及米兔等精美的小礼物。小米甚至专门为老用户准备了新品优惠抢购专场，凭借小米的 VIP 账号登录，才能参与网上抢购。当然，不少消费者申请成为会员并不仅仅是为了赢得消费积分、让利或免费物品，他们更多的是希望被"认可"，并受到"特别对待"，尤其是在一些高档服务性企业，消费者最希望得到的是对其特殊身份的确认，并享受到特殊的待遇。如"黄金卡"用户可以不用排队等候，有专门的 VIP 休息室，能够由经理或优秀服务员来接待，等等。

（3）情感性转换成本。其包括个人关系损失成本、品牌关系损失成本等。相比较而言，情感性转换成本比起另外两个转换成本更加难以被竞争者模仿。

对原有产品的拥有、熟悉与喜爱本身会增进对产品的情感，但情感性转换成本更多地与社会情感有关。例如，很多品牌或企业经常邀请自己的用户参加各种线下的沙龙、交往或其他福利活动，提供针对性强的定制产品和个性化服务，这些可以增进与用户的情感，让用户增加情感性转换成本——"这个老板对我这么好，我下次还要支持他的东西"。一些线上品牌社区也有自己的交流圈，让用户之间建立关系，也提高了用户的情感性转换成本——"我在这个平台认识了很多志同道合的人，不舍得走啊"!

5. 替代者吸引力

从理论上讲，替代者吸引力，就是指消费者在消费市场中选择竞争者产品的可行性，缺乏有吸引力的竞争企业是保持消费者的一个有利条件。如果消费者感知现有企业的竞争者能够提供价廉、便利和齐全的服务项目或者较高的利润回报，他们就可能终止现有关系而接受竞争者的服务或者产品。因此，替代者吸引力越小，消费者忠诚度越高。

一般来说，大部分消费者的需求与"忠诚"并不是恒定的。因此，企业应当"忠诚"于消费者——根据用户的需求变化和市场的消费趋势，进行不断的产品或营销上的迭代，始终比竞争对手好"一点点"，从而保持竞争优势。产品老化或老用户不再喜欢产品了，主要原因是产品没有持续迭代，这并不是通过降价就能解决的。

6. 产品卷入度与市场性质

高卷入度会驱使消费者广泛搜集信息，如果此次消费让其满意，就非常可能导致重复购买行为以及极高的品牌忠诚；而低卷入度则常常会形成品牌习惯。如果产品消费与某一社会群体或个性特征密切相关，或者品牌可以反映或强化消费者的自我概念的某些方面，那么忠诚度会提高。另外，品牌转换可能导致风险，品牌忠诚消费者可以通过重复购买某一品牌来降低风险。当消费者个人与品牌产生联系并感知到市场风险时，继续选择有满意经历的品牌，会使消费者面临的风险得以降低，使消费者预期的价值得到保障，因而满意的消费者会表现出较高的行为忠诚倾向。

由于市场性质不同，其产品的卷入度会有很大差异。快消品市场由于可感知风险小、卷入度较低，并且消费者每次的交易量不会很大，因而消费者常常会尝试其他品牌。而且快消品市场的品牌忠诚很容易受到价格促销等因素的影响，而投入到其他竞争企业的怀抱。在耐用消费品市场，消费者在购买一次产品后就会暂时退出该市场，因而在一定时间内，消费者往往表现出唯一忠诚或双品牌忠诚。在服务市场，由于服务的不可见性和多样性，大部分消费者会感知到比有形产品更高的风险，随着风险性的提高，品牌忠诚度也会提高，消费者也容易表现出唯一忠诚。

另外，在有些市场环境下不容易或不可能建立起消费者忠诚。比如，在旅游景区、机场、火车上的购物商店等顾客流动性非常大且竞争性较小的地方，消费者的重复购买率是非常低的，建立消费者忠诚也几乎是不可能的，商家可以选择能提高利润率的高价位出售。如不少旅游景区的饮食摊点质次价高，因为他们根本不注重有无"回头客"。但是，在过街地道和小街道两边应当以低价位刺激行人，以激起他们的购买冲动，虽然顾客流动性大，但整体的销售量却不会很低，同时他们的顾客开发、维系成本也几乎为零，总体算起来，利润额也很丰厚。

7. 广告与营销策略

高广告投入、高价格、良好的商店形象和高分销密度与高品牌资产相关，加强情感营销还可以提高消费者的情感性转换成本。广告通过加强与品牌相关的信念和态度，可以提高品牌忠诚。选择形象好的商店或专卖店经销产品本身就是对品牌的一种广告，有利于建立和提高品牌忠诚。高分销密度给消费者带来了便利、时间的节约、服务的便捷，从而提高了满意度，有利于建立品牌忠诚。

营销策略还要注重与消费者建立情感联系，增强消费者的归属感，使企业与消费者之间从单纯的买卖关系升华为休戚相关的伙伴关系、朋友关系。例如，穷游网保持消费者黏性依靠的是其丰富实用的旅游咨询和服务，以及良好的社区气氛。穷游网将后台加工制作的集成式攻略单列为一个板块，将消费者生成的攻略和消费者间的问答互动一起放入论坛板块。注册消费者则拥有自己的主页，可以进行发帖、上传照片、问答等，也可以与其他消费者发私信。注册消费者在穷游网上免费得到了其他消费者提供的旅游信息，然后在自己亲身体验之后又回报网站，分享自己的旅游经历。如此循环往复，穷游网便吸引了众多忠诚消费者的持续关注。

8. 价格促销

价格促销的主要目的是增加销售，但从长远来看这会对品牌资产产生负面影响，是一种短期行为。尤其对表现身份、地位和生活情趣的高档品牌来说，更是如此。因为降价其实相当于牺牲了老顾客的利益，他们并不能从已购买的产品中获得实惠；反而只是让那些从未给品牌带来利润的顾客得到了实惠。对于原本忠诚的消费者，价格促销会产生两种后果：一是部分消费者会产生对低价的期待，一旦期待落空便会产生不满；二是降低了消费者的知觉质量和品牌形象，对品牌忠诚不利。当然，专门针对忠诚顾客的非价格促销可能会提高品牌忠诚度，但要谨慎处理，以免得不偿失。

❓ 思考一下：网购消费者是否比传统消费者更容易形成品牌忠诚？为什么？

二、消费者的抱怨

网购成消
费者投诉重灾区

当一个消费者积极告诉另外一个人消极的消费事件时，抱怨行为就发生了。很多因素会导致消费者的抱怨或不满，而企业应当将抱怨者或投诉者看作一种有价值的反馈资源。宋竞（2010）的研究表明，消费者感知利益、服务失败的严重程度以及公司相关规定是导致顾客抱怨的主要因素，同时，顾客的价值观和感知的抱怨成本在这些因素和抱怨行为中起到了调节作用。但消费者采取何种抱怨行为则有较大的个体差异。

（一）消费者的抱怨方式

维护
消费者权益

Singh 将消费者的抱怨划分为三种模式（维度）：个人抱怨、直接抱怨、向第三方抱怨。消费者个人抱怨被定义为对产品或服务不满的消费者传播负面口碑或再也不在该企业进行消费的行为。向企业抱怨则视为直接投诉行为。向第三方抱怨的行为是指直接向政府机构、消费者权益保护机构等进行投诉，如寻求法律援助。而且这三类行为存在一定的替代性，有研究指出，如果消费者遇到服务失误时没有直接向企业抱怨，则很可能会向第三方投诉或向其他消费者进行负面口碑传播，从而对企业的声誉造成巨大影响。

可见，消费者若对产品不满意，并非只会无助地自认倒霉，而是会通过多种途径进行"反击"。尤其在网络 Web 2.0 时代，消费者会通过在网上散布各种信息来发泄不满，还可能形成扩散型口碑传播，对企业形象、信誉度产生很大的负面影响。有些不满意的美国消费者还会开设网页，供大家相互交流、分享其消费遭遇并发泄不满。例如，有个让人们抱怨 Dunkin'Donuts 甜甜圈连锁店的网站很受欢迎，最后 Dunkin'Donuts 公司只得买下它，以控制负面新闻的传播。

（二）影响消费者抱怨的因素

有很多因素可能会约束或激励消费者产生抱怨行为，其中不满意是公认的决定消费者抱怨的主要因素。另外，Richins 发现，问题的严重性和过失归因是决定消费者对于不满意将会耗费多大精力来进行反应的关键因素。归纳而言，消费者是否容忍这种不满意状况，或决定采取何种抱怨行为与下面的变量存在密切关系。

（1）消费者不满的程度或水平

产品的实际绩效和消费者期望间的差距大小会影响消费者是否采取抱怨行为；当产品的失误不断地重复出现，而非偶发状态时，也容易引发消费者的抱怨行为。这种情况也与服务类型有关。例如，一个消费者为了得到午餐等了半个小时，很可能会导致抱怨。然而，如果消费者为了看医生而等半个小时，却未必会产生抱怨，因为消费者本来就可能已预知会等半个小时或者更长时间。

（2）产品对消费者的重要性

当消费者不满意的对象是贵重商品或有意义的商品，如汽车、家电等耐用品，他们采取行动的可能性会更大。但如果购买的仅是一些小物件，那么消费者就可能不去追究厂商的责任，也不会采取针对厂商的行动。

（3）对问题的归因

如果消费者归因的结果是营销人员或厂商应该负责，则更有可能产生抱怨。相反，如果消费者将不满意归因于自己或环境上的不可控因素，例如，消费者因为自己没有详读产品说明书而造成使用不当，则一般不会产生抱怨。

（4）消费者本身的特点

消费者的个性特征、维权意识的强弱、对投诉本身的态度等也会影响他们对不满意产品的处理方式。一般而言，喜欢抱怨的消费者会偏向较为年轻、较高收入、较高教育水准、个性较自信和独立、气质倾向胆汁质的人。消费者本身攻击性、冲动性较强时，则容易产生较激烈的抱怨行为。

（5）采取行动的难易与代价

如果消费者能从投诉行动中获得的收益较小，而困难很大或代价太大，消费者可能会放弃追究行为。比如，原来的商家已经倒闭了，没法获得补偿。另一方面，也与消费者可用于投诉的资源及其可获得性有关。比如，是否有时间、精力、经验及金钱来采取某种投诉行动，以往投诉的成功经验会成为其选择投诉方式的重要参考。

（三）消费者的投诉心理

投诉是指消费者在购物活动中，由于商品和服务因素而引发的矛盾和冲突，或者在他们的权益受到损害时，向销售人员或有关部门提出自己的意见和要求的行为。消费者投诉到市长热线、工商局或消费者协会，大都能使问题得到合理解决。尽管我们处于一个信息社会，但有时只是零售商对消费者的抱怨有较深的感受，制造商并没有直接面对消费者，这会影响制造商对改良和创新产品的积极性。

消费者投诉的原因是多方面的，除了产品质量、售后服务方面的问题，厂商对待投诉的态度往往是矛盾激发的重要因素，因为我国消费者总体上是很宽容的，他们觉得在一定程度上是"态度决定一切"。

消费者投诉时的心理包括如下 5 个方面。

1. 求尊重的心理

消费者采取投诉行为，总希望别人认为他的投诉是对的和有道理的，渴望得到理解、同情、尊重和重视，并向他表示道歉和立即采取相应的行动等。处理投诉的工作人员及时向其表示歉意，承诺进一步追查，并感谢消费者的建议和支持，是化解消费者因自尊心理受损而导致不满的有效途径。

 案例链接　　　　　　**易车网的危机公关**

2016 年的"3·15"晚会，易车网被重点曝光。第二天，易车网随即发布声明，但这份声明却诚意不足，并没有对晚会的曝光做出正面回答，反而透露出无辜。顿时，众多网友口诛笔伐，甚至表示会立刻卸载 App，从此再也不用！

资料来源：青木老贼，峥嵘. 场景化社群：运营实战手册[M]. 北京：人民邮电出版社，2016.

一些厂商在碰到消费者抱怨时，首先就是推卸责任，而这往往是消费者最不能接受的厂商反应。消费者希望厂商充分理解消费者的投诉，降低所造成的伤害或不愉快，然后提出合理的理由与解释。

2. 求发泄的心理

通常情况下，一个人在采取某一行为时，往往是对原平衡心理的一种打破，需要自行调节内心的冲突才能达到新的平衡。有些消费者在购物活动中，由于受到挫折，为了达到心理上新的平衡，就会用失望或者抱怨心理来代替，用抱怨的语言或者行为发泄出来，使其郁闷或不快的心情得到释放和缓解。因此，接待人员的耐心尤为重要，应以恰当的话语、和善的态度安抚消费者，并给予合理解释。还应加强沟通，建立消费者回访制度。

3. 求补偿的心理

由于服务因素、商品因素或其他原因，消费者的权益受到损害，消费者希望他们的损失能够得到补偿。例如，质次商品的免费修理、换货、折价赔偿或退货等。由于消费者因产品质量问题的投诉会耗费一定的时间、精力，以及造成钱财的损失，厂商还应当给予消费者某种产品本身以外的额外补偿。

研究表明，实质性补偿（如扣除部分结账金额）相较于非实质性补偿（如口头道歉）

有较高的消费者满意；而失误处理者对服务事件的了解程度高低，对消费者满意也有影响，失误处理者对于服务事件的了解程度越高，则消费者满意度越高。

4. 求尽快解决的心理

消费者期待问题尽快解决，意味着消费者心理没有达到信任危机的状态，只要企业的相关部门能密切予以配合，在消费者可以容忍的时限内解决了问题，那么消费者的满意度和忠诚度不会或较少受影响。所以，企业应把握住消费者期待问题尽快解决的心理，立即采取措施。如果是常见的可控问题，那么应该给消费者承诺，提出一个解决问题的期限，以安抚消费者；如果是不可控的问题，或者需要进一步确认的问题，那么应更灵活地对消费者表示企业会尽力、尽快地解决问题，并会及时与消费者联系，也欢迎和感谢消费者主动来进一步沟通。

5. 和他人交流的心理

任何消费者都有和他人交流投诉经历的心理，正所谓"好事不出门，坏事传千里"，这在网络 Web 2.0 时代更为明显。消费者不仅仅是简单的消费者，也是商品的评价者和宣传者，一个差评可能导致失去一群消费者。所以说，"最好的广告就是满意的顾客"。营销人员切不能抱着"钱到手便了事"的短视心理而忽视消费者的投诉。

根据消费者的投诉心理，营销服务人员可以采用以下建议。

（1）感谢客人提供了信息。

（2）问一些问题，以弄清楚问题的所在。

（3）诚恳地道歉。

（4）对顾客的处境表示理解。

（5）说明会采取纠正的行动。

（6）迅速地行动。

（7）采取纠正行动以后，对消费者进行跟进。

 本章思考题

1. 消费者购后心理冲突的影响因素有哪些？
2. 消费者的购后满意度可能受哪些因素的影响？
3. 如何理解"期望–绩效"失验模型？
4. 影响品牌忠诚度的因素有哪些？
5. MH 理论对产品的营销活动有什么启发？
6. 影响消费者抱怨行为的因素有哪些？企业应当如何应对消费者的抱怨反应？

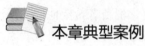 **本章典型案例**　　　　　**免单的 21cake 蛋糕**

一位顾客在情人节当天订购了一款 260 元的 21cake 的蛋糕，但工作人员却一直没有送货上门，让这位顾客白白饿了两个小时。事后，这位顾客在微博上吐槽这件事。让人

出乎意料地是，21cake 官方微博第一时间对这位顾客进行了道歉并积极和他沟通，试图弥补过失。

令这位顾客没想到的是，两天之后，21cake 的客服人员联系他，对他表达了真挚的歉意，并表示为了弥补这一过失，将免费回馈他一款价值 260 元的蛋糕，需要时来电即可安排。

这位顾客很受感动，并且从那之后经常向别人推荐 21cake 这个蛋糕品牌。

21cake 的免单行为很大程度上超出了人们的理性预期。相对于其他企业，21cake 明显更有诚意，面对这样的品牌，顾客还能再说什么呢？免单之后，21cake 的账面价值看起来是损失了 260 元，但赚到的其实是 260 元的 N 倍。

资料来源：出自网络，并经作者加工整理。

本章案例讨论

1. 本案例对你有何启发和借鉴？

2. 根据"期望-绩效"失验模型和 5GAP 模型，并结合此案例，谈谈消费者的满意度是如何形成的。

客 观 题

第十一章　网购消费心理

学习目标

- 了解网购消费者的心理特征。
- 掌握消费者网络购买的行为过程。
- 了解网络信息搜寻行为的主要特征。
- 理解网购消费者的分享动机。
- 掌握 STEPPS 原则。
- 熟悉网购行为模型。
- 理解 Hook 上瘾模型及其应用。
- 理解 AARRR 模型及其应用。

导引案例　　　　　　　　淘宝和天猫的网上促销策略

1. 争夺注意力

争夺注意力采用的策略如下。

1）淘宝搜索引擎优化

淘宝搜索引擎优化（SEO）是通过优化店铺宝贝标题、类目、上下架时间等来获取较好的排名，从而获得淘宝搜索流量的一种技术。SEO 的排名和"产品""销量""服务评分"等因素相关，因此卖家会从这三个维度优化店铺和产品数据，提高排名。

（1）产品维度。将标题关键词与消费者常用的搜索关键词匹配，比如同样一种绿色，一段时间内消费者搜索较多的关键词为"薄荷绿"，那么产品标题中如果出现"薄荷绿"，被消费者看到的概率就会增加。过了一段时间，消费者可能又较多地搜索"马卡龙绿"，那么同一件产品的标题改为"马卡龙绿"，则会增加消费者看到的概率。淘宝店主会根据淘宝公布的关键词数据及时调整产品标题和描述。除此之外，某段时间内将产品设置为橱窗推荐的商品，或者调整产品上架时间（因为上架时间越近，排名越靠前），也会提高产品展示机会。

（2）销量维度。优化销量、销售均价、支付宝使用率、阅读量转化率等数据，打分越高，排名越靠前。

（3）服务评分维度。客服响应速度、发货速度、店家好评率、退款率和纠纷率等因素都会影响排名。

2）打造爆款

淘宝店在开张初期为了提升知名度，会选择"打造爆款"的方式，即通过提升单个产品关键词的匹配度、橱窗推荐、低价优惠冲击销量等方式提升 SEO 排名。这种方式能够集中资源提高产品和店铺的曝光率，带动店铺内其他产品的销售，并迅速提高店铺信用等级。但如果后续的店铺评级（产品描述相符程度、服务、物流）没有达到行业平均值，仍会阻碍浏览量向购买的转化。

3）个性化推荐

大数据的思路也被运用在淘宝的促销手段中，网站后台会根据用户的历史消费数据、相似消费者的购物资料、浏览页面的数据、购物车的数据，向消费者进行个性化购物推荐。这种促销手段精准地匹配了商品和消费者需求，极大地增加了消费者浏览商品的时间。因为推荐的商品比较符合消费者的需求，所以极大地带动了商铺的销量。

4）博主达人推荐

淘宝的"多入口战略"将蘑菇街这样的服装搭配分享类社区纳入淘宝和天猫入口之中，以缓解单一入口带来的搜索结果单一、消费者多样性需求难以满足的问题。蘑菇街是云集了众多知名买手的推荐型购物入口，设有 Top 达人专区，每一位达人的风格都不同，在平台上拥有众多品位相近的粉丝。达人会定期将推荐搭配图解上传至网站，每一组搭配都在下方配有淘宝商品链接，供喜欢的粉丝点击购买。由于蘑菇街达人的号召力，每一组搭配都能受到粉丝的追捧，相应商铺的淘宝商铺的销量也随之增加。社群的建立依赖达人和粉丝在网络上的频繁互动，社群初具规模后，达人也会开放自己的微博、微信，在生活中就各个话题与粉丝深入互动。

5）建立社区粉丝团

受博主、达人巨大号召力的启发，淘宝卖家会选择通过自造达人或和达人合作的方式，在社区类应用中建立自己的粉丝团，推荐新产品。粉丝之间的沟通能加深粉丝对产品的印象和态度，促进交叉销售。这种非广告方式往往更能被消费者接受，商品转化率的提高会带动网站综合排名的上升，促进 SEO 的排名提升。

2. 提高评级

优惠的价格成为淘宝和天猫最初吸引消费者的一个有力的竞争优势。但开放透明的平台也带来了同质化严重、山寨泛滥、一些不良厂商靠低价来排挤品牌的问题。因此，淘宝研发出"信用评级"作为评判卖家的重要标准。评级内容主要包括产品描述与实物相符程度、服务态度、发货速度以及物流服务等。最高为 5 分，最低为 1 分。这些评级由众多买方做出，积累而成，不可修改，配合评价，可信度较高，成为影响潜在消费者最终购买决定的重要因素。商家在提高评级方面可以尝试以下促销策略。

1）打磨产品描述

图片和标题是消费者接触产品的第一步，为了提高产品的吸引力，商家往往会使用专业模特街拍或是设计优雅的拍摄背景以凸显产品的品质，电子产品往往强调实拍无 PS。评级主要有两个方面：一、产品展示的图文准确度（产品是否与实物相符）；二、价格在可能范围内的优惠程度（价格是否和质量匹配）。

2）激励消费者给高分

由于信用评级对消费者决策起到很重要的作用，较低的评级难以更改，有些商家开始利用现金或优惠券引导消费者给予 5 分信用评级，以提高自己的评级。如给 5 分评级的顾客返还 10~20 元现金，或者是下次购物时给予现金折扣等。

3）优化物流和服务

物流评分高的商家往往会在收到订单的第一时间就与顾客沟通，确认配送信息，24 小时内安排发货，在物流配送过程中随时与客户沟通，协商解决物流中可能存在的地址更改、配送延误等问题。易碎产品等特殊产品的包装严密，保证完好送到客户手中。

此外，服务评级高的商家往往在回复速度和服务态度上表现突出，安排 24 小时客服，语言亲切。更有商家以陪聊时间长短来确定客服人员的业绩，很多商家进行售前客服、售后客服的区分，为消费者提供更加专业、迅速的服务。在物流配送和售后中及时解决顾客的问题，往往能够帮助店家得到更高的服务评级。

3. 促进销量

1）包邮

邮费往往是消费者不愿意支付的费用，会影响购买决策。商家通常采取满××元包邮或者两件包邮等策略，以降低消费者购买的门槛，同时促进销量的增加。

2）传统促销手段

积分优惠、VIP 制度、节日优惠、满额减、优惠券、产品组合配套销售、福袋促销等传统商家常用的促销手段也被淘宝商家广泛使用。

3）内容营销

除了交易导向的促销，许多淘宝店开始使用感性营销，通过讲故事、写文字，将店铺品牌和个人品牌结合起来，弱化商业气息，强化文化气息，强调某种趣味、品位、生活方式，从而吸引某类型的消费者。消费者可能被店铺的文化氛围或者个性吸引，成为粉丝。

4）消费者网上社群

开设"淘友圈"以及微博、微信，形成消费者网上社群，让顾客在群里聊天、比较商品、相互推荐，为顾客提供社交价值，以增加销量。

5）平台促销

淘宝推出了平台层面的促销，集中平台的力量打造影响力较大的活动，以吸引消费者浏览和购买，如"双十一"、聚划算等。店家配合其活动，进行集中性的大面积促销，如五折优惠、一年一次的大型促销清仓活动等，往往使单日销量达到令人咋舌的数量。

6）联盟促销

淘宝与其他企业联盟，让消费者获得实实在在的优惠。比如淘宝与万科联盟，宣称淘宝用户全年花了多少钱，就可在万科全国 12 个城市 23 个楼盘直接冲抵购房款，最高可抵扣 200 万元。页面上线不到半天，已经有 140 余位网友享受到了合计 100 万元的优惠。

传统零售业在经受交易缩水、关店潮的情况下，纷纷与淘宝、京东等电商巨头合作，谋求 O2O 发展的新模式。线上线下的融合将改变淘宝和天猫卖家面临的市场环境，这些卖家的促销策略也在进一步创新。

资料来源：卢泰宏，周懿瑾. 消费者行为学：洞察中国消费者[M]. 3 版. 北京：中国人民大学出版社，2018：308-311.

问题：

1. 结合你自己的体验，归纳淘宝影响消费者的策略。

2. 根据你自己的网购经历，探讨在何种情况下何种策略最容易影响你的决策。

　　随着网络经济的快速发展，越来越多的消费者开始上网购买商品，网络消费已成为一种大众化的时尚个人消费模式。从广义上说，网络消费是指直接或间接利用互联网进行的买卖商品或劳务的行为，是包括网络教育、在线影视、网络游戏在内的所有消费形式的总和。从狭义上说，网络消费仅仅是指消费者通过相关的网站，在网络上购买商品或服务的形式，也称网上购物。相对于传统的购物形式来说，网上购物有很多优势，如突破时空限制、商品选择空间很大、缺货情况很少出现、信息丰富且搜寻方便、价格较低、送货上门等，因而获得了消费者的喜欢，同时也对传统的店铺商业活动产生了巨大的冲击，传统中间商甚至有被取代的可能，出现"去中间化"的趋势。

第一节　网购消费者的心理特征

　　许多研究者认为，价格便宜、方便快捷是导致消费者网上购物的两个主要因素。在移动互联网环境下，消费者还表现出"总在购物"（always are shopping）而不是"去购物"（go shopping）的移动消费特点，消费者的消费习惯呈现出时间碎片化、在线实时化、资讯获取社交化、传播去中心化、网络圈子化、图片分享化等特征。

　　网购消费者与传统店铺消费者并没有本质上的消费心理差异，但从程度上看，网购消费者（尤其是使用手机购物的移动消费者）在交易选择上仍呈现出有别于传统消费方式的心理特征，具体表现在以下方面。

一、个性化心理

　　网络时代的消费品市场呈现出产品设计多样化、选择范围全球化的特点，网上的消费品在数量和种类上都极为丰富，使得消费者在选择产品时有了巨大的自由选择空间，为满足消费者的个性化需求提供了良好的条件。同时，与传统消费者的被动接受方式相比，网络消费者可以通过互动式的交易过程把个性化的需求告知厂商，甚至亲自参与生产与设计环节，从而获得专为自己定制的更具个性化的产品。

　　在传统模式下，进行市场细分和市场定位的对象是消费者群体，不可能是单个消费者。而在大数据条件下，可以把市场细分到单个消费者，实现"超市场细分"和一对一营销，能充分满足消费者的个性化需求，为其提供特定的产品和服务，同时盲目的促销也会大大减少。另一方面，厂商与消费者之间信息传递的便捷性得到增强，尤其为那些具有特殊需要的消费者提供了方便，消费者可以绕过中间商直接向生产者订货，消费者和生产者直接构成了商业的流通循环，消费者可以直接参与产品的设计，按照自己的特殊需要来要求企业生产适合自己的产品。

　　随着互动设计平台、3D 打印等先进技术的成熟，企业生产运作可以考虑由消费者订单驱动，实现柔性化生产。许多企业推出了量产产品的定制版，并在一定程度上接受消费者参与设计的个性化定制商品。海尔在我国率先推出了 B2B2C 定制模式或 C2M（用户直连制造模式），可以按照不同国家和地区的不同消费特点进行个性化的产品生产。目前可以提供 9000 多个基本型号和 20 000 多个功能模块供消费者选择。用海尔首席执行官张瑞敏的话说，就是"如果你要一个三角形的冰箱，我们也可以满足您的需求"。

二、自主心理

在传统购物中，营销是由企业来推动的，企业通过传统广告、直接营销、POP 营销刺激等向消费者进行推销。消费者处于信息不对称状态，往往显得较为被动。在互联网时代，网购消费者往往比较主动、独立性很强，其选择的自主性大大提高。一方面，消费者可以自主地收集产品信息，并选择购买，而不是被动地接受厂商的广告信息。他们在做出购买决策前，常常都会主动运用各种搜索引擎去货比三家，并积极地查看已经使用过产品的消费者的评论。同时，由于网络虚拟的特点，他们对产品和服务的体验得不到满足时，消费者在对产品产生兴趣的时候就会同时产生很多疑问和要求，网络消费者会通过即时通信等网络通信技术，积极主动地与商家取得联系。

另一方面，如果市场上的产品不能满足其需求，网购消费者还会主动、直接向厂商表达自己的想法，充分发挥自己的想象力和创造力，参与企业的新产品的设计开发等活动，从而获得专为自己定制的更具个性化的产品，这又同以前消费者的被动接受产品形成鲜明对照。消费者主动参与生产和流通，与生产者直接进行沟通，影响生产者的生产和决策，有助于减少市场的不确定性，同时也增加了消费者对产品的信任度和心理上的满足感。

另外，在 Web 2.0 时代，消费者不仅是信息的接受者，也是信息的发布者，消费者愿意主动地将自己的消费体验和商品评论发布在网上，倾诉自己的情感并希望获得共鸣，并为其他消费者的商品选择提供有益的参考。

三、理智而求实的心理

在传统购物中，消费者往往容易受现场的购买气氛、商品的丰富程度、陈列方式以及售货员态度等外在因素的影响与诱惑，产生冲动性的购买行为。而在网络环境中，消费者面对的是计算机，能够在没有干扰的情况下冷静思考，理性地规范自己的消费行为。网购消费者可以充分利用网上信息进行大范围的选择和比较，甚至在全球范围内挑选自己满意的产品，力求所购买的商品价格最低、质量最好、最有个性，不会因为信息缺乏、地域限制、商家说服等因素而被迫选择自己不喜欢的产品。

Simonson 和 Rosen 认为，在网络信息时代，消费者能够根据"绝对价值"进行判断，容易保持理性，而营销者很难再利用情景设计等营销措施使消费者产生"非理性"的消费行为。消费者在国外旅行时，容易受导游的鼓噪，购买一些没什么用的高价保健品，虽心存疑惑，但也真心希望"物有所值"。但如果消费者能够像在国内一样从容地在网络上搜索到相关商品信息，就很难发生这种非理性的冲动性购买了。

网上海量的商品及信息为消费者选择商品提供了更多比较的机会，消费者能够及时根据自己搜集到的信息进行反复比较、理性购买。网购消费者的购物动机往往是在反复思考、比较、精打细算后产生的。有数据显示，在网上购物时，女性比男性更干脆，决策时间更短。这与网下购物时的表现是完全相反的，也说明男性网上购物会比网下更加理性、稳重。

还有一个现象，网购消费者有时会把自己看好的商品放在虚拟"购物车"里面，以方便选购，但抛弃"购物车"商品的现象经常发生。相反，实体店的消费者很少有挑选了商品到购物车中最后却放弃付款而走人的现象，因为实体店消费者会承受很大的心理压力，而且，在亲眼看见、亲手触碰、亲身尝试的体验刺激以及销售员的热情推销下，也令实体店中的消费者更容易情绪化地做出购买决定。

但是，在网络直播、网红带货、群体氛围等情景下，消费者也容易受到情景因素的影响，同时又缺乏充足的时间和精力进行筛选，导致消费者在一定程度上难以做到完全理性，其判断商品的标准可能只停留在简单的"喜欢"或者"不喜欢"上，一旦某一购买动机得到满足，其就会马上选择购买，这时购买行为偏于感性化，非理性的冲动型消费增加。

四、方便心理

现代消费者大多不喜欢烦琐、费力的购物活动，而突破时空限制的网络购物为其提供了前所未有的便利，信息获取、下单购物、商品流通都十分方便快捷。网上商店全天候营业、网上支付、送货上门等服务特色也带给了消费者许多便利，消费者可以随时在电脑或智能手机上查询商品资料并完成购物过程。

网上购物还从时空两个方面体现出方便性。

（1）时间方便性。网上商店可以每天24小时营业且全年无休，而不像在传统模式下受到商店营业时间的限制。艾瑞咨询的统计显示，国内网民每周网购主要集中于工作日，每日网购高峰出现在上午10点和晚上9点，这与传统购物时间很不一样。

（2）空间方便性。"货比三家不吃亏"是人们在购物时常采用的技巧。在网上挑选商品时，可以足不出户利用搜索引擎的强大功能，获得全国乃至全世界的相同产品信息，商品挑选余地大大扩展。网购真正实现了"没有买不到，只有想不到"。而且，网购还可进行异地买卖送货，例如，通过网络商场为外地父母购买老人用品、为朋友购买馈赠礼品等。

 **案例链接** 　　　白领一天的 O2O 生活

我们可以想象一下白领每天上班的生活场景：早上，由"e 家洁"的家政人员负责做饭；饭后，白领们在"滴滴"平台上叫车去上班；中午，白领们吃着"美团"上叫的外卖时还讨论着当下的热点新闻；下班回家后，"链农"刚送到的新鲜蔬菜交给"爱大厨"的厨师们做出一桌丰盛可口的晚餐；吃完饭后，再享受一下"功夫熊"提供的上门按摩，然后在"猫眼"上预订好电影票，和朋友一起去看电影。

资料来源：朱建良，王鹏欣，傅智建. 场景革命：万物互联时代的商业新格局[M]. 石家庄：中国铁道出版社，2016.

以前，消费者担心蔬菜、生鲜食品的物流配送时间太长，往往喜欢现场购买。但是，"冷链物流"和分布式配送网点的建设使消费者不再担心食品变质的问题，橙心优选、多多

买菜、叮咚买菜、美团优选等社区平台成了新型冠状病毒肺炎疫情时期大多数居民购买鲜果蔬菜的主要方式。

从支付上看，我国已快速跨入"无现金时代"。支付宝、微信支付以及NFC近场支付、云闪付、翼支付等移动手机支付方式也十分方便。消费者必备的不再是现金或银行卡，只需要一部手机或"刷脸"就能完成支付活动，人们不再会为消费时忘带钱或找零而尴尬。

五、快捷心理

在传统购物流程中，每个环节都较长，时间越长，原先所产生的购物冲动越容易消失，流失潜在消费者的可能性越大。而在移动网购时代，消费者随时都可以进行网络购买，消费购买决策的速度加快。不少年轻消费者停留在某个产品、品牌上的时间和耐心都极其有限，有一个名词可以描述这种心理：IWWIWWWIWI，即"I want what I want when and where I want it"的缩写，翻译为"我想要的，此刻就要；我想要的，在这儿就要"。这种想要就马上就要的心情，体现出年轻一代"即时消费"的行为习惯。他们很少为了买一个消费品而计划、斟酌，而是在商品符合自己当下期待时就迅速出手。

在移动购买中，消费者普遍没有耐心，总是希望立刻就可以找到他们想要的东西。从心动到行动、从搜索到购买的时间更短。2013年，谷歌与尼尔森通过对移动搜索的调研发现，45%的移动搜索是为了辅助决策过程而进行的，在需要做出关键决策时，消费者往往会用手机获得信息。如酒店行业发现，82%利用移动终端预订房间的用户是在24小时以内决定并完成预订的，几乎是到了目的地就用手机订酒店，比在计算机上订酒店花的时间要短得多。也许正如PhoneTell的联合创始人史蒂夫·拉森所说："网络搜索是为了获取信息，移动搜索是为了马上行动。"

宜家的
移动营销

Rackspace的调研发现，手机能够激发用户的冲动性购买，尤其是对于服饰和音乐，因此零售商将结账流程尽可能简化。除了线上购买，移动网络技术也使得线下购买的流程尽可能简化。以往消费者在线下看到产品的广告，即使想要购买也需要较长的时间，包括交通时间、搜寻店铺的时间以及店内找商品的时间等。而O2O则尽可能将消费者的每个冲动都迅速转化为行动。韩国连锁超市Home Plus在地铁设置的虚拟超市被奉为O2O的经典案例，其实就是在地铁站里贴上商品的照片及二维码，上下班的人群可以用手机扫描"虚拟货架"上产品的二维码，然后支付购买，下班后蔬菜瓜果等商品已经送达小区，省去了逛超市的时间成本。其"上班路上买好菜，下班回家就做饭"的广告很快吸引了很多用户。受Home Plus启发，1号店也将车站广告牌打造成"商品墙"，商品墙上的"商品"都是以图片形式展示，消费者只要用装有掌上1号店App的智能手机拍下想要购买商品的二维码，就能轻松完成购物。1号店广告牌的放置地点一般是在人流量比较大、醒目易读的位置，所卖的商品主要是一些使用频次高、需求量大的刚性需求物品，所以能够满足生活节奏快的大城市消费者的需求。

当然，消费者网购商品后，往往会有一个等待快递送货的过程，这是一个使消费者焦灼的"痛点"。

六、物美价廉心理

网络购物之所以能发展起来，其中一个重要原因就是网上产品的销售价格比传统渠道要低。消费者对网上商品的价格也有一个心理预期，认为其价格应该比传统渠道的价格要低。因为网络销售可以减少传统营销中实体商铺的租金、水电费、广告费用、人工费用、中间环节的经销代理费用及相关的信息费用等，所以网上商店能够提供比实体店低得多的商品价格。此外，网络消费可以产生需求方规模经济，随着需求量的增加，可以降低商家供给的平均成本，比较典型的是网络消费中的团购模式。

同时，网络平台的商品价格透明、选择空间大，搜寻信息的成本低。尤其是标准化的产品，更利于消费者在许多网店之间进行比价，从而找到价格最低的卖家。对于很多消费者来说，能买到价格更低的同类商品是网络消费最具吸引力的地方。

随着商品质量和服务质量的不断提高，一些消费者开始从注重品牌转向注重最低价格，把主要注意力转向挑选最便宜或物美价廉的商品上。同时，很多网上商店采用"攻击型"的灵活价格策略，即竞争性定价，甚至有人说网购价格"没有最低，只有更低"。在充分竞争的网购世界，同样的商品，一定会有商家卖得比你更便宜；或者一定有新平台诞生，上面的东西更优惠。因此，网购行业容易出现"至'贱'者无敌"和"价低者得"的竞价文化，不适合销售创意产品和奢侈品。有的创意产品一出现，就会被山寨、抄袭，并利用低价把创意的价值拉低。而注重产品质量升级和品牌效应的奢侈品，也很难在网上与低价的此类产品展开竞争。

虽然移动端消费者比 PC 端消费者的价格敏感性低，但手机的比价功能也有助于消费者比较价格信息。消费者可以利用带有照相功能的智能手机扫描条形码或二维码，通过移动互联网很方便地了解到商品在各大超市、商场、网上商城的价格比较信息，做到价比三家、理性购物。常见的比价软件包括：一淘火眼、拍照购、条码购、快拍二维码、我查查。图 11-1 是"我查查"的比价界面。

图 11-1　"我查查"的手机比价截图

例如，亚马逊为了帮助消费者"线下体验，线上购买"，推出了一款手机比价软件 Price Check，消费者在实体店通过扫描商品的条形码，不仅能查询到该商品在网点的售价，还能直接进入亚马逊购买。而让传统零售商抵触情绪达到极致的是，亚马逊向在任何实体店里扫描任何商品的消费者提供 5%的折扣优惠。

七、时尚心理

网络时代新生事物不断涌现，产品生命周期不断缩短，反过来又会促使消费者的心理转换速度进一步加快，稳定性降低，在消费行为上表现为需要及时了解和购买到最新商品。不少网购消费者喜好新鲜事物，追求时尚，希望与时代同步。而电商平台上的新产品上市快、品种多，能开阔消费者的视野，丰富其购物选择，从而满足消费者对产品的时尚性和新颖性的追求。

八、随时、随地、随性的购物心理

在移动互联网时代，正如淘宝广告语"手机淘宝：随时随地，想淘就淘"所描述的那样，消费者可以随时随地拿出移动终端来搜集任何购物信息、逛任何店铺，并直接付款购买。在移动网络环境下，消费者不再局限在固定的时间、固定的购物场所进行消费，消费行为不再是完全静止和有计划的，而是转变为随心所欲的全天候消费行为，消费者可以随时随地通过移动终端上网浏览、比价、下单完成购物，购物更加随意、轻松、潇洒，能够满足消费者随时、随地、随性购物的消费心理。这种"场景触发式购物"也使相应的全渠道、场景式购物服务开始出现。场景式购物的一个关键特征是顾客能即时买到心仪的商品。研究显示，1 小时内送达货品不但能增加销量，还能大幅度提高客户满意度。

从传播上看，消费者在分散的媒体上不断吸收广告和营销的信息，因此，很多消费行为会由于特定的广告、体验或者互动场景而实时触发。比如，当看到电视嘉宾穿的时装，或在微信聊天时得知新的美容产品，瞬间就被点燃购物欲望。因此，营销如何"场景化"以及如何形成可以谈论的内容＋场景的匹配，成为所有品牌都需要面对的问题。

九、注重口碑和体验分享的心理

在网络环境中，消费者成为彼此的"信息向导"，他们不仅十分看重其他用户的评价，也会主动地分享自己的消费体验。在网购后，消费者大都会对产品或服务进行评价，分享其购物经历与使用感受。同时，消费者也开始更多地倾向于听取各种社交圈子中好友的意见，而非商家提供的产品广告与信息。

移动消费者还会通过手机在 App 或微信朋友圈即时分享他们的购物体验，发布照片或视频。而且，抖音、快手、火山以及斗鱼、虎牙等平台的移动直播、短视频也很适合移动互联网场景下用户碎片化的内容消费习惯。例如，许多消费者喜欢将自己的旅游经历及时分享到微信朋友圈。大多数消费者发朋友圈的动机主要是炫耀展示自己，让朋友更了解自己。如果营销活动能满足消费者的这种动机，就可能刺激消费者转发相关商业信息，而不是像拼多多那样仅仅给予某种物质诱惑。

十、减少干扰的心理

人们在传统商店购物时，总要接触到服务员，有时旁边还会有其他顾客，会有人群所带来的压力。态度不佳或过分热情的营业员、嘈杂拥挤的购物环境、自助式购物环境下服务员警惕的眼光等，都会使消费者产生不良的消费体验。而在家"逛商店"，可以保护个人隐私，方便消费者购买某些私密性较强的商品（如性用品）。同时，消费者还可以始终保持心理状态的悠闲自在和精神的愉悦，不用担心自尊心会受到隐形伤害。

十一、品牌忠诚度降低的心理

网购消费者对自己需求的认识更加深入、细致，并能通过网络获得更多的信息和灵活的选择机会，因此，在电子商务活动中购物反而会显得更加现实。消费者更关注自己所需要产品的效用价值，同时其追求新产品、新时尚的能力和购买冲动都会加强。与此同时，互联网的使用成本越来越低，导致消费者的转换成本也随之降低，从而造成消费者的品牌忠诚度下降。

消费者可以通过多种途径获取现成的商品信息和用户评价，他们对各种信息服务（如用户评价、比价网站）的依赖度上升，更容易发现商品的真实品质。这时，品牌作为质量标识的作用会下降，导致企业花费大量广告费用树立起来的品牌影响力降低。以往，品牌往往会夸大产品间的实际质量差异，但现在众多消费者根据实际体验做出的网上评论可能会反映产品之间真实的有限质量差异，因而消费者可能会选择价格更低但性价比更高的非名牌商品。

❓ **思考一下**：回想一下以前的网购经历，分析你自己的网购行为有哪些特点。

第二节　网购行为过程

在传统的店铺购买活动中，消费者的消费行为过程分为 5 个阶段：需要认知、信息搜寻、比较评估、决定购买和购后评价（购后行为）。这个连续的完整过程表明了从产生需要到满足需要的整个过程。同样，在网上购物时，这些步骤基本没变，但由于借助了互联网这一工具，在 5 个阶段均与传统消费有所差别。具体比较结果如表 11-1 所示。

表 11-1　传统消费与网络消费购买决策过程各阶段比较

各　阶　段	传　统　消　费	网　络　消　费	比　　较
需求确认	同时受内外部因素的影响	局限于听觉和视觉	传统消费优于网络消费
信息收集	消费者通过广告、促销、朋友宣传等获取信息，信息收集范围和质量具有局限性、被动性	消费者能够根据自身对信息的需求，有针对性地以最快的速度收集最多的资料，主动性大	网络消费优于传统消费
比较选择	消费者通过试用产品和朋友推荐来获取产品信息	消费者根据商家的描述及购买者评价来获取信息。可能有商家美化产品介绍并对消费者评价造假，获取的信息可靠性较低	传统消费优于网络消费
购买决策	消费者购买决策容易受商家营造的购物氛围、促销环境和其他消费者的购买行为影响而产生从众冲动	消费者倾向于理智型购买	网络消费优于传统消费

续表

各 阶 段	传 统 消 费	网 络 消 费	比 较
购后评价	一般情况下，消费者不做购后评价或仅将使用的情况反馈给朋友，在出现较大质量问题时，投诉给店家或相关机构	消费者可以通过网络平台真实地反馈商品使用情况，可以随时把不满反馈给销售商，且可以提供真实的照片	网络消费优于传统消费

在网络购买中，消费者还须进行支付方式的选择，等待物流公司交货，然后验收产品，由此可以将网络消费者的购买过程分为下面 7 个阶段，相互关系如图 11-2 所示。

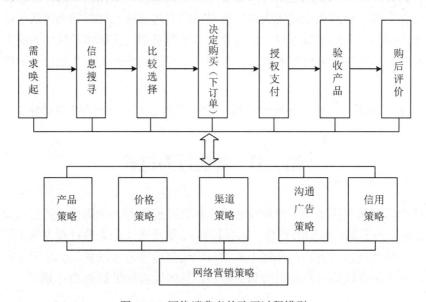

图 11-2 网络消费者的购买过程模型

❓ **思考一下：** 根据你的网购体验，你认为商家、网购平台或物流服务还有哪些需要改进的地方？

一、需求唤起

（一）网媒激发

与传统购物模式相同，网上消费者购买过程的起点是需求的唤起或诱发。各种网络媒体与网络广告可以利用其对消费者感官、情感的强大吸引力、感染力，诱发消费者的需求。网络多媒体技术能产生强大的广告刺激效果，声画同步、图文结合、3D 动画、视频、图片说明等形式的导购信息都成为诱发消费者购买的动因。例如，在 Instagram 的图片中可以圈出网红身上的衣服/包包等，消费者点击链接即可购买。直播带货更是利用了人设、互动、"现场"选购等影响因素来激发消费者的购买欲。

为了让用户更好地利用碎片时间，手机淘宝为用户提供了"每日首发""天天特价 9.9元"等活动。蘑菇街的首页始终是各种当下最流行的服饰，而且"每日精选"板块根据 24

小时内用户点击量进行内容更新，告诉用户现在最流行什么、怎么搭配这些流行元素最棒。这对爱美的时尚女孩们有着较大的诱惑。拼多多有一种独有的"实时信息"模式，当消费者打开商品链接后，在页面左上方会显示"××在拼这个商品""还差1人拼成"等通知，一方面营造了团购气氛，另一方面也增加买家的购买欲望。在拼多多，产品搜索被弱化，消费者从"我想要买××××，找一找哪家比较好"变成"我看到了×××挺不错，买一个吧"。

（二）智能激发

大数据的应用使消费者更加透明，广告推送将实现个性化、精准化、自动化。市场营销是"预测式"的，商家可以根据消费者此前的信息浏览、交易及爱好、所处地区等情况，基于大数据进行购物的智能推荐，实现千人千面的产品展示。也就是说，不同需求与不同画像的消费者，在网上看到的产品不一样。比如，针对高消费人群与低消费人群，推荐页面是不同的。

个性化需求唤起的常用方式有两种：背景筛选和事件触发。

1. 背景筛选

达摩盘：
营销怎么玩？

RTB

借助大数据可以筛选、分析、找寻目标客户，实现精准销售，从而降低营销成本。所谓背景筛选营销，就是电脑根据营销策划人员给出的条件，对数据库中存储的客户进行背景筛选。筛选出来的客户应该在某一方面有消费需求与潜力，于是就可以向这些客户推荐为其量身定做的产品。即所谓"reach the undecided, not the uninterested"（到达未决定的人，而不是不感兴趣的人）。例如，RTB（实时竞价）广告依靠大数据作为支撑，显示了良好的精准性；腾讯视频基于用户观看行为，经过对用户大数据的追踪，打造DMP（data management platform，数据管理平台）一系列标签化产品，对用户进行标签化筛选及过滤匹配，为广告定向投放提供底层的数据接口及应用匹配，实现了广告的精准投放。

早在1998年，亚马逊就设计了Item-based推荐系统，亚马逊成为个性化推荐引擎的鼻祖。亚马逊现在已拥有收集消费者数据的多种渠道，包括用户注册时主动填写的个人信息、浏览页面时浏览器cookies记录行为（如浏览、收藏、对比、购买行为）、与第三方共享信息等。当消费者登录亚马逊网站时，网站后台会迅速对用户信息进行检索分析，在网页中推荐产品，在极短的时间内迅速组织出适合该用户的独一无二的亚马逊首页，让购物更加智能便捷。主要的广告推荐形式包括今日推荐、新商品推荐、相关与互补品推荐、用户浏览商品推荐、可能感兴趣的其他商品推荐等，还以"人气组合""购买了此商品的用户还浏览了"等栏目吸引消费者发现自己的潜在需求。亚马逊基于消费者数据进行的精准推荐给其带来了良好的业绩。相对于书评或者编辑推荐模式，图书销售量在进行个性化推荐后增加了100倍，数据显示亚马逊1/3的销量来自个性化推荐。

BOTH OF
US

国外某视频网站通过分析用户实际观看的行为反应，包括用户点选了哪些内容、重复观看了哪些部分、又在哪些时刻按了暂停键等，深入挖掘这些数据背后的价值，为用户进行精准的推荐甚至量身定制内容，从而吸引更多的付费用户，实现了"用用户的数据，满足用户的欲望"。抖音也能根据消费者观看的内容判断其喜好，从而更加精准地向其推送相关的内容，使消费者不用再费心去"选择"或"搜索"内容了。

梅西百货："移动+地理位武装购物季"

在移动互联网环境下，商家还会根据用户签到的地理位置信息对经过或附近的消费者推送优惠信息或商品广告。例如，周边优惠 App 集"身边优惠"及"小区服务"于一身，能定向精准地提供离消费者最近的门店优惠；周末去哪儿 App 根据消费者所处区域，提供聚会集市、美食午茶、艺术展览、节庆派对、音乐戏剧、亲子活动、周边游等区域内周末休闲活动的信息。

 案例链接　　　　Omni Marketing 的精准广告营销

集百度 AI 技术与数据之力的百度 Omni Marketing（全意识整合营销数字平台）通过构建 Omni 意图引擎来刻画用户画像、识别用户意图，最终为合作伙伴提供全面、精准的营销能力。2018 年 6 月，捷豹 E-PACE 利用 Omni Marketing 进行了上市营销投放。Omni Marketing 在圈定 E-PACE 核心人群的同时，也圈定了市场上关注同类车型的人群。针对不同车型的人群关注点和品牌印象，Omni Marketing 给出了个性化的物料方向。比如，针对关注外观和操控的人群，百度 App 开屏广告的文案为"确认过颜值，是跑车的后裔"，针对关注动力、空间的人群，开屏广告文案则为"不想当运动员的贵族，不是 E-PACE"。

资料来源：AI+数据赋能营销 营销专家推荐百度 Omni Marketing[EB/OL].（2018-08-24）. https://www.sohu.com/a/249803615_255286.

2. 事件触发

当消费者的生活状况发生了改变（如迁移），或者其消费行为发生了改变，电脑系统立即以相对应的策略作为回应，或发掘新的商机，或挽救有可能失去的客户。

大数据营销的一个作用是通过消费者今天的需求预测他们未来的需求。这里的"未来"可以是指几分钟之后，也可以指几年之后。预测消费者未来需求也叫 next-selling。需求预测可以是很简单的、常识性的，也可以是很隐蔽的、不容易被发觉的。例如，如果消费者刚刚在你的网站上订了飞机票，而你的网页上也有广告位，此时你应该在广告位上向这位消费者推送酒店广告，然后还可以推送租车广告。再往后就应当首先知道对方这次旅行的性质，是旅游还是出差？如果是出差，可做的事情相对比较少，但也可以推荐一些当地特产、著名的餐厅；如果是旅游，可做的事情就多了，可以推荐当地的各种餐饮团购券、各种旅游景点、从这座城市出发的短途旅行团等。美国某妇幼用品网购平台根据孕妇购买某些用品的情况，如在怀孕四个月左右会购买无香味乳液、富含锌钾元素营养维生素，推断其预产期等生理周期，并挖掘出 25 项与怀孕程度相关的商品，从而能适时向其投放相关妇幼用品的广告资料。推算出预产期后，可及时将孕妇装、婴儿床等相关商品的优惠券寄给客户。由于平台有客户的详尽信息，因而有把握给客户提供的商品一定是她们喜欢和需要的。

（三）场景激发

场景激发更多地用在移动购物方面。人的某些需求要在特定的场景下才会被激发，找到这些场景就找到了机会，经营者可以进行"场景营销"。例如，使用 WPS Office 的用户一打开文档，就会看到稻壳商场的标签以及产品目录，开通稻壳会员就可获得许多办公资源、工具的免费下载。我国香港的季风气候导致少见晴天，多是阴雨，让人心情持续低落。菲律宾的宿务航空公司却抓住"下雨"这个场景，吸引大家到阳光明媚的地方旅游。"雨代码"即利用防水喷漆在大街上喷二维码广告，平时隐形，一下雨就冒出来诱惑人——下雨太烦人？快扫二维码，来菲律宾跟阳光玩游戏。携程曾经与太平洋保险合作，试图在其 App 上销售航班意外险，但效果并不好。如果在某个航班机票销售的同时增加一条消息提醒：该航班的晚点率为 80%，那么就可能提高消费者购买航班意外险的概率。

在线上直播与视频播放中也可以通过场景激发，实现边看边买。比如看一部影片，感觉女主人公的衣服很好看，则立即点击衣服就可以购买。优酷现在开通了"边看边买"频道，点击视频中浮起的商品，就可一键加入购物车，而且不打断用户观看视频。但情景中的内容与人物必须有吸引力、感染力，而且要在合适的时间、合适的场景下激发消费者对产品的强烈需求。比如，在户外探险节目中，通过旅游达人激发消费者对其特殊户外装备的兴趣与购买。

❓ 思考一下：在移动互联网时代，如何刺激和帮助消费者随时、随地、随性地进行购物？

（四）社交激发

"95 后"热衷社交购物

消费者需求的产生也可能源于在线评论、社群成员的意见或朋友的即时推荐，它来自网上社交因素的影响力。社交电商已成为一个重要的发展趋势，并衍生出多种形式，如以 Tiffany 等奢侈品为代表的微信朋友圈营销、以李佳琦为代表的快手直播带货营销、以小米为代表的社区营销、以小红书为代表的内容型社交带货、以拼多多为代表的"分享+拼单"病毒式营销等。

在社交平台中，KOC 把自己心仪的商品或广告分享给私域流量，可以加快品牌和产品信息的传播，刺激消费需要。这些社交平台包括：QQ 群、微博、微信朋友圈、微信群、公众号、抖音、快手等。KOC 的优点是能免费触达私域流量里的目标人群，并反复利用，而且可信度高。社交激发使消费者的购买行为和决策路径发生了变化，如图 11-3 所示。

社交电商拼多多是将社交化、移动化、参与性、游戏性相结合的一个商业模式典范。拼多多利用了微信这一超过 9 亿用户的社交平台，让用户而非商家发起拼单，在微信、QQ 等社交渠道呼朋唤友一起参与购物，并共同获得折扣，这种模式完整契合了腾讯社交电商的基因——社交关系链病毒式分享，通过拼团、砍价、助力免单、砍价免费拿、红包分享、人拉人模式等玩法，形成快速传播扩散，通过多次分享让平台的知名度打出去，实现用户量的快速裂变。同时，让原本单向、单调的"买买买"进化为朋友圈里有互动、有乐趣的"拼拼拼"，在拼团过程中获得分享与沟通的社交乐趣。由于不堪其扰，微信最后不得不明令禁止在微信进行好友助力、加速、砍价、任务收集等活动。但这时，拼多多自己已建立起足以同淘宝、京东等相抗衡的平台，还用"摇钱树"、"拼多多红包已入账"、多多果园、视频分享红包等不断刺激用户。

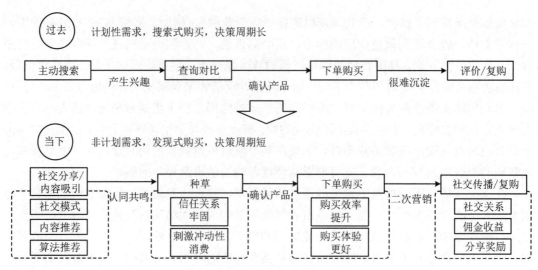

图 11-3　社交激发使消费者的购买行为和决策路径发生变化

 **案例链接**　　　　　　　　**返利网：1元买充电宝**

　　拼多多和返利网都属于分享型社交电商，但拼多多是在用户支付前利用熟人关系进行裂变，返利网则是在用户购买完成后利用熟人关系进行裂变。我们以下面的案例来分析返利网的这一玩法。

　　一个充电宝原价29.9元，用户A支付29.9元购买，卖家正常发货，然后用户A将充电宝分享给自己的朋友B、C、D、E、F、G。每当有一个人通过用户A的链接下单购买，返利网就返给用户A部分钱（不可提现）。只要有6个人购买且过了无理由退货期，返利网就返给用户A共计28.9元（可提现），即用户A实现了1元买29.9元的充电宝。

　　可见，返利网将内容"种草"、熟人关系与返利模式结合了起来。它的基本过程如下。

　　（1）用户A下单支付（正常价格）。

　　（2）用户A收货使用后形成体验感受。

　　（3）用户A按模板撰写简评。

　　（4）用户A从朋友圈子中筛选出可能对该商品感兴趣的人。

　　（5）用户A将简评分享给朋友B、C、D、E、F、G。

　　（6）B、C、D、E、F、G通过用户A分享的二维码下单购买。

　　（7）用户A按购买人数，获得商品原价一定百分比的返利。

资料来源：社交电商新玩法：构建商品信任力[EB/OL]. (2020-05-21). http://www.woshipm.com/marketing/3893011.html.

　　将SNS的互动和分享功能融入电商平台，利用消费者的口碑与宣传，可以有效刺激其他消费者的需求。如淘宝的"淘小铺"、比价返现平台易购网的"晒单秀"等，通过社交关系来影响消费者的需求唤起。2019年，一款名为"移动电影院"的App利用"约亲友"、"约影迷"、"专场"和"首映礼"四大观影社交场景，为观影用户提供了熟人社交、陌生人社交的新玩法。其中，"约亲友"和"约影迷"有效地解决了时空限制的问题，让用户随时随地能与亲友、影迷完成在线电影的观看。用户在"场内"还可以通过即时语音和文字，边看边聊，增进亲情和友情。

在阿里、京东这类弱关系下的电商巨型平台攻城略地的时候，拼多多、云集等社交电商通过低价、分享、拼团等方式，以线上社交工具为纽带迅速开拓了市场。其中，拼多多是社交拼购电商的代表，云集微店是会员制社交电商的代表，而小红书、淘宝直播是内容类社交电商的典型代表。

另一种类似的思路则是让用户接收到朋友们最近购买和评价的信息。例如，拼多多的"拼小圈"是基于通讯录好友建立的熟人社交，能让好友共享购物信息，为好友提供购物决策参考，拼多多还不断地提醒消费者将购买信息分享给微信好友或电话联系人。随后，淘宝的"淘友圈"、京东的"京友圈"、美团的"饭小圈"也纷纷上线。相比传统的"陌生人评价体系"，好友的真实评价更能减少消费者的决策失误。趣享付 App 为鼓励消费者分享，还根据点击量多少给予奖励。而在以前，人们把好的信息、消费体验或文章分享到社交圈，除了点赞和评论，是没有任何收益的。

拼团背后的心理学

思考一下：根据消费者的社交心理与行为，你认为社交电商还可以有哪些营销思路与方法？

二、信息搜寻

消费者网络信息搜寻行为是消费者为完成某一购买任务所进行的从网络中获取信息的行为。

互联网为消费者获取或搜索有关信息提供了全新的平台和工具，并成为最方便、最快捷、最有效、成本最低的信息途径。消费者一旦意识到自己存在某种消费需要，就会马上到网上去查找有无合适的商品。各种网站也提供了各种类型的商品信息，消费者可以很容易地了解商品的市场行情以及其他消费者的网上评价。网络中各种信息应有尽有，信息的广泛性、可信度（当然也不免会有一些虚假信息）以及获得信息的速度和效率大大提高，可以基本解决传统交易过程中买卖双方间的信息不对称问题，使消费者能在及时和充分获取商品信息的基础上做出正确的购物决定。网店的信用评级和消费者的网上评价也会促使商家建立良好的信用机制，从而形成讲诚信的经营环境。

（一）网络信息源的特点

网络信息的来源十分广泛，包括厂商的门户网站信息、网络广告信息、消费者的评价、综合或专业网站上的相关报道等。

网络环境下的信息源具有以下特征。

1. 无限性和广泛性

网络信息具有超越时空性，信息资源极为丰富和广泛，信息容量已经远远超越人们的处理能力。

2. 形式多样性，更新速度快

产品信息常常以超文本、超媒体的形式出现，被集成式地提供给消费者，并且随时可以更新。

3. 廉价性和共享性

网络环境下的产品信息大都是免费提供的，并且同一份资源可同时供不同的用户使用。

4. 无序性

网络上的产品信息资源分散、无序，信息质量参差不齐。

可见，网络信息的优点如下：信息量大，成本低，没有时空限制，商品信息更新快，信息表现方式丰富多样，商品信息容易查找，信息传递是双向互动等。而网络信息最突出的缺点是可信度问题，因为所有的网络用户都可以通过网络发布信息，而且信息的真实性并没有得到统一的认证，信息的可靠性也就无法得到保障。

（二）网络信息搜寻行为的特征

一般而言，网络信息搜寻行为的特征有以下方面。

1. 主动性、目的性和双向互动性强

消费者获取信息的行为模式由被动地等待"推送"转变为主动地"搜寻"，由单向传递转变为双向互动。信息的共享性大大增加了信息选择的空间，消费者可以根据兴趣和适用性进行选择。因而，在获取营销信息时，消费者采用信息搜索方式比信息浏览方式更常见，而信息搜索的主动性、目的性都比信息浏览更高。

另外，消费者可以在网上发布自己对某类产品或信息的需求信息，得到其他上网者的回答，还可利用诸如 Quora、知乎、百度新知等知识共享或问答网站。

2. 低成本、高效率

（1）首先，消费者可以迅速获得各种网络资源，几乎不受时间和地点的限制。消费者可以随时、随地通过自己的用户终端对网络信息资源进行查寻，超越时空进行信息搜寻，做到足不出户而知天下。

（2）MarTech 和精准营销使信息获取更具个性化。例如，搜索引擎可以根据消费者的个人偏好确定搜索参数，以缩小搜索服务的范围，甚至自动提供消费者所需要的信息。另外，LBS 也可以基于消费者所处的位置，帮助他们找到附近的所需产品或服务，即提供场景式信息。

（3）消费者通过一些门户网站或推荐网站、比价网站，能即时对产品的价格、销售渠道等商品情况进行比较。

（4）消费者可以利用网上多媒体信息（如视频、音频、动画）学会使用产品。

由于网络信息搜寻的低成本、高效率，人们逐渐对网上信息产生依赖，并逐步改变记忆和保存信息的行为模式，即从人脑和手工记忆方式转向外脑（网络）记忆方式。这是人类信息处理中记忆行为的重大变化。谷歌效应指的就是这样一种现象：搜索引擎的普遍应用使得人们很容易获取相关信息，以致不知不觉地把网络当作了记忆的一部分（外部记忆）。

3. 网络搜索是主要方式

中国互联网络信息中心（CNNIC）的统计显示，网络搜索已成为消费者获取商品信息的首选方式。在网络环境下，消费者一旦有了购买的需求，按下鼠标几秒之内就可以搜索到所需产品的品牌、价格、形状、功能、特征等信息，借助各类搜索引擎可以让消费者无

须走出家门就可做到货比三家，进行大范围的比较和选择。例如，百度、360 等搜索引擎给消费者提供了应有尽有的产品信息，淘宝、京东、苏宁易购等网络销售平台也提供了产品搜索业务，便于消费者挑选产品。

戴方慧（2015）调查表明，"C 一代"①查找产品信息的方式多种多样，但仍然以输入关键字搜索方式为主，其获得商业信息的方式依次为：采用输入关键字搜索、查看热门和热销商品信息、点击广告页面、扫描二维码、添加书签和加入收藏夹。

网络广告商 Double Click 发现，人们很少直接使用品牌名称进行搜索，而倾向于早期进行一般术语（如产品的类别、形式）的搜索，然后才针对少量品牌名称进行搜索。另外，由于行家能更好地判断哪些信息更有用，他们往往会进行更有重点的选择性搜索。而新手处理信息的方式是"自上而下"的，即少关注细节而更关注总体印象。

既然搜索结果是被排序的，而且通常消费者并不会注意超出列表的二三页的内容，关键词的选择和其他一些涉及搜索引擎优化的技术，对于企业或品牌在被搜索时获得最靠前的位置就非常重要。搜索引擎优化（SEO）技术是为了公司的网页"能够被搜索引擎搜索到并且致力于帮助提高被找到的概率"。Double Click 公司的研究显示，消费者通常从一般的和产品有关的条目开始搜索。所以，找到最有可能被消费者使用的一般搜索条目，是在消费者购买决策过程中让企业的品牌出现在消费者面前的较好策略。

另外，零售商网站的用户界面和搜索性能对吸引消费者也有一定影响。随着技术的进步，网上信息搜索还将变得越来越智能化，如拍照识物软件、拍照显示产品信息的 AR BUY+ 等。目前，搜索引擎营销（SEM）已受到商家的高度重视。

4. 信息渠道多种多样

除了网络广告、搜索引擎、门户网站、直播平台、品牌社群以及各种点评网站，网络营销者还可以通过采用操作视频、3D 动画、AR（增强现实）技术、VR（虚拟现实）技术、即时通信（如阿里旺旺、咚咚、QQ、微信、机器人客服）等手段或开设消费论坛、SNS 社群、网上虚拟展厅等一系列措施，帮助消费者对产品的各个方面有较为全面的了解，满足消费者的信息需求，促进购买行为的产生。VR 和 AR 技术是较有发展前景的高新技术，其中，AR 在销售活动中往往更有实际意义，尤其能帮助人们在网上选购服装、太阳镜等穿着用品。有的厂商还采用了"虚拟镜子"技术（EZFace），它先用内置摄像头对消费者照相，然后扫描不同彩妆品的条形码，每种产品的效果就会自动显示在脸上的不同部位，形成虚拟妆容。

5. 网络口碑是影响消费者做出购买决策的关键因素

菲利普·科特勒于 2019 年 10 月在《营销的未来》演讲中说道："在未来，如果说不再需要销售人员，不再需要广告，会怎么样？我猜想那时候的市场营销最需要做的就是管理好口碑，最有效的广告就是来自消费者的朋友，还有体验过产品的这些人，消费者可以信任他们所说的经历和体验。"德勤公司（Deloitte & Touche）的调查显示，63%的用户更愿意在带有商品评论的购物网站上购买商品。而 Forrester 调研公司发现，在访问过带有用户评论的零售网站的消费者中，多数人表示用户评论对其购买决策非常重要。美国知名的电

---

① "C 一代"是指 1981—1995 年出生的一代人，此处特指那些互相沟通和群体性的消费者。

子商务网站亚马逊近年来削减了电视和印刷广告的预算，因为他们相信在线评论可以更好地起到宣传作用。可见，网络口碑对消费者有着巨大的影响力。

资料链接　　　　在消费决策上，年轻人开始回归豆瓣和点评了

UGC的"种草"模式以普通消费者为主，消费者主要对使用、消费和体验进行打分和评价，淘宝店铺下的评论、大众点评、豆瓣、亚马逊的评价体系都是如此，分享目的是借大众的消费体验，辅助用户消费决策。而以KOL、KOC、明星、明星主播为主的PUGC"种草"模式，主要通过内容输出带动号召力和购买力，借助内容生产主体的带动效应，使粉丝、用户对内容产生兴趣，从而完成"种草"、传播和变现的链路。但PUGC容易出现"滤镜景点"等"虚假种草"现象。消费者虽然对"种草"有直接需求，但在回归线下真实消费场景后，去掉滤镜后的素颜消费更是理性需求。

如何在消费前找到相对接近现实的评价呢？

第一，需要更多样本，让结果趋向真实。当一家餐厅、一个目的地集合了海量普通用户的真实反馈，给到大众消费者参考时，得到的信息比千篇一律的"绝绝子"和"YYDS"要更有价值，对降低踩坑概率也有帮助。

第二，除PUGC之外，在做决策前还需要看UGC的内容。如果PUGC的作用是告诉消费者有什么，那么UGC就是告诉消费者值不值得去。这就可以理解如大量贴上"小镰仓"标签的景点会在小红书等平台上崛起，而没有在大众点评上诞生。

第三，参考多种意见，好评、差评都要看。多数人的实际体验意见有好评也有差评，比网红带有滤镜式的一致好评更有实际参考意义，对于普通网友来说参考性更强，毕竟一家餐厅、一个旅游景点让所有人都满意也是不太现实的。多看看不同用户的实拍图、差评，再决策是否买单，此类内容变成现在网络上流行的"反种草"、反滤镜攻略。

例如，"拔草"达人陈华的决策路径如下：先去某些网红"种草"平台（如小红书）查询，综合了解有什么，然后在抖音上搜一下有没有视频之类的，再去大众点评这类UGC为主的平台上看用户评论和榜单，判断是否与真实情况有出入，继而综合做出决策是否要去线下"拔草"。陈华熟知这些平台的特点，比如：小红书上的新品多，很多新潮的东西来自那里，同时也鱼龙混杂而需要好好鉴别；抖音上以美食或旅行博主的攻略或打卡视频为主；大众点评、豆瓣上则用户的评论多。

可见，年轻消费者在网络冲浪以后，终会回归线下消费，看见去掉滤镜后的真实现实。大众点评、豆瓣的评价模式算是给消费者提前做了"剧透"。

资料来源：彻诺. 在消费决策上，年轻人开始回归豆瓣和点评了 [EB/OL]. (2021-10-27). https://www.tmtpost.com/5811053.html.

三、购买决策

传统的漏斗模型认为，消费者的决策进程是逐步地缩小品牌选择范围和接触点的过程，沟通方式也是单向线性的。图11-4表现的是经典的AIDA模型（attention、interest、desire、 action，态度、兴趣、愿望、行动），它描述了消费者购买决策的基本过程。

在网络时代，消费者因为信息充分而拥有了最大的主动权和话语权，也有了迥然不同的思考和行为模式，经典的"漏斗模型"已经难以充分刻画和描述消费者更复杂、非线性的购买决策路径。潜在的消费者可能会从 AIDA 模型 4 个阶段中的任意一个阶段进入，甚至会跳过中间的一个或多个过程。如图 11-5 所示，D. Court 等人提出的"消费者决策进程模型"（consumer decision journey，CDJ）表明，消费者的数字化决策进程是环状循环往复的，由"购买环"和"品牌忠诚环"两个小环内切组成，包括考虑、评估、购买、体验等关键阶段。这个双环决策模式是循环往复的，不是一个逐渐缩小的过程，它与"连续、线性、自上而下"的传统"漏斗模型"形成鲜明对比。该模型说明购后体验能够对消费者决策过程产生影响，会让消费者形成品牌忠诚度，从而跳过前期的考虑阶段和形成偏好阶段，直接进入购买阶段。购后体验还会发展为"共享"、"互粉"和"互信"。所以，如果企业能够加强品牌与消费者之间的联系，就能大幅度压缩甚至消除消费者在购买过程中的考虑和评估部分，直接把消费者推入这一决策进程的购买环节。

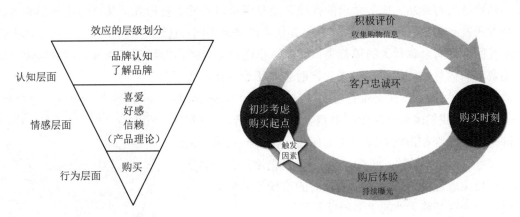

图 11-4　消费者购买决策的"漏斗模型"　　　　图 11-5　环状决策进程模型

资料来源：David Court, Dave Elzinga, Susan Mulder, et al. The Consumer Decision Journey[J]. The McKinsey Quarterly, 2009(6).

四、购后评价与分享

评价与分享是消费者购后行为的一部分。相对于传统购物，消费者网购行为的一个重要特点是对购后评价与分享的热衷，同时它对其他消费者的影响作用也大大加强。因为消费者在网购时没有接触到实际商品，更缺乏使用体验，往往希望借助其他消费者的消费体验来做出决策。这时，在线评价就提供了一个很好的信息窗口。

（一）购后评价

对于从网上购买的商品，消费者试用和体验后会根据自己的感受进行评价。消费者的购后评价可能涉及信息可获性、物流、价格、服务、产品性能等各个方面。

在传统市场上，由于缺乏传播的媒体，消费者口碑宣传往往较被动，即在他人询问时才提供，传播范围也相当有限。但在网络时代，消费者会主动地通过购物网站（如在原购物网站商品下方）、网络论坛、虚拟社群、即时通信、个人博客等各种渠道发表购后评价，并对素不相识的人产生影响，从而对商家形成强大的舆论监督，并成为消费者购买决策的主要参考依据。商家应当密切关注消费者在网上发布的购后评价与感受，及时采取有效的售后措施。例如，雕爷牛腩曾十分关注微博、微信上用户对菜品的意见，并快速改进产品。

（二）购后分享

消费者还可能主动把自己的购物体验与他人分享，消费信息分享是网络时代消费行为的重要特征。例如，小红书就是一个以 UGC 内容为主的生活方式分享平台，同时也成为著名的"种草"平台。随着微视、抖音、快手、火山、美拍、爱奇艺等短视频 App 的异军突起，短视频以及 Vlog（视频博客）已成为重要的分享方式。

购后的网络分享行为本质上是一种口碑，关于口碑的经典研究的结论也可以用在网络分享行为上，例如，负面口碑往往比正面口碑对消费者的影响更大。消费者基于自己对商品的消费经历对商品、服务做出的在线评论是网络口碑的主要形式，其可信度和影响力高于企业所发布的信息。例如，小红书与其他电商平台不同，它还是一个以 UGC 为主的内容分享社区，拥有全球最大的消费类口碑库，里面有来自用户的数千万条真实消费体验，成为消费者海内外购物的重要参考，同时也是平台和品牌方了解消费者的"智库"。欧莱雅首席文化官 Stephan Wilmet 说："在小红书，我们能够直接聆听消费者真实的声音。"真实的口碑是连接品牌和消费者最坚实的纽带。国外一些著名品牌企业（可口可乐、微软、耐克、GE 等）还把用户在社会化媒体上所自主表达的信息作为一个重要的市场信息反馈与收集渠道，因为这是纯天然的"调研问卷"。

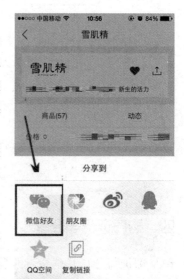

消费者对于高兴或满意的消费经历都喜欢与亲朋好友进行分享或推荐。严格地说，推荐与分享并不完全一样。微信的"看一看"功能以前用的是"好看"，其推荐的意味较重；后来更新为"在看"，突出的是分享个人的状态。而消费者对于推荐通常会更为慎重一些。唯品会在商品的右上角有一个分享按钮，点击这个分享按钮，可以将商品链接发送到微信好友、朋友圈、新浪微博、QQ 好友、QQ 空间等社交平台（见图 11-6），消费者在购买前还可以通过此按钮征求朋友的意见，寻求其帮助。

图 11-6　唯品会的分享"刺激"

在移动互联网环境下，消费者评价与体验的分享可以在线下消费的同时实现，也可以在消费后的任何时间内实现，这取决于移动用户的使用习惯。但不少消费者都喜欢及时分享消费体验。例如，吃饭时用微博发张照片，旅途中用微信抒写感想，而且消息即时性强，往往不会花太多时间字斟句酌和对图片进行 PS 美化。由于移动智能终端的便携性及其拍照、摄像功能，以及社交媒体的兴起，极大丰富了消费者的展示场景，使得消费者乐于展示自己的体验，而不单单只是分享。与此同时，越来越便捷的编辑应用软件，也使消费者的创作更为容易。如美图相机、抖音、美拍、漫画生成器、变声趣味软件等 App，让富媒体创作不再被地域和时间限制，消费者随时都可以成为导演、摄影师、音乐家、漫画师等。据微博官方统计，有 67% 的消费者在享受美食前会先拍照发微博分享。而消费者展示出的产品信息又会引起其他"UP 主"或消费者的兴趣，成为新一轮消费的源头。

商家也可以通过二维码连接社交媒体来鼓励分享。例如，Diesel 在实体店通过引进二维码，将消费者的体验与个人 Facebook 页面做链接，每一款衣服都有一个独特的二维码，消费者喜欢哪件，可以用手机轻轻一扫，相应的消费者感兴趣的信息便会出现在个人 Facebook 页面上。

1. 主动分享与被动分享

Like Diesel

主动分享，顾名思义，就是分享者在没有受到外部环境任何威逼利诱的情况下自发性分发内容的过程。若要引导分享者主动分享，需要满足如下其中一项条件：被分享的内容与分享者三观或个人特质吻合；有利于塑造或凸显分享者的形象；分享者对被分享的内容感同身受、有感而发；对被分享者有利；推进发受双方关系；有利可图。

被动分享则是受到外部环境任何威逼利诱的情况下分发内容的过程。如何在违背分享者主观意愿的前提下引导分享呢？目前互联网普遍的做法是："甜头"诱导；强制分享，只有完成分享动作才能继续体验整个产品流程。当收获的价值大于分享带来的消极影响，或者放弃分享的成本大于分享带来的消极影响，消费者将愿意分享。

📋 资料链接　　　　　　如何让用户主动发朋友圈

如果用户拿到产品后能主动发朋友圈，相当于企业省去了一大笔广告费，间接地降低了获客成本，在与同行的竞争中增加了赢面。网红品牌的秘诀就是抓住免费的朋友圈资源。

如何让用户主动发朋友圈呢？常见的做法是利用免费、红包等利益因素诱导用户发朋友圈。但高阶运营则是把品牌做出档次来，让用户买了产品后，为显示自己的格调，必须发朋友圈。更高级的是给产品打造出不一样的文化属性：或代表着一种生活态度，如江小白；或代表着一种身份，如买了劳斯莱斯的用户在朋友圈里用凡尔赛体说"原来劳斯莱斯的方向盘也是圆的"；或代表着个人标签，如喜茶。

用户买了一瓶 2 元的纯净水，会发朋友圈吗？但一瓶 1899 元的皇家礼炮水，全球限量 1000 支，每支都编了号，喝一支少一支，用户喝之前大概率会发朋友圈的。这是因为产品的稀缺性，不过不具有常规操作性。常规的让用户发圈操作是什么？产品高颜值呐！用户在朋友圈主动分享的一定是高颜值、高档次、高价值的内容，俗称朋友圈"三高"。

其中，最简单的方式就是高颜值，高颜值是做网红品牌的入场券。当然，短期网红品牌看颜值，长期网红品牌看文化。大家买了某网红拉面，煮之前可能会发朋友圈，但是煮之后几乎不会发圈了，为什么？因为成品颜值不高，那种煮熟后依然高颜值的面只存在于电视上的泡面广告里。比如，水果麦片往碗里一倒，噼里啪啦跳动的五颜六色的水果干看起来就很美，加个滤镜，拍个照片，发到朋友圈，最后还不忘秀一下这个麦片的牌子，加上文案：200元一袋的麦片也不过如此嘛！妥妥的又一凡尔赛高手。

资料来源：CPA：喜茶们的秘密在朋友圈[EB/OL]. (2021-03-22). https://new.qq.com/omn/20210321/20210321A01TWS00.html.

2. 分享动机

埃森哲"中国消费者数字趋势研究"（2018）调查发现，87%的消费者愿意和别人分享购物体验或者发表评论，其中55%的消费者会在社交应用中分享自己的购物感受。这部分消费者也更容易受到社交分享的影响和刺激，从而增加冲动性购买，使消费呈现出"购买—分享—再购买"的循环式连锁反应。例如，许多消费者喜欢将自己的旅游经历及时分享到微信朋友圈。

有时，消费者分享消费体验或信息时并没有经济报酬，为什么还会有那么多人愿意花时间和精力去编辑和分享消费经历呢？研究者的共同结论是，消费者将经验分享给他人是出于利己的动机。人们在将口碑分享给朋友或陌生人时，都是受社会认可这个动机的驱使，即便是自我驱动的动机，如自我满足和形象塑造，最终也是为了定义自己与别人的关系。例如，大多数消费者发朋友圈的主要动机是炫耀展示自己、让朋友更了解自己。消费者分享的社会动机主要有5类，具体如下。

——有用。将有价值、有启发意义和令人愉快的内容分享给他人。

——定义自己的线上人格形象。分享信息是为了让自己在他人眼里看起来更好。

——培养和维护人际关系。分享能帮助人连接、加强他们的人际关系，甚至是创造新的人际关系，连接与自己兴趣相同的人。

——自我满足。通过把好的内容分享给自己关心的人获得满足感，并从中能得到他人的认同。有研究发现，人们分享内容后，会更喜欢这个内容。当他们得到反馈后——评论、点赞——他们会对分享有新的期望。多数人通过分享能更加感受到自己与这个世界的联系。

——借别人之口说出自己的想法。将分享作为自己支持某件事、品牌、理念的方式。

从"我"、"他"、"我和他的互动"三个向度，可以把用户的分享心理动机做一个更清晰的划分，如表11-2所示。

表 11-2　分享动机的三向度理论

划 分 标 准	细 分 类 别	说　　明
我 （self-involvement）	自我宣泄	出于纯粹的情绪表达进行的分享。比如，朋友圈看见的"堵车，真烦！""好心情！"
	自我记录	对自己生活状态或达成某一个任务的记录。比如，完成背单词打卡第25天；"第一次学会做菜，mark一下"
	自我获利	通过分享来向他人求助从而实现获利，比如"好友助力抢票加速""歌唱比赛拉票"
我 （self-involvement）	自我标榜	通过分享的内容来给自己贴标签，表明自己的身份、社会地位、彰显形象。比如，在朋友圈晒名牌包包，在星巴克喝杯咖啡自拍等
	自我实现	通过分享来弥补现实中自我的缺失，来暗示可能的我的状态。比如，一度刷屏的"军装照"

续表

划 分 标 准	细 分 类 别	说　明
他 （others-involvement）	利他	分享的内容对他人有帮助，或者通过分享来支持、声援某个观点、品牌、事件。比如，分享一个学习资料给朋友，分享一篇女权的文章等
我-他 （self-others interaction）	培养和维护人际关系	分享能帮助人连接、加强他们的人际关系，甚至是创造新的人际关系。比如，分享一个小游戏"头脑王者"给好友，一起 PK 答题

当然，很多时候用户的分享动机是复杂的，如在朋友圈分享跑步的运动轨迹，既是一种自我记录，也是一种自我标榜，而不同的人这两种动机的占比可能会不一样。

营销人员应当研究和满足消费者的分享动机，避免给信息发受双方造成心理压力，从而刺激消费者分享或转发相关商业信息。例如，拼多多单纯以物质诱惑鼓励分享，就容易引起信息接受者的反感。

Anderson 用一条不对称的 U 形曲线来说明消费者满意度与口碑传播者之间的关系，认为十分满意和十分不满意的消费者比那些中等满意水平的消费者更有可能进行口碑传播，同时不满意的消费者又比满意的消费者更倾向于进行口碑传播。稍微不满意的消费者有时并不采取任何口碑行为，因为他们不愿意给别人留下一个抱怨者的形象。而 Sundaram 认为，消费者发布负面口碑主要出于 4 个动机。① 利他主义，即为了使别人避免错误的选择而不计回报的行为；② 缓解焦虑，即通过在别人面前抱怨差劲的产品和不愉快的消费经历来释放他们的愤怒、焦虑和紧张；③ 复仇心理，即出于对那些使他们得到不满意的消费体验的企业的报复；④ 寻求建议，即为了能够获得别人的指点、忠告和建议，厘清事件或产品的不确定性。在这四大类动机中除了第一种利他主义动机，其余三种动机都显示了散布负面口碑者的强烈的心理需要。

带传播基因的
产品特性

3. STEPPS 原则

消费者分享的信息多种多样，那么，什么样的信息和内容更容易被广泛传播呢？沃顿商学院 Jonah Berger 教授总结了能使传播内容具有感染力的 STEPPS 原则。

（1）社交货币（social currency）。消费者分享某项内容后，能让别人觉得他优秀、与众不同，那么这项内容就像货币一样买回了别人对他的好感，这就是社交货币。当产品、行为或者思想作为社交货币的价值越大（如优越感、荣誉感、归属感、存在感等），就越能够获得其他人的好评和积极印象，消费者也就越乐于分享和传播这样的信息。例如，微信朋友圈就具有社交货币的功能，因为在朋友圈里发布人生鸡汤或成功典范文章等，可以让朋友们觉得自己是成熟的、睿智的；买家秀美照、晒美食、晒萌娃都是在提供社交货币。猫爪杯火爆的原因之一是产品本身具有炫耀式消费的特征，而且也是小姑娘求关爱的一个物化的表现，因而愿意分享传播。三顿半很重视产品的包装设计，其目的是希望用户主动拍照分享，以使品牌获得更多免费的流量；三顿半还用"成图率"（用户购物后拍照并上传图片的概率）来衡量用户分享的社交红利。

如何打造社交货币呢？一般而言，领先而高端的品牌定位具有社交货币属性，比如喜茶、特斯拉、苹果手机等。稀缺性、专用性、个性化的设计会让人们感觉有归属感，比如熟人推荐才能注册的会员制、私人购物区等。围绕产品设计特权服务，能体现出比别人更优越的价值感和成就感，也就有了社交货币的价值。

📋 资料链接　利用好奇心理，给顾客提供具有"社交货币"的商品

让人感觉与众不同、让人惊讶的商品，往往具有"社交货币"的属性，可以刺激消费者产生浓厚的好奇心，以致主动拍照、发朋友圈，免费宣传。

如何打造具有"社交货币"的商品呢？有三个路径可以参考。

1. 低端商品高端化

例如，很多小吃店在互联网思维下产生了一些新的想法。如把一个普通的肉夹馍放在一个高档的纸质包装盒中，代替了过去一个普通塑料袋的包装，这样的包装就会在视觉上吸引顾客产生好奇心，进而购买并拍照。

2. 商品包装差异化

商品包装差异化很经典的例子就是江小白。江小白每个外包装的文案都不同，并且都具备走心、社交的性质。人们看到一些有趣的文案，就有可能顺手拍照发朋友圈。江小白的走心文案既是外包装，也是一种"社交货币"。

3. 服务细节极端化

例如，海底捞的那种细致到极致的体贴服务；2018年在抖音中火爆的一个奶茶店，其厕所堪称公主房间；等等。

这些设计都会让人产生好奇心理。新奇的东西总是能够吸引人们自发进行传播，所以，商家要抓住顾客的这种心理来打造社交货币商品，设计让顾客产生拍照的场景。

资料来源：宋汉卿. 顾客心理学：好的销售都会抓心理[M]. 北京：中国商业出版社，2020.

（2）诱因（triggers）。所谓诱因，其实就是刺激消费者在某种场景下联想起产品、品牌的线索或者元素。如果传播的内容能和某个高频且具体的常见场景关联起来，容易引起人们的联想，就会成为持续性分享的诱因。Rebecca Black有一首十分幼稚、低俗的歌曲《星期五》，但因为在每周五时都会激起人们的共鸣与联想，结果促成了歌曲的走红。在特定的节庆事件中蹭热点的广告与文案，也是在利用频繁出现或容易被想到的东西去激发人们对产品的联想。

（3）情绪（emotion）。能引起人们情感共鸣的内容，容易得到广泛的分享与传播。热点的传播就是因为其能引发更多人的共鸣与感染。音乐家Dave Carroll被美联航的工作人员摔坏了吉他，但得不到道歉，他就写了一首歌《美联航摔坏吉他》引起大量歌迷共鸣而转发，结果美联航股价下跌10%。

人们都愿意分享自己的情绪，让别人感受到自己幸福、快乐或者难过，所以在推广产品时一定要引起目标群体的情感共鸣，让他们自发地分享给身边的人。需要注意的是，并不是所有的负面情绪都不适于传播，比如，生气、担忧这些负面情绪就有利于传播；也并不是所有的正面情绪都有利于传播，比如，满足感就不利于传播。关键是要看情绪的唤醒性，敬畏、兴奋、幽默、愤怒、担忧都是高唤醒情绪，满足、悲伤则是低唤醒情绪，把某

种有唤醒情绪的元素加入故事或广告中，就能够激发人们的共享意愿。例如，凡客诚品的形象代言人韩寒、王珞丹用调侃、戏谑的广告词来彰显 VANCL 的个性品牌形象，由于广告词十分随性、有趣，而且结构简单，每个网友都可以参与进来，引起了大批网友的围观、想象、设计和加工，形成了"凡客体"的病毒式传播。

 **案例链接**　　　　　　**"凡客体"破圈走红**

凡客诚品知名度的暴涨，绝对离不开"凡客体"的功劳。"凡客体"最初只是一段广告宣传文案，意在戏谑主流文化、彰显品牌个性。其广告词是韩寒的一段自我介绍："爱网络，爱自由，爱晚起，爱夜间大排档，爱赛车，也爱59元的帆布鞋。我不是什么旗手，不是谁的代言，我是韩寒，我只代表自己。我和你一样，我是凡客。"

由于"凡客体"有趣、好玩，引来了广大网友的模仿。"凡客体"瞬间火了起来，并在不同的网络群体和平台上爆火。有网友调侃道："在'凡客体'世界，只有想不到，没有看不到。"而商家也趁机借势，通过官方微博来搜集网友的各种广告 PS 版本，进一步扩大了知名度和影响力。

资料来源：武永梅. 社群营销[M]. 天津：天津科学技术出版社，2017.

某些产品因为具有好玩、互动的特性，同时又能满足消费者炫耀的情绪，就会激发年轻消费者的积极情绪，并容易得到传播分享而成为网红商品。例如，明治小熊饼干摇动时间长了就能形成一个巧克力饼干的大球，但也不是每个人都能把小熊饼干摇成球，还要靠点运气和技术，这引起了网友的浓厚兴趣，越来越多的抖音用户加入其中，并随之创造了各种花式摇法。可见，在一个供大于求的时代，产品的功能性需求已经不能完全满足消费者了，产品不仅要好看、好吃，还要好玩，并能引发分享。

在移动互联网时代，引起广泛传播的内容往往都有较强的感染力。新鲜好玩、有亮点、有槽点，能触发人们的情绪共鸣，甚至"短平快"的戏谑、无厘头、反差萌都可能快速引燃消费者的情绪点。商家应当有效利用这种网络传播现象，让消费者自发参与广告传播活动，让受众从旁观者变为参与者，从信息接收者变为信息传播者。例如，"小猪佩奇身上纹，掌声送给社会人"，这样一条在抖音上爆红的 15 秒的短视频让一款小猪佩奇手表糖瞬间成为爆款，没有计时功能的佩奇手表竟然比劳力士还火。又如，2016 年 10 月，一个网络新词"蓝瘦（难受）香菇（想哭）"开始在微信朋友圈刷屏。维达纸巾运营人员从"蓝瘦香菇"事件中发现了巨大的信息传播价值。第一时间维达在其微信公众平台发布了"蓝瘦，香菇？不怕，至少还有 TA，可以一直陪你到老"一文，仅仅看题目就令人忍俊不禁，而"一直陪你到老"的口号又让人感到很温馨。维达便借着"蓝瘦香菇"事件的裂变式传播而大大地风光了一把，在品牌知名度上有了很大的提升。

（4）公开性（public）。通常，对于私密的内容或想法，人们都不太愿意共享。假如人们不能看到其他人在做什么，就绝不可能去凭空模仿。如果想让产品、思想和行为变得流行起来，我们需要让它们具有可视化、可公开性，以驱动人们共享，引发人们的公开讨论、模仿或从众行为。例如，懂你英语、友邻优课、百词斩等英文学习 App 开展在朋友圈打卡赢学费的活动，把原来不可见的消费变得可见，从而引发大家的模仿行为。

耐克曾想做一个品牌公益活动。当时有两个选择：① 办一场公益自行车赛，邀请家人为选手捐款；② 做条醒目的腕带，销售款捐给公益。耐克选择了第二个活动，结果大获成功，6 个月就卖出去 500 万条。原因之一是把腕带戴在手上会被很多人看到，人们发现这很有意思，就会纷纷模仿，购买腕带。

（5）实用价值（practical value）。人们喜欢传递和接受有用的信息，利他思想驱使人们分享实用的信息，人们相信那些带有实用价值的信息能够帮助他人，因此具有实用价值的信息往往传播得更快、更广。在互联网时代，经常被转发的信息大多具有实用、简明的特点。例如，教育类的文章比运动类的文章会受到更多人的转载和关注；健康类文章也最常被转发。微信公众号"医学微视"将公众最关心的疾病问题，通过专家讲解的微视频形式，进行精准的医学知识传播。许多中老年朋友一旦知道这个公众号，立刻就会分享。

 **案例链接** **支付宝集五福活动**

2016 年，支付宝"集五福"的横空出世成为当年春节红极一时的话题。除民众积极扫福和换福之外，尤其是"敬业福"的稀缺还连续多日登上了各大社交平台的热搜榜，成为被街头巷尾热议的话题。从那一年顺利跻身舆论视野开始，"集五福"便在随后的若干年里持续拥有了较强的影响力。

从 2017 年开始，集五福便摆脱了单纯集卡式活动的样态，几乎每年都会推出不同的创新玩法。比如，2018 年首次出现了可以兑换任一福卡的"全能福"，扫身边好友"五福到"的手势，以及通过蚂蚁庄园和蚂蚁森林也能获得福卡；2019 年，支付宝又推出了 2019 张"花花卡"，获得此卡片的用户能获得"全年帮你还花呗"的权益；而到了 2020 年，支付宝的"花花卡"升级为"全家福卡"，其中最具诱惑力的福利则是"帮还全家花呗"。

随着每年玩法的推陈出新，"集五福"开始具有了对用户的持续吸引力。每到岁末年初，期待集五福活动的到来已变得颇具仪式感，它也开始沉淀为互联网领域拥有强大影响力的CNY 营销（中国春节营销）活动之一。

相较于其他平台力图通过红包金额在短时间内获得强曝光的动机，在用户认知层面已经具有先发优势的"集五福"本身更侧重于强调互动和分享。人们能够完成的动作已经不仅仅是"抢"，还包括"玩""分享""互动"等更多动作。

但在"集五福"推出并实现玩法多元化后，它不再只是独立个体或家庭"自扫门前雪"的行为，而是在交换福卡、写福转赠的过程中变成了一种影响力更为广泛的社交活动和社会行为。从表面上看，是场景从线下到线上的变化；但从里子上说，则是展现形式和内涵的无限延伸。"福"这样的传统文化元素，通过"集五福"在线上虚拟空间中拥有了全新且可延续的生命力。

资料来源：三大案例告诉你为何网络营销已成趋势！[EB/OL]. (2021-09-22). https://baijiahao.baidu.com/s?id= 17115651277 01194798&wfr=spider&for=pc.

（6）故事（stories）。故事能够有效承载和传播信息、教训和寓意。有话题感、情节性和独特性的产品也容易成为人们分享的网红产品。故事比数据更容易传播，故事引发的话题能让人们广泛地进行讨论，而品牌与故事的有效结合也让品牌信息悄然传开。比如，旺旺利用抖音与消费者互动，它常常通过员工办公室日常来结合产品打造小剧场故事，可甜可盐，画风有趣、好玩，体现了旺仔独有的"旺"风格。又如有关海底捞服务好的故事在消费者之间广泛流传，为海底捞塑造了良好的口碑。再比如，茅台酒在巴拿马博览会被摔碎导致酒香四溢得金奖的故事，张瑞敏砸冰箱的故事等，都是让人们津津乐道的信息载体。

因此，一个好的故事可能成就一个好的产品。从营销者来说，应当从产品卖点出发，创造情景，收集素材，组织语言，形成与多数消费者有相似境遇的故事，并把产品和创意巧妙地嵌入消费者愿意讲述的故事当中。例如，美甲行业在美国本来很不流行，后来越南美甲师的励志故事传开了，美甲就流行起来了。

思考一下：想想最近上过热搜榜的商业信息，其特点是否符合 STEPPS 原则？

案例链接 鸿星尔克爆火的背后是什么？看这 8 个关键词

无论偶然还是必然，一件事情得以疯传总有底层原因，如大众心理、制造流行、传播理念等。作为营销人，不要停留在表面做吃瓜群众，试着去思考冰山的底部，会别有洞天。

关键词 1：冲突

一流营销制造冲突，二流营销发现冲突，三流营销寻找冲突。

从鸿星尔克舍不得开会员、快要破产、之前直播间冷清无人，到河南水灾捐款 5000 万元，到直播间在线人数超过百万，到近日全渠道 GMV 破亿元，只用了一周的时间。

形象 A 国货，良心企业对自己抠（不舍开会员）；形象 B 爱心，野性捐款对灾区豪（怒捐 5000 万元），这就是身份的冲突，引发用户好奇、追随。

话题的制造，是所谓冲突，背后其实只有一个动机，但就是通过不同的冲突，两方都会获得拥垒者，这样就吸收了两方的人脉，再将一个话题炒热就很容易。

形象的反差让消费者以买鸿星尔克为荣，暗示心理我和有爱心的企业站在一起，正如群体的社会心理——我也是那样的人。我不能大肆地捐款，我还不能买个百来块钱的鸿星尔克吗？

关键词 2：克制

网上疯传的一个段子，老板吴荣照火急火燎地骑着共享单车来到直播间，只为给网友们道一声谢，结果小黄车还被骑走了。

在直播间，吴荣照不断地告诉大家要理性消费，喜欢看中了再下单，他越是这样克制地让用户不要下单，用户反而更要下单。

直播间里，小姐姐拿起一双 249 元的鞋子，说我们的鞋子 249 元真的挺贵的，让消费者思考后再下单，还列出对于有些人可能很便宜，对于有些人就是贵的。

这和我们熟悉的直播间完全不一样。她不断放大"理性消费"的理念，越这样克制，消费者反而越觉得她可爱，增加了转化效果。

在信息泛滥的时代，我们讨厌卖家轰炸式的传递方式，反而这种克制的做法恰如一股清流，让人钟情且难忘。

关键词3：情结

情结营销是通过一些感人的事件建立企业与消费者的联系，通过倾诉一个动人的生活细节，激起品牌在消费者情感上的涟漪。

通过讲述产品专业的背景，使消费者对品牌真诚信赖，通过长期且双向的沟通使情感如火如荼、深之又深。

很明显，鸿星尔克被用户定义了几个情结，以下两个标签能很清晰地反映出来。

（1）国货情结：最近几年新国货消费热潮备受关注，同类目除了李宁，让消费者知道的还有鸿星尔克。货，它是老牌运动品牌形象；国，它的野性捐款已经是爱国形象。

（2）良心情结：自己寒酸不忘了捐款，被贴上有良心的情结，对于有良心的人和企业，消费者总会从心底去支持。

关键词4：情绪

人，首先是情绪的动物，有人说：80%的购买是基于"感性的情绪"，而不是"理性的逻辑"。

做决策，很多时候是被选择，疯狂的网购就是典型的案例说明。人们疯狂地去鸿星尔克直播间购物，真的是缺鞋子、缺运动服装吗？未必。更多的是被当下的情绪所带动，从而引发的跟随行为。

消费者拥有从众心理，更偏向于快思考、快决策，背后的出发动机是情绪的变化，而不是深思熟虑的逻辑变化。

对于鸿星尔克破亿元的 GMV 而言，早已脱离产品诉求，而是一种宣泄和情绪化表达——我也爱国，我也有爱心。

我们熟知的江小白，把情绪化营销做到极致。扎心的瓶身文案"喝的不是酒，是情绪"，它们表达着一种独立的态度，也是年轻人藏在酒里难以开口的孤独和倔强。

关键词5：蓄力

用户的注意力是短暂的，如果当初被传播了但后续承接没跟上，也很难达到火爆的效果。我们做营销和传播的时候，很多是昙花一现，唯有持续发力、不断层，才能持续下去。我们熟知的顶流主播李佳琦、直播间不就是如此，一年 365 天有几天是空档期呢？唯有蓄力并持续输出，方能赢得最后的战役。

鸿星尔克卖断货后要求主播上才艺，主播拿起吉他开始歌唱，副总裁也唱起了《桥边姑娘》。配合用户的调侃，引来豪气用户疯狂打赏，让直播间热度持续。再加上抖音、淘宝、微博全渠道跟进，抖音甚至 24 小时不停歇直播，3 个主播轮流上阵，只为拉满效果。

关键词6：借力

从蓄力的自身承接，到外部的借力，让火苗越烧越大。除了网友的起哄，更大的力量是顶流的二次传播。7 月 23 日某网络主播转发鸿星尔克的微博，到 7 月 24 日直播间公益助力，继续升温。7 月 23 日罗永浩直播间中一位叫"鸿星尔克总裁"的用户占据榜一的位置，引发讨论。很多自媒体以"鸿星尔克"为创作题材的各种文章、短视频，传播超 10 万的不胜枚举。人民日报等顶流点名表扬，各路媒介纷纷正面报道；抖音 UGC 传播，用户自发创造短视频；线下门店爆满，引发消费者跟风。湖北武汉，甚至有人一次消费 3 万元；江苏南京，有人买了 500 元的东西反而码付了 1000 元就跑了，引发各种新闻媒体的后续报道。关键是所有的声音都是正面的。可见，这次 5000 万元的捐款对企业的后续价值有多大。

关键词 7：造梗

网友和主播对话，引发用户的迷恋和二次、多次传播。

不管真假，先看几个段子对话。

网友：直播间换首歌，不要蜜雪冰城单曲循环。

主播：我们只买了一首歌的版权，只能单曲。

网友：能不能不优惠，不要优惠券，有没有满 500+100 的活动？

网友：老公不愿意买鸿星尔克，我考虑了下，准备把老公换了。

主播：有线头可以 7 天无理由退换货。

网友：别说线头了，鞋底掉了，我都不会退货的。

主播：谁给我们微博充会员了？都到 2140 年了。

网友：我看你们竟不是会员，就充了 120 年。

自嘲、凡尔赛、捧哏，看网友的调侃，如脱口秀一样精彩。引发用户疯狂传播、谈论，在自己社交媒体账户蓄力传播，自带热点疯狂的社交货币。甚至，自己买了鸿星尔克都会拍照晒个朋友圈，身份认同。遇到好玩的段子，不断分享自己的社群，有趣有料。

关键词 8：若愚

上到老板，下到直播间的主播，无时无刻不在体现着大智若愚心态。

直播间不断践行理性消费的理念，主播甚至在晚上 10 点多和网友说："下单了就去睡，不能熬夜，熬夜会掉头发"，竟然自嘲地把额头露出，调侃地说："嘿嘿！你看，想不到吧，我竟然是个秃子"，网友瞬间被主播逗乐了。

若愚的背后透露着真诚，这才是私域流量的本质。

现在的网友不吃浮夸，不吃自卖自夸和套路营销，唯有真诚才能赢得用户的认可。人们常说直播需要技巧和各种套路配合营销策略，看看略显青涩甚至有些憨憨的鸿星尔克直播间主播，你可能会改变你的观点。

把事情想简单，切实为你的用户着想，哪怕没有那么流利的措辞和华丽的直播技巧，一样能赢得观众的喜欢。

资料来源：鸿星尔克爆火的背后是什么？看这 8 个关键词[EB/OL]. （2021-07-31）. https://www.shangyexinzhi.com/article/4070768.html.

五、网购行为模型

（一）AISAS 模型

AISAS 模型最早是由广告行业的日本电通公司提出的，这是一种具有网络特性的消费者行为分析模型。AISAS 是英文 attention（注意）、interest（兴趣）、search（搜索）、action（行动）、share（分享）的缩写。该模型中两个"S"（搜索和分享）反映出消费者由于网络应用带来的消费行为新变化。

在传统的 AIDMA 模型中，企业是营销信息的传播主体，而消费者只是被动的接受客体，营销者将信息推送给消费者，营销信息的影响力随着消费者的行为推进逐步降低。在

AISAS 模式中，消费者是营销信息传播过程的积极参与者与传播者。在信息搜索环节，消费者主动将信息拉向自己，在分享环节又主动传播口碑信息，其中，正面的口碑将成为有益的营销信息。该模式进一步表明重视消费者及其行为变化的重要性，因为在 Web 2.0 时代，营销信息的传播已不再是由企业主导的模式。

其实，"搜索"和"分享"也存在于传统消费过程中。例如，"搜索"存在于"收集信息"环节，而"分享"存在于"购后行为"环节。只不过，由于受到技术限制，它们对消费者传统购买决策的影响作用极为有限。

（二）SICAS 模型

短视频平台的兴起与成熟，将整个消费链路变成了一个实时感知、多点双向、对话连接的交互系统，彻底颠覆了以往的单向性和单一性。此时，品牌商家与用户的联系更加紧密，互动更加及时。于是，DCCI 互联网数据中心（2011）提出了消费者行为 SICAS 模型，包括如下 5 个阶段：品牌与用户互相感知（sense）；产生兴趣——形成互动（interest & interactive），用户与品牌（商家）建立连接——交互沟通（connect & communication）；行动——购买（action），体验——分享（share）。SICAS 是全景模型，用户行为、消费轨迹在这个生态里是多维互动过程，而非单向递进过程。

（三）SIPS 模型

伴随 Web 2.0 的深层发展，分享行为的影响正在逐步超越搜索行为。2011 年年初，日本电通公司再次推出了适应社会性媒体时代的消费者心理行为 SIPS 分析模式。SIPS 分别是英文 sympathize（共鸣）、identify（确认）、participate（参与）、share（分享）& spread（扩散）的缩写。

SIPS 模型认为，在社会化传播网络上，那些能够引起受众共鸣的信息将获得更广泛的传播和更强的生命力，而无法引发共鸣的信息会很快退出宏大的社会信息传递进程。消费者还会利用各种手段"确认"引起共鸣的信息是否与自己的价值观相符。然后就会参与信息的互动交流，成为粉丝或忠诚顾客等。同时，参与的消费者还会在网络上共享和扩散信息，由此引起更多的"共鸣"。例如，《蜜雪冰城甜蜜蜜》引起很多消费者的兴趣和共鸣，B 站的"UP 主"也纷纷参与创作，一时间，除了中英文版本，德语版、俄语版、法语版等多国语言版本纷纷涌现，甚至有网友别出心裁创作出了古汉语版、猛男版、京剧版……很快助力主题曲出圈，原本很多没听说过蜜雪冰城的消费者也受到鼓动，纷纷赶去线下消费，蜜雪冰城的消费受众数量也因此呈现大量增长。

（四）FIIAS 模型

我国学者徐小龙研究发现，虚拟社区会对参与其中的消费者产生信息性影响和规范性影响，并据此提出了 FIIAS 模型。FIIAS 是英文 focus（关注话题）、interest（兴趣）、interact（互动交流）、action（购买行动）、share（分享体验）的缩写。

在此模型中，消费者受到虚拟社区话题的吸引，并对某一产品产生了兴趣，开始与其他成员交流互动，最终产生了购买行为，购买后继续与社区成员分享使用体验。这种模式通常适用于卷入度较高的产品，如住房、汽车、高级数码产品等。

从上述模型中可以看出，无论传统媒体时代还是网络时代，"兴趣"始终是促使消费者采取购买行动的前提条件之一，而"分享"已经成为在线消费者行为的一个基本特征；同时，"搜索"和"互动"也是两种有别于传统的新消费者行为。

（五）Hook 上瘾模型

Hook 上瘾模型是 Nir Eyal 在《上瘾——让用户养成使用习惯的四大产品逻辑》一书中提出来的。Hook 上瘾模型分为 4 个阶段。

1. 触发/引爆点

触发/引爆点（trigger）即如何引导用户采取行动。习惯形成的背后都始于某个触发，触发可以激活某种行为。触发有两种：外部和内部。外部触发通过蹭热点、发广告、发 push（营销广告邮件）、SEO、熟人推荐等方式引起用户的注意；内部触发则是通过用户的产品体验形成情感纽带，因为产品能够满足用户的显性需求及隐性需求。外部触发可以培养新习惯，而内部触发可以让新用户变成铁杆粉丝，让用户通过内部触发去自发地、持续地使用产品，是让上瘾模型不断运转的关键。

2. 行动

行动（action）即驱动用户的行为。消费者实施某种行为，必须有充分的动机和完成行为的能力。为增加用户实施某种行为，在设计产品时要让产品便于操作，无须花费过多的时间、金钱和脑力；要想用户对产品爱不释手，要让用户花更少的努力得到他想要的效果。例如，从摩拜和 ofo 的使用流程看，摩拜：掏出手机、扫码、踢脚撑、骑车走人；ofo：掏出手机、扫码、输入密码、点击确认、踢脚撑、骑车走人。可见，ofo 的操作多了一个弯腰输入密码和确认的环节，其使用体验自然会比摩拜要差一些。在微信对话框中，如果你要发照片给对方，步骤：点击+号，点击"照片"，选中照片，点击"发送"。但为了进一步降低用户的动作门槛，当刚刚拍了一张照片，这时在对话框中点击+号，会自动把刚才拍的照片在右上角浮动出来，轻点即可发送。

3. 酬赏

酬赏（reward）除了产品易用度（如产品体验、响应速度等），产品还要能提供多样多变的酬赏机制去保持用户的兴趣，创造用户继续使用的渴望感。驱使人们行动的不只是酬赏本身，更重要的是渴望酬赏时产生的那种迫切需要。如果我们能够预测到下一步会发生什么，就不会有意外的感觉。因此，要想留住用户，层出不穷和及时的可变酬赏必不可少。酬赏既有内在的，也有外在的，包括社交酬赏（如点赞、评论、打赏）、猎物酬赏（如源源不断的信息流）和自我酬赏（如阶段性成就感）等多个方面。

4. 投入

投入（investment）指用户对产品的付出。一种行为想要变成日常习惯，必须有很高的频次和可感知的价值。投入可以是已经付出且不可收回的"沉没成本"，这种成本会提高消费者对实际价值的主观判断。投入并不单单指付费，而是泛指能促使用户再次使用产品的一切行为，包括时间、金钱、精力、情感、人脉等。2020 年，美国曾要求苹果手机停止向其用户提供微信服务，但微信早已深深融入全球华人的数字生活，没有微信，中国与亚洲其他地区的消费者将放弃购买 iPhone。有调查发现，假如真的出现 iPhone 手机和微信"二选一"的情况，94%的中国消费者将选择微信。

4 个步骤让
用户快速成瘾

 **案例链接**　　**以潮自拍为例，五分钟带你理解 Hook 上瘾模型**

潮自拍是美图秀秀开发的一款自拍 App，其主打功能为滤镜。潮自拍在 Hook 模型的每个阶段都进行了有效的营销活动。

1. trigger（触发）

1）内在因素

（1）用户需要滤镜的原因如下。

滤镜可以通过自动调节照片的光线、色彩等因素，烘托出一些特定的气氛和情绪，使照片更有质感，使用户愿意分享。

滤镜可以通过优化照片的色彩来掩盖画面本身在构图、曝光等核心要素上的不足，让普通拍摄者也能更容易地显摆自己很"厉害"，使用户乐意分享。

（2）用户需要的滤镜要求如下。

● 　较快试出适用于手机照片的滤镜，改善照片在色彩、曝光上的不足（数量、分类及质量）。

● 　让拍摄的照片瞬间有档次，使其充满质感，仿佛电影大片（质量）。

● 　记录用户使用习惯，下次使用滤镜时更加方便、快捷（功能点）。

潮自拍不仅滤镜质量高、种类多，而且自带美颜效果，使用户自拍/拍照一站式解决。也就是说，用户在拍照时就可以用到合适的滤镜，使自己的照片更有质感，而无须再打开其他 App 去修图。

2）外在因素

外在因素主要体现在运营方面，此处选取微博渠道，分析潮自拍能激活用户的外在因素。

（1）热点：不断制造热点，如潮自拍在近两个月推出"innersect"滤镜；参与"双十一"单身人士的活动。

（2）广告：主要通过明星宣传，在微博推广专属滤镜，或参与话题，从而引导用户使用产品并引发自传播；如李晨推广了"不破不立"滤镜，蒋劲夫推广了"疾电"滤镜；薛凯琪参与"运动 freestyle"话题。

（3）push：通过推送新款/爆款滤镜，或发布最近活动/福利，来做用户激活。

（4）包装：潮自拍的调性就是"潮""酷""年轻人"。它以城市和电影为主题的滤镜，让用户从磨皮美白的自拍 2.0 时代一脚迈入潮范儿十足的 3.0 时代。很多时候，自拍背后表达的是一种先锋生活态度。

2. call to action（驱动用户行为）

潮自拍提供了便捷的使用方式及高质量的成像效果，从而驱动用户使用滤镜自拍。举例如下。

（1）潮自拍的首页突出了拍照的入口，并支持直接下拉拍照，简化了核心功能的使用路径。

（2）拍照时顶部栏首个为 live 功能，可以拍摄短视频，并自动添加滤镜。这是潮自拍的新晋特色功能，slogan（口号）是"成为朋友圈的新晋导演"；短视频作为火爆的产品形态之一，它的出现能有效提高潮自拍的激活和留存情况，潮自拍也由此多了一个促使用户使用产品的驱动用户行为。

（3）拍照时会自动添加滤镜，并可左右滑动更换滤镜，操作便捷；滤镜基本以色调/风格来分类，并可收藏。这样便于用户根据照片风格来选择合适的滤镜，而不是盲目地去一个个试；个人收藏满足了用户筛选滤镜的需求，解决了用户试一大堆，试完还不知道自己到底喜欢哪个的痛点。

（4）滤镜及美颜强度可控，用户可自定义调节，且单个滤镜的强度会被记录下来，更加个性化。

3. reward（奖赏）

奖赏包括行为结果感知的奖赏和虚拟/真实财富赢取活动的奖赏。主要体现在产品使用过程中驱动用户行为的反馈方面。奖赏的基本要求是这些反馈完美满足用户的基本性需求，而如果想进一步奖赏用户，提高用户使用黏性，达到自传播的目的，产品/运营层面还需要通过创造用户的渴望感，满足其期望性需求甚至兴奋性需求，从而在不断优化用户体验的同时，创造"爆点"。

1）驱动用户行为的反馈

驱动用户行为的反馈可以从产品体验、响应速度、文案设计等方面来细分。

（1）产品体验包含交互体验及成像（质感）体验：交互需做到"简约至上"，就算小白用户也能轻易上手；潮自拍拍照入口浅显，操作便捷，且能智能记录用户操作习惯及喜好。在拍照及修图的质感体验上，潮自拍的色调、虚化及风格化等各种细节都很到位，让人很容易就可以把照片修出电影大片的感觉，瞬间提升照片质感。

（2）响应速度及文案设计：使用过程中产品是否能够快速响应、使用是否流畅是衡量用户体验的一个重要指标，直接关系到用户是否愿意去使用产品。

（3）文案设计：文案语言和设计是一个隐形的指标，如 Banner 宣传图中，产品核心价值的承诺和传达是否一致？潮自拍的活动模块中，文字和图片传达的每一条信息是否具有足够的说服力，促使用户产生动力？用户的整体上手过程中，流程是否简单、高效、无须思考，甚至是直觉性的？

2）创造渴望感

潮自拍为用户创造出的渴望感包括：通过极致的滤镜体验及滤镜攻略让用户想要尝试更多滤镜；通过有奖活动鼓励用户使用推广的滤镜；通过个性化定制来放大年轻人的生活态度，从而提高用户黏性，促进用户的自传播。

（1）潮自拍的滤镜种类十分丰富，共计 40 个大类，约上百款滤镜，且每一类滤镜都有自己的风格及个性化命名，在成像上也能良好掌控曝光及色彩的自然过渡。首页主按钮右侧为潮人区，这里会不定期更新一些潮人专访、滤镜攻略等图文信息，且每一篇都制作精良，不管是内容上还是展现形式上，都能吸引用户细细浏览。有的消费者会马上找到潮人推荐的滤镜试试看效果。

（2）潮自拍的有奖活动大多是，通过使用滤镜并参与某个话题，即有机会获得美图手机和体验店门票，有机会成为滤镜封面模特，有机会获得明星签名照和电影票等。渠道不一，以微博和线下为主。

（3）潮自拍另一个能激发用户渴望感的是对美图周边的运营——"美图定制"，通过个性化定制，既满足了用户显摆的需求，又给自己提供了商业化机会。"美图定制"是美图公司的一个电商平台，支持用户自定义包袋、手机壳、衣服、保温杯等生活用品，并通过明星同款宣传，以便在工具 App 上实现盈利。

4. investment（投资）

让用户投入，是为了让用户在不知不觉中再次进入 Hook 模型的循环之中。当用户为产品提供他们的个人数据和社会资本，付出他们的时间、精力和金钱时，投入即已发生。而用户行为数据的获取有利于提升产品的服务质量，从而对 Hook 模型的前三个阶段产生积极影响。对于潮自拍来说，用户的沉没成本主要有以下 3 个方面。

（1）时间精力：用户拍照、修图所花费的时间和精力，使其更熟悉也更习惯潮自拍的操作模式和每款滤镜的效果；每次看完滤镜教程等内容所花费的沉没成本，也是促使用户再次使用的动力之一。

（2）个人习惯：潮自拍可以记录并保留用户对美颜/滤镜强度的喜好，可以把滤镜添加至个人收藏，使得交互更加便捷。由此养成习惯之后，用户一想到滤镜，就想到潮自拍，完美促进了 Hook 模型的再次循环。

（3）情感归属：用户通过潮自拍产出的高质感照片会使其愿意分享，这样一来照片就承载了用户的情感及个性，也从一定程度上满足了用户对其的归属感；后续潮自拍可提供更加个性化、智能化的拍照修图服务，打造用户千人千面的个性美。

资料来源：以潮自拍为例，五分钟带你理解HOOK上瘾模型[EB/OL]. (2017-11-18). http://www.sohu.com/a/205110142_114819.

（六）AARRR 模型

"增长黑客之父" Sean 在《增长黑客：如何低成本实现爆发式成长》一书中阐述了这一模型及其应用。AARRR 是 acquisition（获取用户）、activation（激发活跃）、retention（提高留存）、revenue（增加收入）、refer（传播推荐）这个 5 个英文单词的缩写，分别对应网络用户生命周期中的 5 个重要环节，如图 11-7 所示。AARRR 模型追求用技术手段影响消费者的行为链路，提倡"去广告化"和"老用户带新用户"，把投放广告的钱用于消费者补贴和技术搭建，Airbnb、LinkedIn、Facebook、Uber、拼多多等都是通过这种方式获得了裂变式的用户增长。

AARRR 模型是一种营销策略的漏斗模型，通俗理解就是：怎么拉来用户，用户来了怎么活跃，用户活跃之后怎么留存，用户留存之后怎么为产品付费，用户付费之后怎么进行口碑传递。例如，某知识付费产品通过广告投放获取了 10 000 名新用户，5000 名用户完成激活注册，次日留存用户为 2500 人，其中 500 人对产品有付费行为，200 人将产品给朋友推荐过。营销活动应当优化漏斗、降低流量流失，也就是要提高类似于 DNU（日新增用户量）、DAU（日活跃用户量）、7-day retention（首周留存率）、ARPU（平均每用户收入）、K 因子（推荐系数）等指标。

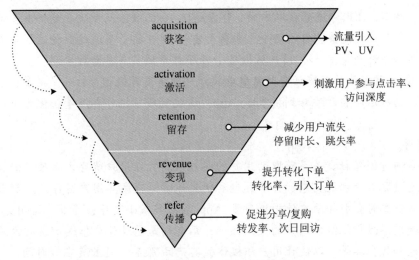

图 11-7　AARRR 模型

在 AARRR 模型中，推荐环节是用户裂变式增长的关键，其循环流程如下：用户使用产品→推荐给好友→好友使用产品→推荐给其他好友。如此循环往复，形成口碑传播、病毒式传播、爆发式传播等方式。推荐的诱因在于依靠内容上的共鸣、情绪、创意、奖励、玩法等实现刷屏。

在 AARRR 模型中，用户获取和用户推荐（分享）分别在这个模型的两极，实际上用户推荐本身就是用户获取的手段，可以跳过中间环节，把用户推荐当作第一环"获取用户"的一部分来提升拉新效果。例如，拼多多、趣头条、瑞幸咖啡都没有受传统互联网企业获客方式上"路径依赖"的禁锢，每一位新客户都可以马上在其社交圈里"邀请好友""拉一赠一"，从而通过这种社交裂变获得了快速增长。

📖 **案例链接** 　　　　　　拼多多的用户增长战略

AARRR 模型包括获取用户、提高活跃度、提高留存率、获取收入和传播推荐 5 个环节。但拼多多社群电商的社群属性决定了其还会通过用户之间的分享、推荐实现互惠互利的关系，并以此拉动用户数量的增长。传统电商的倒漏斗模型是拉新→激活→转化→留存，平台参与商城购物转化流程并参与每一级的运营。社群电商的倒漏斗模型则是拉新→转化→留存→激活，社群电商关键词之一"我的团长我的团"凸显了团长的重要作用，平台赋能整个价值生态系统的运营，团长参与特定消费类型用户的拉新和转化，平台则只需参与客户留存和促活环节。

1. 拉新

拉新即获取新用户。拼多多获取用户的方式包括以下两个方面。第一，在外部流量获取方面，拼多多通过三条核心业务线（微信、QQ、微博）不断扩张自己的流量领域，其中主要是利用微信社交关系进行导流，这些免费流量使得拼多多以极低的成本获取大量客户。拼多多弱化了商品搜索功能，最大程度上利用了微信互联网的优势，采取拼团模式的用户自传播。其优势在于能够使用户具备主动推广信息的意愿，从而降低获客成本，实现用户裂变增长。第二，在内部流量获取方面，背靠腾讯10亿微信免费流量是拼多多迅速崛起的重要因素，但最终还是要"自己动手、丰衣足食"，现在拼多多通过多种途径将外部流量导入内部拼多多 App 中。例如，用户从微信小程序打开拼多多界面后看到"支付 0.1 元送 10元话费"，等支付完毕后领取话费时系统会提示"即将离开微信，打开'拼多多'"，用户点击"允许"选项后即自动跳转到拼多多 App，这就实现了把外部流量转化为自己的独立流量的目的。

2. 留存

拼多多通过微信社交关系获取的用户的黏性很高，在用户留存方面独具优势。此外，拼多多还通过服务号推送信息、开屏礼包和优惠等方式提高其用户留存度。前者是指利用服务号推送信息时会引导用户使用拼多多 App 和拼多多小程序，通过"适用会员""免费领礼包"等诱惑性词汇激发用户的使用频率；后者则是通过开屏推送信息的方式为用户提供各类礼包和代金券等，以便让用户积极体验其产品/服务，延长其在线时间。

3. 激活

传统电商 AARRR 模型中的激活强调的是对下载并安装 App 的用户尽可能地引导其注册并登录，因为这样更加有利于平台搜索用户数据并延长用户在线时间。但拼多多匠心独具，其设计理念以人为中心，考虑到用户下载并安装拼多多 App 这一场景是用户首次体验拼多多 App，所以拼多多在此场景下是不会刻意引导用户注册、登录的。但是当用户处于购物场景时，拼多多会引导用户注册并登录。因为只有在购物场景中，用户对 App 已经有了一定程度的了解，而且为了购买自己喜欢的商品也愿意注册并登录。注册并登录会极大地促进用户生活和栖息在拼多多 App 上，提高平台的黏性。

4. 收入

收入即让用户付费。拼多多早期主要是通过拼团的方式刺激用户购买，而引导用户拼团则是要靠产品设计实现。拼多多的产品设计策略具体包括三个方面。一是短决策路径。拼多多取消购物车功能是为了让用户看到低价就买（所见即所得），尽可能压缩用户的决策时间（所想即所得），这样也形成了拼多多用户消费频次高、客单价低的购物习惯。二是App 内冲动消费。拼多多设计的首页轮播通知的形式吸引用户购买。三是微信内冲动消费。利用微信熟人社交关系刺激用户在微信群及朋友圈分享拼团链接，这种熟人关系的背书有效地提高了转化率。

5. 传播

拼多多具有强烈的传播属性，通过设计各类线上活动，如砍价、拼团和优惠券等方式刺激对价格敏感的用户进行传播。

资料来源：王千. 社群电商如何创造价值：以拼多多为例[J]. 经济研究参考，2019（15）：117-127.

思考一下：收集一个电商企业的成功案例，用 AARRR 模型分析其用户增长的原因。

本章思考题

1. 网购消费者有哪些不同于传统购买的心理与行为特征？

2. 简述消费者网络购买的行为过程，并谈谈如何针对各个环节对网购消费者提供更好的营销服务。

3. 在营销工作中，如何激发消费者的分享动机？

4. 简述 AISAS 模型、SIPS 模型、FIIAS 模式，并谈谈如何根据这些模型更好地开展网络营销活动。

5. 谈谈 Hook 模型、AARRR 模型在实际经营活动中的运用。

 本章典型案例　　　　小米的网络营销奇迹

小米所特有的网络营销模式是小米手机获得成功的关键，在小米网络营销中以模式创新最为重要。

第一，口碑营销。小米的全部产品都采用线上销售的方式，没有实体店，节约了销售成本。

第二，饥饿营销。小米手机喜欢吊用户的胃口，其有意降低小米手机的产量，故意制造供不应求的假象，提高产品的附加价值，这与苹果手机的营销策略类似，发布消息也总是半遮半露，让"米粉"们迫不及待地等待新产品的发布。

第三，炒作营销。雷军自称是乔布斯的超级粉丝，有"雷布斯"的称号，他很成功地把自己的影响力嫁接到了小米手机上，这就是名人效应。

第四，微博营销。互联网与人们生活间的联系越来越紧密，微博已成为继电视、报纸、杂志等之后的又一个热门传播媒体。小米团队充分发挥了微博营销的优势，在新款手机发布之前，策划人员与微博用户在微博上的互动，就使很多人对小米的新款手机表现出了兴趣，之后他们还会再与用户就小米手机的性能、使用体验等共同进行讨论。这些做法在产品预热、增加用户满意度方面发挥了巨大的作用。

资料来源：王宗湖，张婷婷. 消费心理学：理论、案例与实践[M]. 北京：人民邮电出版社，2021.

本章案例讨论

1. 小米的营销模式与传统营销模式有哪些不同？其优势主要表现在哪里？

2. 网络营销的创新模式还有哪些？

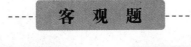

参 考 文 献

[1] 所罗门，卢泰宏，杨晓燕. 消费者行为学[M]. 杨晓燕，郝佳，胡晓红，等译. 10 版. 北京：中国人民大学出版社，2014.

[2] 希夫曼，维森布利特. 消费者行为学[M]. 江林，张恩忠，等译. 11 版. 北京：中国人民大学出版社，2015.

[3] 霍金斯，马瑟斯博. 消费者行为学：第 12 版[M]. 符国群，等译. 北京：机械工业出版社，2014.

[4] 阿诺德，普奈斯，津克汗. 消费者行为学：第 2 版[M]. 中国版. 李东进，等译. 北京：电子工业出版社，2007.

[5] 西蒙森，罗森. 绝对价值：信息时代影响消费者下单的关键因素[M]. 钱峰，译. 北京：中国友谊出版公司，2014.

[6] 林建煌. 消费者行为[M]. 4 版. 北京：北京大学出版社，2016.

[7] 沈蕾. 消费者行为学：理论与实务[M]. 北京：中国人民大学出版社，2013.

[8] 荣晓华. 消费者行为学[M]. 4 版. 大连：东北财经大学出版社，2015.

[9] 王晓玉. 消费者行为学[M]. 上海：上海财经大学出版社，2014.

[10] 张中科. 消费者行为分析与实务[M]. 2 版. 北京：中国人民大学出版社，2019.

[11] 符国群. 消费者行为学[M]. 3 版. 北京：高等教育出版社，2015.

[12] 李东进. 消费者行为学[M]. 北京：机械工业出版社，2007.

[13] 江林. 消费者心理与行为[M]. 北京：中国人民大学出版社，2011.

[14] 陈硕坚，范洁. 透明社会：大数据营销攻略[M]. 北京：机械工业出版社，2015.

[15] 周斌. 消费者行为学[M]. 北京：清华大学出版社，2013.

[16] 安圣慧. 消费者行为学[M]. 北京：对外经济贸易大学出版社，2011.

[17] 郭兆平，吕慧. 消费心理学[M]. 北京：电子工业出版社，2014.

[18] 李付庆. 消费者行为学[M]. 北京：清华大学出版社，2011.

[19] 白玉苓. 消费心理学[M]. 北京：人民邮电出版社，2021.